ELIZABETH B. JENKINS

Die Rückkehr des Inka

Buch

Jahrelang war Elizabeth Jenkins den rationalen Denk- und Verhaltensmustern der westlichen Welt gefolgt, ohne den Mut zu besitzen, vorgegebene Grenzen bewußt zu überschreiten. Erstmals vertraut sie nun ganz ihrer Inttuition. Die amerikanische Psychologin und Familientherapeutin Elizabeth Jenkins folgt kurzentschlossen einer inneren Stimme und reist nach Peru. In der alten Andenstadt Cuzco, dem mythisch-magischen Zentrum des Inka-Reiches begibt sie sich neugierig auf die Suche nach dem Schlüssel zu ihrer Zukunft. Sie taucht ein in die atemberaubende Welt der Berggeister, erlebt Orte voller Magie und Rituale, die sie in ihren Bann ziehen. Doch trotz dieser Erlebnisse und Visionen ist Elizabeth verunsichert und zweifelt an der Wahrhaftigkeit des Andenzaubers. Sie sucht nach einem spirituellen Meister, der ihre Bedenken ernst nimmt. Der Anthropologe Juan, selbst eingeweiht in die Mysterien der Andenregion, erklärt ihr die rätselhaften Vorgänge, deren Zeugin sie wurde, und führt sie behutsam ein in die vergessenen Geheimnisse der Inka-Welt.

Autorin

Elizabeth B. Jenkins ist Psychotherapeutin und Gründerin der »Wiraqocha Foundation of Indegenous Wisdom« (Stiftung zur Erhaltung traditioneller Weisheit). Über die Psychologie geistiger Erfahrungen und die spirituellen Traditionen der Andenregin hält sie weltweit Vorträge. Seit zehn Jahren führt sie Initiationsreisen nach Peru. Sie lebt in der Nähe von San Francisco.

Elizabeth B. Jenkins

Die Rückkehr des Inka

Die spirituelle Reise einer Frau ins Herz der Anden

Aus dem Amerikanischen
von Susanne Kahn-Ackermann

GOLDMANN

Die amerikanische Originalausgabe
erschien 1997 unter dem Titel
»Initiation. A Woman's Spiritual Adventure
in the Heart of the Andes«
bei G. P. Putnam's Sons, New York.

Umwelthinweis:
Alle bedruckten Materialien dieses Taschenbuches
sind chlorfrei und umweltschonend.

Der Goldmann Verlag
ist ein Unternehmen der Verlagsgruppe Bertelsmann

Vollständige Taschenbuchausgabe August 2000
Wilhelm Goldmann Verlag, München
in der Verlagsgruppe Berztelsmann GmbH
© 1997 by Elizabeth B. Jenkins
© 1998 der deutschsprachigen Ausgabe
Wilhelm Goldmann Verlag, München
in der Verlagsgruppe Berztelsmann GmbH
Druck: Elsnerdruck, Berlin
Verlagsnummer: 15086
KF · Herstellung: Sebastian Strohmaier
ISBN: 3-442-15086-8

1 3 5 7 9 10 8 6 4 2

Dieses Buch
ist mit meinem ganzen Herzen
der Pachamama,
dem Lebensgeist der Erde
und der Mutter von uns allen,
gewidmet.

Inhalt

Erster Teil
Pachamama ruft

1. Der Geist der Berge 13
2. Der andine Priester 30
3. Ritual in Ojai 53
4. Die Geburtstagsfeier 69
5. Pilgerschaften der Initiation 85
6. Die kosmische Schale 115
7. Kurak Akulleq: Priester der vierten Ebene 138

Zweiter Teil
Hatun Karpay: Die große Initiation

8. Samenkörner der Inka 167
9. Wiñay: Keimen 197
10. Phutuy: Blüte 215
11. Pachamama: Mutter Erde 231
12. Willkañust'a: Prinzessin des Schwarzen Lichts 263
13. Tempel des Todes 276
14. Mallku-Inka: Die fünfte Ebene 297
15. Die Rückkehr des Inka 329

Nachwort: Der Mythos von Inkari 345
Danksagung 348

Als Don Manuel und ich eines Tages einen Spaziergang in den Ruinen von Moray unternahmen, sahen wir viele Männer mit der Wiederinstandsetzung einer Inka-Mauer beschäftigt. Sie arbeiteten an der Restaurierung dieser archäologischen Stätte. Ich fragte Don Manuel, was er von ihrer Arbeit hielte, und er gab ganz schlicht zur Antwort: »Sie bereiten das Haus des Inka für die Zeit seiner Rückkehr vor.«

Diese Handwerker wußten nichts von der andinen Prophezeiung; sie dachten, sie erledigten nur eine ihnen zugewiesene Arbeit, um ihren täglichen Lohn zu verdienen. Doch aus der Sicht Don Manuels, eines andinen Priesters, erfüllten sie eine Aufgabe mystischer Natur.

»Wir müssen abwarten und sehen, wer recht hat«, sagte er lachend.

JUAN NUÑEZ DEL PRADO

ERSTER TEIL

Pachamama
ruft

1

Der Geist der Berge

»Elizabeth! *Teléfono!*« rief Señora Clemencia von unten herauf, während ich noch in meinem Bett im ersten Stock ihres riesigen Hauses spanischer Bauart lag. Ich kämpfte mich unter den schweren Alpakadecken hervor und rang nach Luft, als die eiskalte Morgenluft auf meinen Körper traf. Rasch schlüpfte ich in meinen Jogginganzug, zwängte meine Füße in Tennisschuhe, schlurfte über den Flur und fiel beinahe über meine offenen Schnürsenkel, als ich die knarzende Holztreppe hinunter zum Telefon sauste. »Uff«, machte Panchita, die dunkelhäutige indianische Haushälterin, und mühte sich, ihr Tablett mit frischem Brot und *café con leche* in Balance zu halten, das sie der Señora aufs Zimmer brachte. Ich hatte sie auf der untersten Treppenkehre beinahe umgerannt.

Ein peruanischer Bekannter war am Apparat, der mir mitteilte, daß eine der ortsansässigen Heilerinnen, eine »mediale Kräuterdoktorin«, heute nachmittag eine besondere Behandlung vornehmen würde, Ei-Diagnose genannt. Mein scheinbar impulsiver Entschluß, mich nach Cuzco zu begeben, begann Sinn zu machen. Monatelanges Herumstochern hatte nun endlich etwas zutage gefördert. Ich würde meinen ersten Besuch bei einer authentischen örtlichen Heilerin absolvieren!

Geradezu ekstatisch sauste ich die Treppe wieder hoch, um Carlos, meinem argentinischen Freund mit den kühlen blauen Augen und Partner in spirituellen Abenteuern, die Kunde zu überbringen. Ich war sicher, daß er mitkommen wollte. Carlos, ein Psychologiestudent aus Buenos Aires, hatte es ebenfalls nach Cuzco gezogen, das im Ruf stand, ein Zentrum magnetischer und mystischer Kräfte zu sein.

Nachdem ich mich versichert hatte, daß er mich zu diesem Treffen um zwei Uhr nachmittags begleiten würde, machte ich mich außen über den langen Balkon wieder auf den Weg zu meinem Zimmer. Unterwegs blieb ich stehen, fasziniert vom Ausblick auf den Ausangate, einem 6706 Meter hohen Berg mit eis- und schneebedecktem Gipfel am Ostende des Tals von Cuzco. »Okay, Schicksal, hier bin ich«, flüsterte ich, »was hast du jetzt mit mir vor?«

Das war die Frage, welche die letzten drei Monate Tag und Nacht meine Gedanken beherrscht und ein verführerisches Netz aus Zweifeln, banger Erwartung und kribbeliger Spannung gewoben hatte. Der von Cuzco ausgehende Sog war so stark gewesen, daß ich in Kalifornien alles hinter mir gelassen hatte – Job, Familie, Verlobten, Doktorarbeit – und nach Peru gegangen war, einem intensiven spirituellen Drängen folgend, einem inneren Wissen, daß der Schlüssel zu meiner Zukunft – und vielleicht auch meiner Vergangenheit – hier in dieser uralten Landschaft, dieser uralten Stadt verborgen lag. Ich kannte keine Seele in Cuzco und sprach auch kein Wort Spanisch. Etwas Derartiges hatte ich noch nie zuvor in meinem Leben getan.

Ich stellte rasch fest, daß Cuzco – einst die stolze südliche Hauptstadt des Inka-Reichs, von den Indianern »der Nabel der Welt« genannt – jetzt eine sich ausbreitende Metropole mit mehr als einer halben Million Einwohnern gemischten spanischen und indianischen Blutes war. Heute, fünfhundert Jahre nach der Ankunft der spanischen Eroberer, ist Cuzco noch immer eine schöne und glänzende Stadt, wie sie so im Schoß steil aufragender Berge daliegt. Die engen, gewundenen, kopfsteingepflasterten Gassen, die weißgetünchten Häuserwände, die roten Ziegeldächer und die darunter hervorstehenden, reichverzierten Holzbalkone so wie der, auf dem ich gerade stand, hatten mein Herz gefangengenommen. Angesichts dieses Baustils, welcher der Stadt ihr kulturelles Flair verlieh, wurde mir klar, daß ich, wären da nicht die eis- und schneebedeckten Gipfel gewesen, auf eine Gasse irgendeines beliebigen spanischen Städtchens hätte blicken können.

Doch unter diesen spanischen roten Ziegeln verbarg sich eine uralte und geheimnisvolle Vergangenheit. Die Fundamente und Überbleibsel der kunstvollen Inka-Bauten waren noch überall zu sehen. War es das, was Cuzco seine Besonderheit verlieh? Oder war es ganz einfach seine Höhe von 3500 Metern über dem Meeresspiegel? An klaren Tagen erstrahlte der Himmel in königlichem Blau, flirrte in der reglosen Luft geradezu greifbar Magie. Es war, als wohne dem Land selbst ein Reichtum, eine Macht inne, welche die Inka damals bewog, sich für diesen Ort zu entscheiden, und die ihn auch heute noch zu einem Magneten für spirituell Suchende aus aller Welt machen. Mit Sicherheit war ich von ihm unwiderstehlich angezogen worden, und nun wollte ich voller Ungeduld herausfinden, warum. Was hatte mich aus meiner Karriere als Psychologin gerissen und hierher gelockt, mehr als 8000 Kilometer von meinem Zuhause entfernt?

Ich war dabei, meinen Doktor in Psychologie zu machen, und fand meinen Beruf außerordentlich befriedigend. Ich liebte meinen Freundeskreis, mein Studium und mein Leben in San Francisco; doch hatte mich in letzter Zeit dieses trockene akademische Wissen zu langweilen angefangen. Ich wußte, daß das Rätsel des menschlichen Wesens mehr zu bieten hatte, als mir meine Lehrbücher verrieten; und dieses Geheimnis lag, wie ich fühlte, irgendwo in der spirituellen Dimension der menschlichen Natur verborgen. So war ich nach Peru gekommen, um mich auf die Suche nach Informationen über die einheimischen Heiler und Heilerinnen und ihre Heilmethoden zu begeben. Zumindest lautete so die Erklärung, die ich gegenüber meinen Freunden und Kollegen abgab; sie lieferte all jenen eine plausible Begründung, denen ich diesen tieferen, irrationalen, spirituellen Ruf nicht definieren konnte. Ich, die ich in der westlichen Tradition des Rationalismus erzogen worden war, konnte ihn mir ja kaum selbst erklären. Und was die meisten meiner Berufskollegen anging, so verstanden sie unter dem Begriff »spirituell« einen rudimentären Bereich nicht-realer Erfahrungen oder Halluzinationen. In Wahrheit wußte ich eigentlich nicht, warum ich in Cuzco war. Ich wußte nur, daß ich mich gleichsam magnetisch angezogen fühlte, hierher zu kommen.

Wahr war auch, daß ich seit meiner Ankunft in Cuzco *die* Zeit meines Lebens verbrachte. Zum erstenmal fühlte ich mich wirklich frei, dem achtsamen Auge und den Erwartungen meiner Familie *und* Kultur entzogen. Oder vielleicht versuchte ich ganz einfach, meinen eigenen Erwartungen in bezug auf wer und was ich sein und tun sollte, zu entfliehen. Mit Englisch als Muttersprache zog ich rasch einen Unterrichtsjob am Institut für Peruanische und Nordamerikanische Kultur an Land und verdiente mir so mein Taschengeld. Meine wahre Passion brach jedoch durch, als ich in den örtlichen Nachtklubs Musik zu machen begann. An einem meiner ersten Abende war ich Carlos begegnet, mit dem ich das Interesse an Psychologie und der spirituellen Welt teilte. Seltsamerweise stellte ich fest, daß dadurch, daß ich meinen künstlerischen Neigungen nachgab – etwas, wozu ich an der Universität nie Zeit gehabt hatte –, ein bislang völlig unerschlossener Aspekt meines Wesens zum Vorschein kommen konnte, nämlich die Stimme meiner Intuition. Und ich traf ganz bewußt die Entscheidung, diese Zeit und diesen einzigartigen Ort zur Kultivierung meiner Intuition zu nutzen und auf eine ganz andere Weise zu leben, mich von meiner Intuition und nicht vom rationalen Verstand leiten zu lassen.

Tatsächlich hatte mich eines meiner ersten intuitiven Experimente zu Señora Clemencias Haus geführt. Statt in der Zeitung die Mietangebote durchzusehen, stellte ich mich einfach auf den

Hauptplatz der Stadt und beschloß, mich der Führung des inneren Richtungssinnes anzuvertrauen. Fast sogleich wurde mein Augenmerk zu einer Anhöhe hinauf und hin zu einer Straße gelenkt, die zu den Überresten der Sacsahuamán-Festung führte. Ich folgte einer Gasse bergan, deren Name übersetzt »die Schulter des Pumas« bedeutete, und die zweite Haustür, an die ich klopfte, war die des Hauses der Señora. Nun wohnte ich seit drei Monaten bei der Familie Machicao, bestehend aus Señora Clemencia, ihrem Mann Juan, ihren Kindern Luis Carlos, Rosario und Pepe, und der Haushälterin Panchita.

Die *Señora*, zweifellos die Patronin des Hauses, war Krankenschwester und sprach perfekt Quechua, die Sprache der Inka. Sie gehörte zu jener Minderheit der Peruanerinnen der oberen Mittelschicht, die auf ihr indianisches Erbe und die Inka-Kultur stolz waren. Ihr Mann Juan, von Beruf Banker, in seiner Seele ein Maler, schwelgte an den Wochenenden im Hof ihres alten Hauses mit den achtzehn Zimmern in Aquarellsymphonien. Ihr scharfes Stakkato bildete einen Kontrast zu seinen sanften, weichen Tönen. Nach dreißig Ehejahren hielten sie noch immer Händchen, wenn sie gemeinsam die Straße entlanggingen. Ich blickte hinunter in den Hof, wo ich die beiden auf Klappstühlen sitzen und mit jener liebevollen Intimität plaudern sah, die nur viele Jahre des Glücks mit sich bringen. Ich seufzte und fragte mich, ob ich dies wohl je auch erleben würde, schob dann aber meine Sehnsüchte beiseite und dachte über meine nachmittägliche Verabredung für die »Ei-Diagnose« nach.

Meine beste Freundin, Cyntha Gonzalez, hatte mich als erste mit dem Schamanismus in Berührung gebracht; sie hatte mir vom Glauben des Andenvolks erzählt, demzufolge ein befruchtetes Ei ein äußerst sensibler Energieempfänger ist. Führt man ein solches Ei über den menschlichen Körper, kann es einen energetischen Eindruck von der physischen Gesundheit der betreffenden Person in sich aufnehmen.

Ich hatte Cyntha an der Universität von San Francisco kennengelernt, und wir waren rasch Freundinnen geworden. 1987 gab sie ihre akademische Karriere auf und ging nach Moche in der Nähe von Trujillo, um dort bei zwei peruanischen Schamanen zu lernen. Sie war es auch, die mich überredet hatte, für ein paar Wochen den Härten meines Doktorandinnendaseins zu entfliehen. So kam es, daß ich im Mai 1988 zum erstenmal nach Peru reiste, um sie bei ihren Recherchen über nächtliche Heilzeremonien zu begleiten, welche an der Küste lebende Schamanen durchführten. Cyntha hatte in Erfahrung gebracht, daß diese Schamanen, die ähnlichen Glaubensvorstellungen wie die Schamanen in den Bergen von Cuzco anhängen, ein Meerschweinchen über den Körper eines Patienten führen und anschließend das noch lebendige Tier aufschneiden. Die Organe des Meerschweinchens sollen dann Auskunft über die Krankheit des Patienten geben. Bricht im Laufe dieser diagnostischen Prozedur das Genick des Meerschweinchens, bedeutet das, daß der Patient besessen ist. Irgendwie scheint mir die Ei- Methode sehr viel humaner zu sein.

Cyntha hatte mir zweifellos für meinen Aufbruch den Weg geebnet und den Anstoß dazu gegeben, daß ich meiner inneren Führung zu folgen begann. Und als sie mich auf meiner ersten Reise in dieses Land auch nach Cuzco und Machu Picchu führte, wußte ich, daß ich nach Peru gehen mußte. Allerdings konnte jetzt, wo ich hier war, nur *ich* die Gründe für diese intensive Anziehungskraft ausfindig machen, die Cuzco und die Inka auf mich ausübten. Seit Monaten war eine nagende Ungeduld in mir gewachsen. Ich war mir sicher, daß es hier etwas gab, das ich entdecken mußte – lernen mußte. Eigentlich war ich nicht als Touristin hier, soviel stand fest.

Möglicherweise war ich deshalb so aufgeregt aus dem Bett gesprungen, als ich ans Telefon gerufen wurde – hatte etwas in mir gespürt, daß dieser Anruf das monatelange Warten und meine Tage als Touristin beenden würde – abrupt, für immer. Als ich nun auf dem Balkon stand und den Ausangate betrachtete, sagte mir mein innerer Aufruhr, daß dieser Besuch bei der ortsansässigen Heilerin außerordentlich wichtig sein würde. Hier waren die unerbittlichen Bewegungen des Schicksals am Wirken. Allerdings wußte ich zu diesem Zeitpunkt noch nicht, daß dieser Anruf der Auslöser zu einem Ereignis war, das den Lauf meines Lebens unwiderruflich verändern und mir den Weg zu einem beispiellosen Abenteuer weisen würde.

Punkt halb zwei legte ich meine Lektüre beiseite, zog ein verknittertes Stück Papier aus der Tasche und studierte die Wegbeschreibung zur Praxis der Heilerin, die ich eilig niedergekritzelt hatte. Mein Geschreibsel ließ mich ein wenig daran zweifeln, daß wir den Ort finden würden. Als ich an Carlos' Tür klopfte, streckte er den Kopf heraus. »Fertig«, sagte er, und seine blauen Augen blitzten. Er war auf die lokalen Gebräuche ebenso neugierig wie ich, wollte ebenfalls die Geheimnisse ergründen, von denen wir wie von soliden Inka-Mauern umringt waren. Tatsächlich waren wir nur zwei unter Hunderten von Ausländern, auf die der rätselhafte Magnetismus Cuzcos eine magische Anziehungskraft ausgeübt hatte. Señora Clemencia, der dieses Phänomen keineswegs entgangen war, hatte ihr großes Haus in eine peruanische *pensión* verwandelt. Sie hatte mich gebeten, ihr ein paar handverlesene Touristen zu bringen, an die sie ihre freien Zimmer vermieten konnte, und Carlos war meine erste Empfehlung gewesen.

Wir beide hatten uns in den vergangenen Wochen, in denen wir gemeinsam die Ruinen der heiligen Inka-Stätten Cuzcos aufsuchten, gut kennengelernt. Ich war beeindruckt von seiner offenen Neugier und der Leichtigkeit, mit der er mit Fremden ins Gespräch kam. Die Armut der einheimischen Indios stieß ihn keineswegs ab, vielmehr verhielt er sich ihnen gegenüber besonders großzügig und entgegenkommend. Er war ein sehr klar denkender und bodenständiger Reisegefährte, setzte jedoch sowohl seine Intuition als auch seinen gesunden Menschenverstand ein, etwas, was ich gerade erst lernte. Am meisten mochte ich an ihm seine Vernunft und sein praktisches Wesen, aber da war auch etwas Reiches und Unerschöpfliches in ihm, das mir sagte, daß er sich vor den Geheimnissen des Lebens nicht verschlossen hatte. Auf dem Weg zur Heilerin brachte er mich mit einer außergewöhnlichen Geschichte etwas aus der Fassung, wie er, kurz bevor er nach Cuzco kam, durch einen uralten Kultgegenstand initiiert wurde.

»Mein Lehrer, Señor Martinez, erzählte mir, daß, als er siebzehn war, zwei tibetische Mönche zu seinem Haus kamen und ihn zu einem Berg im Norden Argentiniens mitnahmen«, berichtete Carlos. »Sie deuteten auf eine bestimmte Stelle und wiesen ihn an, dort zu graben. Nach einer Weile buddelte er einen sechzig Zentimeter langen Stab aus Basalt aus. Die Mönche sagten ihm, daß er von nun an der Hüter dieses Stabes sei. Und sie erwähnten auch eine Prophezeiung, der zufolge das Signal für eine neue Ära gegeben würde, wenn dieser Stab und der heilige Gral wieder zusammengebracht würden.« Carlos beschrieb das Ereignis in sachlichen Worten, während sich in seinen meerblauen Augen Intelligenz und Konzentration widerspiegelten.

»Und das war der Stab, durch den du initiiert wurdest, bevor du hierher kamst?« fragte ich.

»Ja. Er wird *Bastón de Mando* genannt, Stab der Macht.«

In Kalifornien, so dachte ich bei mir, hätte ich das Ganze als Ausgeburt einer üppig wuchernden Phantasie abgetan. Doch hier auf dem südlichen Kontinent, in diesem mit uralter Geschichte behafteten Land, in dem die Realität sehr viel dehnbarer zu sein schien, kam mir das alles nicht mehr unmöglich vor. Und Carlos war kein New-Age-Freak. Ich wußte nicht, warum, aber ich spürte, daß seiner Erzählung eine große Bedeutung innewohnte, und war mir sicher, daß ich sie nicht vergessen würde.

Doch das Rätsel, das es jetzt viel unmittelbarer zu lösen galt, bestand darin, wie wir die Heilerin finden konnten. Wir stiegen die steile Anhöhe von San Blas hinauf, dem Künstlerviertel Cuzcos, und versuchten aus der verwirrenden Wegbeschreibung schlau zu werden, die ich erhalten hatte. Es gab in Cuzco nur sehr wenige Straßenschilder und fast keine Hausnummern, die, wenn überhaupt, an die blauen und grünen Haustüren gemalt waren, weshalb wir uns bei unserer Suche fast ausschließlich auf unsere Intuition verlassen mußten. Wir wanderten kopfsteingepflasterte Gäßchen bergan, die eigentlich eher Treppen als Straßen waren, vorbei an nun schon gelblich verfärbten Häusern, die mitunter schon etliche Jahrhunderte auf dem Buckel hatten.

Manche von ihnen ruhten auf behauenen Steinquadern, Überbleibseln von Inka-Bauten, die als Fundament benutzt worden waren. Bei anderen bildeten zwei massive Steinblöcke ein von einem riesigen steinernen Türsturz gekröntes Trapez, das sich tatsächlich noch als ursprüngliche Form eines Eingangs aus der Inka-Zeit erhalten hatte. Diese Häuser mochten bis an die fünfhundert Jahre alt sein!

Ich kannte Geschichten, denen zufolge sich die Inka-Priester nach Machu Picchu zurückgezogen und sich dort vor den Spaniern versteckt hatten. Dann verschwanden die Inka auf unerklärliche Weise. Ihre Kultur lebte nur in den Beschreibungen spanischer Chronisten fort, die von einem riesigen glanzvollen Reich berichteten, das sich von Südkolumbien bis zur zentralen Region des heutigen Chile erstreckte.

»Das muß es sein!« verkündete Carlos triumphierend, als wir zu einem frisch gestrichenen Haus mit einem vorstehenden Holzbalkon gelangten, das sich etwa in der Gegend befand, die uns den Anweisungen nach bezeichnet worden war. Die Fensterläden waren geöffnet, und es gingen Leute ein und aus. Wir stiegen die ächzende Holztreppe hoch.

»Ist das die Praxis von Patricia Alvarez?« versuchte ich mich in gebrochenem Spanisch und hoffte, daß der Mann, der uns oben an der Treppe mit heiterem Lächeln begrüßte, meine Worte trotz meines Gringaakzents verstand. Er war schlank, dunkelhäutig, mittelgroß, von Kopf bis Fuß in Weiß gekleidet, hatte langes Haar und einen schon ergrauenden Bart. Seine Kleidung und Haltung ließen mich an Aussehen und Gebaren indischer Ashrammitglieder denken. Er führte uns durch die Innenräume der Praxis zu einem Innenhof.

»*Sí*, das ist Patricias Praxis«, übersetzte Carlos. Der Mann nickte und bedeutete uns, uns hinzusetzen und zu warten.

Ein großer Holzbottich, in dem eine dunkle Flüssigkeit blubberte, stand an die Wand des Innenhofs gelehnt. Dampfschwaden stiegen auf, und der Geruch von Kräutermedizin lag in der Luft. Der weißgekleidete Mann kehrte einige Male zurück, um gelassen immer wieder die gleiche Prozedur durchzuführen: Er trug ein großes Glas Wasser, in dem ein rohes Ei herumschwappte, zu einem Ausguß, leerte den Inhalt aus, spülte das Glas und füllte es mit der dampfenden braunen Flüssigkeit aus dem Bottich. Schaudernd hoffte ich, daß ich das Zeug nicht trinken mußte.

Schließlich kam er wieder und wandte sich an uns: »Ich bin William, Patricias Mann. Sind Sie wegen der Ei-Diagnose hier?« Wir nickten. »Haben Sie Ihre Eier mitgebracht?« fragte er.

»Nein«, erwiderte Carlos. »Wir wußten nichts davon.« William gab einen Schnalzlaut von sich, schüttelte den Kopf und wies uns abermals an zu warten.

Wir waren die einzigen Ausländer im »Wartezimmer«. Alle anderen Anwesenden waren Peruaner, die sich hier zur regelmäßigen Überprüfung ihres Gesundheitszustands eingefunden zu haben schienen. Man hatte mir erzählt, daß über neunzig Prozent der peruanischen Bevölkerung noch immer vorzugsweise die eingeborenen Heiler aufsuchen, obgleich die westliche Medizin mehr oder weniger zur Verfügung steht. Mit unserer Kleidung stachen Carlos und ich wie zwei bunte Hunde heraus. Ich war verlegen und hatte das Gefühl, alle wußten, daß wir hauptsächlich aus Neugier hier waren und nicht wegen irgendwelcher Beschwerden. Doch mußten wir die gleiche Prozedur durchmachen wie alle anderen auch.

William verschwand in der Praxis, und ein rundliches indianisches, schüchtern lächelndes Mädchen im Teenageralter mit langen schwarzen Zöpfen betrat den Patio. Sie trug einen Korb mit Eiern bei sich, verkaufte uns beiden je ein großes, warmes, befruchtetes Ei für umgerechnet etwa siebzehn Pfennige und wies uns an, es ausschließlich in der linken Hand zu halten.

Kurz darauf erschien William erneut und begleitete mich nun zu einem kleinen, kahlen, durch zwei Baumwollvorhänge unterteilten Raum. Jede der beiden »Kabinen« war mit einer Liege und einem kleinen Tisch ausgestattet, auf dem jeweils ein großes Glas Wasser stand, so wie das, das wir ihn im Innenhof hatten ausleeren sehen. Er bedeutete mir, mich auf der Liege auszustrecken. Dann nahm er mir das Ei aus der Hand, während ich mich nervös auf die alte, quietschende Liege legte, bei deren Anblick ich befürchtete, daß sie mein Gewicht kaum zu tragen vermochte.

Mit geschlossenen Augen und mißtrauisch angespanntem Körper überlegte ich mir rasch etwaige Reaktionen, falls sich seine Hände zu den falschen Körperteilen verirren sollten. Schließlich riskierte ich einen paranoiden Blick und sah, daß er mein Ei mit beiden Händen an seine Stirn hielt, während sich seine Lippen zu einem stillen Gebet bewegten. Verlegen entspannte ich mich und schaute dem folgenden Geschehen fasziniert zu. Mit geschlossenen Augen führte er das Ei mit einer Reihe komplexer Bewegungen über meinen Körper. Er begann bei den Füßen und mit ein paar Achter- Figuren und arbeitete sich allmählich an der Peripherie meines Körpers nach oben. Das Ei schien seine Bewegungen zu lenken.

Schließlich öffnete er die Augen, und ich mußte unwillkürlich kichern, weil es kitzelte, als er das Ei nun rasch und fest an meinen Achselhöhlen rieb, danach an meiner Leiste, an meinem Magen, am Herzen und an der Stirn. Mit einem Schwung schlug er dann das Ei auf und ließ seinen Inhalt ins Wasserglas gleiten. Er betrachtete das Eidotter und Eiweiß, schüttelte den Kopf und gab wieder einen Schnalzlaut von sich.

»Was ist? Ist es etwas Ernstes?« fragte ich nervös in gebrochenem Spanisch.

»Ein bißchen Schleim in der Lunge ... und ein paar andere Dinge, aber warten wir auf Patricia, damit sie eine richtige Diagnose stellt. Machen Sie sich keine Sorgen«, sagte er und lachte über mein Stirnrunzeln.

Ein paar Minuten später kam Patricia herein, eine lebensprühende Peruanerin in Berufskleidung, Anfang Vierzig, dichtes, schulterlanges braunes Haar. Sie summte leise vor sich hin, und infolge ihrer Anwesenheit füllte sich der Raum mit Energie und Zuversicht. Sie stellte sich mir mit einem warmen Lächeln vor.

»Nun, wollen wir mal sehen. Hmmm ...«, sagte sie und betrachtete mein Ei. Plötzlich verflüchtigte sich ihr Überschwang. Sie hörte auf zu summen. »Ach du meine Güte!« rief sie aus. Seltsamerweise empfand ich keine Angst; ihre veränderte Haltung machte mich nur wacher. Ich spürte, wie ein Adrenalinschub der Erregung meinen Körper durchströmte und mein Herz schneller schlug. Dann sagte sie: »Sie haben sich in letzter Zeit sehr merkwürdig gefühlt und viel geweint, ohne zu wissen, warum. Stimmt's?« Ihre Worte überraschten mich.

»Ja ... aber woher wissen Sie das?« Ihre Feststellung traf absolut zu, aber ich hatte das nicht einmal Carlos gegenüber erwähnt.

»Das Ei zeigt Ihren physischen, emotionalen und spirituellen Zustand«, gab sie mir zu verstehen. »Sie sind keine Touristin, nicht wahr.« Es war keine Frage, sondern eine weitere Feststellung.

»Nein, ich bin gekommen, um hier zu leben. Ich ...« Ich stotterte.

»... und Sie sind hier, um spirituelle Arbeit zu tun«, unterbrach sie mich wissend. Ich schluckte und nickte.

Patricia starrte mir eindringlich in die Augen. »Dann müssen Sie mit den *Apus* sprechen.« Ich schaute sie verständnislos an. Sie holte tief Atem und klärte mich dann geduldig auf. »Die *Apus* sind die Geister der Berge, die Hüter dieses Landes. Sehen Sie, Ihr Problem ist, daß Sie in Befolgung einer Einladung hierhergekommen sind, nicht wahr?« Wieder war ich überrascht, daß sie meine innersten Gefühle aussprach. »Lassen Sie mich es so erklären. Das ist so, als seien Sie von jemandem zum Abendessen in sein Haus eingeladen worden und hätten mit dem Koch und dem Gärtner gesprochen, aber noch nicht die Besitzer begrüßt, diejenigen, die Sie eingeladen haben.«

O Gott, dachte ich. Wie dumm von mir! Hier war ich in einem Land voller geheimnisvoller Kräfte und Mächte, hatte aber noch nicht einmal etwas unternommen, um die Geister dieses Landes zu begrüßen oder ihnen meinen Respekt zu erweisen. Ich hatte gehört, daß so etwas normalerweise üblich sei, aber schließlich war ich nun mal eine *gringa* und von meiner Erziehung auf nichts dergleichen vorbereitet.

»Patricia, ich glaube, ich verstehe. Ich danke Ihnen, daß Sie mir das gesagt haben – aber wie begrüße ich sie? Was soll ich tun?« fragte ich.

»Sie müssen einen Priester finden, der Ihnen dabei hilft.«

»Einen Priester?« Ich war verblüfft. »Wie kann mir denn ein katholischer Geistlicher dabei helfen?«

»Kein katholischer Priester«, korrigierte sie mich. »Ein andiner Priester.« Ich sah sie verwirrt an. »Die andinen Priester können direkt mit der Natur sprechen«, sagte sie so, als würde sie einem Kind etwas erklären. »Sie sind es, die mit den Geistern aus den Bergen sprechen, mit den *Apus*. Um hier zu arbeiten, brauchen Sie die Erlaubnis und die Hilfe der *Apus*. Alle, die heilerisch tätig sind, arbeiten mit ihnen. Ich selbst arbeite mit zwanzig oder dreißig *Apus*.«

»Ahpuus«, echote ich und versuchte mich an dem Wort.

Patricia fuhr fort: »Ich werde Ihnen ein paar Kräuter für den Schleim in Ihrer Lunge geben. Ihr Astralkörper sieht etwas verschwommen aus.«

In diesem Moment führte William Carlos in meine Kabine und setzte dessen Glas mit dem Ei neben dem meinen ab, damit Patricia es betrachten konnte. So etwas wie die in Nordamerika übliche Formalität oder Wahrung der Vertraulichkeit gab es hier nicht. »Oh, wie großartig!« sagte sie beim Anblick von Carlos' Ei. Ich stellte überrascht fest, daß sein Ei ganz anders aussah als das meine. Das Eiweiß meines Eies ähnelte zerfetzten und verstreuten Wölkchen, wohingegen das seine ganz klar und einheitlich war. »Der Astralkörper Ihres Freundes ist sehr klar und stark. In der Tat hat er den Ihren beschützt.« Wieder entsprach das, was sie feststellte, meinem Gefühl. Zwar war mir der Gedanke zuvor noch nicht gekommen, aber jetzt wurde mir bewußt, daß ich mich, seit Carlos nach Cuzco gekommen war, tatsächlich sicher und beschützt gefühlt hatte.

»Sie«, sagte sie mit Blick auf Carlos, »bekommen eine andere Kräutermixtur, weil Sie ein Tourist sind. Sie hingegen«, Patricia deutete auf mich, »lebt hier, und deshalb gebe ich ihr Kräuter, die ihr helfen werden, sich in diesen Ort zu integrieren.« Geschäftig füllte sie zwei kleine Plastiktüten mit Kräutern aus ihren Regalen. Sie erklärte uns, wie wir sie zubereiten und wann wir sie einnehmen sollten. Wir dankten ihr, bezahlten und verabschiedeten uns.

Auf dem Nachhauseweg fragte ich Carlos, was er von Patricia halte. »Ich bin bei diesen Dingen immer skeptisch. Sie hat mir nichts gesagt, was ich nicht schon wüßte. Aber für dich war es wahrscheinlich wichtig«, meinte er. Ich war beschwingt durch alles, was sie mir gesagt hatte, und gelobte innerlich, mich unverzüglich auf die Suche nach einem dieser Priester zu machen.

Während wir schweigend weitergingen, dachte ich immer wieder über die »Einladung« nach, die Patricia erwähnt hatte.

Sie brachte mir eine Begebenheit in Erinnerung, die sich fast ein Jahr zuvor in den Staaten ereignet hatte. Ich stand am Santa Cruz Boardwalk und sann über meine bevorstehende Reise nach, meinen ersten Besuch bei Cyntha in Peru, als mich ein seltsames Gefühl befiel. Ich hörte eine innere Stimme, eine gebieterische Stimme, die sagte: »Wenn du nach Peru gehst, wird sich dein Leben völlig verändern. Willst du immer noch gehen?« Da ich Herausforderungen noch nie gescheut hatte, antwortete ich sofort mit »ja« und lachte dann über mich, weil ich auf meinen inneren Dialog reagierte, als handle es sich um eine Konversation. Und überhaupt – innere Stimmen hören, Angst vor einem Urlaub haben – was sollte das alles? Meinem rationalen Verstand erschien das Ganze töricht, ja sogar lächerlich. Nun aber fragte ich mich, ob diese Stimme, die ich gehört hatte, noch bevor ich einen Fuß auf peruanischen Boden gesetzt hatte, etwas mit der »Einladung« zu tun hatte, von der Patricia gesprochen hatte.

Eine Woche später überkam mich allmählich Frustration. Tagelang hatte ich versucht, mit einem andinen Priester in Kontakt zu kommen – doch ohne Erfolg. Niemand, den ich fragte, schien etwas über andine Priester zu wissen. Wenn ich das Wort *Apu* aussprach, nickten die Einheimischen und wiesen auf die Berge, aber weiter kam ich nicht. Und allmählich gingen mir die Zeit *und* das Geld aus.

Ich hatte nun insgesamt acht Monate lang Südamerika bereist und in Cuzco gelebt. In mir wuchs der Wunsch, nach Hause zurückzukehren, nach Kalifornien, wenn auch nur für kurze Zeit. Abgesehen von der Tatsache, daß ich fast pleite war, vermißte ich meine Freunde und meine Familie, von einer heißen Dusche ganz zu schweigen! Ich reservierte einen Flug für die kommende Woche. Aber ich dachte auch an das, was Patricia über das »Begrüßen« der *Apus* gesagt hatte. Ich konnte hier nicht weggehen, ohne wirklich angekommen zu sein.

Ich verbrachte den Tag mit dem Einkauf von Geschenken für meine Familie und Freunde in den Staaten, und als ich in mein Zimmer zurückkehrte, war es schon spät. Da ich keine Alternative zu haben schien, beschloß ich, selbst mit den *Apus* zu »sprechen«. Ich *mußte* sie mit irgendeiner Art von Zeremonie begrüßen und ihnen Achtung erweisen, bevor ich Peru verließ. Ich fühlte mich nicht besonders wohl dabei, weil ich das »Ritual« so lange hinausgeschoben hatte, doch war es ja mein eigentliches Ziel gewesen, einen Priester zu finden.

Ich setzte mich in meditativer Haltung auf den nackten Holzfußboden und hatte nichts weiter zu bieten als die Absicht meines Herzens. Die Sonne war schon vor Stunden untergegangen, und Tür und Fenster meines Zimmers waren zum Schutz vor der bitterkalten Nachtluft fest verschlossen. Ich saß so, daß ich dem schneebedeckten Gipfel jenes Berges zugewandt war, den ich die Einheimischen Apu Ausangate hatte nennen hören. An klaren Tagen präsentierte er sich vor einem meiner Fenster in majestätischer Schönheit. »Montag, 13. März 1989«, schrieb ich in mein Tagebuch. Und auf die Uhr sehend, während ich die Beine kreuzte, fügte ich noch »21:25« hinzu.

Augenblicke später lag ich mit dem Gesicht nach unten auf dem kalten Fußboden, ausgestreckt in Richtung des weißen Gipfels, und schluchzte hysterisch. Ein eisiger Wind blies über meinen Kopf hinweg. Ich war unfähig mich zu rühren. »Na, was erwartest du denn von einem eisbedeckten Gipfel – einen warmen Wind?« hörte ich eine tiefe, gebieterische männliche Stimme, die ich sofort wiedererkannte. Es war dieselbe Stimme, die an jenem Tag auf dem Boardwalk in Santa Cruz zu mir gesprochen hatte!

Die Realität vermischte sich, als ich vollends erwachte und doch zugleich in einen seltsamen, traumähnlichen Zustand hinüberwechselte.

Ein großer Mann mit langem Haar und einem Bart, das Haar eine imposante Kombination aus Rot, Weiß und Schwarz, sitzt auf dem Schneegipfel. Er trägt eine goldene Sandale am rechten Fuß und eine silberne Sandale am linken Fuß. Er wirkt grimmig, machtvoll und zugleich königlich. »Lord Apu«, flehe ich ihn zitternd und weinend an, »vergib mir bitte, daß ich dir nicht schon früher Achtung erwiesen habe. Ich bin nur eine dumme *gringa* und kenne die Sitten deines Landes nicht. Ich möchte dir für deine Einladung danken und dich um Erlaubnis bitten, an diesem heiligen Ort leben und arbeiten zu dürfen.« Ich hocke zusammengekauert vor ihm. Der strenge Ausdruck im Gesicht des *Apus* wird weicher, und er streckt die Arme aus, um mich zu umarmen. Warme Lippen berühren meine Stirn. Mein Körper entspannt sich, und ich wische mir die Tränen fort. Ich setze mich auf. Ich bin akzeptiert worden. Ich weiß und spüre es mit meinem Körper. Instinktiv und ohne die Augen zu öffnen wende ich mich mit dem Körper in die Richtung der riesigen Festungsruine Sacsahuáman. Ein älterer Mann erscheint. »Ich denke, wir kennen uns bereits«, sagt er. Ohne Zögern umarmt er mich. Ich vollziehe mit dem Körper eine Kehrtwendung hin zu einem weiteren Berg, der dem Apu Ausangate am anderen Ende des Tals gegenüberliegt. Sein lieblicher grüner Gipfel ähnelt einer Pyramide. Ich sehe eine schöne Frau mit langem schwarzen Haar. Sie heißt mich willkommen, lächelt mir herzlich zu, legt die Arme um mich, streicht mir über Kopf und Rücken und nennt mich »Tochter«.

So plötzlich, wie sie gekommen waren, verschwanden die Bilder, Gestalten und Empfindungen. Ich öffnete die Augen und fand mich wieder in meinem Zimmer. Mir kam es vor, als wären nur ein paar Minuten vergangen, doch mit einem Blick auf meine Uhr stellte ich überrascht fest, daß es bereits halb elf war.

2

Der andine Priester

Als ich am nächsten Morgen aufwachte, schien meine Erfahrung vom vorherigen Abend wie ein seltsamer Traum gewesen zu sein. Doch ihre physische Realität – der kalte Wind, der warme Kuß – war nicht wegzuleugnen, und ich verspürte keine Angst. Im Gegenteil: Ich fühlte mich sehr viel besser. Merkwürdigerweise empfand ich ein tiefes Gefühl der Befriedigung, so als hätte ich etwas erledigt, das nicht mehr aufgeschoben werden konnte – wie etwa die Küche in Ordnung bringen. Abgesehen davon war dies nicht das erste visionäre Erlebnis meines Lebens gewesen.

Als ich etwa sechs Jahre alt war, ich wuchs damals in Minnesota auf, sah ich, wie ein kleiner Vogel im Flug gegen die Fensterscheibe unseres Wohnzimmers prallte und zu Boden fiel. Ich rannte hinaus, um zu sehen, ob ich ihm helfen konnte. Ich entsinne mich, daß ich den Vogel aufhob und versuchte, ihn mit einem Stückchen von dem Apfel zu füttern, den ich gerade aß. Ein paar Blutstropfen quollen aus seinem Schnabel, als er in meiner Hand sein Leben aushauchte. Und während ich ihn in meinen Händen hielt, sah ich eine winzige Lichtkugel aus seinem Körper hervorkommen und in das tiefe Blau des Himmels emporschweben – immer weiter hinauf, bis sie verschwand und mit dem Sonnenlicht verschmolz. Damals schien mir das ein vollkommen natürliches Ereignis zu sein, und es dauerte eine Weile, bis ich begriff, daß nicht jedermann sah, was *ich* sah. Bald lernte ich, diese Erfahrungen für mich zu behalten.

Doch nehme ich an, daß ich aufgrund einer »Vision« wie dieser insgeheim immer an eine andere, subtilere Welt jenseits der materiellen Welt geglaubt habe und daß mein gegenwärtiges Interesse für die traditionellen Heiler vermutlich von diesen Erfahrungen herrührte. Weil es aber keinen kulturellen Kontext für meine Visionen gab und mein Umfeld stets auf greifbaren wissenschaftlichen Beweisen bestand, hatte ich diese Vorstellung schließlich als ein Produkt meiner lebhaften kindlichen Phantasie abgetan. Daher war diese »Meditation« letzte Nacht, die Erscheinung der *Apus,* eine äußerst nachhaltige Erfahrung gewesen. Der kalte Wind *hatte* mein Haar zerzaust, und der Kuß auf meine Stirn – ich hatte tatsächlich warme Lippen *gespürt*! Unleugbar geschah hier etwas ganz und gar Außergewöhnliches; ich versuchte es wegzurationalisieren, aber es wollte mir nicht gelingen.

Als ausgebildete Psychologin hatte ich für Leute, die Stimmen hörten und Menschen sahen, die nur in ihrer Phantasie existierten, bislang die Erklärung parat, daß sie wahrscheinlich unter dem Druck massiver emotionaler Probleme litten. Ich kannte viele Fälle, vor allem solche, in denen Mißbrauch im Spiel war und sich Personen, die sich in ihren Beziehungen machtlos fühlten, von der allgemein als normal betrachteten »Realität« verabschiedeten und mit unsichtbaren Wesen sprachen. Ich interpretierte eine solche Verhaltensweise als ihren Versuch, eine gewisse Kontrolle über eine unerträgliche oder chaotische Situation auszuüben, und in vielen Fällen ermöglichte ihnen diese Form des Austritts aus der »Realität« ein psychisches Überleben.

Infolgedessen überprüfte ich mich selbst auf ein psychisches Trauma hin. Doch ich fühlte mich großartig! In der Tat war ich in meinem ganzen Leben nie entspannter gewesen. Der Tagesablauf, den ich vor acht Monaten in den Staaten hinter mir gelassen hatte und der meine zwei Halbtagsjobs sowie volles Doktorandinnenprogramm umfaßte, war ungleich strapaziöser gewesen als meine gegenwärtige Lebensweise. Mir kam der Gedanke, daß ich möglicherweise gar nicht traumatisiert war, sondern daß vielmehr meine psychologische Theorie irgendwelche Mängel aufwies.

Vielleicht war die in meinem Beruf gängige Annahme, daß alle »visionären Erfahrungen« das Resultat eines Traumas sind, allzu simpel. Darauf deuteten gewiß auch die neuesten Schriften bezüglich der transpersonalen Psychologie hin, die sich auf in traditionellen oder »schamanischen« Kulturen durchgeführten Studien gründeten. Existierte eine unsichtbare Welt? War ich eben mit ihr in Kontakt gekommen? Und wenn es sie gab, wie funktionierte sie? So lauteten genau die Fragen, denen nachzugehen ich hierhergekommen war. Einstweilen jedoch schob ich diese anregenden Gedanken beiseite, um aufzustehen und mich meinem Tag in Cuzco zuzuwenden.

Ich stellte fest, daß ich meine Besorgungen in der Stadt mit einer Leichtigkeit erledigte, die fast unheimlich war. Einige Personen, zu denen ich seit Wochen Verbindung aufzunehmen versucht hatte, fanden nun *mich* auf dem Hauptplatz. Und was noch beeindruckender war, die Tore zu den Tempelanlagen im *Coricancha,* dem Ort, wo sich einst der zentrale Sonnentempel der Inka befand, nun aber das von den Spaniern gegründete Kloster Santo Domingo steht, öffneten sich auf magische Weise für mich.

Während der letzten beiden Wochen hatte ich immer wieder versucht, in den Sonnentempel zu gelangen, aber die Wächter beharrten darauf, daß ich ein teures Touristenticket für insgesamt vierzehn historische Sehenswürdigkeiten kaufen müsse. Als ich sagte, daß ich keine Touristin sei, daß ich in Cuzco wohne und nur den Sonnentempel besuchen wolle, lachten sie zwar, ließen mich aber ohne das Ticket nicht hinein. Doch auch ich blieb stur. Warum geschah es, daß ich an *diesem* Morgen wie ein eingeladener Gast den Tempel betreten konnte, dessen Namen »goldenes Feld« oder »Goldplatz« bedeutet? Ich verbrachte Stunden dort, und obwohl die Wächter mich direkt anzublicken schienen, fragten sie nie nach meiner Eintrittskarte. Die Dinge fügten sich so, als sei eine unsichtbare Barriere zwischen mir und meinen Vorhaben entfernt worden. Ich konnte nicht umhin, an das Geschehen vom letzten Abend zu denken. Halfen mir die *Apus*?

Ein paar Tage später ging ich zum Institut für Peruanische und Nordamerikanische Kultur, um meinen Freunden und Kollegen mitzuteilen, daß ich in wenigen Tagen abreisen würde. Ich war gerade in einer Unterrichtspause angekommen und stand mit einigen Freunden angeregt plaudernd im Büro, als ein schmächtiger, doch gutaussehender Mann, ebenfalls ein Lehrer, auf mich zutrat. Obwohl sich unsere Wege im Institut schon seit Monaten immer wieder kreuzten, hatte sich unsere Bekanntschaft auf eine einmalige formelle Vorstellung beschränkt.

»*Holà*, Elizabeth«, begrüßte er mich. Ich war überrascht, daß er sich an meinen Namen erinnerte. »Ich bin Antonio.«

»*Holà*, Antonio, wie geht's?« erwiderte ich, während wir den traditionellen Wangenkuß austauschten.

Er schaute mir ziemlich eindringlich in die Augen und sagte: »Elizabeth, wie ich höre, sind Sie an esoterischen Dingen interessiert.«

»Ja, und?« erwiderte ich und fragte mich, worauf er hinauswollte.

»Elizabeth«, er zögerte und wog seine Worte sorgfältig ab. »Ich gehöre zu einer Gruppe, die mit den *Apus* arbeitet ...«

»*Apus!*« schrie ich fast und fiel ihm in meiner Überraschung ins Wort. Dann fing ich mich und fragte fast flüsternd: »Können wir irgendwo hingehen und uns unterhalten? Ich habe gerade eine Erfahrung mit den *Apus* gemacht und ich denke, ich sollte Ihnen davon erzählen.«

Wir entfernten uns von der Gruppe, und ich berichtete ihm so ruhig, wie ich konnte, von meinem visionären Erlebnis vor einigen Nächten. Es war eine ungeheure Erleichterung, jemandem diese Geschichte erzählen zu können. Das Erlebnis war so beeindruckend gewesen, lag derart weit außerhalb des Bereichs meiner normalen Erfahrungen, daß es zumindest in Nordamerika kaum jemand für möglich gehalten hätte.

Antonios Augen weiteten sich im Verlauf meiner Erzählung, und sein Gesichtsausdruck wurde noch ernster. Als ich geendet hatte, schwieg er einen Moment. Dann sagte er: »Elizabeth, ein paar meiner Kollegen und ich sind in höchstem Maße an unseren einheimischen Traditionen interessiert. Wir haben uns mit einem *altomisayoq* getroffen, einer Person, welche die *Apus* herbeiruft. Ich möchte gerne, daß Sie zu unserem Gruppentreffen kommen.«

Ich war entzückt. »Ja natürlich. Ich werde sehr gerne kommen. Aber was ist ein *altomisayoq*?«

»Das bedeutet ›Hohepriester‹ auf Quechua«, erklärte er. Mein Herz hüpfte. Das schien mir genau das, worauf ich gewartet hatte.

»Wann findet die nächste Zusammenkunft statt?« fragte ich voller Enthusiasmus.

»Na ja, das ist nicht so einfach. Sehen Sie, an unseren Zeremonien haben noch nie Weiße teilgenommen. Ich muß erst mit der Gruppe sprechen. Ich denke, in drei oder vier Wochen könnte ich etwas arrangieren ...«

»Oh, das ist aber bedauerlich«, unterbrach ich ihn. »Ich fliege am Montag in die Staaten.«

»Dann müssen Sie morgen kommen«, sagte er entschieden. Sein plötzlicher Entschluß verblüffte mich. Warum war es ihm so wichtig, daß ich an einem solchen Treffen teilnahm? Gleichzeitig steigerte sich angesichts der sich unvermittelt bietenden Gelegenheit meine Erregung.

»Okay«, stimmte ich zu, und wir schüttelten uns die Hände.

»Treffen wir uns morgen um zehn Uhr bei der San-Francisco-Kirche«, schlug er vor.

»Großartig. Ich werde da sein«, erwiderte ich. Diese uner-
wartete Wendung hatte mich mittlerweile in helle Aufregung
versetzt.

Am nächsten Morgen kam ich Punkt zehn Uhr bei der Kirche an und wartete die obligatorischen dreißig Minuten auf
Antonio. Selbst nach all diesen Monaten meines Lebens in
Cuzco hielt ich immer noch meine Verabredungen auf die Minute ein; hatte aber inzwischen akzeptiert, daß die Peruaner
aller Wahrscheinlichkeit nach nicht pünktlich sein würden.
Es war ein wunderschöner Morgen, und nachdem Antonio
eingetroffen war, gingen wir ins Gespräch vertieft über den
San-Pedro-Markt und dann eine lange ungepflasterte Straße
entlang, die parallel zu den aus der Stadt führenden Eisenbahnschienen verlief. Wir wanderten in Richtung Nordwestecke der
Stadt und gelangten in ein sehr armes Viertel, dessen Häuser
aus Lehmziegeln gebaut und mit Stroh gedeckt waren. Unterwegs stießen wir auf einige Tierkadaver. Das Leben war sehr
rauh hier, und der Tod gehörte ganz offensichtlich dazu.

Antonio erklärte mir unterdessen, daß die *Apus* Heilungen
und astrale Operationen durchführen und nach verlorenen Gegenständen befragt werden. »Sogar die Ärzte in den Kranken-
häusern Cuzcos schicken ihre Patienten, wenn sie mit ihrer Medizin am Ende sind, zu einem *altomisayoq,* um sie dort von den
Apus heilen zu lassen«, erzählte er.

»Und wer führt diese Operationen aus?« fragte ich. Ich war
zumindest mit den Prinzipien medialer Chirurgie ein wenig vertraut. »Channelt jemand die *Apus*?«

»Nein«, erwiderte Antonio. »Ricardo, der *altomisayoq* – der
andine Priester –, *ruft* sie. Er ist dafür bekannt.« Antonio erzählte mir, daß die *Apus* alles wissen und eigentlich mehr Engeln ähneln. Ich war verblüfft, und ich fühlte mich zunehmend
verunsicherter. Was meinte er mit *rufen*? Würde ich Engeln begegnen? Was würde ich zu ihnen sagen?

Schließlich verließen wir den Weg neben den Eisenbahnschienen und stiegen eine lange, schon bröckelnde Betontreppe zu einer kleinen, verschrammten Holztür hoch, vor der Antonio anhielt. Er klopfte zweimal und nach einer kurzen Unterbrechung in rascher Folge noch dreimal. Sofort wurde die Tür geöffnet, und wir mußten uns bücken, um durch die Türöffnung in einen schmutzigen Hof zu gelangen, der mit Stacheldraht eingezäunt war. Ein paar Schweine und Hühner rannten frei herum, und der Gestank von Tierdung stieg uns intensiv in die Nase. Wir gingen auf eine Gruppe von sechs oder sieben Indios mit sonnengegerbten Wangen und dunklen ledrigen Händen und Füßen zu, die in der heißen Morgensonne auf Bänken vor einem kleinen Gebäude saßen.

Ganz offensichtlich waren diese Menschen nicht darauf gefaßt, eine *gringa* in ihrem Revier auftauchen zu sehen. Sie starrten mich an, manche neugierig, manche feindselig. Ich konnte kaum Spanisch und sprach kein Wort Quechua, die vorherrschende Sprache in dieser Gegend. Eine der Bänke war unbesetzt, und Antonio bedeutete mir, mich darauf zu setzen. Dort warteten wir unbehaglich, bis sich die Tür zu dem kleinen Gebäude öffnete und Antonio mich anwies, ihm zu folgen.

Wir zogen die Köpfe ein und betraten einen kleinen quadratischen Raum mit Lehmfußboden und Wänden aus Lehmziegeln, der mit einem Wellblechdach überdeckt war. Auf einem Stuhl in der gegenüberliegenden Ecke des Raumes saß ein kleiner dunkelhäutiger Mann mit glänzend schwarzen Augen. Er war von Quechua-Frauen mit langen schwarzen Zöpfen umringt, die ihre traditionellen Röcke mit den vielen Unterröcken trugen. Ihre zylinderförmigen Hüte hatten sie vor Betreten dieses Raumes, in dem der Priester seine *Mesa*, die Heilzeremonie, abhalten würde, abgenommen. Ricardo selbst war ganz eindeutig indianischer Herkunft. Er hatte ein freundliches Gesicht von gesunder Gesichtsfarbe, kurzes blauschwarzes Haar und die klassisch gebogene Nase der Inka. Er schien gegen Ende

Dreißig zu sein, war also noch relativ jung für das, wofür ich ihn hielt: nämlich eine Art »Medizinmann«.

»Ricardo ist ein andiner Priester auf der vierten Stufe der dritten Ebene. Er ist der höchstrangige Priester in dieser Gegend«, flüsterte mir Antonio zu. Es klang sehr beeindruckend, aber ich hatte keine Ahnung, was es bedeutete.

Als sich die um Ricardo versammelte Menschenmenge auflöste, nahm mich Antonio an der Hand und zog mich zu ihm hin. Beim Näherkommen sah ich, daß Ricardo wie die meisten peruanischen Indianer, eine abgewetzte Kordsamthose und einen alten Anorak aus Polyester trug. Doch seine Augen tanzten quicklebendig wie die Augen eines Vogels.

Mir stellten sich die Nackenhaare hoch, als wir uns inmitten der Menschenmenge vorschoben, denn wieder spürte ich Angst und Feindseligkeit. Ich wurde mir zunehmend meiner leuchtend weißen Nike-Tennisschuhe, meines sauberen Sporthemds, meiner neuen Levis-Jeans und teuren Sonnenbrille bewußt; meine Haut schien hell zu schimmern. Ich empfand mich als unerträglich nordamerikanisch. Ich konnte den Neid auf meinen offensichtlichen Reichtum und diese seltsame Mischung aus Neugier, Verachtung und Bewunderung, die viele Peruaner gegenüber Nordamerikanern empfinden, beinahe körperlich spüren. Erst vor kurzem mußte ich mich belehren lassen, daß ich *Nord*amerikanerin und nicht einfach Amerikanerin war. »Südamerikaner sind auch Amerikaner«, gaben mir meine peruanischen Freunde zu verstehen.

Dies war meine erste eindeutige Erfahrung als Angehörige einer Minderheit inmitten einer Mehrheit von Einheimischen. Das Gefühl, daß ich oder das, was ich für diese Menschen repräsentierte, gehaßt und gefürchtet wurde, war für eine emotional so dünnhäutige Person wie mich außerordentlich bedrückend. »Was zum Teufel tue ich eigentlich hier?« fragte ich mich. Ein Teil von mir wollte sich auf der Stelle umdrehen und aus dem Raum flüchten.

Antonio nahm meine Hand und streckte sie Ricardo hin. Für einen Augenblick sah ich ihn in einen dunkelgelben Schleier eingehüllt, aber als ich heftig mit den Augen zwinkerte, war das Bild verschwunden. Wir gaben uns die Hände. Antonio errötete verlegen, weil er nicht die Zeit gehabt hatte, seinen Lehrer davon in Kenntnis zu setzen, daß er eine *gringa* zur *Mesa* mitbringen würde. Doch Ricardo akzeptierte diese Eigenmächtigkeit mit vollkommener Gelassenheit. Er hieß mich mit einem scheuen, fast kindlichen Lächeln willkommen, wischte Antonios hastige Erklärungen mit einer Handbewegung beiseite und bedeutete uns, uns hinzusetzen, während er mit seinen Vorbereitungen für die Zeremonie fortfuhr.

Der Raum war klein, etwa drei mal vier Meter, die unebenen, in einem unansehnlichen Grün gestrichenen Wände wiesen Zerfallserscheinungen auf. Das vom Rost zerfressene Blechdach schien kaum den Regen abhalten zu können. Doch der vom Lehmboden emporsteigende frische erdige Geruch war eine Erholung nach dem penetranten, durch die Tiere verursachten Gestank draußen im Hof. Ricardo stand nun vor einem langen rechteckigen Tisch, der eine Art Altar zu sein schien.

Auf einem weißen Tuch in der Mitte des Tisches lagen verschiedene große Quarzkristalle, ein paar Papierbündel, eine Glocke, eine Lederpeitsche und ein Flaschenöffner. Ich beäugte ängstlich die Peitsche. Hinten auf dem Tisch standen Flaschen mit Sodawasser und peruanischem Bier aufgereiht. An der Wand dahinter hing ein großes Holzkreuz. Als ich mich umsah, stellte ich fest, daß an allen vier Wänden des Raums entweder ein Jesusbild oder ein Kreuz hing.

Auf den groben Holzbänken, die den Altar von drei Seiten umgaben, saßen an die dreißig Menschen. Wir setzten uns auf einer Bank zur Linken des Altars. Inmitten der überwiegend traditionell gekleideten Indios saßen sechs oder sieben Mestizen. Zwar wiesen ihre Gesichter unverkennbar indianische Merkmale auf, doch hatten sie sich mit ihrer Kleidung – überwiegend

Jeans und T-Shirts – dem westlichen Modetrend angepaßt. Bei ihnen konnte es sich nur um die »Gruppe« handeln, von der Antonio gesprochen hatte. Ich klammerte mich an Antonio und fühlte mich extrem verletzlich und mit Ausnahme von Ricardo bei allen unwillkommen. Ich hatte keine Ahnung, was als nächstes passieren würde. An sich schon nervös, weil ich kaum Spanisch sprach, merkte ich nun, daß mir meine spärlichen Sprachkenntnisse ohnehin nichts nützten, weil hier nur Quechua gesprochen wurde. Ich war gänzlich auf Antonios Übersetzung angewiesen.

Nachdem Ricardo seine Vorbereitungen am Altar beendet hatte, verstummte im Raum plötzlich jegliches Gespräch. Ein großer, würdevoll aussehender Peruaner ließ noch einige Nachzügler in den Raum und schloß dann die Tür. Ein stämmiger Mann mit schwarzem Schnurrbart fing an, das kleine schmutzige Fenster und die Doppeltür mit schweren Alpakadecken zu verhängen. Ein anderer Mann zog einen Stuhl heran, kletterte hinauf und lockerte die Glühbirne an der Decke. Ich schluckte. Was immer sich hier ereignen sollte, es würde sich in totaler Finsternis abspielen. Ich stupste Antonio mit dem Ellbogen heftig an. »Was geht hier vor? ... Warum verdunkeln sie alles ...?«

»Still«, befahl Antonio im Flüsterton.

Ricardo saß auf einem Stuhl rechts vom Altar. Er sprach die Menge in Quechua an, und sofort herrschte vollkommene Stille. Noch ein Satz in Quechua, der die Frage zu beinhalten schien, ob alle bereit waren. Ein bejahendes Schweigen war die Antwort, und Ricardo nickte dem Mann zu, der die Hand an der Glühbirne hatte. Eine letzte Drehung, und im Raum wurde es stockdunkel.

Ricardo begann sofort mit einem überaus schnell gesprochenen Gebet in Quechua. Ich verstand kein Wort. Er betete dreimal und pfiff dann drei lange Töne, so als ob er jemanden rufe. Die Gruppe saß still da. Erst da merkte ich, daß wir warteten. Aber worauf?

Wir warteten ein paar Minuten, und Ricardo begann in der Dunkelheit wieder zu sprechen. Antonio flüsterte mir zu, daß er die Gruppe um Hilfe bitte. Alle begannen das »Vaterunser« in spanisch zu rezitieren, und dann bat Ricardo, ebenfalls in spanisch, um die Erlaubnis für die »Öffnung von Jesus Christus«. Ich dehnte alle meine Sinne in die Dunkelheit aus und versuchte angestrengt herauszufinden, was passierte.

Plötzlich ertönte von oben ein Geräusch wie das einer kleinen Explosion. Das Flattern großer Flügel bewegte die Luft im abgeschlossenen Raum; ich spürte eine Brise. Etwas schien rasch durch den Raum zu fliegen und mit einem lauten Plumps auf dem Altartisch zu landen.

»*Muy buenos días, Señor Pampahuallya de Abancay Prima* steht zu euren Diensten«, verkündete eine junge männliche Stimme, fast im Falsett, von der Altarmitte her. Das war seltsam. Wie konnte Pampahuallya, eine Bergregion außerhalb von Cuzco, »zu Diensten« sein? Mit den ersten Worten der Stimme zeichnete sich vor meinem geistigen Auge ein sonderbares Bild ab. Ich sah den Körper eines großen Vogels, dessen Kopf und Gesicht irgendwie menschliche Züge aufwiesen, eine Gestalt fast so wie die eines schon lange verschwundenen mythischen Geschöpfs.

»*Ave María Purísima*«, antworteten die Menschen im Raum einstimmig.

»*Sin pecado concebida*«, erwiderte die Stimme. Es klang wie ein Spruch aus einer katholischen Messe. Im darauffolgenden Schweigen waren Schritte zu hören, die auf dem Altartisch hin- und hertrippelten. Die Stimme schien zu den Schritten zu gehören.

»Euch allen einen schönen guten Morgen«, sprach sie, und dann ertönte ein Geräusch, als ob jemand oder *etwas* eine Flasche öffnete. »Auf eure Gesundheit!« erklang die Stimme vom Tisch her, und dann hörte man, wie eine kohlensäurehaltige Flüssigkeit auf den Erdboden vor dem Altar gegossen wurde.

»Auf deine Gesundheit, *Papito*«, erwiderte die Gruppe. Beim Betreten des Raumes war mir bereits eine kleine runde Vertiefung im Lehmfußboden aufgefallen, und ich nahm an, daß das Getränk in diese Kuhle gegossen wurde.

»Antonio«, sagte die hohe Tenorstimme, während sich die Schritte unserer Seite des Tisches zu nähern schienen.

»*Ave María Purísima*«, antwortete Antonio ehrerbietig. Dies schien eine Begrüßungsformel des Respekts zu sein, und ich fühlte Ärger in mir hochsteigen, daß Antonio mich vor unserer Ankunft nicht informiert hatte, wie man die *Apus* auf die richtige Weise ansprach – falls das tatsächlich ein *Apu war*. Meine Gedanken rasten. Konnte Ricardo uns das alles vorgaukeln?

»Komm zum Tisch«, sagte Señor Pampahuallya. Antonio stand auf und trat an den Altar heran.

»Ja, Vater«, sagte er, zu dem Wesen in der Dunkelheit gewandt.

»Du hast einen Gast mitgebracht . . . Elizabeth.« Mir stockte der Atem, als dieses Geschöpf meinen Namen nannte. »Das ist sehr gut, Antonio. Wir sind glücklich, daß sie hier ist«, sprach die Stimme weiter.

»Danke, Vater. Sie ist eine Psychologin aus Nordamerika, die hier ist, um euch zu besuchen«, sagte Antonio in einfachem Spanisch, so daß ich verstehen konnte.

»Tochter Elizabeth . . .« ließ sich die hohe Stimme wieder vernehmen.

Die Kehle schnürte sich mir zu, und ich krächzte die Begrüßung heraus: »*Ave María Purísima.*«

»Sehr gut, Tochter, sehr gut. Komm zum Tisch«, erfolgte der Befehl auf spanisch. Ich verstand, zögerte aber, fühlte mich schüchtern und verängstigt.

In diesem Augenblick ertönte ein weiteres explosives Geräusch von oben, wiederum gefolgt von Flügelflattern und einem lauten Plumps. Noch etwas landete auf dem Tisch und stellte sich vor. »*Muy buenos días*«, füllte eine tiefe, grollende

Baßstimme, die ich ziemlich furchterregend fand, den Raum. »Señor Sollacasa steht zu euren Diensten.« Wieder begrüßten alle die neu angekommene Gottheit, und dann begannen die beiden Wesen auf dem Tisch etwas auf Quechua zu diskutieren.

»Tochter Elizabeth, wir sind froh, daß du hier bist. Was können wir für dich tun?« fragte mich die Fistelstimme. Ich war wie gelähmt, konnte kein Wort herausbringen und wollte mich nur noch irgendwohin verkriechen.

»Antonio, sag ihnen, daß ich sehr schüchtern bin, daß mein Spanisch nicht sehr gut ist, daß ich mich aber sehr geehrt fühle, hier zu sein, und daß ich um Erlaubnis bitten möchte, hier leben und arbeiten zu dürfen.« Antonio murmelte seine Zustimmung und übersetzte für mich. Ganz im Gegensatz zu meiner sonstigen Natur hatten mich eine ungeheure Angst und Scheu ins Stottern geraten lassen.

»Aha, eine Erlaubnis also«, sagte die Baßstimme. »Dazu müssen wir Señor Potosí aus Bolivien rufen. Er kann die Erlaubnis erteilen. Aber er wird eine Weile brauchen, um herzukommen, da er die ganze Strecke von Bolivien zurücklegen muß. Willst du in der Zwischenzeit deine *Santa Tierra* rufen?«

Antonio übersetzte für mich, aber ich verstand noch immer nicht. Verdutzt über meine Begriffsstutzigkeit fragte er mich schließlich: »Wo wohnst du?«

In meiner konfusen Beklemmung antwortete ich: »Mariscal Gamara.« Doch das war der Stadtteil, in dem ich gewohnt hatte, bevor ich in Señora Clemencias Haus umzog. Ich wußte nicht, wie die Einheimischen mein neues Viertel nannten. Doch schien dies kein Problem zu sein.

»*La Mamita Mariscal Gamara, Papitos*«, erklärte Antonio ihnen.

Eines der Wesen auf dem Tisch nahm die Glocke auf, klingelte und rief laut: »*Mamita Mariscal Gamara, Mamita Mariscal Gamara.*«

Es folgte eine Pause, und dann schienen mich die beiden Geschöpfe zu vergessen und erkundigten sich bei Ricardo nach den Angelegenheiten des Tages. Es wurden zahlreiche Bitten um Hilfe und Heilung vorgebracht, und viele weitere *Santas Tierras* wurden mit der Glocke zum Altartisch gerufen.

Allmählich begriff ich, daß eine *Santa Tierra* der für die jeweilige Straße, in der eine Person wohnte, zuständige Erdgeist war. Bei dieser Zeremonie wurde die *Santa Tierra*, der »heilige Erdgeist«, gerufen, um persönliche Fragen zu beantworten oder irgendwelche Probleme jener Familien zu lösen, die in der jeweiligen Straße beheimatet waren. Jede *Santa Tierra* schien die Oberaufsicht über ihre Straße innezuhaben. Ich stellte mir vor, daß die *Santas Tierras* nur Teil einer ausgeklügelten Hierarchie von Erdgeistern waren, und war fasziniert. Schließlich wurde noch einmal die Glocke geläutet und Señor Potosí zum Altar gerufen.

Dann war ein kleinerer Explosionslaut zu hören, der vom Boden vor dem Altar ausging, und flatternde Flügel erhoben sich aus der Erde. Ein sanfterer Plumps auf dem Tisch, und eine sehr hohe weibliche Stimme, die nur Quechua sprach, stellte sich als die *Santa Tierra* von Mariscal Gamara vor.

Antonio übersetzte für mich. »Die *Santa Tierra* von Mariscal Gamara sagt, daß du eine starke Persönlichkeit bist und über eine große Gabe des Sehens verfügst. Du bist auch mit Telepathie vertraut und sahst die *Apus* auf der Straße, hast sie aber nicht erkannt.« Ich fühlte mich geschmeichelt und als etwas Besonderes, war aber gleichzeitig völlig verwirrt. Was meinte sie mit »großer Gabe des Sehens«? Hellsichtigkeit? Mir schwirrte der Kopf. Was sagt man zu körperlosen Wesen, die sich in einem dunklen Raum materialisieren? Antonio fuhr fort: » *La Mamita* sagt, du bist stark, brauchst aber noch mehr Kraft. Sie werden dir mehr Kraft geben.«

»Halt! Wartet! Ich verstehe nicht, was hier abläuft!« wollte ich schreien. Und da ich nicht wußte, wie ich mich verhalten sollte, wurde ich außerordentlich höflich. »Erkläre ihnen, daß ich sie um die Genehmigung ersuche, hier leben und arbeiten zu dürfen«, bat ich Antonio im Bedürfnis, angesichts dieser verrückten Situation die Kontrolle nicht völlig zu verlieren. Mir war schwindlig. Irgendwie glaubte ich aus den Worten dieser Wesen herauszuhören, daß ich wichtig sei. Die Tatsache, daß sie sich überhaupt mit mir befaßten, kam für mich völlig überraschend.

»Sie müssen für die Erlaubnis auf Señor Potosí warten«, brachte mir Antonio in Erinnerung.

Die Wesen sprachen fast reines Quechua und mußten sich um viele Menschen kümmern. Ich war dankbar, als sie ihre Aufmerksamkeit nun wieder von mir abwandten und sich den Problemen der anderen im Raum widmeten.

Es wurden viele Bitten um Hilfe an die *Santas Tierras* geäußert. Eine Frau hatte ihre Schubkarre verloren und wollte wissen, ob sie ihr helfen konnten, sie wiederzufinden. Eine andere Frau fragte, ob ihr sechsjähriger Sohn von seinem Fieber geheilt werden könne. Ein Mann, der um Heilung seines Krebsleidens bat, wurde aufgefordert, zum Altar zu kommen, um von den *Apus* gesegnet zu werden.

Bald ertönten eine weitere, sehr laute Explosion von der Decke und das Flattern von anscheinend sehr großen Flügeln. Ein *Apu*, der größer und schwerer war als die anderen, landete auf dem Tisch. Eine sanfte Stimme sprach in die Stille hinein. »Señor Potosí aus Bolivien steht zu euren Diensten.«

Die im Raum Versammelten antworteten mit der üblichen Begrüßung: »*Ave María Purísima.*« Mit der Ankunft Señor Potosís veränderte sich die Atmosphäre im Raum, und alle schienen weicher zu werden. Er hatte ganz klar die Führung übernommen.

Auf spanisch sagte er zu einer Frau, die zur Heilung am Altartisch stand: »Ich bin ein Engel, fürchte dich nicht vor mir.«

Während die *Apus* sich den verschiedenen Problemen und

Krankheiten widmeten, schrieben die Mitglieder von Antonios Gruppe eifrig die Kräuterrezepte mit, welche die *Apus* diktierten. Ich konnte im Dunkeln ihre Füllhalter auf dem Papier kratzen hören.

Die Zeit verging, und ich hoffte, man hatte mich vergessen. Mein Herz klopfte, mein Verstand drehte auf der Suche nach Erklärungen fast durch. Ich war sicher, daß es sich hier um irgendeinen Schwindel handelte, konnte mir aber in keinster Weise erklären, wie sich so etwas Ausgeklügeltes vortäuschen ließ. Es hätte einer äußerst hochtechnologischen Ausrüstung bedurft – und das in einem Land, in dem es fast keine Technologie gab.

»Tochter Elizabeth«, sprach mich die Stimme Señor Potosís plötzlich an und durchdrang den Wirbel meiner wild tobenden Gedanken.

»*Sí, Papíto*«, antwortete ich auf die gleiche Art wie alle anderen und versuchte, mich an das Protokoll zu halten.

»Wir sind sehr froh, daß du hier bist«, übersetzte Antonio. Irgendwie fühlte ich mich besser, wenn dieser *Apu* sprach, fühlte mich sicherer. Er schien freundlich und gütig zu sein, er wirkte nicht so einschüchternd und pompös auf mich wie die beiden anderen. Ich schämte mich für meine Gedanken – wußten sie, was ich über sie dachte? Wie aufs Stichwort sagte Señor Potosí: »Wir wissen, daß du noch nicht an uns glaubst, aber das wirst du noch. Du denkst, wir sind irgendein Trick. Das sind wir nicht. Komm, tritt an den Tisch. Wir werden dir mehr Kraft geben.«

Ich begann mich gerade zu fragen, ob ich überhaupt mehr Kraft wollte, als die anderen Leute um mich herum anfingen, mich zum Tisch zu schieben. Dies war offensichtlich eine wirkliche Ehre, etwas, das sie sich alle vielleicht für sich selbst gewünscht hätten, aber es sollte mir zuteil werden. Wollte ich das? Ich hatte keine Zeit, darüber nachzudenken, ich stand bereits vor dem Altar.

Schon in den letzten zehn Minuten oder so hatte ich ein merkwürdiges kratzendes Geräusch gehört, das vom Altar kam – ein Geräusch, als würden Glasscherben aneinandergerieben. Die einzigen Gegenstände auf dem Tisch, mit denen solche Laute erzeugt werden konnten, waren die Kristalle. Als ich dieses Knirschen zum erstenmal hörte, hatte ich mir vorgestellt, daß einer der »Vogelmenschen« einen Kristall in die Krallen genommen und ihn an den anderen Kristallen gerieben hatte, eine Art nervöse Angewohnheit sozusagen. Das Geräusch verstummte.

»Schau auf den Tisch«, wies mich Señor Potosí an. Ich blickte in Richtung der Stimme. Plötzlich gab es ein lautes Krachen und einen blauen Lichtblitz, so als wären zwei Steine mit großer Gewalt zusammengeprallt. Die Kristalle? Ich wartete, ob ich etwas sah oder fühlte. Ich fühlte nichts, aber der Lichtblitz in der Dunkelheit und der krachende Laut hatten doch einen Eindruck hinterlassen.

»Nun, Tochter, wir haben dir mehr Kraft gegeben«, wandte sich Señor Potosí wieder an mich. »Du hast die Erlaubnis, mit unserer Gruppe zu arbeiten, ja, du mußt mit unserer Gruppe arbeiten«, sagte der *Apu*.

»*Gracias Papito*«, erwiderte ich und wußte nicht, was ich sonst sagen sollte. »Aber ich kehre morgen in die Staaten zurück«, fügte ich hinzu im Gefühl, daß ich, wenn ich hier schon einen Job zugewiesen bekam, sie zumindest über meine Verfügbarkeit in Kenntnis setzen sollte.

»Sehr gut«, erwiderte er. »Wenn du in die Vereinigten Staaten gehst, dann übermittle den nordamerikanischen *Apus* unsere Grüße. Geh zum höchsten Berg im Westen, in die Nähe jenes Ortes, an dem der Präsident wohnt, und wende dich mit Gebeten an sie. Aber bevor du etwas von den *Apus* erbittest, biete ihnen *Cuzqueña* [ein in Cuzco hergestelltes peruanisches Bier] mit Grüßen von uns an. Dann mach Fotos von den höchsten Bergen. Die *Apus* werden in den Bildern erscheinen.«

Wieder fiel mir nichts Geeignetes ein, mit dem ich hätte antworten können. »Danke *Papito,* danke für alles.«

Die Zeremonie endete damit, daß sich jeder Erdgeist und *Apu* unter Nennung seines Namens von der Versammlung verabschiedete und mit einem Flügelflattern verschwand. Die *Santas Tierras* flogen hinunter in die Erde, und die *Apus* flogen hinauf durchs Dach. Im Verlauf der Zeremonie mußten jeweils mindestens acht bis zehn *Apus* auf dem Altar versammelt gewesen sein. Señor Potosí verabschiedete sich als letzter. »*Señor Potosí, ciao*«, sagte er, und eine Brise durchwehte den Raum, als er mit großen Flügelschlägen durch die Decke verschwand.

»Öffnet die Tür«, ordnete der große Mann an. Die Decken wurden abgenommen und die Flügel der Doppeltür aufgerissen. Frische Luft strömte zusammen mit den Strahlen der Vormittagssonne herein. Mein ganzes Leben lang war ich noch nie so glücklich gewesen, das Tageslicht zu sehen.

Ich packte Antonio am Arm, zog ihn beiseite und flüsterte wütend: »Okay, wir beide werden jetzt ein sehr ausgedehntes Mittagessen einnehmen, und du wirst mir dies *alles* erklären. Verstanden?«

Antonio sah mich und lachte: »Beruhige dich.« Als er sah, daß mein Gesichtsausdruck unverändert blieb, fügte er hinzu: »Okay, okay, du darfst mich zum Mittagessen einladen.«

Antonio lachte weiter über meinen tiefen Ernst, dann deutete er auf die im Raum Anwesenden; all die vormals so feindseligen Gesichter lächelten nun und strahlten mich an. Offensichtlich war die Reaktion der *Apus* auf mich äußerst günstig ausgefallen, und das verschaffte mir eine sofortige Aufnahme in die Gemeinschaft. »Ich wußte nicht, daß es derartig wichtig war, aber ich hatte so ein komisches Gefühl«, sagte Antonio zu mir.

Ich warf ihm einen mißtrauischen Blick zu. »Antonio, bitte hör auf, in Rätseln zu sprechen. Was genau meinst du damit?« Die Ereignisse der letzten Stunde hatten mich bis ins Mark erschreckt, und ich reagierte aus der Angst und dem Schock heraus mit Wut.

»Ich werde es beim Essen erklären. Aber erst müssen wir noch Ricardo unsere Aufwartung machen.«

»Wußte ich's doch – jetzt kommt's«, dachte ich. In den drei Monaten meines Aufenthalts hatte ich bereits diverse Male erlebt, wie Leute versuchten, der *gringa* Geld aus der Tasche zu ziehen. Das hatte mich natürlich etwas zynisch werden lassen. Peru war ein sehr armes Land, und ich, obwohl ich in meinem eigenen Land auch nur eine mittellose Studentin war, mußte den Peruanern zweifellos als reich erscheinen. Und an ihrem Standard gemessen war ich es ja auch. Ich zahlte monatlich umgerechnet an die siebzig Mark für Unterkunft und Verpflegung. Ich konnte es mir leisten, eine Weile in Cuzco zu bleiben, wo ein exzellentes dreigängiges Menü etwa eine Mark kostete. Aber nun war ich mir sicher, woran die ganze Sache hakte. Ricardo würde mich für meine Teilnahme an der Zeremonie um eine Menge Geld bitten. Ich wappnete mich.

Ricardo schüttelte mir die Hand und lächelte mich an. »Es scheint, die *Apus* sind unserer Elizabeth sehr wohlgesonnen«, sagte Antonio und blinzelte Ricardo an.

Ricardo lachte nur. »Über Geschmack läßt sich nicht streiten«, witzelte er. »Komm wieder und besuch uns, wenn du aus den Vereinigten Staaten zurück bist. Du bist jederzeit willkommen«, fügte er hinzu.

»Vielen Dank ... äh ... *gracias*«, stotterte ich benommen und beschämt. Denn über Geld verlor Ricardo kein Wort.

»Okay, Antonio, jetzt erklärst du mir ganz genau, was das alles auf sich hat«, verlangte ich, als wir in einem kleinen einheimischen Restaurant einander gegenübersaßen. Ich stand noch immer unter Schock. Ein Huhn wanderte zu unseren Füßen herum und pickte an Abfällen, die vom Tisch gefallen waren.

»Vor einigen Monaten ...«, begann er und verstummte. Er

schien von Emotionen überwältigt zu werden. Dann setzte er von neuem an, sprach langsam, »... sagten uns die *Apus*, daß ein Psychologe aus Nordamerika kommen und sich unserer Gruppe anschließen werde. Wir nahmen natürlich an, daß es sich um einen Mann handelte. Dann bist du aufgetaucht.« Auf seinem ernsten Gesicht erschien ein breites Lächeln. »Aus irgendeinem Grund verspürte ich erst letzte Woche das starke Bedürfnis, mit dir zu sprechen, obwohl ich dich schon seit Monaten im Institut gesehen hatte. Dann hast du mir von deinem Erlebnis mit den *Apus* erzählt«, er schwieg einige Momente und wartete darauf, daß ich verstand.

»Ja? Und?«

»Begreifst du denn nicht die Bedeutung der Ereignisse?« fragte er ganz ernst. »Als ich dir zum erstenmal begegnete und hörte, daß du Psychologin bist, kam mir schon so etwas wie eine Ahnung, dennoch sprach ich dich erst letzte Woche an, nachdem du glücklicherweise bereits deine eigene Erfahrung gemacht hattest.« Mein Herz schlug schneller, als mir klar wurde, daß sich seine Aussage mit dem Gefühl von einer Mission verband, das mich befiel, als in mir zum erstenmal das drängende Bedürfnis geweckt wurde, nach Peru zu gehen.

»Was hat sie veranlaßt zu glauben, daß diese Person kommen würde?« fragte ich.

»Als uns die *Apus* von diesem Menschen erzählten, sagten sie, daß der Gruppe im Verein mit ihm die Macht verliehen werde, die *Apus* zu rufen. So etwas hat es im Verlauf der Tradition noch nie gegeben. Zunächst war ich mir nicht sicher, aber angesichts der Reaktion der *Apus* auf dich steht es jetzt eindeutig für mich fest: Diese nordamerikanische Person bist du!«

Ich schnappte nach Luft. Ich fühlte mich geschmeichelt und zugleich demütig, fast verlegen. »Aber Antonio, was kann *ich* tun? Warum *ich*?«

»Die *Apus* arbeiten auf geheimnisvolle Weise, die selbst wir Peruaner nur schwer begreifen können«, erwiderte er. »Doch du solltest wissen, daß viele Leute hierherkommen und nach den *Apus* suchen, aber nur wenige finden sie. Wenn dir dein Herz sagt, daß du mit uns arbeiten sollst, dann mach es. Es ist deine freie Entscheidung. Und noch etwas solltest du wissen«, er machte eine kurze bedeutsame Pause. »Manche der Hohepriester haben die *Apus* gemalt. Sie haben den Körper eines Kondors – aber mit menschlichen Köpfen.« Ich zuckte zusammen.

»Antonio, genau das habe ich vor meinem geistigen Auge gesehen, als sich die *Apus* materialisierten!«

Er lächelte mich an. »Warum fragst du dann ausgerechnet *mich,* weshalb sie *dich* ausgewählt haben? Ich arbeite seit einem Jahr für die *Mesa* und habe so etwas noch nie gesehen.«

Ich saß völlig verwirrt da. Ich hatte das Gefühl, daß vor mir ein Abenteuerfilm abgespult wurde, der Realität geworden war. Und dieser Film war mein Leben!

»Okay«, sagte ich, »auf irgendeine verrückte Weise paßt das alles zusammen. Aber ich kann nicht behaupten, es zu verstehen. Antonio, warum mußten sie, als ich die *Apus* um Erlaubnis bat, hier in Cuzco arbeiten zu dürfen, einen bolivianischen Geist der Berge rufen?«

»Oh«, sagte Antonio nachdenklich, »das ist eine interessante Frage. Die andinen Priester arbeiten nicht im Rahmen eurer heutigen Geographie. Sie halten an einer älteren Identität und Geographie fest, einer, die vielleicht mehr dem Inka-Reich entspricht oder der Hierarchie der Natur selbst – ich bin mir nicht sicher. Aber eines ist gewiß: Jeder Priester darf nur mit Erlaubnis seines obersten *Apu* arbeiten, und für Ricardo ist das Señor Potosí ... Elizabeth, du reist morgen ab, nicht wahr?« fragte er dann.

Ich nickte.

»Die *Apus* haben der Gruppe etwas gegeben. Ein inkaisches Artefakt, du würdest es als ›Kraftobjekt‹ bezeichnen.«

Ich war fasziniert und drängte ihn, weiterzusprechen.

»Es ist eine Steinschale mit ungewöhnlichen Proportionen. Sie wird an einem Ort nicht weit von hier aufbewahrt. Ich möchte gerne, daß du sie siehst.«

Ich fühlte mich wie ein Kind, das in Regenpfützen herumspringen darf. Ich war schon bis auf die Haut mit seltsamen Erfahrungen durchtränkt, was machte da noch eine weitere Pfütze aus? Abgesehen davon wollte ich mit Antonio und seiner Gruppe arbeiten, also konnte ich auch gut noch mehr über sie herausfinden – so sagte ich mir.

»In Ordnung«, antwortete ich. »Gehen wir auf dem Rückweg dort vorbei.«

Nach einem kurzen Stück Weges kamen wir zu einem Geschäft und wurden ins Hinterzimmer gebeten. Der Laden, in dem Textilien verkauft wurden, gehörte dem Vater eines Mitglieds der Gruppe. Antonio stellte mich drei Personen vor, die ich von der *Mesa* her wiedererkannte: Felipe und Maria, ein junges Paar, beide Physikdozenten an der Universität von Cuzco, und Raul, ihr langjähriger Freund. »Wir freuen uns, daß du dich uns anschließt, Elizabeth«, sagte Felipe bei unserer Begrüßung.

»Die *Apus* sagten uns, wo wir suchen sollten, um dies zu finden.« Er nahm einen in Sackleinwand gehüllten Gegenstand von offensichtlich hohem Gewicht auf. Er wickelte ihn aus, und es kam eine große Steinschale mit zwei klobigen Griffen zum Vorschein. Die Schale war etwa acht Zentimeter dick und aus einem dunklen, grünlich-weißen Stein, der wie Granit aussah. Sie hatte eine glatte Innenfläche und war insgesamt nicht sehr tief. In der Mitte ihres Grundes bildeten drei weiße Punkte ein Dreieck.

Als ich die Schale betrachtete, hatte ich eine merkwürdige Empfindung – so als ob ich fallen würde. Sogleich fühlte ich mich dazu gedrängt, meine Hand in sie zu legen. Mir stockte der Atem, als meine Hand in einer Sternenwolke verschwand. Ich schloß die Augen, und die Realität löste sich auf.

Die Steinschale, die sich um sich selbst dreht, durchbricht die Erdatmosphäre und schießt in den Weltraum. Und ich sehe, während sie frei im Raum schwebt, wie ihre Moleküle auseinanderfallen, sich neu ausrichten und sich zu einer neuen Konfiguration wieder vereinigen. Etwas wird hinzugefügt. Ein geläutertes Metall! Gold! Die Schale dreht sich wieder wirbelnd, schießt zurück durch den Raum und kehrt zur Erde zurück.

Als ich die Hand von der Schale nahm, kehrte die Welt langsam zur Normalität zurück. Ich blickte in die erwartungsvollen Gesichter rings um mich herum. »Was hast du gesehen?« fragte Antonio mit sanfter Stimme.

»Die Schale, sie hat noch etwas extra ... umgewandeltes Gold!« antwortete ich wie im Traum, nicht wirklich wissend, was ich sagte. Felipe, Maria, Raul und Antonio nickten. Sie wirkten nicht überrascht. Tatsächlich schien das alles für sie eine ganz normale nachmittägliche Beschäftigung zu sein.

»Streich mit der Hand über sie, du kannst die Energie fühlen«, forderte Raul mich auf. Ich führte die Hand in etwa dreißig Zentimeter Abstand über die Schale und spürte deutlich ein Aufsteigen von Energie, Wärme und Kitzeln. Ich versuchte es mehrere Male, immer mit dem gleichen Ergebnis. In diesem Augenblick fühlte ich, daß diese Steinschale und ich eine gemeinsame Geschichte erleben und wir in Zukunft irgendwie miteinander verbunden sein würden.

Antonio und ich machten uns schweigend auf den Nachhauseweg. Ich freute mich mit einiger Erleichterung auf meinen langen Flug am nächsten Tag. Es gab eine Menge, worüber ich nachdenken mußte.

3

Ritual in Ojai

Ich starrte aus dem Flugzeugfenster, die Tränen rannen mir übers Gesicht, und ich war dankbar, daß ich eine ganze Sitzreihe für mich hatte. Ich fühlte mich wie ein Baby, das seiner Mutter entrissen worden war. Noch nie hatte ich geweint, wenn ich einen der Orte, an denen ich im Laufe meines Lebens gelebt hatte, verlassen mußte, das Zuhause meiner Kindheit in Minnesota eingeschlossen. Um Menschen weinte ich, aber um einen Ort, um ein Land? Niemals.

Das hatte sich jetzt alles geändert wie viele andere Dinge auch. Nachdem ich mich vom Schock meiner Begegnung mit den *Apus* erholt hatte, kam mir die Bedeutsamkeit dieses Ereignisses schlagartig zu Bewußtsein. Es *existiert* eine unsichtbare Welt! Ich wußte es. Mein kindliches Ich hatte es immer gewußt, doch nun hatte ich eine reale Erfahrung damit gemacht. Ich hatte einen Beweis! Vorausgesetzt natürlich, daß die *Apus* kein Trick waren.

Wenn aber das Geschehen bei der *Mesa* kein fauler Zauber war, dann gab es die *Apus* wirklich. Und das erforderte eine ernsthafte Korrektur meiner Weltsicht – von einer Sichtweise, in der die »Geisterwelt« eine verlockende Möglichkeit darstellte, zu einer Perspektive, in der sie sich als konkrete Tatsache präsentiert hatte. War ich gerade Zeugin einer Öffnung in diese andere Welt geworden, die mir einen Einblick gewährt und sich dann wieder geschlossen hatte? War es möglicherweise das, was Ricardo mit der »Öffnung von Jesus Christus« gemeint hatte?

Die *Apus* kamen von irgendwoher und gingen irgendwohin. Aber wohin? Plötzlich hatte sich mir eine ganze neue Welt aufgetan, eine Welt, die Magie beinhaltete, und das machte die Rückkehr in die Staaten, das Land profaner Nüchternheit, für mich um so schmerzlicher.

Indem ich Cuzco verließ, verließ ich den einzigen Ort auf Erden, an dem sich meine Seele jemals vollkommen zu Hause gefühlt hatte. Ich ließ den Tränen freien Lauf. In Cuzco waren die innere und die äußere Welt für mich zusammengekommen, und ich wußte, daß ich mit Leib und Seele, mit Fleisch und Blut diesem Teil der Erde angehörte. Und so schmerzlich es war, weggerissen zu werden, wußte ich doch zweifelsfrei, daß ich zurückkommen würde. Meine Reise in die Staaten war ein Urlaub von meinem neuen Zuhause.

Ich tupfte mir die Augen ab und starrte hinaus auf die Berge, fühlte die Verbundenheit zu diesem Land und meinem tiefsten Inneren. Vor meinem geistigen Auge schienen drei Wesen aufzutauchen, die mir Lebewohl zuwinkten. Die *Apus*?

»Legen Sie bitte die Sitzgurte an. *Flight attendants prepare for takeoff*«, kam die Anweisung des Flugkapitäns aus den Lautsprechern. Ich sah hinunter auf meine Sitzgurte und schnappte nach Luft. Drei wirbelnde Silberscheiben schwebten ein paar Zentimeter vor meinem Körper jeweils in Höhe meines Herzens, meines Bauchs und meiner Genitalien. »Das sind die Energiezentren meines Körpers«, erkannte ich eindeutig in Gedankenschnelle. Ich fragte mich, ob der Energieschub, den ich von den *Apus* bekommen hatte, um mir »mehr Kraft zu geben«, für diesen Effekt verantwortlich war, ob durch ihn irgendwie mein subtiles Wahrnehmungsvermögen geöffnet worden war.

Eine Stewardeß stellte meinen Sitz in aufrechte Position. Ich blickte wieder an mir hinunter, sah aber nur mein zerknittertes weißes Hemd, die Ränder meiner neuen Jacke aus peruanischer Wolle und den oberen Bereich meiner Hose. Ich war wieder zu meiner normalen Sicht zurückgekehrt. War dieser momentane Einblick in die Welt der Energie ein Hinweis darauf, was sich in den Staaten ereignen sollte? Ich hatte angenommen, daß meine seltsamen Erlebnisse mit dem Verlassen Perus ein Ende hätten. Doch nun war ich mir da nicht mehr so sicher.

Ich war seit zwei Wochen wieder in San Francisco und immer noch damit beschäftigt, meine alten Freunde aufzusuchen, als Rusa anrief und mich zum Tee auf die Greengulch Farm einlud.

Nach meiner Ankunft in Kalifornien bestand meine oberste Priorität in der Suche nach einem Job, in dem ich über die Sommermonate ausreichend Geld verdienen würde, um nach Peru zurückkehren und meine Recherchen über die Heilverfahren mit Hilfe der *Apus* fortsetzen zu können. Ich hatte ein paar Vorstellungsgespräche hinter mir, aber noch kein Jobangebot. Die *Apus* hatten mir gesagt, daß ich frei über sie sprechen solle, und so beschloß ich, einen unentgeltlichen Vortrag an meiner Universität zu halten. Die Vorstellung, öffentlich von meinen Erlebnissen zu berichten, war aufregend. Doch zunächst mußte ich meinen Freundinnen und Freunden privat Bericht erstatten. Ich brauchte Unterstützung von Seiten der am nüchternsten und klarsten denkenden Menschen, die ich kannte. Rusa, eine Doktorandin der Psychologie, gehörte dazu. Ich kannte sie seit über fünf Jahren. Wir waren Kommilitoninnen, und sie hatte ihr Studium beendet, um ihren Doktortitel zu erlangen. Ich respektierte ihre Ausdauer. Rusa, eine kleine und sehr zierliche Chinesin, war außerordentlich intelligent und mit einem eisernen Willen ausgestattet. Diese winzige Frau schwamm fast täglich in der San Francisco Bay und sprach dort »ein Mantra für die Haie«. Sie und ihr Mann Reb praktizierten schon lange Zen-Meditation. In meinen Studienjahren hatte ich ein Jahr lang bei ihnen gelebt und mich um ihre Tochter Thea gekümmert.

Beim Tee erzählte ich Rusa meine Geschichte und wartete

gespannt auf ihre Reaktion. »Wenn du mir sagst, daß das so passiert ist, dann weiß ich, daß es sich auch so abgespielt hat, wenngleich es sich wild und abenteuerlich anhört.« Ihre einfache Aufrichtigkeit und ihr tiefer Glaube an mich waren eine ungeheure Erleichterung.

Ein paar Augenblicke später klingelte das Telefon. Rusa stand auf, um den Hörer abzunehmen, und ich schlenderte in die Bibliothek ihres Mannes und ließ meinen Blick müßig über die Bücherregale schweifen. Ein Buch stach irgendwie besonders hervor. Es schien fast zu glühen oder zu pulsieren. Wie magisch angezogen nahm ich es aus dem Regal und betrachtete den Umschlag: »*Parzival: A Romance of the Middle Ages.*« Es war ein Buch über das Gralsepos des Wolfram von Eschenbach. Ich schlug das Buch irgendwo auf und las:

»10. Der Gral
... dieser zweite Schatz war eine Platte (walisisch: *dyscyl*): ›Welche Speise man sich auch immer darauf wünschte, man erhielt sie sofort.‹ Das Wort *dyscyl* war ... das semantische Äquivalent für das altfranzösische *graal,* und um 1240 definierte der Helinandus *graal* als ›eine breite und leicht vertiefte Schale‹ ... So führte ein semantischer Irrtum letztlich zur Entstehung dieses überaus poetischen Symbols des Mittelalters, des Heiligen Grals.«

Weiter stand in dem Buch, daß die *dyscyl* oder Platte nicht aus Metall, sondern wahrscheinlich aus einem Stein gefertigt sei. Eine breite und leicht vertiefte Steinplatte! Mir kam sofort die Steinplatte, »kosmische Schale«, in den Sinn, die mir Antonio kurz vor meiner Abreise aus Peru gezeigt hatte. Warum war ich auf diese Buchseite gestoßen? Konnte die kosmische Schale der Heilige Gral sein? »Nein!« schrie mein rationaler Verstand. »Das ist mehr als absurd!«

Mein Magen bebte, und wieder einmal überkam mich dieses

unheimliche Gefühl von Schicksalsmacht, gleichsam als wäre ich mit einem Eimer kalten Wassers übergossen worden – aber von innen nach außen. An meinen Armen bildete sich eine Gänsehaut. Ganz gewiß machte ich gerade einen schweren Anfall von medialem Größenwahn durch. Also hielt ich den Mund und erzählte niemandem von diesem Intermezzo.

Nicht lange danach erhielt ich einen Anruf von Jennifer, einer meiner besten Freundinnen, und wir verabredeten uns zum Abendessen. Wir beschlossen, uns in einem Restaurant in Noe Valley zu treffen und bei einem guten Essen die Neuigkeiten der letzten Zeit auszutauschen. Ich kam früh an und nahm an einem etwas abseits stehenden Tisch Platz, um uns ein wenig Privatsphäre zu schaffen. Jennifer war einer der wenigen Menschen, mit denen ich offen über meine ungewöhnlichen spirituellen Erfahrungen sprechen konnte, denn sie selbst war auf diesem Gebiet ebenfalls nicht unerfahren.

Ich kaute gedankenverloren an einer warmen gebutterten Scheibe Brot und fragte mich, wie ich ihr das, was mir passiert war, erklären sollte, als Jennifer auftauchte. »Hallo!« begrüßte sie mich fröhlich. Ich betrachtete meine mir so liebe Freundin, eine schöne Frau, von Kopf bis Fuß in Schwarz gekleidet, was ihrer dichten blonden Mähne noch mehr Glanz verlieh. »Ha! Schau uns an«, sagte sie, »du ganz in Weiß und ich ganz in Schwarz. Ich nehme an, das wird ein wichtiges Treffen.« Erst da wurde mir bewußt, daß ich tatsächlich in Weiß gekleidet war. Ich trug den Overall, den mir meine Mutter im vorigen Sommer geschenkt hatte. Seit acht Monaten hatte ich nicht mehr ausschließlich weiße Kleidung angezogen; das tat keiner, der in Peru unterwegs war.

»Wie geht's dir?« fragte ich und umarmte sie stürmisch. Wir setzten uns an den Tisch.

»Mir geht's gut. Und ich kann sehen, daß du einige Abenteuer hinter dir hast«, sagte sie und blickte mir offen ins Gesicht. Sie hatte schon immer die Gabe besessen, in mir zu lesen, und darin verließ ich mich auf sie. Das und unser gemeinsames Interesse am Spirituellen hatte uns bereits vor langer Zeit zu Freundinnen zusammengeschweißt, zu Seelenfreundinnen. »Ich will, daß du mir alles erzählst, aber laß uns erst einmal bestellen.« Jennifers praktisches Wesen entspannte mich.

Wir wählten unser Essen aus der Speisekarte und dann breitete ich rasch die ganze Geschichte vor ihr aus, beginnend mit meinem Besuch bei der Kräuterärztin und der Ei-Diagnose über die Zeremonie in der Dunkelheit bis hin zu den *Apus*. »Ich weiß einfach nicht, was ich davon halten soll, Jennifer. Ich habe das Gefühl, in etwas wirklich Wichtiges hineingeraten zu sein, aber ich habe noch nicht alle Puzzleteilchen beisammen.«

Ich spürte, daß Jennifer sehr intensiv zuhörte, ihr Blick in dem meinen versunken. Als ich mit meiner Geschichte geendet hatte, überkam mich eine merkwürdige Empfindung. Mein Bewußtsein verlagerte sich. Das Restaurant wurde plötzlich zu etwas Fernem, Unwirklichem. Ein pulsierendes Gefühl breitete sich in meinem heftig pochenden Herz und meinem rechten Arm aus, als würde ich von einem Energiefluß durchströmt, der sich in meiner rechten Handfläche sammelte.

Spontan hob ich die rechte Hand und streckte ihre nach außen gewandte Innenseite Jennifer entgegen. Sie hob instinktiv die linke Hand, um sie an meine Hand zu legen, schreckte dann aber zurück und ließ sie wieder sinken. »Los«, ermutigte ich sie, »ich glaube, das ist für dich.«

Zögernd legten wir die Handflächen aneinander. Sofort floß magnetische Kraft von meiner Hand in die ihre über. Noch nie zuvor hatte ich so etwas erlebt. Ich sah Jennifer an, und auf einmal lösten sich ihr Gesicht und ihr prächtiges Haar in reines Licht auf. Ich hielt die Luft an, blinzelte in dieses Strahlen. Jennifers Haupt war plötzlich durch eine Glühbirne von tausend Watt ersetzt worden. Mein ganzes Sein wurde von der Seligkeit dieses Kontaktes erschüttert. Er war sinnlich *und* spirituell, eine Art energetischer Ekstase.

Durch irgendeinen Akt des Himmels verschwanden Zeit und Raum, und ich war von einem Augenblick zum nächsten imstande, dieses großartige Leuchten, das Jennifer war, zu sehen. Ihre Seele enthüllte sich mir. In meinen Augen stiegen Tränen auf. Ich blinzelte, und das Leuchten dämpfte sich in gerade dem Maße, daß ich ihre Gesichtskonturen wahrnehmen konnte. Schlagartig wurde mir klar, daß dieses blendende Licht die *wirkliche* Jennifer und ihr Gesicht einfach die begrenzte Projektion dieses Strahlens war. An diesem Licht gemessen wirkte es nun wie eine Karikatur. Ich konnte eingegrabene Schmerzlinien sehen, ein tiefes Leid.

Sofort verstand ich: Sie hatte vergessen. Ein schrilles Alarmsignal durchzuckte mich, und mir kam es vor, als ob ich eine sehr weite Strecke zurücklegen müsse, um sie zu erreichen. »Jennifer«, drängte ich sie heftig, »erinnere dich ... erinnere dich. Du *mußt* dich erinnern, wer du *bist*!«

Was ich genau sagte und wie lange ich redete, weiß ich nicht. Meine Seele sprach zu ihrer Seele und wiederholte immer wieder die gleiche eindringliche Botschaft. Dann schien sich, aus meiner seltsamen Perspektive gesehen, ihr Kopf zu spalten, und eine Fontäne des Leids ergoß sich und bedeckte die Welt mit vergossenen Tränen. Es war das Leid des Vergessens.

So abrupt die Vision gekommen war, so abrupt verschwand sie. Wir ließen die Hände sinken. »Möchten Sie noch etwas?« fragte die Kellnerin, die plötzlich an unserem Tisch stand. Das Restaurant nahm rasch seine normale Erscheinungsform an.

»Nein, danke«, sagte Jennifer mit geübter Nonchalance.

Nach langem Schweigen fragte ich: »Jennifer ... was *war* das?«

Sie sah einige Minuten lang gedankenvoll vor sich hin. »Du hast mich *gesehen*«, sagte sie einfach. »Ich danke dir.«

Und so begann meine Karriere als Sensitive, eine Karriere, die über den Sommer hinweg andauern sollte und mir das nötige

Geld für meine Rückkehr nach Peru einbrachte. Bald nach dem Abendessen mit Jennifer begegnete ich einer Hellseherin. Sie sagte mir, daß ich medial sehr begabt sei, und bot mir an, mich in medialer Lebensberatung auszubilden. In den nächsten beiden Monaten war ich in einer Stadt, in der es vor Medien nur so wimmelte, ausgelastet, als wenn ich ganztags beschäftigt wäre, gab manchmal bis zu sechs Beratungen am Tag. Binnen kurzer Zeit hatte ich auf wundersame Weise genug Geld zusammen, um meinen nächsten Recherchenschritt zu finanzieren. Jetzt wartete nur noch eine Aufgabe auf mich: die Mission, die mir die *Apus* aufgetragen hatten.

Wir brausten in Claudias neuem roten Honda auf der Autobahn dahin, von Eile getrieben, da wir mit einem Berggeist verabredet waren. Seit meiner Rückkehr in die Vereinigten Staaten hatte ich die Botschaft der *Apus* zu enträtseln versucht. Señor Potosí hatte mir aufgetragen, ein Ritual am Fuß eines Berges im Westen durchzuführen, eines Berges in der Nähe des Ortes, wo der Präsident wohnt. »Aber der Präsident wohnt im Osten, im Weißen Haus«, argumentierte mein logischer Verstand.

Es bedurfte eines weiteren alten Schulfreunds, um schließlich die Verbindung herzustellen. Ich trank Tee mit ihm und erzählte von diesem Rätsel über die Berge und den Präsidenten, als er mich plötzlich ansah: »Ojai«, sagte er. Das Wort hallte wie eine Glocke in mir wider. »Sie meinen Ojai. Das ist in der Nähe von Reagans Ranch«, erklärte mein Freund.

»Aber er ist nicht mehr Präsident«, protestierte ich.

»Einmal Präsident, immer Präsident«, erwiderte mein Freund mit einem Augenzwinkern.

Sehr viel stärker als seine Logik wirkte das Wort »Ojai« auf mich, das wie ein Pfeil aus seinem Mund geschossen kam und tief in meinem Körper landete. Mein Verstand mochte zweifeln, aber mein Körper war absolut davon überzeugt – dies war der Ort. Eine weitere Bestätigung erhielt ich später, als ich gleich nach meiner Rückkehr nach Hause meine Freundin Cyntha in Detroit anrief. Binnen zweier Stunden arrangierte sie es, daß ihre Freundin Claudia, eine schöne junge Argentinierin, die in San Francisco lebte, mich nach Ojai chauffierte. Sie organisierte sogar für uns eine Übernachtungsmöglichkeit in Ojai bei einer Frau, die sehr viel von Ritualen hielt. Grünes Licht auf der ganzen Linie!

Da Cyntha mich als erste in den Schamanismus eingeführt hatte, als sie mich zu einer dieser nächtlichen schamanischen Heilzeremonien in Moche schleppte, war sie nun zu meiner Vertrauten bezüglich dieser Thematik geworden. Unsere Telefonrechnungen erreichten schwindelerregende Höhen. Cynthas Studien in Peru neigten sich ihrem Ende entgegen, als ich dort eintraf, und das Schicksal wollte es, daß sie nach Europa gerufen wurde. Es war schieres Glück, daß sie gerade ihre Familie in Detroit besuchte, als ich wieder in Kalifornien war. Doch selbst Cyntha vermochte keine Erklärung für dieses seltsame Phänomen der *Apus* zu finden.

»Warum brauchen die *Apus*, wenn sie Engel sind, dich zur Durchführung einer Zeremonie, damit sie mit den nordamerikanischen *Apus* reden können?« hatte mich Cyntha bei einem unserer Telefonate gefragt.

»Das ist eine gute Frage«, hatte ich geantwortet. »Ich denke, sie sind vielleicht eine Art Erdengel, denen bestimmte Bereiche unterstehen – was aber immer noch nicht erklärt, warum sie nicht miteinander kommunizieren können. Es sei denn ...«

»Es sei denn, sie haben sich einander entfremdet«, beendete Cyntha meinen Satz im Ton der Gewißheit. Und wieder traf diese Feststellung mitten ins Schwarze der Wahrheitszielscheibe in meinem Innern.

Dies war eine einzigartige und aufregende Weise, sich durch die Welt zu bewegen. Ich mußte mit Ereignissen und Situationen fertig werden, deren Wahrheitsgehalt ich auf keinerlei objektive Weise bestätigen konnte. Ich *mußte* mich bei meinen Aktivitäten auf mein intuitives Gefühl von Wahrheit verlassen. Mein ganzes Leben lang war ich gelehrt worden, meinen rationalen Verstand einzusetzen, nachzudenken, Situationen vernunftgemäß zu beurteilen und logisch zu handeln. In dieser neuen Welt der Seele schien die Logik kaum von Bedeutung zu sein. Oder sollte ich sagen, die rationale Logik spielte anders als in der Vergangenheit keine vorrangige Rolle? Ich agierte und reagierte im Kontext einer größeren organischen Struktur, einer universalen Ordnung, in der rationales und lineares Denken scheinbar wenig auszurichten vermochten.

Doch die Logik hatte mich noch immer mächtig im Griff. Ich war in meinem eigenen Käfig der Rationalität gefangen. Ich stemmte mich gegen diese Gitterstäbe, sie bogen sich, gaben nach, und schließlich brachen sie allmählich auf. Frei zu sein war erschreckend und erfrischend zugleich. Wie angsterregend sie auch sein mochte, ich wußte, daß jenseits dieses Käfigs eine andere Welt existierte, und ich verlangte geradezu gierig nach ihr.

Um in dieser neuen Welt zu leben, mußte ich empfänglich sein, auf meine inneren Empfindungen achten und sie als leitende Kraft nutzen. Ich konnte mich nicht länger auf die äußere Welt verlassen, die Diktate der Kultur, der Gesellschaft, oder auch auf meine eigenen logischen oder psychologischen Deutungen. All das war fürs erste ausgesetzt. Ich folgte dem wogenden, sinnlich wahrgenommenen, organischen Drängen, das aus dem Innern kam. Es machte mich unglaublich glücklich, diesem subtilen inneren Antrieb nachzugeben, statt ihn durch Logik außer Kraft zu setzen, wie ich es in der Vergangenheit immer getan hatte. Diese Seinsweise hatte etwas zutiefst Weibliches in sich.

Nach sieben Stunden Fahrt kamen wir in Ojai an. Eine Landkarte und ein Schlüssel für unsere Übernachtungsgelegenheit lagen bereit, alles schon von Cyntha im voraus organisiert. Als wir zu unserer Adresse fuhren, lachte Claudia und schüttelte den Kopf. »Du und Cyntha, ihr seid die hexenhaftesten Hexen, die ich kenne. Erstaunlich, wie ihr es fertigbringt, daß sich alles für euch regelt. Ich hoffe, daß ein bißchen was davon auf mich abfärbt. Das ist der Grund, weshalb ich mitgekommen bin.«

»Mach dir keine Sorgen, Claudia, du hast eine Menge von einer Hexe in dir. Und vergiß nicht, du bist die offizielle Fotografin bei dieser Expedition«, erinnerte ich sie. Der Auftrag der *Apus* lautete, die Berge während des Rituals zu fotografieren, und die nordamerikanischen *Apus* würden auf den entwickelten Bildern zu sehen sein. Sollte diese Vorhersage tatsächlich zutreffen, so konnte das als ein konkreter Beweis für ihre Realität angesehen werden. Antonio hatte mir in Cuzco erzählt, daß die *Apus* zuweilen auf Fotos erscheinen, sich aber nach ein paar Monaten daraus verflüchtigen. Das wollte ich mit eigenen Augen sehen.

Am nächsten Morgen wachten wir spät auf. Mein Bewußtsein, angefüllt mit einem Mischmasch aus Träumen und Realität, ließ mich nur schwer den Tagesrhythmus aufnehmen. Ich hatte schon lange nicht mehr so tief und fest geschlafen. Claudia griff sich meine Taschen, als wir zum Wagen gingen. »Ich werde mich darum kümmern«, sagte sie, als wir unsere Utensilien im Auto verstauten, »du hast andere Lasten zu tragen.« Wir lachten, denn sie hatte recht.

Ich hatte für dieses Ritual eine Reihe von Dingen besorgt: eine kleine peruanische Decke als Altartuch; zwei Flaschen *Cuzqueña,* Bier aus Cuzco, peruanischen Tabak in Form von Zigaretten, die »Inkas« hießen, und eine Muschel, in der ich Salbei verbrennen wollte. Ich wußte, daß die nordamerikanischen Indianer bei ihren Zeremonien Salbei und Tabak als Opfergabe darbrachten, und da wir uns nun in Nordamerika befanden, hielt ich es für besser, alle Voraussetzungen zu berücksichtigen. Wir fuhren stadtauswärts auf einen hohen Berg zu, der in der Ferne aufragte. »Das muß der heilige Berg von Ojai sein«, sagte Claudia.

»Ja, obwohl man das ja kaum Berge nennen kann«, witzelte ich. »Die Anden – also das sind wirkliche Berge ...«, ich hielt mitten im Satz inne. Claudia wandte mir ihr Gesicht zu und starrte mich an.

Plötzlich lagerte sich ein Bild vom Tal von Cuzco über die Landschaft, die ich gerade betrachtete. Ich begriff sofort, daß das Ojai-Tal die gleiche Form wie das Tal von Cuzco hatte, ja fast eine Kopie war, nur in Miniatur. Der heilige Berg von Ojai nahm dieselbe Position ein wie der heilige Berg Ausangate. Als ich meine Sprache wiederfand, erklärte ich Claudia, was ich sah.

»Sehr gut«, sagte sie, »du stimmst dich ein.«

»Ja«, erwiderte ich. »Das Ritual muß genau zehn Minuten vor zwei stattfinden.« Ich befand mich in einer Art Trance.

»Perfekt. Das läßt uns genug Zeit, um uns umzusehen und dann etwas zu Mittag zu essen.«

Um halb zwei hatten wir unsere Mittagspause beendet und waren die lange, holprige Straße zum Berg Ojai hinaufgefahren. Ich wollte pünktlich sein. Claudia parkte den Wagen am Tor zum Ojai-Center und wir betraten die Anlage, wobei wir an zwei achteckigen Gebäuden vorbeikamen, in denen anscheinend Büros untergebracht waren. Ich wußte, daß das Ojai-Center auf diesem heiligen Boden mit der Absicht errichtet worden war, um schamanische Glaubensvorstellungen und Traditionen zu unterstützen, fördern und Treffen mit Vertretern von Eingeborenenstämmen durchzuführen. Ich hatte gehofft, daß sie daran interessiert wären, bei meinem Ritual mitzuwirken, aber ihr Büro hatte auf meine auf den Anrufbeantworter gesprochene Nachricht nie reagiert. So wurde mir schnell klar, daß diese Aufgabe hier mir allein oblag.

»Hier entlang«, sagte ich zu Claudia, als ich einen schmalen Pfad entdeckte, der zum Gipfel hinaufführte. Ich folgte meiner Nase. Ich brauchte einen Platz, von dem aus ich den Gipfel sehen konnte und der mir zugleich eine gewisse Intimsphäre bot.

Wir nahmen eine Abzweigung nach rechts und stiegen berg-
aufwärts. Der Pfad war zu beiden Seiten von hohem Gestrüpp
eingesäumt, doch kurze Zeit später entdeckte ich rechter Hand
eine kleine Lichtung. Wir brachen durchs Gebüsch und gingen
direkt auf eine winzige Wiese zu. Vom Weg aus gesehen lag sie
durch das hohe Busch- und Strauchwerk leidlich verdeckt, doch
ergab sich von hier aus eine gute Sicht auf den Gipfel.

Ich wußte nicht recht, was ich als nächstes tun sollte; also öffnete ich meine Tasche und nahm alle Gegenstände heraus, die
ich für diesen Augenblick gesammelt hatte. »Biete ihnen, bevor
du mit ihnen sprichst, ein *Cuzqueña* von uns an«, hatten die
Apus mir gesagt. Ich breitete das Altartuch aus, plazierte die
Muschel in dessen Mitte und stellte die Bierflaschen am Rand
auf, so wie ich es auf Ricardos Altar gesehen hatte. Glücklicherweise hatte ich den Flaschenöffner nicht vergessen.

Ich entzündete ein Streichholz und verbrannte etwas Salbei,
reinigte mich selbst und opferte dem Berg den süß duftenden
Rauch. Dann öffnete ich die Bierflaschen und goß den ersten
Schluck auf den Boden als Opfergabe für die Pachamama, den
Geist der Erde. Danach benetzte ich meine Finger mit etwas
Bier und schnippte die Tropfen in Richtung der Berge. Ich nahm
einen Schluck und ließ Claudia ebenfalls einen trinken. Unter-
dessen glitt ich allmählich in den Zustand der Trance hinüber.

Ich zündete eine Zigarette an und behielt den Rauch im
Mund, während ich ein stummes Gebet an die Berggeister richtete. Ich blies den Rauch zum Berg, zur Erde hin und in alle
vier Himmelsrichtungen. Ich vernahm kaum das Verschlußge-
räusch von Claudias Fotoapparat, mit dem sie eine Aufnahme
nach der anderen machte. Ich spürte mein Bewußtsein mit dem
des Berges verschmelzen.

»*Ich bringe dir Grüße.*« (Ich schien vom Gipfel des Ausangate auf den Ojai hinunterzublicken und sprach die
Worte laut aus.) Er ... ich ... Ausangate war ein wunder-

schön grüngolden schimmerndes Licht. Sie war wütend, schwieg. *»Komm, laß uns diesen uralten Streit vergessen und in Harmonie leben, so wie wir es einst taten«*, sprach der Ausangate durch mich. Auf einmal verspürte ich das Bedürfnis, meine Körperhaltung zu ändern. Ich drehte mich um, so daß ich nach Süden sah und ihre Position einnahm. Sie ... Ojai ... strahlte eine wunderbare rotgoldene Farbe aus. *» Warum sollte ich dir vergeben?«* fragte sie trotzig, und wenn ein Berg mit dem Fuß aufstampfen könnte, hätte sie es getan. Mein Bewußtsein verschmolz wieder mit Ausangate. *»Weil ich dich liebe, Tochter.«* Schmerz und Traurigkeit durchströmten mich auf überwältigende Weise. Die Tränen rannen mir übers Gesicht. Plötzlich öffneten sich zwei Kraftzentren, und ein Strom grüngoldener Energie hüllte mich ein. Das Rotgold der Tochter und das Grüngold des Vaters – sie vereinten sich in meinem Körper. Ich empfand Seligkeit ... Liebe ... und das Fließen von Energie ... zwei Energiefelder, die zusammengehörten, aber lange voneinander getrennt gewesen waren, hatten wieder zueinandergefunden.

Auf einmal wurde ich wieder in mein eigenes Bewußtsein zurückgeworfen. Ich spürte, wie die Bergwesen sich aus meinem Gewahrsein zurückzogen. Noch immer in meinem tranceartigen Zustand machte ich das Kreuzzeichen und hörte mich sagen: *»So wie es von Anfang an war, soll es wieder sein bis in alle Ewigkeit. Amen.«* Ich fühlte mich wie eine Priesterin, die gerade eine Zeremonie durchgeführt hatte.

Und so plötzlich, wie alles begonnen hatte, war es auch vorbei. Mir schien, als wären wir Stunden dort gewesen. Ich holte tief Atem, schüttelte den Kopf, um ihn klar zu bekommen, ging zu Claudia hinüber und umarmte sie, einmal um ihr zu danken, zum anderen um meinen eigenen physischen Körper wieder zu spüren. Dann sammelten wir unsere Utensilien ein und machten uns auf den Rückweg zum Auto. Es war zwei Uhr. Insgesamt waren ganze – großartige – zehn Minuten vergangen.

Ich war erschöpft. Die Zeremonie war intensiv, machtvoll, schmerzlich gewesen, und ich hatte starke Emotionen gespürt. Ich psychoanalysierte mich selbst und fragte mich, ob meine eigene Wut auf meinen Vater mich dieses Gefühl auf die Berge hatte projizieren lassen, die ich dabei schamlos vermenschlichte.

»Elizabeth«, sagte Claudia, noch atemlos von unserem Rückweg zum Auto, »ich muß dir etwas sagen.«

»Und das wäre?« erwiderte ich, plötzlich verlegen. Ich fragte mich, was sie wohl gesehen hatte.

»Der Ojai – ich glaube, das ist seine Tochter. Die Tochter des Berges in Cuzco.«

»Was?« rief ich. Claudia hatte während des Rituals respektvoll mindestens drei Meter Abstand von mir gehalten. Hatte sie mein Gemurmel hören können?

Ich packte sie bei den Schultern. »Claudia, das ist sehr wichtig. Hast du gehört, was ich gesprochen habe?«

»Nein.« Sie sah überrascht aus. »Ich hatte nur einfach das Gefühl zu beobachten, wie ein Vater und seine Tochter miteinander sprachen.« Sie hatte das gleiche wie ich wahrgenommen. Vielleicht hatte ich doch nicht projiziert.

»Ja«, sagte ich sinnend. »Mir kam es tatsächlich so vor, als hätte ich eine Familientherapie vorgenommen – nur daß es Berge waren.« Konnte darin die Bedeutung der Ähnlichkeit ihrer Form liegen? Gab es Bergfamilien? Doch ich hatte nicht die geringste Ahnung, worum es bei diesem Familienstreit ging. Er war auf rein energetischer Ebene beigelegt worden.

Eine Woche nach unserer Rückkehr von Ojai zog ich aus dem Briefkasten ein Schreiben von Continental Airlines hervor. Es enthielt einen Gratis-Reisegutschein, obwohl ich mich nicht entsinnen konnte, ihr »Mileage«-Programm unterzeichnet zu haben. »Gültig für einen kostenlosen Flug zu jedem Ort innerhalb der Vereinigten Staaten. Der Flug muß vor dem 16. Juni 1989 angetreten werden.« Dieser unglaubliche Glücksfall bedeutete, daß ich umsonst von San Francisco nach Miami fliegen konnte, und das deckte mehr als die Hälfte meiner Reisekosten nach Peru ab.

Ich hatte nicht beabsichtigt, schon so bald wieder nach Cuzco aufzubrechen. Als ich jedoch darüber nachdachte, wurde mir klar, daß ich bereits alle Dinge erledigt hatte, um derentwillen ich nach Kalifornien zurückgekommen war: Ich hatte Geld verdient, alte Freundschaften erneuert, neue geschlossen, ein neues Talent entwickelt und die Aufgabe vollendet, die mir von den *Apus* gestellt worden war. Es war in der Tat Zeit, nach Cuzco zurückzukehren, und dieser Reisegutschein beschleunigte nur meinen Entschluß.

4

Die Geburtstagsfeier

Ich war seit vier Tagen wieder in Cuzco, als Antonio vor meiner Tür stand. »Die *Apus* wollen dich sehen«, verkündete er. »Sie haben der ›Gruppe‹ gesagt, daß du eine ihrer ›besonderen Töchter‹ bist.«

»Laß uns gehen«, erwiderte ich und schnürte meine Wanderstiefel zu. Ich hatte auf ihn gewartet und hoffte, seine Bemerkung bedeutete, daß ich meine Sache in Ojai gut gemacht hatte.

Diesmal war ich auf die Begegnung mit den *Apus* vorbereitet. Tatsächlich hatte ich eine Liste von Fragen erstellt, die ich an sie richten wollte. Claudia und ich hatten den Film, den sie in Ojai verknipst hatte, entwickeln lassen, aber nicht ein *Apu* zeigte sich auf den Bildern, nur eine seltsame Markierung, die aussah, als rühre sie von einer Träne auf dem Negativ her. Zwar war ich von den Fotos enttäuscht, nichtsdestotrotz aber sehr gespannt auf den Beginn des nächsten Stadiums meiner Recherchen.

Unterwegs erzählte mir Antonio mehr über die *Apus*. »Jeder *Apu* besitzt eine andere Fähigkeit. So ist zum Beispiel Señor Volcán Misti, ein vulkanischer Berg in Arequipa, als der Postbote bekannt.«

»Als der Postbote?« fragte ich, die Stirn runzelnd.

»Ja. Man hat mir erzählt, daß du einen Brief bei der *Mesa* der Meister, die diesen *Apu* herbeirufen, hinterlegen und *Apu* Volcán Misti bitten kannst, ihn irgend jemandem in Peru zu überbringen, und dann taucht der Brief im Zimmer dieser Person auf.«

»Unglaublich«, sagte ich und dachte, daß dieses geheimnisvolle Postsystem wahrscheinlich viel verläßlicher war als die normale peruanische Post.

»Señor Potosí führt astrale Operationen durch. Da ist eine Frau, die eine Nierentransplantation braucht. Sie wird deswegen heute an der *Mesa* teilnehmen.« Ich sah ihn überrascht an, weil ich mir nicht vorstellen konnte, wie ein solcher Eingriff vonstatten gehen sollte. Antonio lachte über mein verblüfftes Gesicht und sagte: »Das ist erst der Anfang. Es gibt viele Geschichten über die Fähigkeiten der *Apus*. Du wirst selbst sehen. Sie sind sehr machtvoll.«

Antonio erzählte auch, daß es in meiner Abwesenheit Probleme gegeben hatte. Einer von Ricardos Schülern hatte einige Kristalle vom Altar gestohlen. Unglücklicherweise war er ein Polizist, der eine Pistole mit sich herumtrug, und niemand wußte, wie man die Kristalle wiedererlangen konnte. »*Los Papitos* sagen, daß die Kristalle im Grunde Kräfte sind, weil ihnen lebendige Energien innewohnen. Und sie sagen, wir sollten die Dinge als das benennen, was sie sind.«

»Habt ihr einen Plan, wie ihr die Kris..., ich meine die ›Kräfte‹ wiederbekommt?« fragte ich und überlegte, wie ich helfen konnte.

»Nein. Wir müssen abwarten und sehen, was die *Apus* befehlen.«

Etwas an Antonios Antwort ärgerte mich. Warum sollten die *Apus* ihnen Befehle erteilen? Ich hatte es noch nie ausstehen können, wenn andere Menschen mir sagten, was ich tun sollte – von Geistern in der Dunkelheit gar nicht zu reden. Dann brachte ich mir in Erinnerung, daß ich hier war, um aus einer ungewöhnlichen Situation zu lernen und ihr nicht meine Wertvorstellungen überzustülpen.

Inzwischen waren wir bei der *Mesa* angelangt und wurden gleich zu Ricardo geführt. Er schüttelte mir die Hand und gratulierte mir. Weiter sprach er nichts, sondern begann, die *Mesa* für die Ankunft der »Engel« vorzubereiten. Die anderen Gruppenmitglieder versammelten sich, hießen mich mit dem obligatorischen *beso* willkommen und sagten mir, daß sie sich über meine Rückkehr freuten.

Ich hatte die Fotos vom Ritual am Ojai mitgebracht. Sie befanden sich noch immer im Umschlag des Fotoladens und waren in der Innentasche meiner Weste verstaut, wo ich immer alles Wertvolle verwahrte. In meiner Aufregung hatte ich vergessen, sie Antonio zu zeigen, ja, sie ihm gegenüber bei unserer Unterhaltung noch nicht einmal erwähnt.

Die Türen und Fenster wurden mit Decken verhängt, und alle setzten sich hin. Ich war nervös und mir meiner Gefühle hinsichtlich des Phänomens immer noch nicht sicher. Ich stellte das Ganze in Frage und hoffte gleichzeitig, die mir übertragene Aufgabe zur allgemeinen Zufriedenheit gelöst zu haben.

Ricardo sprach sein Gebet, und Señor Pampahuallya und Señor Sollacasa materialisierten sich sofort mit mächtigem Flügelschwingen von der Decke.

»Tochter Elizabeth«, sprach Señor Pampahuallya. »Sei beglückwünscht. Du hast es gut gemacht. Wir sind stolz auf dich. Ich möchte dich der Mamita Wakaypata vom Hauptplatz Cuzco vorstellen.«

Plötzlich erhob sich ein Windstoß aus dem Boden vor dem Altar, gefolgt von einem lauten Plumps auf dem Altartisch. Eine sehr hohe weibliche Stimme ließ sich vernehmen: »*Mamita Wakaypata, Hauptplatz Cuzco*« – als melde sie sich zum Dienst.

»Sie spricht nur Quechua«, flüsterte Antonio mir zu und übersetzte mir dann, was sie sagte. »Vierhundert *Apus* sind glücklich über die Zeremonie, die du durchgeführt hast, Tochter. Dank dir kam eine Kommunikation zwischen *Apus* zustande, die viele Jahre nicht miteinander gesprochen haben.« Ich fühlte, wie mir die Röte ins Gesicht stieg. Stolz und Verlegenheit hielten einander die Waage. Es war eine nachhaltige Bekräftigung meiner Erfahrung. »Du hast fünfundzwanzig nordamerikanische *Apus* mitgebracht. Sie nehmen an einer Konferenz auf dem heiligen Berg Ausangate teil.«

»Bitte . . .«, sagte ich und meine Stimme zitterte, »ich würde gerne mit den nordamerikanischen *Apus* reden. Kannst du sie bitten, zur *Mesa* zu kommen?« Ich war mir sicher, daß ich ein besseres Verständnis von den *Apus* gewinnen würde, wenn ich die nordamerikanischen Wesen Englisch sprechen hören konnte.

»Sie werden in ein paar Tagen eintreffen und sich mit dir unterhalten. Sie haben lange auf diesen Tag gewartet. Sie senden dir ihre Grüße und sagen, daß sie traurig sind, dich in deinem Zimmer weinen zu sehen.« Ich war geschockt. Niemand wußte von meinen heimlich vergossenen Tränen. In der Tat hatte ich mich immer versichert, daß mich niemand hören konnte, wenn ich mich zuweilen in meinem Zimmer verkrochen und geweint hatte. Wie konnte sie das wissen?

Alle waren für einen Augenblick still, dann ertönte ein weiterer explosionsartiger Laut von der Decke und Señor Potosí aus Bolivien verkündete seine Ankunft. »*Ave María Purísima*«, murmelten die im Raum Versammelten und begrüßten die bolivianische Berggottheit.

»Tochter Elizabeth«, sprach er mich an. »Wir sind froh, dich zurückzuhaben. Aber wir müssen uns an die Arbeit machen.«

Antonio übersetzte für mich und erklärte flüsternd: »Sie werden jetzt die Nierentransplantation vornehmen.« Es gab eine Menge Geraschel, als die kranke Frau nach vorn geführt und dann angewiesen wurde, sich bäuchlings auf den Altartisch zu legen.

»Tochter Elizabeth«, wandte sich Señor Potosí erneut an mich, »deine Gebete sind außerordentlich stark. Nimm einen der Kräfte und bete für die Heilung dieser Frau.« Jemand schob mir einen großen Quarzkristall in die Hand, und ich schloß die Augen und begann aus ganzem Herzen zu beten. Ich spürte, daß mich ein wunderbares, warmes Gefühl durchdrang, wie es gewöhnlich der Fall war, wenn ich eine Heilung durchführte. Ich war von einem Gefühl der Liebe erfüllt und dehnte diese Liebe nun auf die Frau aus.

Plötzlich ließ sich Mamita Wakaypata vernehmen. »Tochter Elizabeth, lächle nicht, wenn du betest. Mach ein ernstes Gesicht!« befahl sie. Erst da merkte ich, daß sich mein Mund zu einem breiten Lächeln verzogen hatte.

Sofort stellte ich mein Lächeln ein und wurde ernster. Binnen Sekundenbruchteilen prasselte ein ganzer Wust von Gedanken und Empfindungen über mich herein. »O nein. Du hast einen Fehler begangen und diese Wesen irgendwie beleidigt. Aber warum solltest du nicht lächeln? Es ist doch ganz natürlich, wenn du dich gut fühlst. O mein Gott, sie können in dieser pechschwarzen Dunkelheit dein Gesicht sehen. Das bedeutet, daß sie wirklich existieren!«

Ich stand vor dem Altar und hielt den Kristall in beiden Händen. Die Frau, die operiert werden sollte, lag ausgestreckt auf dem Altartisch. Señor Potosí schien sich mir direkt gegenüber zu befinden, mir zugewandt, während er über der Frau schwebte. Er betete laut und besprühte sie anscheinend mit geweihtem Wasser. Ein paar Tropfen landeten auf mir.

»Denk daran, Tochter«, sagte er zu der Frau, »Sorgen töten. Wisse, daß du nichts weißt, und daß es dir gutgeht«, sprach er mit sehr warmer, aber entschiedener Stimme. Eine Welle der Zuneigung erfüllte mich für dieses Wesen. Ich fing an, Señor Potosí sehr gern zu haben. Er war bei weitem der mir liebste *Apu*.

»*Gracias Papito, gracias*«, ächzte die liegende Frau. Sie war so demütig und bescheiden, so verletzlich. Wieder nahm sie mein Herz in Beschlag.

»Tochter Elizabeth, komm her«, sagte Señor Potosí zu mir.

»Er möchte, daß du die Operation bestätigst«, übersetzte Antonio.

»Und wie stelle ich das an?« fragte ich Antonio.

»Du mußt deine Hand auf die Wunde legen«, erklärte er.

Ich ging näher an den Tisch heran und tastete mich im Dunkeln vor. Ich hörte ein scharfes Luftholen, als meine kalte Hand den Rücken der Frau berührte. Ich ertastete eine große Bandage etwa in Höhe ihrer Nieren.

»So!« rief Señor Potosí, als meine Hand die Bandage berührte. »Jetzt bist du Zeugin einer unserer Operationen geworden, Tochter.« Ich kehrte zu meinem Sitzplatz zurück und hatte nicht das Gefühl, mit Sicherheit behaupten zu können, »Zeugin einer Operation« geworden zu sein.

Die *Apus* kümmerten sich nun um den Rest der Anwesenden. Ich entsann mich, daß Antonio mir erzählt hatte, daß die Ärzte ihre sterbenskranken Patienten zu den *Apus* schicken, wenn sie nichts mehr für sie tun können. Und er hatte auch gesagt, daß diese in vielen Fällen wieder genesen. Ich wollte versuchen, den Fall dieser Frau mit der Nierenplantation zu verfolgen.

Die *Mesa* näherte sich ihrem Ende. Nachdem sich fast alle *Apus* verabschiedet und den Altar verlassen hatten, blieben nur noch Señor Pampahuallya, Señor Sollacasa und Señor Potosí übrig. Ersterer rief mich zum Tisch zurück.

»Tochter Elizabeth«, sagte er und scheuchte mich aus meinen Gedanken auf.

»*Sí, Papito*«, erwiderte ich, nun bestens geschult.

»Hast du Fotos von dem Ritual gemacht, wie wir dich angewiesen haben?« fragte er, obwohl er es mit Sicherheit wußte.

»Ja, *Papito*. Ich habe sie hier.«

»Tritt näher«, sagte er. Ich holte die Fotos hervor und stolperte zum Tisch, dorthin, woher die Stimme kam.

»Gib sie mir«, befahl er. Ich hielt die Fotos vor mir hoch. Ich hörte Trippelschritte über den Tisch auf mich zukommen und am Tischrand verharren. Mir stockte der Atem, als mir die Fotos aus der Hand gezupft wurden. Es war eine plötzliche Bewegung, so als ob eine kleine Hand hervorschoß und sie mir entriß. Ich konnte hören, wie Señor Pampahuallya die Fotos rasch durchging, ein Geräusch wie von winzigen Händen, die sich sehr schnell und präzise bewegen.

Er und die anderen *Apus* tauschten Bemerkungen in Quechua aus. »*Muy bien, muy bien«*, lobten sie dann. »Was sagtest du hier auf dem Foto, auf dem du deine Hände offen dem kleinen Berg entgegenstreckst?« fragte er. Plötzlich konnte ich das Foto vor mir sehen und mich auch mehr oder weniger an meine damaligen Worte erinnern.

»Ich habe für den kleinen Berg gebetet, damit er dem großen vergibt, *Papito«*, antwortete ich.

»Sehr gut, Tochter – und auf dem, wo du den Kopf senkst?«
Die *Apus* gingen auf diese Weise fünf oder sechs Aufnahmen mit mir durch. Und wieder war es schlichtweg ein Wunder, daß diese Wesen jedes Fotomotiv genau sehen und beschreiben konnten. Zwar wollte ein Teil von mir immer noch glauben, daß die Materialisierungen der *Apus* ein Trick waren, aber es häuften sich rasch die Beweise, die dagegen sprachen. Allerdings blieb ich, selbst wenn sie real waren, nach wie vor auf der Hut. Viele Dinge, die die *Apus* taten, waren ganz eindeutig gut, aber ich wußte nicht viel über sie, und dies alles kam so plötzlich und war mir so fremd.

Andererseits liebte ich den heilerischen Aspekt ihres Tuns und glaubte daran. Auch stimmte ich Señor Potosí zu, als er der Frau sagte, daß ihr Wohlbefinden überwiegend mit ihrem Glauben, daß es ihr gutgehe, zu tun habe. Ich war mit der Vorstellung vertraut, daß unsere Gedanken und Überzeugungen sich direkt auf unseren Körper und unsere Gesundheit auswirken. Der *Apu* schien mit dem gleichen Prinzip zu arbeiten.

»*Muy bien*, Tochter«, gratulierte mir Señor Potosí zu den Fotos. »Du mußt morgen zur *Mesa* kommen. Es ist ein ganz besonderer Tag, nämlich der Geburtstag von Mamita Wakaypata. Du mußt deine Viola mitbringen und für uns singen.« Ich nahm an, er meinte meine Gitarre. Interessanterweise schien ihr Vokabular in bestimmten Bereichen begrenzt zu sein.

»*Sí, Papito*«, erwiderte ich gehorsam. Die *Apus* verabschiedeten sich von uns und machten sich mit heftigem Flügelschlagen davon.

Draußen fragte Ricardo mich: »Elizabeth, was hättest du gerne? Wie viele *Apus* sollen morgen zur *Mesa* kommen?«

»Ich weiß nicht«, sagte ich in einem plötzlichen Anfall von Schüchternheit. »Wie wär's mit dreißig?« fragte ich dann aber spaßeshalber.

»In Ordnung, dreißig *Apus* werden morgen zur *Mesa* kommen – aber nur, wenn du versprichst, deine ›Viola‹ mitzubringen«, gab Ricardo in humorvoller Anspielung auf die *Apus* zurück.

An diesem Abend dachte ich in meinem Zimmer über die letzten Ereignisse nach. Nichts war mehr schwarz oder weiß, und auf die Fragen, die wie wilde Pferde durch meinen Kopf galoppierten, gab es keine einfachen Antworten. Das neue Leben, das ich führte, war aufregend, aber meine zunehmende Sensitivität brachte auch einige Nachteile mit sich. Ein paar Dinge, die sich in den Staaten ereignet hatten, quälten mich noch immer. Zum Beispiel wußte ich, nachdem ich den Bauch einer meiner schwanger gewordenen Freundinnen berührte, daß sie ihr Baby verlieren würde ... und daß das nächste ganz gesund sein würde. Wie sollte ich mit einer solchen Information umgehen? Mit Sicherheit konnte ich ihr nichts davon sagen, sondern lediglich versuchen, in ihrer Nähe zu sein, wenn sie die Fehlgeburt hatte.

Eine weitere Vorausahnung bewahrheitete sich, als ich eines Tages am Strand joggte. Plötzlich wurde der Wind kalt, und jegliche Farbe wich aus der Welt. Ich sah alles in Schwarz und Weiß. Und als ich zu Boden blickte, war die einzige Farbe um mich herum ein Rot. Ich lief in Blut ... watete bis zu den Knöcheln in Blut. Ich blickte hinaus auf den Ozean und sah hingemetzelte menschliche Körper und hörte die Worte: »Viele unschuldige Menschen werden sterben.« Ich kniete auf der Stelle nieder und betete, weinte und klagte und bat Gott, dies nicht zuzulassen – nicht geschehen zu lassen, was ich da sah.

Warum? fragte ich mich. Warum nahm ich diese Dinge wahr, wenn ich sie nicht aufhalten konnte? Einen Monat später sah ich eben diese Szene in den Abendnachrichten: die Leichen ... das Blut. Ein Reporter berichtete aus China und sagte, daß viele unschuldige Menschen bei der brutalen Niederwalzung des Studentenstreiks auf dem Tianamen-Platz in Peking ums Leben gekommen seien. Die Entwicklung dieser Sensitivität, die ich mir so sehr ersehnt hatte, wurde von Aspekten begleitet, die sich mitunter in peinigender Weise auswirkten.

Nun hatte mir die *Mamita* des Hauptplatzes von Cuzco gesagt, ich solle beim Beten nicht lächeln! Die »astrale Operation« der *Apus* schien mir ein ausgewachsener Schwindel zu sein. Und es gab andere Dinge an den *Apus*, die mir ehrlich gesagt Schauer über den Rücken jagten. Gleichzeitig war es ein absolut faszinierendes Phänomen. Ich tappte im Nebel herum und fand keine klaren oder leichten Antworten.

Am nächsten Tag holte mich Antonio ab, um mit mir gemeinsam zur *Mesa* zu gehen. »Heute ist Mamita Wakaypatas Geburtstag. Sie wird 287 Engeljahre alt«, erzählte er mir, als wir dem mir mittlerweile vertrauten Pfad bei den Bahngleisen folgten. Er konnte mir nicht erläutern, wie lange ein Engeljahr im Verhältnis zu einem Menschenjahr dauerte. Er berichtete, daß es eine große Feier geben würde; alle würden da sein, einschließlich der ganzen »Gruppe«, und noch viele andere, die Mamita Wakaypata Ehre erweisen wollten. »Sie ist die mächtigste aller *Santas Tierras* von Cuzco.« Er sagte auch, die *Apus* hätten der »Gruppe« erklärt, wie ein Engel geboren werde, aber niemand habe wirklich kapiert, wie und warum das vonstatten gehe. Dies sei eines der Dinge, welche die »Gruppe« zu studieren hoffe, wenn sie Geld bekäme, um ein Forschungszentrum einzurichten.

In der »Gruppe« ging man davon aus, daß ich dabei behilflich sein würde. Sie erhofften sich von mir die Kontaktaufnahme zu einer reichen Person in den USA, die bereit wäre, bei diesem Projekt als Mäzen zu fungieren. Und ich hatte in der Tat eine entsprechende Verbindung geknüpft: zu einer Privatperson, die an alternativen Heilweisen interessiert war. Ich mußte nur noch eine Projektbeschreibung formulieren.

Ich erinnerte mich an eine Vision, die ich gleich zu Beginn meines ersten Aufenthalts in Cuzco hatte. Ich sah, wie eine Regenbogenbrücke Cuzco und Kalifornien miteinander verband und wie viele Menschen nach Peru kamen, um spirituell initiiert zu werden. Und ich hatte das Gefühl, daß ich bei diesem Geschehen eine entscheidende Rolle spielen würde. Gleichzeitig bestärkte sich in mir allmählich der Eindruck, daß diese »Gruppe« eine Art Geheimgesellschaft war, in die ich Schritt für Schritt integriert werden sollte. Ich hatte für solche Geheimnistuerei nicht allzuviel übrig und gab dies Antonio gegenüber auch zu verstehen.

»In gewisser Hinsicht hast du recht, Elizabeth. Aber denk mal darüber nach. Die Andenvölker haben ihre Lehren sorgsam gehütet, und der Weg wurde Hunderte von Jahren streng geheimgehalten. Daß du, eine *gringa*, eingeladen bist, ihn zu beschreiten ... nun, das ist ein historisches Ereignis.« Seine Bemerkungen lösten ein zwiespältiges Gefühl in mir aus. Einerseits betrachtete ich mich als etwas Besonderes, als privilegiert, auserwählt, und das schien mir gefährlich zu sein. Zum anderen begann ich einen immensen Druck zu spüren, etwas Wichtiges tun oder jemand von Bedeutung sein zu müssen.

Antonio und ich hatten eine Weile auf einer Bank im Hof gesessen, miteinander geschwatzt und darauf gewartet, daß wir hineingehen konnten, als plötzlich ein heftiger Lärm ausbrach. Wir hörten wütende Stimmen. Raul, eines der Gruppenmitglieder, schimpfte lautstark mit einem etwa siebenjährigen Jungen. In dem Stimmengewirr von Spanisch und Quechua konnte ich nicht ausmachen, worum es ging. Antonio konnte es mir nicht mehr erklären, denn es war an der Zeit, sich in die Hütte zu begeben.

Die *Apus* materialisierten sich an jenem Tag mit weniger Kraft als am Tag zuvor. Die Stärke, mit der sie Gestalt annahmen, schien zu variieren – abhängig von was? Ich war mir nicht sicher. Ich fragte mich auch, warum ich nach der Zeremonie vom Vortag einen so phantastischen Hunger verspürt hatte. »Das kommt daher, daß uns *Los Papitos* eine ungeheure Menge Kraft abziehen, um sich zu materialisieren«, hatte Antonio erklärt.

»Warum haben sie denn nicht ihre eigene Kraft?« hatte ich gefragt, aber er war mir die Antwort darauf schuldig geblieben. Wir beschlossen, die *Apus* danach zu fragen.

Nachdem Ricardo die *Mesa* eröffnet hatte, materialisierten sich Señor Pampahuallya, Señor Sollacasa und Señor Potosí in rascher Folge. Wieder verspürte ich ein herzerwärmendes Gefühl, als Señor Potosí auf dem Tisch landete. Ich schien mich allmählich in ihn zu verlieben. Der Gedanke, bei einer Versammlung von Engeln zugegen sein zu können, war wundervoll. Ich fühlte mich als etwas Besonderes.

Señor Potosí forderte einen kleinen Jungen auf, zum Altar zu kommen. Der Junge trat vor, und plötzlich hörte ich das zischende und schnappende Geräusch einer Lederpeitsche, die anscheinend vom Arm des *Apu* erhoben wurde und immer wieder auf den Jungen herabsauste. Ich brauchte ein paar Augenblicke, bis mir klar wurde, daß dieser sogenannte Engel ein Kind auspeitschte, und er schien einen sehr starken Arm zu haben. Ich war so schockiert, daß ich nicht einmal protestieren konnte. Die Strafaktion war schon fast vorbei, bevor ich wirklich begriffen hatte, was sich hier abspielte. Was war das? Irgendeine archaische Inka-Sitte?

»Was zum Teufel passiert hier?« flüsterte ich Antonio wütend zu. Ich fürchtete mich, die Zeremonie zu unterbrechen, aber das hier hielt ich definitiv für *Unrecht*.

»Das Kind ist Ricardos Sohn. Ich erklär's dir später.« In mir brach ein emotionaler Konflikt los. Ich war hier, um etwas über Sitten und Gebräuche zu lernen, die sich von denen meines Kulturkreises unterschieden, aber ein Kind zu schlagen hatte auch nicht das geringste mit Spiritualität zu tun. Ich wußte, daß die Indianer kulturell gesehen das Verprügeln von Ehefrauen nicht weiter tragisch nahmen; sie nannten es *amor serrano* oder »Liebe im Stil der Berge«. Doch war ich mir nicht sicher, in welchem Ausmaß das, was ich als Kindesmißbrauch bezeichnen würde, verbreitet war.

Danach kehrten die *Apus* zur Tagesordnung zurück, nahmen verschiedene Heilungen vor und beantworteten Fragen von Hilfesuchenden. Ich war immer noch geschockt und begann mich zu fragen, was genau hier passiert war; sie hatten doch sicher dem Kind keinen wirklichen physischen Schaden zugefügt! Sollte diese Bestrafung den Jungen demütigen? Beinhaltete sie eine wichtige Lektion? Das Verprügeln von Kindern gilt in den Staaten nicht als akzeptabel; dafür können Eltern sogar ins Gefängnis kommen. Ich diskutierte in meinem Innern das Problem, aber ganz egal, von welcher Seite ich es betrachtete, das Auspeitschen war falsch. Gewalttätigkeit lehrt nichts anderes als wiederum Gewalttätigkeit.

Die *Mesa* endete, die Tür wurde aufgestoßen, und was sich dann ereignete, vertrieb alle anderen Gedanken.

Während der *Mesa* hatte sich draußen eine Anzahl von Frauen versammelt. Nun kamen sie mit großen Essensplatten herein, die mit Folie bedeckt waren. Sie setzten sechs oder sieben dampfende Gerichte auf dem Altartisch ab sowie einen hohen Stapel mit Tellern samt Besteck. Der Duft frisch gekochten Essens erfüllte den Raum. Danach stellten sie noch weiteres Bier zu den bereits vorhandenen Flaschen.

Neben den Gerichten wurden umsichtig große Löffel niedergelegt. Ich war mehr als überrascht, als Ricardo seine Helfer anwies, die Türen und Fenster wieder zu verhängen. Inzwischen

hatten sich mehr als fünfzig Leute in den winzigen Raum ge-
quetscht. Viele saßen zusammengerückt auf den Bänken, während andere standen oder auf dem Boden kauerten.

Ricardo stand vor dem Altar. »Dreißig *Apus,* richtig Elizabeth?« sagte er und lächelte mich an. Ich nickte schüchtern und
verlegen, weil er mich aus der Menge herausgepickt hatte. Als
Ricardo mit seinen Vorbereitungen fertig war, wichen alle vom
Altar zurück. Er nahm seinen gewohnten Sitz rechts vom Altar ein, und die Glühbirne wurde herausgeschraubt. Ricardo
stimmte sein Gebet an, und die Gruppe schloß sich ihm am
Ende jedes Satzes mit einem »Hayzoos« (Jesus) an.

Die *Apus* materialisierten sich für diese zweite Sitzung am
Tag mit ungeheurer Kraft. »Señor Pampahuallya de Abancay
Prima, *muy buenos días.«*

»Señor Sollacasa, *muy buenos días.«*

»Señor Potosí de Bolivia zu euren Diensten.«

»Euch allen einen guten Morgen wünscht Mamita Wakaypata, Plaza de Armas, Cuzco.«

Ricardo ratterte eine Liste von *Apus* herunter, die zur Geburtstagsfeier eingeladen waren, und Señor Potosí rief ihre Namen und ließ dabei jedesmal die Glocke ertönen.

»Señor Huaskaran, Señor Ruma Ruma, Señor Qorichaska,
Señor Saksaywaman, Señor Volcán Misti, *Apu* Huayna Ausangate, La Mamita Chachapollas . . .« So ging es in einem fort.

Und während er sie beim Namen nannte und die Glocke läu-
tete, trafen die *Apus* allmählich einer nach dem anderen ein. Die
männlichen Gottheiten senkten sich von der Decke herab, und
die weiblichen Gottheiten stiegen aus der Erde auf. Sie alle landeten mit einem gewaltigen Plumps und stellten sich vor, bevor
sie Mamita Wakaypata zu ihrem Geburtstag gratulierten.

Als alle *Apus* anwesend waren, begrüßten die Gruppenmitglieder Mamita Wakaypata, gratulierten ihr zu ihrem Geburtstag und bedankten sich bei ihr für ihre Hilfe während des vergangenen Jahres. Ich war bei all den Namen nicht mehr mit-

gekommen, wußte aber, daß sich nun wenigstens dreißig *Apus* auf dem Tisch versammelt hatten.

»Bedient euch«, sagte Ricardo. Ich hörte, wie im Dunkeln Bierflaschen geöffnet wurden und sich ihr Inhalt auf den Boden ergoß.

»*Salud!*« sagten die *Apus* einer nach dem anderen.

»*Salud!*« antworteten die Leute.

»*Señores,* warum eßt ihr nicht?« forderte Antonio sie auf. Daraufhin hörten wir, wie die Folien von den Tellern entfernt wurden und Eßbesteck klapperte, während das Essen in absoluter Finsternis serviert wurde.

»*Papitos*«, begann ich, unfähig, noch länger still zu halten. Ich platzte vor Fragen zu dieser merkwürdigen »Geburtstagsfeier«, die ich ihnen stellen wollte, und außerdem wollte ich unbedingt mit den *Apus* sprechen, denen ich bisher noch nicht begegnet war, vor allem mit *Apu* Volcán Misti.

»Schschsch!« brachte mich Antonio zum Schweigen. »Sie essen!« Im Raum herrschte Schweigen bis auf das Klappern von Tellern und Besteck und gedämpfte Kaugeräusche.

Ich stand sehr nah beim Altar und war mir sicher, irgendwelche Bewegungen von einer Person in unmittelbarer Nähe des Altars hören oder fühlen zu können. Aber soweit mein scharfes Hörvermögen und mein kinästhetischer Sinn es wahrzunehmen vermochten, hatte seit dem Verlöschen der Glühbirne kein menschliches Wesen seine Position verändert. Das Klappern von Eßbesteck ertönte von überallher auf dem Altartisch.

»Tochter Elizabeth«, ließ sich die Stimme von Mamita Wakaypata vernehmen. »Bedien dich.«

»Sie bietet dir den ersten Teller mit Essen an«, klärte mich Antonio auf. »Geh zum Altar und streck die Hand aus.« Ich tat, wozu er mich aufgefordert hatte, und merkte, wieviel Lärm ich machte, als ich in der Dunkelheit zum Altar stolperte. Ich streckte meine Hand aus. Sofort wurde mir ein Teller mit warmem Essen elegant in die ausgestreckte Hand geschoben.

»*Gracias Mamita, gracias*«, murmelte ich und zog mich vom Altar zurück.

Nun wurden in völliger Dunkelheit Teller mit Essen herumgereicht. Und nachdem alle ihren Teller erhalten hatten und zu essen anfingen, verließen auf die gleiche geheimnisvolle Weise Bierflaschen den Altartisch und wurden im Raum verteilt. Schließlich wurden uns unter großem Gelächter der *Apus* Kekse und Bonbons von allen Seiten des Altars zugeworfen.

»Tochter Elizabeth, deine Viola«, sagte Mamita Wakaypata. »Du hast doch nicht geglaubt, daß wir es vergessen haben, oder?« sagte sie und las dabei präzise meine Gedanken.

»Nein, *Mamita*«, log ich, nachdem nun meine Hoffnungen auf ein Entkommen zunichte gemacht worden waren. Ich seufzte und zog den Reißverschluß meiner Gitarrenhülle auf. Und wieder fiel mir auf, mit wieviel Lärm dieses Geräusch in dem winzigen Raum verbunden war.

»Wir haben dich in deinem Zimmer singen gehört«, sagte sie und begann eine fröhliche Melodie zu summen, wobei sie mich nachahmte. »Sing jetzt für uns.«

Ich zog meine Gitarre heraus und durchforschte mein Gehirn nach einem Song – irgendeinem. Die Melodie, die sie summte, erinnerte mich an ein Lied von Elton John, und so gab ich es in der Dunkelheit für die Engel der Gebirgsketten zum besten.

»*The words I have to say may well be simple but they're true. If you don't give your love, there's nothing more that we can do ...*« (Die Worte, die ich zu sagen hab', sind wohl einfach, aber wahr. Wenn du nicht deine Liebe gibst, bleibt uns nichts mehr zu tun.)

Sie waren ein perfektes Publikum, *Apus* und Menschen gleichermaßen. Sie lauschten schweigend, und als ich geendet hatte, bedachten sie mich mit einem herzlichen Applaus. Mamita Wakaypata sprach wieder zu mir, und Antonio übersetzte. »Sie sagt, du hast eine Menge Liebe in dir, und sie werden nach einem Ehemann für dich Ausschau halten.«

»Danke, Mamita, *gracias*«, sagte ich, durch ihre letzte Bemerkung verlegen geworden.

Als die »Party« vorbei war, verabschiedeten sich die *Apus* und *Santas Tierras* namentlich von uns und verließen einer nach dem anderen den Altartisch auf die Weise, wie sie gekommen waren.

Sobald die Tür geöffnet war und Licht hereinströmte, warf ich einen Blick auf meinen Teller, den ich sorgsam in einer Ecke abgestellt hatte, bevor ich meine Gitarre aufnahm. Darauf lagen perfekt angeordnet ein *cui*, ein geröstetes Meerschweinchen, eine lokale Spezialität, ein wunderbarer Salat sowie Kartoffeln. Ich schaute zum Altartisch und sah die großen Servierplatten, die Alufolien ordentlich zurückgeschlagen, und verschiedene andere Platten mit elegant arrangierten Speisen. Die Mahlzeit der *Apus* befand sich noch auf ihren Tellern, weil diese Geister der Berge nur die Essenz der Nahrung zu sich nehmen, wie mir Antonio erklärte. Nicht ein Essenskrümel lag irgendwo herum. Alles war makellos sauber bis auf ein paar Kekse und Bonbons auf dem Boden, welche die *Apus* uns zugeworfen hatten.

5

Pilgerschaften
der Initiation

Meine Verwirrung nahm nach der »Geburtstagsfeier« nur noch weiter zu. Mittlerweile existierten zu viele Beweise, als daß ich an der Existenz der *Apus* noch hätte zweifeln können. Aber waren sie wirklich Engel? Eine Woche später hatte mich Señor Sollacasa bei einer *Mesa* gefragt, wie es um meinen Hals stünde. Seine Stimme jagte mir immer noch Angst ein, und ich wunderte mich, warum dieser »Engel« vorhin gesagt hatte, daß die Menschen rauchen und trinken sollten. Zumindest glaube ich ihn das sagen gehört zu haben. Verdammte Sprachbarriere! Ich beschloß, mein Urteil vorerst auszusetzen und mehr Informationen zu sammeln. Als mich Señor Sollacasa nach der Befindlichkeit meines Halses fragte, war bei mir alles in Ordnung. Doch am nächsten Morgen konnte ich kaum *»Buenos días«* herauskrächzen. Zum erstenmal seit ewigen Zeiten blieb ich zu Hause und legte mich mit schrecklichen Halsschmerzen und einer Erkältung ins Bett.

Am Nachmittag statteten mir einige Mitglieder der »Gruppe« einen Besuch ab. Sie kamen in mein Zimmer, Hüte in den Händen, und überbrachten mir Orangen und gute Besserungswünsche. Sie waren sehr lieb und sagten, es täte ihnen leid, daß ich krank war. Antonio erzählte, daß am Morgen ein nordamerikanischer *Apu* zum Altartisch gekommen sei und er es auch war, der sie von meiner Krankheit in Kenntnis gesetzt hatte. Tatsächlich hatte der *Apu* sie angewiesen, sich besser um mich zu kümmern, und darauf bestanden, daß sie mich besuchten.

»Verdammt!« dachte ich. »Ausgerechnet an dem Tag, an dem ein nordamerikanischer *Apu* auftaucht, liegst du daheim krank im Bett!« Die Gruppe schlug vor, daß ich zur *Mesa* kommen sollte, und sagte, daß eine der »kranialen Injektionen« der *Apus* mich sofort wieder gesund werden lasse.

Am nächsten Morgen ging ich zur *Mesa*. Nachdem sich die *Apus* materialisiert hatten, wiesen sie mich an, zum Altar zu kommen. Ich spürte Señor Potosís Hand, eine winzige Hand wie die eines kleinen Kindes, mich oben am Scheitel berühren und dann den Stich der Nadel, als er mir eine Substanz in den Schädel injizierte. Ein bißchen Flüssigkeit rann mir den Nacken hinunter.

Als die *Mesa* vorbei war, verließ ich zusammen mit Antonios Bruder den Raum. Ich hatte das Gefühl, von Feuer durchströmt zu werden, und dann wurde mir überaus schlecht. Als die Übelkeit nachließ, fühlte ich, wie Energiewellen meinen Körper durchkreisten. Die Wellen bewegten sich entgegen dem Uhrzeigersinn von der Peripherie meines Körpers auf mein Herz zu. Auf einmal verspürte ich einen Druck und dann ein Durchbohrtwerden, als ob ein kleiner Dolch in mein Herz eingedrungen sei. Ich hatte das Bedürfnis zu weinen, konnte aber nicht, weil Miguel neben mir stand. Er schien meine emotionale Verletzlichkeit zu spüren und legte liebevoll die Arme um mich. Da konnte ich nicht mehr an mich halten. Ich setzte mich auf ein Büschel Gras und brach direkt vor allen Leuten in Tränen aus. Ich weinte über zwanzig Minuten lang heftig, ohne zu wissen, was diese Emotionen verursacht hatte. Miguel war reizend und lieb, lächelte mich einfach nur an und hielt meine Hand. Dann ging es mir plötzlich wieder gut. Binnen einer halben Stunde nach der Injektion war es mit meiner Erkältung und den Halsschmerzen erheblich besser geworden. Anscheinend verfügten die *Apus* über ein Heilmittel für ganz gewöhnliche Erkältungen!

Ich hatte wegen des Auspeitschens des kleinen Jungen und

der Tatsache, daß sie zu ihrer Materialisierung menschliche Energie absorbieren mußten, an den *Apus* gezweifelt. Sie schienen mir zunehmend weniger Engeln zu gleichen. Nach dieser kranialen Injektion jedoch verflüchtigten sich meine Zweifel ganz einfach für eine Weile. Obwohl sie nicht so waren, wie ich mir Engel vorgestellt hatte, konnte ich doch nur schwer glauben, daß sie mich zu täuschen versuchten, da weder sie noch Ricardo je den Wunsch zeigten, etwas aus mir herauszuschlagen.

Bei den *Mesas* wiederholten die *Apus* oft, was sie mir schon bei unserem ersten Treffen gesagt hatten: nämlich daß ich mit einer starken »Sehergabe« ausgestattet sei und lernen müsse, sie zu nutzen. Sie zeigten mir, wie ich mit geschlossenen Augen Dinge »ansehen« üben konnte. Doch wenn ich die Augen schloß, um die Berggipfel rund um Cuzco zu visualisieren, erblickte ich riesige Vögel aus Licht, die mit gefalteten Flügeln hoch aufragend dastanden und gleißend hell erstrahlten. Waren das dieselben Wesen, denen ich immer wieder bei Ricardos *Mesa* begegnete?

»Elizabeth, begreifst du denn nicht, was für ein außergewöhnliches Ereignis dies ist?« fragte mich Antonio am nächsten Morgen. »Dir wird eine seltene Gelegenheit geboten.«

»Antonio, verlangt Ricardo Geld von dir?« fragte ich unvermittelt.

»Häh?« Antonio sah verwirrt drein.

»Ich meine, bezahlen du und der Rest der ›Gruppe‹ ihn für das, was er euch beibringt?«

»Nein. Wir bezahlen für unsere Heilungen durch die Engel, so wie alle anderen auch.« Meine Zweifel waren mit aller Macht zurückgekehrt.

»Wieviel?« bohrte ich weiter, entschlossen, die Schwachstelle in der Rüstung ausfindig zu machen.

»Soviel wie jeder, tausend Intis.«

Ich rechnete rasch aus. »Das sind etwa zwei Dollar. Okay, es kann also nicht das Geld sein. Worauf ist er dann aus? Warum vermittelt euch Ricardo alle diese Belehrungen umsonst?« fragte ich ganz direkt.

»Weil *Los Papitos* gesagt haben, daß unsere Gruppe die Macht erhalten soll, sie zu rufen. Wenn wir das tun, kann sich Ricardo ein oder zwei Jahre ausruhen. Siehst du, die Arbeit mit den Engeln ist nicht einfach. Wenn sie sagen, ›steh um vier Uhr morgens auf und führ eine Heilung für einen Mann am anderen Ende der Stadt durch‹, dann muß sich Ricardo auf den Weg machen. Er arbeitet seit mehr als zwei Jahrzehnten mit ihnen und ist müde«, erklärte Antonio. Seine Worte weckten mein Mitgefühl für Ricardo, dessen Hingabe ich bewunderte.

»Das erinnert mich daran, daß *Los Papitos* gesagt haben, daß wir an unserer Gruppeneinheit arbeiten müssen«, berichtete Antonio. »Die Macht, sie zu rufen, ist vorher noch nie einer Gruppe erteilt worden. Sie wurde immer vom Meister an einen Schüler weitergegeben, nachdem dieser dem Meister wenigstens drei Jahre gedient hat. Ich habe versucht dir zu vermitteln, daß dies eine einmalige Situation ist. Die *Apus* haben entschieden, daß sich die ganze Gruppe um der Sache willen auf einige Pilgerreisen begeben muß. Die erste wird den Fluß Saphy hinaufführen.«

»Großartig ... wann?« fragte ich aufgeregt. Niemand liebte eine ausgedehnte Wanderung mehr als ich, und mir gefiel die Vorstellung von der Arbeit an der Gruppeneinheit; es fühlte sich spirituell korrekt an.

»Morgen«, erwiderte Antonio. »Wir kommen morgen um neun Uhr früh zu deinem Haus.«

Ein kleiner Stein prallte auf die Holzläden meines Fensters. Ich kämpfte mich aus meiner Alpakafelldecke. Sie hielt mich als einziges in den eiskalten Nächten Cuzcos warm, denn es gab im ganzen Haus keine Heizung. Unter dem Fell konnte ich binnen zehn Sekunden von null Grad zu wohligster Wärme gelangen.

Ich öffnete die Läden und sah hinaus.

»Buenos días, Elizabeth«, sagte Antonio und winkte.

»Wie spät ist es?« fragte ich und rieb mir den Schlaf aus den Augen.

»Zeit, aufzubrechen.«

»Ich bin noch nicht mal wach, gib mir ein paar Minuten.«

»Natürlich. Wir warten hier auf dich.«

Ich tastete nach meiner Armbanduhr. Es war erst acht. Ich hatte es noch nie erlebt, daß Peruaner früher als verabredet aufkreuzten. Irgend etwas mußte los sein. Ich raste die Treppe zum Badezimmer hinunter und bespritzte mein Gesicht mit kaltem Wasser. Auf dem Weg durch den Innenhof und zur vorderen Eingangstür winkte mich Panchita, die Haushälterin, zur Küche. »Und dein Frühstück?« mahnte sie mütterlich.

»Aber Panchita, meine Freunde stehen dort draußen.«

Sie schüttelte den Kopf. »Die können noch ein paar Minuten warten. Setz dich hin, dein Tee ist fertig.«

Peruaner sind die geduldigsten Menschen, denen ich je begegnet bin. Hier gab es nicht diesen Zeitdruck wie in unserer nordamerikanischen Kultur. Niemand war hier pünktlich, also erwarteten sie es auch nicht von anderen; und es machte ihnen tatsächlich nichts aus, ein oder zwei Stunden auf einen Freund zu warten. Trotzdem schluckte ich meinen Tee rasch hinunter, stopfte das Brot mit selbstgemachter Marmelade in mich hinein und eilte zur Haustür.

Draußen standen Maria, Felipe, Raul und Antonio. »*Holà*«, sagte ich und tauschte den *beso* mit meinen Gruppenmitgliedern aus.

»Elizabeth, erinnerst du dich an die Steinschale, die du bei unserem ersten Treffen gesehen hast?« fragte Raul.

»Wie könnte ich sie vergessen?«

»*Los Papitos* sagen, sie sollte eine Weile bei dir bleiben«, sagte er und hob einen Leinensack mit gewichtigem Inhalt hoch. Er hatte die Schale mitgebracht. Darum ging es also.

»Ach du meine Güte«, sagte ich geschmeichelt. »Ja, gerne.«
Ich streckte die Hand aus, um sie in Empfang zu nehmen.

»Sie wiegt acht Kilogramm, laß mich dir helfen«, sagte Raul
und trug den schweren Sack in mein Zimmer hinauf. Als wir
ihn sicher unterm Bett verstaut hatten, wandte er sich zum Gehen. Ich konnte jedoch nicht widerstehen, zog den Sack wieder
hervor und machte ihn auf, um die Schale zu betrachten.

»Raul, was sagen die *Apus* über diese Schale?« fragte ich.

Er drehte sich um, warf mir einen kurzen Blick zu und erwiderte beiläufig: »Sie sagen, sie ist eine Brücke zum Kosmos.«
Dann verschwand er durch die Tür.

Sorgsam darauf bedacht, sie nicht körperlich zu berühren,
strich ich in etwa dreißig Zentimeter Abstand über die Schale
und spürte die warme Energie von ihrer Mitte aus aufsteigen.
Ich drehte sie um und führte die Hand über ihre Rückseite.
Nichts. Die Energie floß nur in eine Richtung: nach oben.

Nachdem wir uns zum Rest der Gruppe gesellt hatten, wanderten wir die rechte Seite des Flußbettes entlang. Der Cuzco
nächstgelegene Teil des Flusses glich mehr einer Müllhalde als
sonst etwas. Ich war versucht mir die Nase zuzuhalten, als
wir an Abfallhaufen der verschiedensten Art vorbeikamen, die
das Flußufer bedeckten. Nachdem wir den Hauptbereich dieser Müllhalde hinter uns gelassen hatten, stießen wir auf kleine
Familien – Männer in zerrissenen Jogginganzügen, Frauen mit
langen schwarzen Zöpfen und ihren traditionellen zylinderförmigen Hüten, barfüßige Kinder mit schmutzigen Gesichtern.
Sie alle gingen hier den verschiedensten Aktivitäten nach.
Manche kochten etwas über kleinen Feuern, andere wuschen
Kleider, aber sie alle lächelten und lachten, grüßten nicht in ihrem gewohnten Quechua, sondern mit *»Buenos días«,* wenn
wir an ihnen vorbeikamen. Mit Ausnahme von mir sprachen
alle in der Gruppe Quechua; aber da sie Akademiker waren und nicht die traditionelle einheimische, sondern westliche
Kleidung trugen, wurden sie in Spanisch angeredet.

Unterwegs erklärte mir Raul: »Der Saphy ist einer der vier heiligen Flüsse, die Cuzco durchströmen. In Inka-Zeiten war der ganze Fluß mit Mauern eingefaßt und wurde mittels heiliger Standbilder geehrt, die überall an Schlüsselpunkten in Nischen aufgestellt waren.« Wir konnten zu beiden Seiten die Überreste von Inka-Mauern sehen, und vom Fluß ging immer noch eine Kraft aus. Während ich mir meinen Weg zwischen den Flußsteinen suchte, merkte ich, daß ich in einen leichten Trancezustand fiel. Das Gefühl, das der Fluß vermittelte, war wunderbar, und man konnte leicht verstehen, warum er den Inka als heilig gegolten hatte.

Wir gingen etwa vierzig Minuten lang weiter, bis wir an eine Stelle gelangten, wo wir nur unter Schwierigkeiten vorankamen. Die Atmosphäre war immer dichter und schwerer geworden, so daß ich schließlich kaum mehr meine Füße zu heben vermochte. Instinktiv wollte ich umkehren.

Ich hatte schon einmal ein ähnliches Gefühl gehabt, damals als ich mit Cyntha und den Küstenschamanen in Trujillo arbeitete, einer Stadt an der Nordküste Perus. Cyntha hatte uns zu einem Besuch in Chan-Chan mitgenommen, dem Ort, wo der berühmte Don Eduardo Calderón seine schamanische Karriere begonnen hatte. Er war Bildhauer und arbeitete an der Restaurierung von Chan-Chan mit, als sich ihm die Geisterwelt eröffnete.

Chan-Chan war die größte intakte Ausgrabungsstätte Südamerikas. Als wir uns dem vorderen Eingangstor näherten, um diesen riesigen Komplex der präinkaischen Chimú-Kultur zu besichtigen, wurden meine Füße zunehmend schwerer. Diese Ruinen stießen mich gefühlsmäßig ab. Ein ganzes Panorama von Gedanken und Empfindungen entfaltete sich in mir. Ich hatte das Gefühl, daß hier ein großer Krieg stattgefunden hatte und viele Gefangene gemacht worden waren, aber nicht im physischen Sinn. Mit Hilfe meines Freundes David wurde uns bald klar, daß diese Ruinenstätte ein astrales Gefängnis war. Ich berichtete Cyntha von unseren Eindrücken, die sie für unseren esoterischen Führer Eliazar übersetzte.

Dieser war ein sehr geheimnisvoller Mensch, der offensichtlich alles über das esoterische Wissen der Inka und Chimú wußte, aber sehr wenig redete. Er blinzelte mich an, sagte aber nichts. Als wir durch das Tor traten (was mir sehr schwerfiel), winkte er mich zu sich. Er zeigte mir Symbole, die in die Innenseite der Mauern eingeritzt waren. »Diese Symbole sind ein machtvoller Bann der Chimú, um die Inka fernzuhalten«, erklärte er. Mich schauderte. »Die *brujos* in dieser Gegend glauben, daß hier viele Seelen gefangen sind ... man kann sie in der Nacht weinen hören«, fuhr er fort. Für mich war es eine große Erleichterung, eine plausible Erklärung für meine Wahrnehmungen zu bekommen. Meine Phantasie bordete nicht über, ich war nicht verrückt. Ich war nur sensitiv.

Hier am Saphy hatte ich ein ähnliches, wenngleich weniger intensives Gefühl, so als ob wir auf eine subtile Energiebarriere gestoßen wären. Antonio deutete auf einen hervorstehenden Felsen über der Talenge, auf dem ein Inka-Gemäuer stand. »Das ist ein Wachtturm oder eine Wachstation der Inka. Niemand kann hier vorbeigehen, ohne zuvor um Erlaubnis zu bitten.« Die ganze Gruppe machte halt und beugte im Gebet die Köpfe. Auch ich bat schweigend die örtliche *Santa Tierra* um Erlaubnis, passieren zu dürfen.

Während wir beteten, bemerkte ich eine Veränderung der Energie, das Gefühl von Atem, der freigesetzt wurde. Die Gruppe ging weiter, und plötzlich war die Atmosphäre wieder leicht, heiter und einladend; wir konnten ungehindert passieren. Ich staunte über die Macht, die diesem Bitten um Erlaubnis innewohnte. Das hatte ich in Chan-Chan nicht erlebt. Diese medialen Barrieren waren im Grunde energetische Pforten, die sich mit ganz speziellen Schlüsseln, Gebete genannt, beiseite räumen ließen.

Beim Weitergehen durchschritten wir noch verschiedene andere mediale »Pforten«, die ich jedesmal ganz klar spüren konnte. Dann hielt die Gruppe in Bestätigung meiner Wahrnehmung an und begann zu beten. Die Erlaubnis wurde erteilt, und wir wanderten weiter. Ich merkte langsam, daß wir unseren Weg auf eine heilige Weise gingen, in eine andere Art von Zeit und Raum eintraten. Ich bin sicher, daß ich diesen Fluß auch hätte entlangwandern und diese subtilen Energiepforten durchbrechen können, ohne sie überhaupt zu bemerken.

Doch mit unserer Vorgehensweise betraten wir eine andere Realität, eine, in der wir uns in Harmonie mit der Landschaft befanden, die energetischen Veränderungen der Umwelt zur Kenntnis nahmen, sie respektierten und darauf reagierten. Diese Erfahrung lehrte mich, auf einen anderen Teil meiner selbst zu achten, auf eine direktere Wahrnehmung von Energie.

Nach zwei Stunden Wanderung im Flußbett gelangten wir zu einer wunderschönen Mauer aus der Inka-Zeit, die unterhalb eines Wasserfalls errichtet worden war. »Achtung«, sagte Raul warnend, »der weibliche Wassergeist dieser Gegend ist bekannt dafür, daß er die Herzen schlafender Männer stiehlt.« Das klang mir nach männlicher Paranoia. »Vor allem liebt er Musik«, erzählte er weiter. »Ich kenne zwei Musiker, die hierherkamen, um ein Picknick zu machen. Sie schliefen ein, und ihre Gitarren lagen am Uferrand. Der eine erzählte mir, daß, als er aufwachte, der Wassergeist die Saiten seiner Gitarre zupfte.«

Ich starrte ins Wasser und dachte an den Wassergeist. Der Ort fühlte sich für mich überhaupt nicht furchterregend an – im Gegenteil: Er entspannte mich. Kühle grüne Weidenzweige filterten funkelndes Sonnenlicht auf die Wasseroberfläche. Mein Blick blieb auf dem Wasser haften, ich betrachtete die Widerspiegelung der Bäume, des Himmels und des Sonnenlichts und konnte gleichzeitig bis hinunter auf die Steine auf dem Grund sehen. Ich saß sinnend da, als ich plötzlich eine silbrige weibliche Stimme vernahm: »Bald wird die Zeit kommen, in welcher der Mensch wieder mit den Nixen spricht.«

»Was?« fragte ich Antonio und war verlegen, weil er mir offensichtlich etwas erzählt und ich nicht zugehört hatte. »Wer hat etwas über Nixen gesagt?«

»Niemand hat etwas gesagt«, erwiderte Antonio. »Aber vielleicht hat die Nixe hier mit dir gesprochen. Was hat sie gesagt?«

»Also ...« stotterte ich, von diesem Gedanken überrascht. »Sie sagte, daß die Menschen und Nixen bald wieder miteinander kommunizieren können.« Einige im Kreis nickten zustimmend. »Ja, das haben uns die *Apus* auch angekündigt. Aber du scheinst besonders empfänglich für sie zu sein.« Auf dem Rückweg dachte ich darüber nach, daß ich vielleicht gar nicht allzu sensitiv oder phantasiebegabt war, sondern möglicherweise eben über eine »besondere Empfänglichkeit« verfügte. Der Gedanke gefiel mir.

Der Ausflug war wunderschön gewesen, doch am nächsten Tag kamen wir wieder zur *Mesa,* um unsere Arbeit zu tun. Die *Apus* materialisierten sich kraftvoll und fingen mit ihren Heilungen an. Da war ein Mann, der von einem zornigen Dschungelgeist besessen war. Er sah ziemlich ungepflegt aus, und seine Frau gestand, daß er sich oft mitten in der Nacht die Kleider vom Leib riß und nackt und schreiend nach draußen lief.

Ricardo sagte, es sei nötig, Señor Salkantay zum Altartisch zu rufen. Ich wußte, daß der Salkantay ein mehr als 6700 Meter hoher Berg mit schneebedecktem Gipfel war, den man auf dem Weg nach Machu Picchu sehen konnte. Salkantay bedeutete in Quechua »Der Unbezähmbare«.

Die Frau, bei der die Nierentransplantation durchgeführt worden war, hatte sich seitdem nicht wieder bei der *Mesa* blicken lassen. Leute, denen sie in der Stadt über den Weg gelaufen war, erzählten, daß sie sich bewegte, als ob ihr überhaupt nichts fehlte, ungeachtet der Tatsache, daß ihr die Ärzte im Krankenhaus gesagt hatten, daß sie sterben würde.

Mittlerweile hatte ich mitbekommen, daß Ricardo vorrangig mit drei *Apus* arbeitete: Señor Pampahuallya, Señor Sollacasa und Señor Potosí. Nachdem sich alle drei materialisiert hatten, wandte sich Señor Potosí an mich: »*Buenos días,* Tochter Elizabeth.«

»*Ave María Purísima*«, begrüßte ich den *Apu.*

»Wir freuen uns, daß du mit der Gruppe arbeitest. Heute möchte ich, daß du etwas Besonderes tust. Ich möchte, daß du Mamita Wakaypata, Plaza de Armas, Cuzco, rufst.«

»*Ich?*« fragte ich entsetzt. »Aber wie ... was ... was muß ich tun?«

»Mach dir keine Sorgen. Die kleine Kraft von dir befindet sich auf dem Tisch, sie wird dir helfen. Bete einfach.«

Ich hatte zuvor einen kleinen, mit Rutilnadeln durchsetzten Rauchquarz, etwa von der Größe meines kleinen Fingers, auf den Altartisch gelegt. Karin aus Ojai hatte ihn mir geschenkt.

»*Sí, Papito*«, antwortete ich.

Obgleich es stockdunkel war, schloß ich die Augen, um mich zu konzentrieren. »Mamita Wakaypata, Plaza de Armas, Cuzco«, sprach ich innerlich und versuchte, all meine Gedanken und Gefühle zu einem Energiestrahl zu bündeln. Wir warteten. Nichts geschah. Ich nahm all meinen Mut zusammen und betete wieder, diesmal laut.

Ein leises Dröhnen war zu hören, und plötzlich bekam die Erde zu meinen Füßen Flügel. Ein Plumpslaut auf dem Tisch, und dann sagte eine hohe weibliche Stimme: »Mamita Wakaypata, Plaza de Armas, Cuzco.« Die Menschen im Raum applaudierten.

»*Muy bien,* Elizabeth. Gut gemacht, Tochter«, gratulierten die *Apus.*

»Tochter Elizabeth«, sprach mich Mamita Wakaypata an.

»Ja, schöne Mutter«, erwiderte ich, wie ich es die anderen Frauen sagen gehört hatte.

»Ich möchte, daß du jemand Besonderen triffst, die *Santa Tierra* deines Viertels: *La Mamita de las niwas.*« Ich wußte, daß *niwa* das Quechua-Wort für ein leichtes bambusähnliches

Schilfrohr war, aus dem die indianischen Kinder ihre Drachen zu basteln pflegten. Was für ein hübscher Name.

Wieder waren aus der Erde aufsteigende Flügelschläge zu hören, und einer sehr hohe weibliche Stimme sagte: »Guten Morgen allerseits, guten Morgen, Elizabeth. Ich bin die *Mamita de las niwas* eines Ortes, den ihr Sapantiana nennt.« Das war eine inkaische Ruine direkt unter meinem Fenster im Haus der Señora. Man hatte mir gesagt, der Name bedeute »Sitz der Meditation«. Jäh wurde mir die aufregende Tatsache bewußt, daß dies meine *Santa Tierra* war!

»Du kannst mich jederzeit zu Hilfe rufen, wenn du mich brauchst«, bot sie mir an.

»*Gracias, mamita*«, sagte ich.

Danach widmeten sich die *Apus* Ricardos Patienten. Offensichtlich konnten sie sich jeweils nur eine halbe Stunde lang materialisieren. Dann verabschiedete sich ein jeder mit Namen und verschwand so, wie er gekommen war. Normalerweise wurden außer sonntags drei oder vier Sitzungen pro Tag abgehalten. Am Sonntag ruhten sich die *Apus* und Ricardo aus.

Als der Raum wieder hell war, holte Ricardo etwas vom Tisch und winkte mich zu sich heran. »Deine Kraft«, sagte er und überreichte mir das, was von meinem Quarzkristall übriggeblieben war. Er war in zwei Teile zersplittert. »Die Kraft deines Gebets hat den Kristall zerbrochen«, sagte er.

»Tut mir leid«, erwiderte ich im Glauben, etwas Schreckliches angerichtet zu haben.

Ricardo lachte. »Es muß dir nicht leid tun, daß deine Gebete eine solche Kraft haben.«

Während wir draußen im Hof saßen und auf die nächste *Mesa* warteten, dachte ich über alle meine neuen Erfahrungen nach. In Nordamerika hatte man mich den Großteil meines Lebens wegen meiner Tagträumereien und meines imaginativen, intuitiven und sensitiven Wesens aufgezogen und ausgelacht. Aber hier in Cuzco wurden Tagträumerei, Intuition und Sensitivität unterstützt und als »besondere Fähigkeiten« gewürdigt. Die weibliche Seite meiner Wesensnatur wurde bewundert, und man schätzte mich eben wegen meiner sensitiven Fähigkeiten, die für mich ganz natürlich waren. Infolge dieser Bestärkung entfaltete sich meine Sensitivität zunehmend mehr. Die Peruaner leben nach anderen Wertmaßstäben, und das schien hier Dinge zu ermöglichen, die in den USA nicht realisierbar waren.

Wir wurden zur *Mesa* zurückgerufen. Als Señor Salkantay zum Altartisch kam, wirkte er noch größer als Señor Potosí. Wie immer war es im Raum stockfinster, doch einen Moment lang glaubte ich ihn zu sehen. Eine Gestalt, die einen kleinen, mit zwei geringelten Schlangen geschmückten Lichtstab hielt. Er widmete sich ausgiebig dem Mann, der besessen war, sprach mit großer Inbrunst besondere Gebete in Quechua und besprühte ihn mit geweihtem Wasser. Ein paar Tropfen fielen auch auf mich. Ich sah, wie sich der kleine Lichtstab einige Mal hob und senkte, bevor die Zeremonie beendet wurde.

Als es im Raum wieder hell war, lag ein Leinensäckchen auf dem Altartisch, in dem sich irgend etwas krümmte und wand. Zu meinem Entsetzen erklärte Ricardo, daß der böse Geist aus dem Mann herausgeholt und in ein Meerschweinchen geschickt worden war. Das Tier wurde nun in dem Sack gelassen, um dort zu sterben!

Bevor sich Señor Salkantay verabschiedete, wandte er sich noch an mich. »Elizabeth, du kamst auf die Welt, um mit den *Apus* zu arbeiten. Du wurdest für uns geboren.« Seine Worte bewegten mich tief, rührten aber auch an einer Angst in mir ... die Angst, den Sinn meines Lebens nicht zu finden und zu erfüllen. Über all die Jahre hatte ich nach diesem Sinn gesucht, bis ich nach Kalifornien kam, um dort Psychologie zu studieren. Erst dort fühlte ich, daß ich auf der richtigen Spur war – bis ich dann von dieser Fügung des Schicksals hierher geleitet worden war. In den ersten drei Monaten meines Aufenthalts in Cuzco hatte ich jeden Tag darum gebetet, ich möge meinem höchsten

Ziel dienen. Und meine Begegnung mit den *Apus* hatte sicherlich meinen tiefsten Träumen und lang gehegten höchsten Hoffnungen Auftrieb gegeben: etwas über die Geisterwelt zu lernen und befähigt zu sein, in Harmonie mit der Natur zu arbeiten und zu leben. Und bei einem Wandlungsprozeß mitzuhelfen ... einer Geburt ... der Geburt einer neuen Art von Welt. Hatte ich schließlich meine ersehnte spirituelle Berufung gefunden?

Im nächsten Monat fanden nur wenige Aktivitäten mit der Gruppe statt, da Ricardo von den *Apus* in eine Stadt in Bolivien geschickt worden war, um dort zu arbeiten. Nachdem wir wochenlang nichts von ihm gehört hatten, erhielt Raul schließlich einen Brief von ihm mit Anweisungen von den *Apus,* wonach sich die Gruppe zu einer weiteren Pilgerreise aufmachen sollte – diesmal zu Mama Simona.

»Welcher Berg ist Mama Simona?« fragte ich Antonio, als wir die hohen Gipfel betrachteten, von denen die Stadt umsäumt wurde.

Er drehte sich um und deutete hinter uns. »Siehst du den hohen grünen Gipfel?«

»Den, der wie eine Pyramide aussieht?« Ich schüttelte ungläubig den Kopf.

»Richtig«, erwiderte er, als wir beide zu ihm hinaufsahen und unsere Augen mit der Hand vor den Strahlen der untergehenden Sonne schützten.

»Aber Antonio, ich dachte, alle Berggipfel seien *männlich.*«

»Ja, das sind sie normalerweise auch. Mama Simona ist die Ausnahme. Sie ist die einzige weibliche der zwölf heiligen *Apus* im Tal von Cuzco.«

»Antonio, erinnerst du dich, wie ich dir zum erstenmal von meiner Vision von den *Apus* erzählte ... damals im Institut?«

»Ja, natürlich«, erwiderte er lächelnd.

»Ich sah drei: Ausangate, Saqsaywaman – und sie.« Ich deutete auf den grünen Gipfel. »Sie war einer der drei Berge, denen ich mich automatisch zuwandte, und ich wußte, daß sie weiblich ist. Ich *sah* sie.« Ich war emotional so bewegt, daß meine Augen feucht wurden.

»Elizabeth, überrascht dich das? Wirklich?« Er sah mich mit lächelnden Augen an. Ich hatte eine Bestätigung nach der anderen erhalten und glaubte immer noch nicht. »Ihr Nordamerikaner seid sehr skeptisch. Ihr setzt euer Vertrauen in die merkwürdigsten Dinge und glaubt an sie, aber an das, was direkt vor eurer Nase liegt – eure eigene Erfahrung –, an das glaubt ihr nicht.

Was ist dieses Ding, wovon mir ein Nordamerikaner einmal erzählt hat ... wie nennt ihr das? Den *estock marrket*?« Er meinte die Aktienbörse. Sein Akzent ließ die Worte tatsächlich sehr merkwürdig klingen. »Das ist etwas, das man nicht sehen oder berühren kann, und doch geratet ihr in große Aufregung darüber. Viele von euch denken tagelang darüber nach und machen sich Sorgen, ja beten sogar dafür. Aber ihr seht nicht ein, daß es euer kollektiver Glaube ist, der ihm seine Macht verleiht.

Hier in den Anden praktizieren wir einen anderen kollektiven Glauben. Es ist der Glaube an die Macht der Natur. Für uns hat die Pachamama große Bedeutung. Wir verwenden Zeit darauf, für sie zu sorgen, wir denken an sie, beten zu ihr. Sie ist unsere Mutter, und wir wissen, daß alles Gute von ihr kommt. Wir bekommen von ihr, also müssen wir ihr auch zurückgeben. Das ist *ayni*, das Gesetz der Wechselseitigkeit, des gegenseitigen Austauschs. In eurer Kultur glaubt ihr, daß euch das, was ihr braucht, von eurem *estock marrket* gegeben wird, und so betet ihr zu ihm. Aber er kann niemals eure Mutter sein, euch Nahrung und Kleidung geben und eure Seele mit ihrer Schönheit nähren. Das ist die Pachamama, der Geist der Erde. An sie richten wir unsere Gebete«, schloß Antonio.

Am nächsten Morgen brachen wir früh auf und fuhren mit dem Auto zum westlichen Stadtrand. Acht Gruppenmitglieder hatten sich von ihren anderweitigen Verpflichtungen freima-

chen können, Maria, Felipe, Raul, Miguel, Judith, Americo
und natürlich Antonio. Obwohl diese Akademikerinnen und
Akademiker an nordamerikanischen Maßstäben gemessen arm
waren, besaßen sie einen inneren Reichtum, der jeder ökonomischen Lage trotzte. Wir redeten und lachten und tauschten
tiefgründige philosophische Betrachtungen aus, und sie waren
nie verknöchert oder langweilig wie so viele nordamerikanische Professoren, mit denen ich es zu tun gehabt hatte.

Gemeinsam mit diesen wunderbaren Gefährten begann ich
die tiefe Schlucht eines fast ausgetrockneten Baches entlangzu-
wandern. Wir waren angewiesen worden, uns nur immer links
zu halten. Es gab keinen Weg, und wir mußten über Zäune klettern und Privatgrundstücke durchqueren. Offensichtlich schuf
das keine Probleme, denn die Besitzer lächelten nur und wink-
ten uns zu, wenn wir an ihnen vorübergingen. Wir trugen Ruck-
säcke mit Proviant, und Miguel hatte als Geschenk für Mama
Simona ein *despacho* mitgebracht, eine traditionelle Opfergabe
für die Erde.

Auf der Autofahrt hatte sich die grüne Pyramide deutlich ab-
gezeichnet, doch jetzt, da wir den Berg erklommen, konnte ich
sie nicht mehr sehen. Raul hatte gesagt, es sei eine kurze Wanderung, nur ein paar Stunden oder so, aber trotzdem betete ich
zu Mama Simona und bat sie um Kraft für diesen Aufstieg. Ich
war die einzige Person, die Bergstiefel trug. Alle anderen hatten
abgetragene Straßenschuhe oder alte Tennisschuhe an.

Wir wanderten ohne Unterbrechung vier Stunden lang. Die
Peruaner unterhielten sich und lachten und legten ein mörderi-
sches Tempo vor. Ich blieb zurück und rang manchmal mühsam
nach Luft. »Man sagt, das Herz und die Lungen von uns Berg-
bewohnern sind anderthalb mal so groß wie die von euch Flach-
landmenschen. Jetzt verstehe ich, was damit gemeint ist«, frot-
zelte Raul.

Nachdem wir noch einige Stunden gewandert waren, erreichten wir einen Hügelkamm, von dem aus wir zumindest

den hohen Gipfel sehen konnten. Mama Simona in ihrer ganzen Pracht erhob sich majestätisch vor uns. Ich setzte mich atemlos hin und zog meinen Fotoapparat aus dem Rucksack. Die Gruppe sah mir verblüfft zu. »Ich möchte nur ein Foto machen«, sagte ich in aller Unschuld und wollte den Auslöser drücken. Nichts geschah. Ich versuchte es wieder, immer noch nichts. Ich schüttelte den Fotoapparat. »Er ist kaputt, oder vielleicht ist die Batterie leer«, vermutete ich. Die anderen betrachteten mich mit einer Mischung aus Mitleid und unterdrückter Heiterkeit.

»Warum steckst du ihn nicht einfach wieder weg, Elizabeth?« schlug Antonio vor. »Wenn die *Apus* nicht wollen, daß du Fotos von ihnen machst, kannst du gar nichts dagegen unternehmen«, erklärte er mir wie einem eigensinnigen Kind. Und wie ein eigensinniges Kind weigerte ich mich, ihm zu glauben. Ich nahm die Batterien heraus und legte sie wieder ein, aber der Fotoapparat funktionierte immer noch nicht.

Wir nahmen schweigend unser Mittagessen ein. Dann setzten wir unseren Aufstieg im gleichen Wahnsinnstempo fort. Einige Male blieb ich absichtlich etwas zurück, zog meinen Fotoapparat wieder heraus und versuchte es erneut, wenn ich glaubte, daß niemand es sah. Doch nichts. Der Fotoapparat hatte anscheinend seinen Geist aufgegeben.

Bald gelangten wir in ein Tal, das sehr viel grüner war als die trockene und steinige Landschaft, die wir den ganzen Tag durchquert hatten. »Dies nennt man das ›Tal der Dinosaurier‹«, erklärte Raul. »Schau. Kannst du die Tiere in den Felsen sehen?« Er deutete auf einen großen hervorstehenden Felsen. Ich starrte ihn überrascht an. »Das ist ein *sapo*«, sagte er. »Ihr bezeichnet das als eine Kröte«, erklärte Antonio, riß die Augen auf und ahmte das züngelnde Reptil nach, was uns alle zum Lachen brachte.

Sie fingen nun an, auf die Tiergestalten hinzuweisen: Hunde, Löwen, Pumas, Elefanten, riesige Insekten. Sie waren überall, so als ob Medusa persönlich durch dieses Tal geschritten sei, auf all diese Riesen ihrer Spezies geblickt und sie in Stein verwandelt hätte. Die »Tierskulpturen« waren klar zu erkennen, man brauchte seine Phantasie nicht zu bemühen.

»Wie kamen sie hierher?« fragte ich, denn sie konnten meines Erachtens unmöglich ein natürliches Phänomen sein.

»Es gibt im ganzen Tal von Cuzco nur wenige Orte, wo sie zu finden sind. Niemand weiß, warum sie hier so konzentriert auftreten. Vielleicht, weil wir uns Mama Simona nähern«, sagte Raul.

Wir durchquerten das Tal und erklommen am anderen Ende einen weiteren Aussichtspunkt. »Dort ist er ... der Altar«, flüsterte Antonio. Ich sah hoch und erblickte den pyramidenförmigen grünen Gipfel. Er war mit niedrigem Gestrüpp bedeckt, und nahe seiner Spitze, dort wo das Buschwerk endete, ragte ein riesiger, rechteckiger Stein empor.

»Dort? Der da?« Ich deutete auf ihn und strengte meine Augen an.

»Ja. Das ist sie«, sagte Raul in stiller Ehrerbietung.

Dann stieß er plötzlich den Freudenschrei eines triumphierenden Helden aus und lief mit höchster Geschwindigkeit den Berg hinauf dem Altar entgegen. Das löste geradezu einen Massenaufbruch der Gruppe aus und jeder stürzte los, um als erster den Altar zu erreichen. Ich schloß mich dem Spaß an, doch nach fünf Minuten beklagten sich meine ungeübten Lungen bitterlich. Ich verlangsamte meine Schritte und beschränkte mich auf die Beobachtung dieser »Prozession«. Raul kam als erster an, dicht gefolgt von Antonio, Miguel, Maria und Felipe. Judith und Americo bildeten die Nachhut. Als ich schließlich beim Stein anlangte, hatte sich die ganze Gruppe schon gut ausgeruht.

»Wir müssen die Opfergabe darbringen«, verkündete Antonio. Miguel griff in seinen Rucksack und zog ein weißes Papierbündel heraus, das er Antonio übergab. Ich hatte schon viele Male *despachos* auf dem Altartisch bei Ricardos *Mesa* gesehen, jedoch noch nie beobachtet, wie sie gemacht wurden. Ich sah fasziniert zu, als Antonio sein Säckchen mit Kokablättern leerte und sechsunddreißig von ihnen auswählte, welche die zwölf *k'intus* bilden würden, zwölf Gruppen von jeweils drei Blättern. Jedes *k'intu* wurde einem der zwölf Berge, die das Tal von Cuzco umgaben, dargeboten, ein jeder ein heiliger *Apu*.

Der riesige Altarstein war leicht geneigt, so als sei er durch ein Erdbeben aus seiner ursprünglichen Position gerissen worden. Wir saßen an der südlichen Seite des Steins direkt unter dem Gipfel. Der Stein selbst wies eindeutige Spuren menschlicher Bearbeitung auf. Zwar handelte es sich nicht um die feine inkaische Steinmetzarbeit des Coricancha, doch war er allem Anschein nach von Menschenhand zu einem Altar gemacht worden.

Antonio entfaltete das Papierbündel und breitete zahlreiche winzige Päckchen mit den merkwürdigen Gegenständen aus, die zur *Despacho*-Ausstattung gehörten: Samen, Seesternarme, etwas Wolle, Süßigkeiten, winzige Bleifiguren, Magnetsteine, Lamafett, Zucker und farbige Fäden. Eine Muschel und ein Holzkreuz sollten die Mitte des *despacho* markieren. Er füllte die Muschel mit Lamafett, plazierte sie im Zentrum des *Despacho*-Papiers und das Kreuz über der Mitte der Muschel. Ich rätselte über die Bedeutung der Gegenstände. Die *k'intus* wurden mit etwas Lamafett »zusammengeklebt«, und dann wurde ein jedes in die Richtung des Berggeistes hochgehoben, der gerade angerufen wurde.

Wenn Antonio sich in die Richtung eines *Apu* wandte und ein Gebet in Quechua sprach, schloß sich ihm die ganze Gruppe an, beschwor die Macht des Berges herbei und bot ihm in Respekt und Wertschätzung für alles, was uns die Berggottheiten so großzügig zukommen ließen, das *k'intu* dar. Am Ende blies er dreimal auf das *k'intu*. Danach wurde es in einen Kreis um die Muschel gelegt. Als alle Berggeister angerufen waren und der Kreis vollendet war, wurden die Samen, Pflanzen, Steine als Geschenke für die verschiedenen Naturgeister plaziert. Die winzigen Bleifiguren, die Körperteile oder persönliche Wünsche symbolisierten, wurden von Gruppenmitgliedern, die um Hilfe oder Heilung baten, ins *despacho* gelegt. Schließlich wurden noch die Süßigkeiten hinzugefügt, um jene Geister zu besänftigen, welche die zum Himmel aufsteigenden Gebete eventuell mit irgendwelchen Tricks behindern könnten.

Als das *despacho* fertig war, wickelte Antonio es in das Papier ein, das er zu einem traditionellen Rhombusmuster faltete und mit roten und weißen Fäden umwickelte. Dann wurden Gebete an die *Santas Tierras* der Straße eines jeden Gruppenmitglieds auf das Päckchen geschrieben.

Während Antonio, Miguel und Raul noch mit dem *despacho* beschäftigt waren, sammelten die anderen trockene Zweige und entzündeten ein kleines Feuer auf dem Altar. Sie sangen und sprachen Gebete in Quechua über dem *despacho*, und dann übergab mir Antonio das Bündel, damit ich es ins Feuer legte. Als wir uns auf das Verbrennen vorbereiteten und zum Himmel emporblickten, sahen wir zwei große Kondore über uns kreisen. Im Vorbeifliegen warfen sie große Schatten auf uns, und sie blieben über uns, bis wir das *despacho* dem Feuer übergeben hatten.

»Laßt uns gehen«, sagte Raul.

»Wohin?«

»Wir haben den *Apus* eine Opfergabe dargebracht. Das ist für sie wie eine Mahlzeit. Wir müssen hier verschwinden, damit sie kommen und sie zu sich nehmen können«, erklärte mir Antonio geduldig. Die Gruppe begab sich auf die andere Seite des Felsens, außer Sichtweite des zeremoniellen Feuers und des verbrennenden *despacho*.

»Wenn es vollständig verbrennt, ist unsere Opfergabe angenommen worden«, erklärte Raul.

»Und wenn nicht?« fragte ich besorgt.

»Dann mangelt es unserer Opfergabe an genügend spiritueller Energie, und wir müssen es noch mal versuchen«, erwiderte er. Nach etwa fünfzehn Minuten gingen wir wieder zurück, um nachzusehen. Unser *despacho* war ganz und gar vom Feuer verzehrt worden.

Am späten Nachmittag befanden wir uns auf dem Rückweg den Berg hinunter, als wir in der Ferne eine Frau sahen, die eine Lamaherde vor sich hertrieb. Sie war das erste menschliche Wesen, das wir seit Stunden zu Gesicht bekamen, und trieb ihre Herde denselben Zickzackweg hinauf, den wir hinuntergingen. Maria ging voraus, um sie zu begrüßen, und die beiden waren schnell in ein lebhaftes Gespräch vertieft. Als wir näher kamen, sah ich, daß sie acht Lamas bei sich hatte, und daß die Beine eines Lamas mit wunderschönen vielfarbigen Flicken umwickelt waren, die farbenprächtigen Socken ähnelten. Ich beschloß, es »Socken« zu nennen.

Etwas an der alten Frau machte mich stutzig. Angesichts ihrer Bewegungen und ihrer lauten Stimme fragte ich mich, ob sie betrunken war. Sie trug ein rotes Tuch um ihre Schultern und den für die Quechua-Frauen typischen Rock mit den vielen Unterröcken. Aber statt des zylinderförmigen Huts zierte ihren Kopf ein reichbesticktes, oben ganz abgeflachtes Gebilde, das einer umgestülpten Schüssel ähnelte.

Maria und die Frau unterhielten sich angeregt in Quechua, während wir auf die beiden zugingen. Dann begrüßten die anderen nacheinander im Vorbeigehen die Frau mit einem Händeschütteln. Und obgleich ich mich wegen ihres seltsamen Benehmens ein wenig vor ihr ängstigte, fand ich mich beim Näherkommen von einem seltsamen Glücksgefühl erfüllt. Als ich ihre Hand nahm, war es das Weichste, das ich jemals gefühlt hatte, und auch ein wenig klebrig, so als hätte sie die Hand schon eine Weile lang nicht mehr gewaschen.

»*Buenos días*«, sagte ich.

»*Buenos días, Mama Linda*«, sagte sie und begann in Quechua auf mich einzureden. Mir fiel auf, daß sie mir nicht in die Augen sah, und das bestärkte mich in meinem Verdacht, daß sie betrunken war. Doch ich schüttelte ihr herzlich die Hand und ging dann rasch weiter. »Socken« schritt an mir vorüber und wieder bewunderte ich die flotten Farben. Alle Lamas waren wunderschön – vielleicht die schönsten, die ich je gesehen hatte. Die Frau wollte reden und hielt Maria noch längere Zeit auf. Ich hatte das Gefühl, daß sie auch mich festgehalten hätte, wenn ich sie hätte verstehen können.

Nach einer Weile holte uns Maria ein. »Was für eine interessante Frau. Sie wollte gar nicht aufhören zu reden!«

»Aber mit mir wollte sie nicht sprechen«, sagte Raul ein wenig verstimmt.

»Hmm ... das ist richtig«, erwiderte Maria nachdenklich. »Sie hat mit keinem von euch Männern gesprochen.«

»Was macht sie?« fragte Raul.

»Sie erzählte, sie käme von da, wo sie wohnt, hoch oben auf dem Berg.« Die Gruppe blieb stehen und versammelte sich um Maria. »Sie bat um Essen, und ich gab ihr ein paar Orangen. Sie sagte, sie ginge zu einem Begräbnis«, fuhr Maria fort.

»Aber sie trug keinen schwarzen Trauerumhang – sie trug Rot!« rief Antonio aufgeregt.

Raul sank auf die Knie. »*Madre Santísima*«, betete er laut und bekreuzigte sich. »Wir sind gerade zutiefst geehrt worden.«

»Antonio, was bedeutet das?« fragte ich verunsichert.

Doch es war Raul, der mich mit Tränen in den Augen ansah. »Das war keine alte Frau. Das war Mama Simona persönlich!«

Nun sank die ganze Gruppe auf die Knie und sah zurück in die Richtung, in der die Frau verschwunden war. Alle beteten inbrünstig und bekreuzigten sich, und einige weinten leise.

Antonio erklärte. »Es ist bekannt, daß sich die *Apus* manchmal zu ganz besonderen Anlässen in menschlicher Gestalt materialisieren. In all den alten Geschichten und Mythen darüber heißt es, daß die *Apus* immer sagen: ›Ich lebe hoch oben auf dem Gipfel des Berges‹, also an einem Ort, wo es keine Häuser gibt. Sie geben sich oft den Anschein, arm oder betrunken zu sein, um das Mitgefühl der fraglichen Initianden zu überprüfen.«

»*Uns!*« rief ich aus.

»Richtig«, sagte Antonio. »Die Initianden müssen ihren Grips beisammen haben, müssen die Ungereimtheiten der Geschichte erkennen und den *Apu* mit Namen ansprechen. Man sagt, daß du, sofern du das tust, den *Apu* um ein Geschenk bitten darfst.«

»Ich schätze, wir hatten unseren Grips nicht beisammen«, sagte ich niedergeschlagen.

»Du solltest eine andere Einstellung dazu haben, Elizabeth. Es war allein schon eine Ehre, daß sie sich uns gezeigt hat. Abgesehen davon haben wir es nicht ganz so schlecht gemacht. Gott sei für Maria gedankt«, sagte Raul und stand auf, um sie herzlich zu umarmen. »Wenigstens hast du uns davor bewahrt, als totale Idioten dazustehen, die sie völlig ignorierten. Ich schäme mich so. Ich dachte, sie sei betrunken.«

»Macht nichts, wir lernen eben noch«, sagte Felipe bescheiden.

»Wenn wir kapiert hätten, was da passiert, hätten wir sie bitten können, zur *Mesa* zu kommen«, ließ sich Miguel vernehmen.

»Aber ganz offensichtlich sind wir noch nicht so weit!« entgegnete Antonio.

»Es ist wundervoll zu wissen, wie nahe wir schon dran sind«, sagte Maria mit fröhlichem Ausdruck in den Augen. Sie hatte die Gruppe durch ihre sensitive Interaktion mit diesem übernatürlichen Wesen gerettet und war zu Recht stolz darauf.

Einige Tage später kehrte Ricardo aus Bolivien zurück. Er rief uns fast sogleich zusammen, um ein außerordentliches Treffen mit den *Apus* abzuhalten. Wir vereinbarten, uns in Antonios Haus zu versammeln, da Ricardos üblicher Treffpunkt nicht zur Verfügung stand. Ich kam früh, um bei der Vorbereitung des Raumes mitzuhelfen. Wir rückten Tische und Stühle zurecht, um das Wohnzimmer in eine *Mesa* zu verwandeln. Ricardo traf ein und begrüßte uns herzlich. »*Los Papitos* sagen, daß ihr die Sache auf eurer Pilgerreise gut gemacht habt.«

»Das hoffen wir«, erwiderte Antonio.

Ricardo kümmerte sich noch rasch mit letzten Handgriffen um den Altartisch, und dann wurde der Raum verdunkelt. Nach einer Wiederholung des Gebets und einem tiefen Pfeifton trafen die ersten beiden *Apus* mit Flügelrauschen und einem weichen Plumpslaut ein; aber merkwürdigerweise kamen sie diesmal nicht durch die Decke, sondern aus einem gerahmten Bild an der Wand.

Señor Pampahuallya meldete sich mit Namen, und kurz darauf wünschte uns Señor Sollacasa einen guten Morgen. »Die Gruppe macht Fortschritte«, sagte Señor Pampahuallya. Antonio übersetzte und sagte, die *Apus* hätten das Gefühl, daß wir bald versuchen könnten, sie ohne Ricardo zu rufen. Doch wir bräuchten noch mehr Einheit. Plötzlich war die Ankunft eines weiteren *Apu* zu hören, und eine hohe, sehr weibliche Stimme begrüßte uns.

»Mama Simona, zu euren Diensten«, sagte die weibliche Gottheit. Ich war erstaunt. Mama Simona war persönlich gekommen! »*Grupo*«, sagte sie, »ihr seid gekommen, um mich in meinem Haus zu besuchen.«

»*Sí Mama linda*«, antwortete Antonio voller Respekt.

»Ihr habt sogar meine Hand geschüttelt, aber ihr habt mich nicht erkannt.« Den Gruppenmitgliedern stockte der Atem. »Ich wußte es!« murmelte Antonio vor sich hin.

»Entsinnt ihr euch der acht Lamas, die ihr gesehen habt?« fragte sie.

»*Sí Mama linda*«, antwortete Raul.

»Acht von euch, *el grupo,* und acht von uns. Und das Lama mit den farbigen Socken, das Elizabeth so sehr mochte, war ein nordamerikanischer *Apu.*« Mir stand vor Überraschung der Mund offen. Aber irgendwie ergab es einen Sinn, daß dieses Lama so anders war als alle, die ich vorher gesehen hatte. »Die zwei Kondore, die ihr über euch gesehen habt – das waren Señor Potosí und Señor Rio de Janeiro.« Nach einigen Augenblicken geschockten Schweigens von seiten der Gruppe fuhr sie fort: »Die Gruppe möge nun den Versuch unternehmen, uns von sich aus zu rufen. Dieser Versuch sollte heute abend um neun Uhr in Elizabeths Haus stattfinden.«

»Bitte, warum mein Haus?« fragte ich.

»Weil du immer noch nicht ganz an uns glaubst, Tochter.«

An diesem Abend sollte sich die Gruppe, dreizehn Mitglieder insgesamt, im Hof des Hauses der Señora treffen. Wir waren für acht Uhr verabredet, um noch Zeit zu haben, den Raum und uns selbst vorzubereiten. Ich hatte intuitiv eine weiße Tunika aus den Staaten mitgebracht, da ich das Gefühl hatte, ich würde eine Art Initiationszeremonie durchmachen; dies schien mir die perfekte Gelegenheit zu sein. Ich zog sie unter meiner Jacke an. Nachdem die Gruppe fast vollständig in meinem Zimmer versammelt war, demselben Zimmer, in dem ich vor über sechs Monaten meine erste Vision von den *Apus* gehabt hatte, dunkelten wir alles ab und bauten, achtsam Ricardos Anweisungen befolgend, den Altar auf.

Um halb neun waren bis auf Antonio alle eingetroffen. Wir ließen uns auf dem kalten Holzboden im Kreis nieder; die winzige elektrische Kochplatte, unsere einzige Wärmequelle, vermochte nichts gegen die kalte Nachtluft Cuzcos auszurichten.

Ein paar Minuten vor neun sagte Raul: »Fangen wir an.«

»Aber Antonio ist noch nicht da«, protestierte ich.

»Wir müssen pünktlich sein. Antonio ist zu spät dran«, sagte Raul. Tief bekümmert schloß ich die Tür und drehte den Schlüssel um. Wir schalteten das Licht aus und ließen nur eine einzige

Kerze brennen. Das Ganze erinnerte mich an unsere Pyjamapartys in jungen Jahren, bei denen wir bei Kerzenschein im Kreis saßen und uns gegenseitig mit Gespenstergeschichten Schauer über den Rücken zu jagen suchten.

Wir waren übereingekommen, daß Raul als erster die *Apus* rufen sollte, dann Felipe und schließlich Miguel. Raul begann mit dem Gebet der »Öffnung von Jesus Christus«, durch das sich die *Apus* materialisieren konnten. Wir unterstützten ihn mit dem »Vaterunser« und beendeten gemeinsam jedes Gebet mit »Hayzoos« (Jesus). Wir warteten. Nichts geschah. Raul versuchte es über zwanzig Minuten lang, wiederholte das Gebet – manchmal gut, manchmal schlecht –, er vergaß ein paar Worte oder fügte ein paar hinzu.

Felipe probierte es als nächster. Obschon er sich nicht halb so gut an die Worte des Gebets erinnern konnte wie Raul, wiederholte er es mit mehr Inbrunst und Konzentration. Ich hatte ein gutes Gefühl bei ihm. Doch wieder geschah nichts. Danach war Miguel an der Reihe. Er verfügte gewiß über die Gefühlsintensität, derer es laut Ricardo bedurfte. Nach etwa zehn Minuten war der Raum plötzlich von einem Duft von Rosen und Blütenwasser erfüllt; ein seltsamer Geruch, der immer die Materialisierung der *Apus* bei Ricardos *Mesa* begleitete. Die Gruppe fand sich ermutigt, aber des weiteren geschah nichts.

Nach fast zwei Stunden tiefster Konzentration waren wir erschöpft. »Nun, ich nehme an, wir sind noch nicht bereit«, konstatierte Felipe vernünftigerweise. Wir tauschten *besos* aus, und ich begleitete die Gruppe zur Tür. Ich war mir sicher, daß Antonios Abwesenheit etwas mit unserem Fehlschlag zu tun hatte, und erwähnte das auch gegenüber Raul.

»Auf Antonio ist kein Verlaß«, erwiderte er kalt. Er verzichtete auf den obligatorischen Wangenkuß und ging gereizt, fast wütend, davon.

Am nächsten Tag kamen Maria und Felipe zu mir, um mit mir zu reden. »Wir haben das Gefühl, daß du etwas über Raul wissen solltest«, sagte Maria, nachdem wir es uns im oberen Wohnzimmer bei etwas Tee und Brot gemütlich gemacht hatten. »Raul ist ein sehr guter Mensch, aber er hatte in der Vergangenheit Schwierigkeiten.«

»Was für Schwierigkeiten?« fragte ich, wohl ahnend, daß sich da etwas zusammenbraute. Felipe und Maria wechselten Blicke. Er nickte ihr zu und bedeutete ihr, fortzufahren.

»Vor ein paar Jahren arbeitete Raul mit einem anderen Lehrer.«

»Einem andinen Priester?« fragte ich.

»Nein, mit jemandem, der behauptete, ein spiritueller Lehrer zu sein. Er war eine sehr machtvolle Persönlichkeit. Inzwischen gibt Raul offen zu, daß sie sich mit Schwarzer Magie beschäftigt haben. Einer seiner besten Freunde starb deshalb.«

»*Wow!*« Ich senkte den Kopf und dachte, daß das genau die Art von Dingen war, mit der ich nichts zu tun haben wollte. Ich visualisierte Raul vor meinem geistigen Auge, und sein Gesicht nahm einen diabolischen Ausdruck an. Mich schauderte.

»Danach hat sich sein Leben verändert«, erzählte Maria weiter. »Er hat sich viel stärker Gott zugewandt, wurde ein gläubiger Katholik. Aber manchmal denke ich, daß er immer noch auf Macht aus ist.«

Im Lauf der nächsten Wochen brachen unter den Gruppenmitgliedern plötzlich und unerwartet Feindseligkeiten aus. Diese internen Streitigkeiten paßten mir gar nicht, schon deshalb nicht, weil ich einen Kontakt zur finanziellen Unterstützung unserer Forschungsarbeit geknüpft hatte. Ich stand mit einer Stiftung in den Vereinigten Staaten in Verbindung, die daran interessiert war, die Forschung im Bereich alternativer Heilungsmethoden zu unterstützen. Man hatte mich um einen Antrag gebeten, in dem ich erläuterte, welcher finanzielle Betrag für das Projekt der Gruppe benötigt wurde und wie das Geld verwendet werden sollte. Und eines Nachts war ich bis zur Morgendämmerung aufgeblieben und hatte diesen Antrag formuliert und immer wieder umgeschrieben. Um acht Uhr morgens klopfte Antonio an meine Tür. Es war eine Krisenkonferenz der Gruppe einberufen worden. Ich zog mich rasch an, und Antonio begleitete mich zum Treffen.

Ich betrat ein mir unbekanntes Haus, wo sich Raul, Maria, Felipe, Judith, Americo, Miguel und Liliana bereits versammelt hatten. Es wurden keine *besos* ausgetauscht, und im Raum, in dem Schweigen herrschte, lag Ärger wie ein Gewitter in der Luft.

»Was ist los?« Ich sah sie aus trüben, noch verschlafenen Augen an. »Ich habe hier den Antrag ...« Ich hielt ihn vor mir hoch fast so, als wollte ich mich verteidigen.

»Genug von deinem Gequatsche«, sagte Raul brutal. »Wir wissen, daß du uns verrätst.«

»Was?« fragte ich entgeistert. Die Intensität seiner Emotionen ließ mich sofort hellwach werden. Raul blickte mich finster an.

»Du hast dich geweigert, Stühle für unseren Versammlungsraum zu kaufen«, sagte Judith mit wütendem Blick.

»Du hast uns nicht zur Arbeit mit der kosmischen Schale eingeladen. Ja, du hast sie uns in den letzten Wochen geradezu verwehrt«, schloß sich Maria an.

»Ihr habt sie mir doch gegeben!« erwiderte ich. »Und überhaupt, was ist denn los mit euch allen?« wollte ich verärgert wissen. Offensichtlich war ich zu ihrer aller Feindin geworden.

»Warum sagt ihr solche Dinge?« trat Antonio für mich ein.

»Sei du still!« funkelte ihn Raul an. »Wir wissen, daß du mit ihr unter einer Decke steckst.«

»Wobei, Raul? Wovon redest du?« Ich sah sie an, hoffnungslos verwirrt.

»Du warst ja so schlau. Du hast vorgegeben, unsere Freundin zu sein. Aber jetzt haben wir alles über dich rausgefunden. Wegen solcher Leute wie dir war der andine Weg so lange verschlossen. Ihr verkauft andine Geheimnisse an die CIA und werdet gut dafür bezahlt!« zischte Raul. Diese Unterstellung war so paranoid und hanebüchen, daß ich mir nur mit großer Mühe einen Lachanfall verkneifen konnte.

»Das könnt ihr doch unmöglich wirklich glauben!« Ich sah sie völlig entsetzt an. Ihre Gesichter blieben eisern, ihre Münder waren zu Schlitzen undurchdringlicher Wut zusammengepreßt. Sie glaubten es tatsächlich.

Ich wußte nicht, wie ich mich verteidigen sollte. Ich war erschöpft, und die Vorstellung, daß ich um ihretwillen gerade die ganze Nacht aufgeblieben war, nur um jetzt so behandelt zu werden, war mehr als schrecklich. Ich war so verletzt, daß mich das Selbstmitleid übermannte und ich, die ich nie vor anderen Menschen weinte, nun dabei war, große Tränen zu vergießen. Ich war mir sicher, daß sie in meinen Tränen einen Beweis für meine Unschuld sehen würden. Doch ich mußte schockiert und überrascht feststellen, daß sie bei ihnen rein gar nichts bewirkten. Sie blickten mich unbewegt, ungerührt an. Ich fühlte mich noch ohnmächtiger.

Unter großer Anstrengung bemühte ich mich, meine Tränen zurückzuhalten, und nun verwandelte sich meine Verletzlichkeit in helle Wut. »Ihr seid ein Haufen paranoider Verrückter!« brüllte ich, völlig außer Kontrolle geratend. »Nur zu eurer Information. Ich war die ganze Nacht auf und habe an diesem Antrag getippt, damit *ihr euer* Projekt finanziert kriegt, und jetzt behandelt ihr mich so?« Ich kam immer mehr in Fahrt. »Glaubt ihr ernstlich, ich wäre hier, ohne Familie oder Freunde, hätte einen Job aufgegeben, bei dem ich locker achtzig Dollar die Stunde hätte verdienen können, nur um mit einem Haufen Einfaltspinseln in einem dunklen Zimmer herumzusitzen? Sagt mir doch, wieviel Geld habe ich von der CIA bekommen? Ich hoffe, es war genug dafür, daß ich mich diesem Scheiß hier aussetzen muß!« Ich schmiß den Antrag auf den Boden und stürmte aus dem Zimmer. Mit einiger Befriedigung stellte ich fest, daß sich mein Spanisch erheblich verbessert hatte.

Am nächsten Tag ließ mir die Gruppe eine offizielle Entschuldigung zukommen, aber der Schaden war nun mal angerichtet. Es kam zu einer Spaltung. Antonio, sein Vater, sein Bruder und dessen Freundin standen auf meiner Seite; Raul, Maria, Felipe, Judith, Americo und ihre Verwandten auf der anderen.

6

Die kosmische Schale

Im Verlauf der nächsten Wochen eskalierte die Situation nur noch. Eduardo, Maria und Felipes Sohn, wurde krank; und die beiden beschuldigten mich und behaupteten, ich hätte den Jungen durch irgendeine Art von Schwarzer Magie verhext. Das war für mich besonders schmerzlich, da ich eine ganz spezielle Zuneigung für Eduardo hegte und mir der bloße Gedanke, ich könnte ihm absichtlich ein Leid zufügen, einfach entsetzlich war. Während dieser ganzen Zerreißprobe blieben mir die Ursprünge der seltsamen Verdächtigungen von seiten der Gruppe ein Rätsel.

Ich wurde wütend auf alle, die *Apus* eingeschlossen. Ich hatte den Eindruck, daß diese »Engel« die zwei Fraktionen der Gruppe gegeneinander ausspielten. Einerseits sagten sie, wir sollten zu mehr Gruppeneinheit finden, hielten aber andererseits mit jeder Partei private *Mesas* ab. Dieses unterminierende Verhalten war typisch für zerrüttete Familienverhältnisse, aber konnte ich eine solche Situation nach nordamerikanischen psychologischen Maßstäben beurteilen? Vielleicht ließen sie sich auf schamanische Erfahrungen nicht anwenden. Was für Regeln gab es im Umgang mit den *Apus* aus der unsichtbaren Welt? Wer schuf all diese Probleme, die *Apus* oder wir?

Aus Büchern wußte ich, daß viele schamanische Initiationen »Tests« waren, bei denen es schwierige Konflikte zu lösen oder außerordentliche Mutproben zu bestehen oder auch verwirrende Situationen zu klären galt. Und oft mußten die Initianden sich behaupten und kämpfen lernen, wollten sie diese Tests erfolgreich bestehen. In den Geschichten, die ich gelesen hatte, wurden die Initianden von ihren Lehrern geprüft und manchmal sogar in lebensbedrohliche Situationen versetzt, um festzustellen, ob sie ihre Angst zu überwinden und spirituelle Stärke zu entfalten imstande waren. Das war die Frage, die ich mir nun stellte: Wurde ich im Versuch, mich zu unterrichten, von Ricardo und den *Apus* geprüft? Oder diente ich in ihrem unergründlichen Spiel lediglich als Faustpfand?

Ich haßte Streitereien und Konflikte jeglicher Art und hatte sie in meinem bisherigen Leben meist zu vermeiden versucht. Ich konnte es auch nicht ausstehen, wenn ich merkte, daß ich eingeschüchtert oder manipuliert werden sollte. Ricardo hatte mich verschiedene Male gebeten, zur *Mesa* eines seiner anderen Schüler, die ihn »verraten« hatten, zu gehen und sie zu stören. Doch erst als sich auch noch die *Apus* in die Sache einmischten, fühlte ich mich wirklich bedrängt.

Bei einer von Ricardos *Mesas* sprach mich Señor Potosí in derselben Sache an. »Liebst du Engel, Elizabeth?« fragte er mich. Und als ich dies bejahte, befahl er: »Dann wirst du das für uns tun.« Anfänglich willigte ich ein; aber ich fühlte mich manipuliert und empfand zugleich Schuldgefühle, weil ich nicht ausführen wollte, wozu sie mich aufforderten. Ich war nicht nach Peru gekommen, um mich mit Ricardos anderen Schülern herumzuschlagen, sondern um etwas über das Heilen zu lernen. In dieser ganzen verworrenen Situation fing ich sogar an, Ricardos Intentionen in Zweifel zu ziehen. Das Ganze glich allmählich mehr und mehr einer Seifenoper, einem seltsamen spirituellen »Peyton Place«.

Ich bat eine Freundin meiner Mutter, eine exzellente Hellseherin, um Rat. »Denk daran«, sagte sie nachdrücklich, »höhere Wesen vermitteln dir *nie* ein schlechtes Gefühl oder Schuldbewußtsein.« Aber ich hatte ein schlechtes Gefühl *und* fühlte mich schuldig. Ich stand kurz davor, die ganze Sache aufzugeben und nach Hause zurückzukehren. Aber ein so großer Teil meines Lebenstraums und all dessen, was ich als mein Schicksal betrachtete, war mit meinem Aufenthalt hier in Peru verknüpft. Ich konnte nicht einfach davonrennen.

Inmitten dieses ganzen Wirrwarrs nahm mich Antonio zu einer *Mesa* mit, die deutlich machte, daß die Situation so ziemlich außer Kontrolle geraten war. Die *Mesa* war in vollem Gange, die üblichen *Apus* waren anwesend einschließlich meiner persönlichen *Santa Tierra,* La Mamita de las Niwas, als mich plötzlich Mama Simona ansprach: »Tochter Elizabeth, du mußt dich auf eine Reise begeben. Du mußt die Schale nehmen und mit ihr nach Argentinien fahren!« Die *Apus* wollten, daß ich die Schale für sie verkaufte, und sie hatten sogar schon einen Käufer und einen Verkaufspreis im Sinn. Ich sollte sie für umgerechnet etwa hunderttausend Mark an Señor Martinez verkaufen, an den Mann, der meinen Freund Carlos damals mit dem Stab der Macht vertraut gemacht hatte. Mit diesem Geld könnte die Gruppe dann die *Mesa* von Ricardo kaufen, und uns würde auf längere Sicht die Macht verliehen werden, die *Apus* zu rufen.

Mir kam sofort jener Tag vor einigen Monaten in Kalifornien in den Sinn, als ich in Rebs Bibliothek ging und ein Buch über den Heiligen Gral aus dem Regal zog. Konnte diese Steinschale, dieses ungewöhnliche Artefakt, das ich in den letzten Monaten unter meinem Bett verstaut hatte, etwas mit dem Heiligen Gral zu tun haben? Und konnte der Auftrag, diese Schale zum Hüter dieses Stabs zu bringen, etwas mit der Prophezeiung zu tun haben, von der mir Carlos vor so vielen Monaten berichtet hatte? Ein prickelndes Gefühl von Schicksalhaftigkeit durchlief mich. Wenn sich Kondore in diesem kleinen Zimmer materialisieren konnten, dann war nichts unmöglich. Aber *war* dieses Phänomen der *Apus* denn real? Das war die Frage.

Irgend etwas klickte in mir. Ich mußte herausfinden, ob da wirklich etwas auf diesem Altartisch war. Wie ich wußte, konnten die *Apus* im Dunkeln sehen. Also erhob ich mich plötzlich und tat so, als ob ich stolperte und nach vorn fiele, und streckte die Hand aus und tastete, vermeintlich nach Halt suchend, auf dem Altartisch herum. Sofort traf meine Hand auf etwas Warmes, Festes und Fleischiges, auf so etwas wie ein Hühnerbein, nur daß es sehr viel größer war. Und es fühlte sich lebendig an. »Faß meinen Fuß nicht an!« kreischte La Mamita de Las Niwas. Da war also etwas Physisches. Ich hatte gerade einen *Apu* berührt.

»Oh, entschuldige bitte«, stotterte ich. Verlegen, aber befriedigt, setzte ich mich wieder hin und willigte ein, Mama Simonas Auftrag auszuführen. Ich tat es, weil ich, so wie ich die Sache sah, die kosmische Schale einer lang erwarteten Begegnung zuführen würde. Ich würde nach Argentinien fahren, Señor Martinez, den Hüter des Stabs der Macht, aufsuchen und diese beiden uralten Kraftobjekte wieder miteinander vereinen. Ich würde die Prophezeiung erfüllen, von der mir Carlos vor so vielen Monaten erzählt hatte. Abgesehen davon würde mir das die Gelegenheit bieten, den verrückten Machtkämpfen der Gruppe und der *Apus* zu entfliehen und nachzudenken.

Meine Zugfahrt nach Buenos Aires dauerte sechs Tage und war sehr strapaziös. Auch nachdem ich dort angekommen war, tat sich zunächst nichts, das maßgeblich zur Lösung des Problems hätte beitragen können. Ich machte Señor Martinez ausfindig, einen großen, würdig aussehenden Herrn von fünfundsiebzig Jahren mit silberweißem Haar. Ich erzählte ihm ein wenig von meiner Geschichte und auch, daß diese Schale mit dem Stab zusammengebracht werden sollte, daß ich aber nicht wisse, wie sich dies bewerkstelligen ließe. Zu meiner Überraschung machte Señor Martinez selbst den Vorschlag, daß wir uns in einer Woche mit der kosmischen Schale, dem Stab und ein paar handverlesenen Schülern von ihm treffen sollten.

Ich traf pünktlich zum verabredeten Zeitpunkt ein. Martinez stellte mich vieren seiner Schüler und Schülerinnen vor, die ihm bei der Sitzung zur Hand gehen würden. Ich entdeckte, daß er ein esoterischer Lehrer war, der in regelmäßigen Abständen seine Schüler mit dem Stab der Macht in eine Geheimgesellschaft initiierte. Dieser Stab lag bei meiner Ankunft schon auf dem Tisch. Er war wunderschön, genau so, wie Carlos ihn beschrieben hatte: etwa dreißig Zentimeter lang und aus pechschwarzem Basalt.

Es war Nachmittag, und Martinez begann die Sitzung, indem er die Jalousien herabließ, wodurch im Raum eine Art Dämmerlicht herrschte. Er und seine Schüler schlossen die Augen, und Martinez fing an, in rhythmischer, trommelartiger Weise auf die hölzerne Armlehne seines Sessels zu klopfen, was wohl einen Zustand der Trance herbeiführen sollte. Die Atmosphäre wurde sehr dicht und drückend. Ich fand es seltsam, daß kein einleitendes Gebet und kein Dank gesprochen wurden, keine Anrufung des Göttlichen stattfand. Wir sprangen gleich mitten hinein.

Nach einer Weile fing Martinez mit einer merkwürdigen krächzenden Stimme zu sprechen an: »Ich sehe sieben Zauberer in den Bergen ... in Peru sie geben dir den ...« er gurgelte etwas Unverständliches, dann schrie er fast: »Die kosmische Schale!« Er machte eine Geste zur Schale hin. »Ja, die kosmische Schale ist eine alte Freundin des heiligen Stabs.«

Als Martinez in den Sessel zurücksank und verstummte, hörte man einen anderen gurgelnden Laut, der diesmal von der anderen Seite des Raumes kam. Eine seiner Schülerinnen begann zu reagieren. Sie brummte und knurrte und wand sich hin und her und plötzlich stand sie vor mir und schrie: »Parzival ... Parzival ... Parzival!«

Parzival war Hüter des heiligen Grals gewesen! Warum sprach sie mich mit seinem Namen an? Dann begann sie mich mit leiser Stimme dringlich zu bitten: »Sing für den Stab ... sing die Farben des Stabs. Sing Parzival, sing.« Schließlich befahl sie es mir immer und immer wieder mit lauter werdender Stimme. Die Frau schien völlig verrückt zu sein.

Trotz meiner mentalen Reaktion stieg unheimlicherweise ein Ton in meiner Kehle auf, der darauf wartete, freigesetzt zu werden. Ich begann versuchsweise diesen Ton zu entlassen, zum Stab zu »sprechen«. Ich ließ noch ein bißchen mehr los, und es kamen lange reine Töne heraus, wie Frequenzen. Noch nie in meinem Leben hatte ich derartige Laute produziert. Zu diesen Tonfrequenzen konnte ich Farben sehen, und es schien, daß diese beiden Kraftobjekte in einem leuchtend farbigen Netz von Tönen zusammengewebt wurden. Ich sang weiterhin diese Töne, die für mich verständlich wurden und sich langsam zu Worten formten. »Aus der Dunkelheit ... aus der Dunkelheit ... wird das Licht kommen.« Und als diese Töne Worte geworden waren, endete das Lied.

Eine Weile lang entschwand mir mein Bewußtsein, und als ich die Augen wieder öffnete, merkte ich, daß ich von der Couch geglitten war und auf dem Boden saß, meine Brust auf Tischhöhe. Die Spitze des Stabs berührte meine Brust. Auf einmal spürte ich ein brennendes Gefühl, als ob der Stab in meinen Körper eindrang, mein Herz durchbohrte und sich ganz durch mich hindurchbewegte. Ich wußte, daß dies ein energetisches Phänomen war, doch es fühlte sich so an, als würde der Stab tatsächlich eine Öffnung in mich hineinbohren. Es war beängstigend und wunderbar zugleich: ein überaus köstliches Durchbohrtwerden, wie Sex, nur auf einer spirituellen und emotionalen Ebene.

Erst in diesem Moment wurde mir etwas klar, was von Anfang an offensichtlich gewesen war: Die beiden Artefakte waren ein männliches und ein weibliches Kraftobjekt. Der durchbohrende, durchdringende Stab der Macht war stark männlich; die Schale mit ihrer empfänglichen, bewahrenden Qualität war weiblich. Mir kam der Gedanke, daß der Hüter des Stabs möglicherweise zu männlich werden konnte und des ausgleichenden weiblichen Aspekts bedurfte. Und dann brauchte ich vielleicht den laserartigen Fokus des Stabs.

Im Moment, in dem die Sitzung beendet war, ertönte ein ungeheuer lauter Donnerschlag. Draußen ging ein sintflutartiger Regenguß nieder. Die Natur selbst gab einen Kommentar zu unserer Arbeit ab.

Señor Martinez ließ lächelnd die Jalousien hoch. Er schien mit der Sitzung sehr zufrieden zu sein. Ich mußte nun auf der Stelle eine Entscheidung treffen. Bei unserem ersten Treffen hatte er mir erzählt, daß er die Schale nicht kaufen könne. Wie die meisten spirituellen Lehrer hatte er keinen Pfennig übrig. Und obgleich meine Anweisung lautete, die Schale zu verkaufen, wollte ich es nicht, fürchtete mich aber zugleich davor, den *Apus* nicht zu gehorchen. Ich wollte richtig handeln, das moralisch und spirituell Richtige tun.

»Soll sie fürs erste bei Ihnen bleiben«, sagte ich zu Martinez und legte die Schale in seine Hände. »Sie und Ihre Schüler werden sie nutzen können.«

Nach ein paar Tagen wurde ich unruhig. Die Entscheidung, die Schale bei Martinez zu lassen, rief bei mir ein mulmiges Gefühl hervor. Ich wollte keinesfalls, daß sie in die falschen Hände geriet, und zog deshalb Erkundigungen über seine Person ein. Ich erfuhr, daß Martinez als ein von Machthunger getriebener Fanatiker galt. Ich dachte mir einen etwas fadenscheinigen Vorwand aus und holte die Schale zurück.

In den nächsten Wochen durchstreifte ich ganz Buenos Aires und sprach mit spirituellen Lehrern, Hellsehern und sonstigen Leuten, die mir mehr Informationen über die kosmische Schale oder die *Apus* geben könnten. Keiner von ihnen hatte von beidem je etwas gehört, bis mir eines Tages von einem spirituellen Lehrer berichtet wurde, der als sehr machtvoll galt. Er hielt einmal im Monat Beratungen ab, und die Synchronizität wollte es, daß ich einen Termin bei ihm bekam. Ich traf mit der kosmischen Schale in den Händen bei ihm ein und mußte in einer langen Menschenschlange neun Stunden lang warten.

Als ich schließlich sein Sprechzimmer betrat, die Schale auswickelte und ihm ein bißchen was von meiner Geschichte erzählte, brachte er mich mit einer Handbewegung zum Schweigen. Er zog eine Münze aus der Tasche und warf sie in die Schale. Die Münze verschwand. Und nun sah ich statt des Inneren der Schale Hunderte von Sternschnuppen. Er faßte mit der Hand hinein und holte die Münze zurück. »Was ... wie ...?« stotterte ich.

»Diese Münze ist aus demselben Material wie der Heilige Gral«, sagte er in sachlichem Ton. Ich fühlte mich wie hypnotisiert und fragte mich, ob dieser Mann ein Meisterhypnotiseur war.

»Aber die Schale ... die *Apus* haben mir gesagt, ich soll sie verkaufen.«

»Heilige Gegenstände können nicht verkauft werden«, erklärte er kategorisch. Eine Welle der Erleichterung und Freude durchströmte mich, als seine Worte das bestätigten, was ich tief in meinem Innern empfand.

»Bitte, ich brauche Ihre Hilfe. Kennen Sie die *Apus*?«

»Ich kenne sie.«

»Die *Apus* haben mir gesagt, ich sei um ihrer willen geboren worden.«

»Nein, Sie wurden um Ihrer selbst willen geboren«, erwiderte er mit Bestimmtheit. Ich saß da, niedergeschmettert von seinen einfachen und so nüchtern ausgedrückten Worten. Und sie fingen an, einen Energieknoten in meinem Bauch zu lösen. Auf irgendeine Weise befreiten sie mich. Die Beratung hatte nicht länger als fünfzehn Minuten gedauert, aber ich hatte ganz klar bekommen, was ich mir von diesem Treffen erhofft hatte. Ich bedankte mich bei ihm und ging.

Draußen wurde mir allmählich klar, daß ich ganz unbewußt die wunderbaren und herrlichen mystischen Erfahrungen der letzten Monate mit den Geschöpfen in der Dunkelheit in Verbindung gebracht hatte. Nachdem die *Apus* mir gesagt hatten, ich sei um ihrer willen geboren worden und dazu bestimmt, für sie zu arbeiten, war in mir der Glaube gewachsen, daß ich mein neu erwachtes spirituelles Leben und meine sensitiven Fähigkeiten ihnen zu verdanken hatte. Ich merkte, daß ich die Ereignisse unbewußt miteinander in Verbindung gebracht und den *Apus* die Verantwortung für meine visionären Erfahrungen und meine Macht übertragen hatte. Ich fühlte mich in ihrer Schuld. Aber noch mehr als das, ich fühlte mich allmählich versklavt!

Das war definitiv nicht richtig. »Selbst wenn die *Apus* Kräfte der Natur sind, solltest du nicht das Gefühl haben, ihre Sklavin zu sein. Du solltest mit ihnen zusammenarbeiten«, argumentierte mein Verstand. Doch das konnte ich nicht, weil ich mich vor ihnen fürchtete. Irgend etwas war hier schiefgelaufen und mußte wieder in Ordnung gebracht werden, und zwar bald! Ich war noch nicht bereit, nach Peru zurückzukehren und mich Ricardo und der Gruppe zu stellen. Mit diesem Rätsel hatte es mehr auf sich, als ich ergründen konnte, und ich wollte in Argentinien bleiben, bis ich mehr Klarheit gewonnen hatte.

Nach weiteren Wochen des vergeblichen Bemühens um klare Antworten wachte ich eines Morgens voller Verzweiflung auf. Ein Teil von mir wollte diesen ganzen Hokuspokus über Bord werfen, nach Nordamerika zurückkehren und wieder normal werden. Vielleicht konnte ich einen Job als Hausmeisterin bekommen oder irgendwo Toiletten schrubben oder einfach nur eine schlichte Psychologin sein, die ganz gewöhnlichen Menschen auf profane Weise half. Die Dinge hier waren zu kompliziert geworden, voller Intrigen und irgendwie außer Kontrolle geraten.

Ich wollte zu meinem kleineren Ich, meinem naiven Ich, zurückkehren, diesem Ich, das nie irgendwelche Visionen gehabt, nie einen spirituellen Ruf vernommen hatte, das nie die unsichtbare Welt sich vor seinen Augen hatte manifestieren sehen, nie das Unmögliche erlebt hatte. Dann würde mich vielleicht das Unmögliche in Ruhe lassen. Ich hatte das Gefühl, als würde eine Masse Wesen und Menschen und Energien an mir zerren, sich um meine Aufmerksamkeit bemühen, um alle möglichen Dinge bitten und mir alle möglichen Dinge versprechen. Doch ich wollte nur noch innere Ruhe und Frieden.

Ich brach ohne Ziel oder bestimmte Absicht zu einem Spaziergang auf, ging nur, um zu gehen, um die Bewegung meines Körpers zu fühlen und mich von der Spannung meiner inneren Kämpfe abzulenken. Bald darauf fand ich mich vor der Kathedrale von San Isidro wieder. Unbewußt hatte ich den Trost dieser Kirche gesucht, obwohl ich mir nicht sicher war, daß dieser Trost von ihr ausging. Für mich war dies ein Kraftort, und ich fragte mich, ob die Kathedrale nicht, wie so viele andere auch, über einer einheimischen heiligen Stätte errichtet worden war. Ich war schon zuvor einige Male hiergewesen, und der Ort vermittelte mir ein wunderbares Gefühl.

Der Regen hatte für eine Weile ausgesetzt, und das tief bernsteinfarbene und goldene Licht des Sonnenuntergangs stahl sich durch die Wolken. Ein Vorhang aus grünem Blattwerk, der vor der Kathedrale herabhing, färbte sich golden, und in diesem Augenblick wurden ein Dutzend Trauerweiden zu etwas Heiligem. Ich hätte ewig hier stehen und diese Bäume anschauen können. Sie linderten die Qual meiner Seele.

Rasch zog sich der Himmel wieder zu, die Dämmerung brach herein, und es begann wieder zu regnen, und zwar gewaltig. Ich machte mir nun Sorgen, bis auf die Haut durchnäßt zu werden. In der sicheren Annahme, daß die Kathedrale verschlossen war, war ich gar nicht erst bis zu ihrem Eingangsportal gegangen. Ich wußte, daß es um fünf Uhr zugesperrt wurde, und jetzt war es schon halb sechs. Doch da es immer heftiger regnete, wollte ich es zumindest auf einen Versuch ankommen lassen.

Ich ging zu dem riesigen Portal und drückte dagegen. Es war unverrückbar wie ein Fels. Dann kam mir der Gedanke, am Türknauf zu drehen. Die Tür ließ sich ganz leicht öffnen, und ich trat ein. Bis auf einen Kirchendiener, der am anderen Ende das Wachs vom Boden entfernte, hatte ich den Ort für mich allein. Ich näherte mich dem Altar und suchte mir dann auf etwa halber Höhe in einer Kirchenbank einen Platz. Obschon ich mich nicht als Katholikin betrachtete, bekreuzigte ich mich, vielleicht um des Kirchendieners willen. Dann senkte ich den Kopf und begann zu beten.

Während ich betete, überkam mich ein ungeheurer Friede, ein Wärmegefühl breitete sich in meiner Brust aus, mein ganzer Körper entspannte sich, und der Sturm meiner Gefühle legte sich. Nach ein paar Minuten spürte ich eine Präsenz, die mich aufblicken und zum Altar sehen ließ.

Da schwebt, zur Linken des Altars, eine Gestalt zwei Meter über dem Boden. Sie ist von seltener und erlesener Schönheit und über zweieinhalb Meter groß. Sie ist in elfenbeinfarbenes Satin gekleidet, und zarte Pflanzen auf ihrem Kleid bilden ein herrliches Muster. Ihr Körper ist sinnlich und außerordentlich fein. Riesige braune Augen, die kein Weiß zeigen, beherrschen ihre Gesichtszüge, und von ihrem Kopf gehen lange Antennen aus. Sie ist wie eine Pflanze, ein Insekt und eine überaus wunderbare Fee zugleich. Sie ist ein weiblicher Naturgeist, die Verkörperung der Schönheit und zarten Anmut der Natur. Die alles überstrahlende Königin dieses Landes. Sie strömt ein Gefühl von lauterster Liebe und Schönheit aus, wie ich es noch nie erfahren habe. Meine Aufmerksamkeit richtet sich auf die rechte Seite des Altars, und dort schwebt eine andere, ebenso große und überwältigende Gestalt über dem Boden. Sie trägt ein blaues Gewand mit einer weißen Kapuze und einem weißen Umhang. Ein Strahlen geht von ihrem Gesicht aus, ihre Hände sind zu einer Bittgeste offen ausgestreckt. Um ihren Kopf kreisen im Uhrzeigersinn zwölf strahlende und blinkende Sterne. Sie ist wunderschön. Sie ist die Jungfrau Maria, die kosmische Mutter.

Sie ist die Emanation der göttlichen weiblichen Energie. Ich starre sie gebannt an, mein Herz trinkt ihre Liebe, ihre Schönheit, ihre reinste und höchste Essenz, ihre weibliche Macht in sich hinein. Ich bewege mich nicht. Ich kann es gar nicht. Plötzlich wird meine Aufmerksamkeit zur Mitte des Altars gelenkt. Mir wird klar, daß ich eine Vision habe, und meine Augen sind offen, weit offen. Vor mir genau in der Mitte des Altars materialisiert sich quasi in Zeitlupe und zum Klang einer einzigen Glocke ein großer goldener Kelch. Und dann heilige Engelchöre, heiliger Gesang und die Glocke; und dann erscheint SIE immer und immer wieder, der heilige Gral erscheint, erscheint auf Hunderten ... Tausenden ... nein ... auf jedem Altar einer jeden Kirche dieser Welt. Sie kehrt zurück. Singend. Sie kehrt zurück.

Ich konnte die Intensität der Vision nicht länger ertragen, die Tränen strömten mir übers Gesicht, ich sah an meinem Körper hinunter, zitternd unter dem wuchtigen Eindruck dessen, was ich gerade erlebt hatte. Ich hörte das Rascheln von Kleidern und sah aus den Augenwinkeln einen Priester, der gerade hereingekommen war. Er stand vor dem Altar. Ich sah hoch. *Sie sind immer noch da, und auch der Kelch erstrahlt genau in der Mitte des Altars. Er kann sie nicht sehen, aber sie sind dort.* Die weiblichen Gestalten verharrten regungslos und strahlten ihr Licht aus. Sie sahen mich nicht, denn dies war keine persönliche Vision. Ich war nur ganz einfach Zeugin eines sehr viel größeren Ereignisses.

Ich erzählte niemandem von dieser Vision, aber sie hat sich für alle Zeiten in meine Seele eingebrannt. Bis auf den heutigen Tag kann ich vor meinen geschlossenen Augen diese weiblichen Gestalten sehen. Ursprünglich war diese Erfahrung so machtvoll, daß mein Bewußtsein sie kaum in sich aufzunehmen vermochte. Auch konnte ich nicht umhin mich zu fragen, ob das

Zusammentreffen des Stabs mit der kosmischen Schale etwas damit zu tun hatte. In den folgenden Tagen kehrten meine Gedanken ständig zu dieser Vision zurück, aber ich wußte nicht, wie ich sie deuten sollte. In Worten ließ sich ihre transformierende Kraft nicht beschreiben. Ich konnte nur eine kurze Eintragung in mein Tagebuch machen, als Bezugspunkt, der diese numinose Erfahrung an irgend etwas in der konkreten Welt anband.

Doch nur allzu bald nahmen andere Sorgen meine Aufmerksamkeit in Anspruch. Ich überprüfte die Ergebnisse meiner Recherchen. Viele der spirituellen Lehrer, die ich aufgesucht hatte, vertraten die Theorie, daß die *Apus* möglicherweise Elementargeister waren – im Gegensatz zu höheren Wesen weniger entwickelt. Oder daß sie vielleicht »niedrigere astrale Wesen« waren, verlorene oder bestrafte Seelen von Toten, die auf einer niedrigeren Stufe der Astralebene festsaßen. Ich hatte gehört, daß man, um auf die höhere spirituelle Ebene vordringen zu können, durch die niedrigeren Astralbereiche reisen mußte, durch eine Welt der Täuschung, List, Illusion. Einiges an dieser Beschreibung schien zu passen – aber nicht alles.

Ich glaubte nicht wirklich an die von der »New-Age«-Bewegung propagierte Spaltung in »lichte Wesen« und »dunkle Wesen«. Das schien mir eine zu oberflächliche Formel für eine komplexe und rätselhafte Welt zu sein. Ich neigte in dieser Hinsicht eher der Auffassung der Jungianer zu, der Vorstellung, daß wir auf eine Integrierung unseres »Schattens«, der schwierigen, unbewußten Aspekte unserer menschlichen Natur, hinarbeiten. Wie Jung glaubte ich, daß das Böse nichts weiter als die projizierten Aspekte meines eigenen Schattens sind. Und gelang die Integrierung dieses Schattens, gewann man Zugang zur Lebenskraft des Unbewußten. Aber stimmte das auch? Jung war von den alten Vertretern psychologischer Theorien, die ich gelesen hatte, der einzige, der über eine Verbündung mit dem Unbewußten, dem unbekannten oder rätselhaften Aspekt unseres menschlichen Wesens sprach und es respektierte, statt es zu bekämpfen oder den Versuch zu machen, es zu »amputieren«. Die Jungsche Psychologie beruhte mehr auf einer »schamanistischen« Basis. Im traditionellen jüdisch-christlichen Denken wurden die »niederen Triebe« wie Sex und Aggression alle in eine einzige Kategorie geworfen, in die des Bösen. Das war keine sehr befriedigende Antwort für einen kritischen Verstand und ein kritisches Herz.

Vor meinem Aufenthalt in Peru hatte ich nicht an das Böse geglaubt. Jetzt war ich mir da nicht mehr ganz so sicher. Und doch konnte ich Ricardos *Apus* nicht einfach als böse abtun. Sie hatten mir eine Menge von sich vermittelt. Auch sie waren Teil der großen Schöpfung. Mein Gefühl sagte mir, daß ich lernen mußte, mit ihnen umzugehen. Doch hatte ich so meine Zweifel, ob ihnen immer an *meiner* Entwicklung im besten Sinn gelegen war. Die *Apus* schienen ihren eigenen Beweggründen zu folgen, und da ich nicht länger auf ihre Wünsche einging, fürchtete ich mich vor dem, was mir da möglicherweise blühen konnte.

Nach Monaten des Aufenthalts in Buenos Aires wußte ich, daß ich zumindest bereit war, eine Entscheidung zu treffen. Ich fühlte mich in meiner neuen Perspektive genügend gefestigt, der zufolge ich die Geisterwelt zwar als Realität anerkannte, mir jedoch einen kritischen Blick hinsichtlich dieses »Phänomens« bewahrte. Es war nun klar, daß meine Zeit in Argentinien sich dem Ende entgegenneigte. Ich wußte, daß ich nach Cuzco zurückkehren und den *Apus* ihre kosmische Schale wiedergeben mußte. Schließlich gehörte sie mir nicht, und abgesehen davon empfand ich diese Vorstellung als überaus befreiend. Zwar graute mir vor dieser Rückkehr, aber sie ließ sich durch nichts mehr aufschieben.

Ich kaufte ein Busticket von Buenos Aires nach Nordchile. Die lange Fahrt durch die Wüste gab mir Zeit, über meine Erlebnisse nachzudenken und mir auszumalen, was kommen würde.

Ich bemühte mich, meine Ängste im Zaum zu halten. Ich fing gerade an zu verstehen, wie ich meine eigenen Bewußtseinszustände erzeugte, vor allem die der Angst und des Schuldgefühls; und es war sehr schwierig, zwischen einer projizierten Angst oder Phantasie und wahrer Intuition zu unterscheiden. Meine mediale Öffnung, die ich zum erstenmal in Peru und dann in San Francisco erfahren hatte, und all meine bisherigen Visionen hatten mich gelehrt, daß nicht alles davon meine persönliche, projizierte Phantasievorstellung war. Doch ich wußte auch, daß nicht alles der Wirklichkeit entsprach, was ich auf mediale Weise wahrnahm. Wie gesagt war es schwierig, zwischen realer Intuition und projizierter Phantasie zu unterscheiden.

Ich konnte, während ich nun über meine unausweichliche Begegnung mit den *Apus* nachgrübelte, meinen Gefühlen nicht vertrauen. Gründeten sich meine Vorahnungen und Ängste auf eine klare mediale Wahrnehmung von der Zukunft, oder befand ich mich in einem emotionalen Zustand, den ich aus meinen tiefen Befürchtungen heraus erzeugt hatte?

Ich bewegte mich auf einem schmalen Grat zwischen dem Phantastischen und Realen. Wie interagierten Gedanken und Materie, um das zu erschaffen, was wir als Realität wahrnehmen? Das war eine Frage, die mich seit Monaten faszinierte und die ich doch nicht in den Griff bekam. Vor meiner Erfahrung mit den sich materialisierenden *Apus* war der Unterschied zwischen Gedanken und materieller Realität durch eine klare und konkrete Trennungslinie gekennzeichnet. Aber hier in Südamerika hatten sich die Grenzen zwischen der materiellen und der spirituellen Welt irgendwie verwischt.

Bei meinen Nachforschungen in Argentinien hatte ich erfahren, daß der spiritistischen Lehre Allan Kardecs zufolge die Geister menschliches Ektoplasma oder eine bioenergetische Kraft benutzten, um sich zu materialisieren. Ließ sich auf diese Weise das Phänomen der *Apus* erklären? Oder war

Ricardo ein sehr mächtiger Sensitiver, der menschliches Ektoplasma in jeder ihm beliebigen Form sammeln und projizieren
konnte? Und ich dachte auch über die Möglichkeit nach, daß
die *Apus* psychologisch betrachtet materialisierte Projektionen von Ricardos Unterpersönlichkeiten waren. Wie immer
die Erklärung auch aussehen mochte, ich wußte jedenfalls, daß
Gedanken und Überzeugungen die Macht haben, auf die materielle Welt einzuwirken, und ich mußte nun achtsam sein, was
meine eigenen Gedanken und Glaubensvorstellungen anging.

Ich brauchte acht Tage, um mit dem Bus nach Cuzco zurück-
zukommen – acht Tage großer Angst. Als ich schließlich an-
kam, stellte ich zu meiner Überraschung fest, daß ich entzückt
war, wieder in dieser schönen Stadt zu sein. Ungeachtet all meiner Probleme hatte Cuzco etwas so Wunderbares und Freudvol-
les an sich, daß ich für eine Weile meine Ahnung eines heranna-
henden Verhängnisses vergaß und ein paar fröhliche Tage mit
Freunden verbrachte. Ich fragte mich sogar schon, ob ich die
Schale nicht einfach im Haus Rauls abliefern und damit die Sache beenden konnte, aber soweit sollte es nicht kommen.

Ein paar Tage nach meiner Rückkehr ging ich eines Nachts
auf dem Nachhauseweg von einer Diskothek eine meiner liebsten Straßen entlang, die Calle Loretto. Diese Straße hatte sich
fast völlig ihr Aussehen aus der Inka-Zeit bewahrt und war
zu beiden Seiten mit noch intakten Inka-Mauern eingesäumt.
Darin waren noch die Nischen zu sehen, in denen damals an-
geblich goldene Idole gestanden haben. Dies alles erinnerte
mich an die Größe der Inka-Kultur und erfüllte mich mit der
Gewißheit, daß in ihr mehr Spiritualität existiert haben mußte,
als ich bislang erfahren hatte.

Wie in Reaktion auf meine Gedanken erschien in einer
der Nischen eine Gestalt: ein Mann mit einem befransten
Kopfschmuck. Seine Haut war dunkel, sein Körper groß und
mächtig, seine Haltung königlich. Diese beeindruckende Gestalt strahlte Macht aus, doch es war keine angsteinflößende

Macht, es war kontrollierte Macht. »Denk daran«, sagte er zu mir gleichsam wie zu einer Kollegin, »es war der Inka, der den *Apus* befahl, es waren nicht die *Apus,* die dem Inka befahlen.« Und dann löste sich die Gestalt auf.

»Aber natürlich!« schrie ich fast, als mir plötzlich etwas klar wurde. Instinktiv hatte es mich von Anfang an gestört, daß Ricardos *Apus* jedermann sagten, was er oder sie zu tun hatten. Aber nun begriff ich mein Unbehagen auf allen Ebenen, psychisch, esoterisch und vom Bauch her. Man kann Kinder einfach nicht den Zoo regieren lassen.

Als Therapeutin hatte ich dieses Familienmuster häufig beobachtet. Wenn in einer Familie den Kindern zuviel Macht eingeräumt wird, ist das mit katastrophalen Folgen verbunden, weil die Macht der Eltern geschwächt wird und die Familienstruktur zusammenbricht. Ebenso leidet die ganze Familie darunter, wenn die Kinder ignoriert oder schlecht behandelt werden und dann versagen oder in der Schule gewalttätig werden. Ich ging von der Annahme aus, daß dieses Muster zweifellos auch für unsere eigenen unbewußten Impulse galt. Wenn wir uns von unseren niedrigeren Impulsen dirigieren lassen, ist Chaos die Folge; aber wenn wir diese Impulse unterdrücken, verlieren wir unsere Lebenskraft. Vielleicht bestand der Trick darin, dafür zu sorgen, daß unsere Lebenskraft von einem fest und bestimmt agierenden Bewußtsein geführt und kanalisiert wurde. Natürlich sind diese Kinder nicht schlecht oder böse, sie haben einfach nur eine ihnen nicht angemessene Rolle inne.

Von daher konnten diese Kräfte der Natur, die *Apus,* nicht das Kommando führen, so wie es Ricardos *Apus* zu tun schienen. Das entwickelte menschliche Bewußtsein – der Inka – sollte diese Kräfte der Natur dirigieren und leiten. Historisch gesehen waren wir einst von der Natur beherrscht, der Gnade ihrer überwältigenden Macht ausgeliefert. Dann versuchte die Gesellschaft des Westens in Reaktion auf diese Erfahrung der Hilflosigkeit, die Natur zu beherrschen oder zu unterdrücken. In meiner Kultur war dadurch eine Gemeinschaft unlebendiger Menschen entstanden, die sich vor ihrem Körper und ihren eigenen spontanen Impulsen fürchteten. Doch keines der beiden Extreme funktionierte. Was wirklich not tat, war eine starke, führende Hand, die zuließ, daß die Macht des Unbewußten konstruktiv genutzt und kanalisiert wurde. Was Ricardo anging, so waren ihm die Dinge eindeutig aus der Hand geglitten. Er wurde von seinen eigenen *Apus* »aufgefressen«.

Am nächsten Morgen, genau vier Tage nach meiner Ankunft in Cuzco, erschien Ricardo bei mir zu Hause; er wurde von einigen Personen begleitet, die ich nicht erkannte. Ich sah von meinem Fenster aus sein Auto und hätte Panchita fast gebeten, ihm zu sagen, ich sei nicht daheim. Doch in letzter Minute änderte ich meinen Sinn. Etwas in mir begann zu rebellieren. Ich mußte mich Ricardo stellen. Der Augenblick war gekommen.

»Elizabeth«, rief Ricardo vom Hof herauf. Ich war auf den Balkon getreten und sah zu ihm hinunter. Ich ging nicht nach unten und würde ihn auch ganz gewiß nicht zu mir nach oben einladen. »*Los Papitos* wollen mit dir sprechen«, sagte er. Er lächelte nicht, sah aber auch nicht ärgerlich aus, wie ich eigentlich erwartet hatte.

»Ja, Ricardo«, sagte ich mit fester, doch gleichmütiger Stimme. »Ich werde morgen mit ihnen sprechen. Um wieviel Uhr ist die *Mesa*?«

»Um elf Uhr vormittags.«

»Sehr gut. Bis morgen dann.«

»Bis morgen«, sagte er und beugte den Kopf, als er durch die Tür zur Straße ging.

An diesem Abend sah ich Antonio zum erstenmal wieder. »Seit deiner Abreise nach Argentinien haben sich seltsame Dinge ereignet, Elizabeth«, berichtete er. Er sah aus, als stünde er etwas neben sich. »Seitdem habe ich kaum noch an der *Mesa* teilgenommen. Es passierten mehr und mehr Dinge, die mir nicht gefielen.«

Ich nickte. »Diese *Apus* sind keine höheren Wesen. Du darfst dich nicht von ihnen herumkommandieren lassen«, sagte ich. »Antonio, letzte Nacht sah ich einen Inka.« Ich deutete auf meine Stirn, um darauf hinzuweisen, daß es sich um eine Vision gehandelt hatte. »Er hat mir gesagt, daß die Inka die *Apus* kommandieren und nicht umgekehrt.«

»Das ist richtig«, erwiderte Antonio und seine Augen funkelten, als wäre er soeben aus einem tiefen Schlaf erwacht. »Mir kam ebenfalls schon der Gedanke, daß Ricardo zwar machtvoll ist, seine Macht aber nun verdorben ist.«

»Genau«, pflichtete ich ihm bei. »Antonio, komm morgen mit mir zur *Mesa*. Ich habe etwas vor und möchte, daß du dabei bist.«

»Das würde ich um nichts in der Welt verpassen wollen«, grinste er.

Antonio, Miguel und Elena kamen am nächsten Morgen gegen halb elf bei mir an. Es wäre eine Lüge zu behaupten, daß ich nicht schreckliche Angst hatte. Ich war mir nicht sicher, warum, wußte aber, daß ich mich mit den *Apus* konfrontieren und direkt mit ihnen sprechen mußte. Dieser Sache war ich mir gewiß, und das gab mir Zuversicht. Und da sich mein Spanisch in den letzten fünf Monaten enorm verbessert hatte, würde wenigstens die Sprache nicht länger ein Hindernis sein.

Wir fuhren in einem Lastwagen fast eine Stunde lang in die Außenbezirke der Stadt, wo sich das Haus befand, in dem die *Mesa* abgehalten wurde. Wie stets mußten Ricardo und seine Schüler eine Zeitlang das Wohnzimmer ausräumen, um Platz zu schaffen, und dann die Türen und Fenster abdunkeln. Während dieser Zeit hatte ich die Muße, erst komplett nervös zu werden und mich dann völlig zu entspannen. Als sie schließlich mit allem fertig waren, war auch ich bereit.

»Tochter Elizabeth, warum hast du deine Mission nicht ausgeführt?« wollte Señor Pampahuallya wissen, nachdem er sich materialisiert hatte.

»Weil, wie du weißt, Señor Pampahuallya, geheiligte Gegenstände nicht verkauft werden können«, erwiderte ich, und meine Stimme vibrierte vor Wut, Wahrheitsempfinden und ein bißchen Angst. Es war erstaunlich, wie anders ich mich nun fühlte. Ich war mir meiner selbst sehr viel sicherer.

»Das ist richtig«, antwortete er zu meiner Überraschung.

»Und nun, *Papito,* habe ich ein paar Fragen an dich, wenn du nichts dagegen hast.« Ich zitterte noch immer, weil ich mir nicht sicher war, wie die *Apus* oder die anwesenden Menschen auf diese Wendung des Geschehens reagieren würden.

Man hörte die wütende Stimme eines der Schüler Ricardos: »Du brauchst ihre dummen Fragen nicht zu beantworten, *Papa lindo.*«

»Wir werden antworten«, erwiderte Señor Pampahuallya.

»Seid ihr Lichtwesen?« begann ich meinen Fragenkatalog, wobei mir klarwurde, daß ich vor sechs Monaten zu eingeschüchtert gewesen wäre, um solche Fragen überhaupt nur in Gedanken zu formulieren.

»Nein, wir sind dunkel«, kam ganz direkt seine Antwort.

»Gehört ihr der dritten Dimension oder einer anderen Dimension an?«

»Wir gehören dieser Dimension an.«

Ein Schweigen trat ein, also fuhr ich fort. »Warum seid ihr hier? Worin besteht eure Mission oder Aufgabe?«

»Wir sind hier, um Menschen zu helfen, die nicht zu einem regulären Arzt gehen können.«

»Warum saugt ihr den Menschen Energie ab?« fragte ich.

»Um zu essen, um uns zu nähren.«

»Weshalb? Könnt ihr eure Energie nicht direkt von Gott beziehen?« bohrte ich weiter.

»Nein. Das ist nicht gestattet«, antwortete Señor Pampahuallya in neutralem, sachlichem Ton.

»Und um mit uns zu arbeiten, müßt ihr leiden«, fügte Señor Sollacasa mit ganz besonders boshafter Stimme hinzu.

»Nun, ich nehme an, ich arbeite nicht mehr für euch«, sagte ich triumphierend. »Ich bin gekommen, um euch eure kosmische Schale zurückzugeben. Ich danke euch vielmals. Lebt wohl.«

»*Ciao*«, sagte Señor Sollacasa.

»*Ciao*«, sagte Señor Pampahuallya, und damit verflüchtigten sie sich flügelschlagend durch die Decke.

Als es im Raum wieder hell wurde, ging ich schnurstracks zu Ricardo und schüttelte ihm die Hand. Er zeigte weder Ärger noch überhaupt irgendeine sichtbare Reaktion. Er erwiderte lediglich höflich meinen Händedruck. Die anderen Schüler weigerten sich, mir die Hand zu geben. So winkte ich Lebewohl und rannte fast zur Tür. Antonio, Miguel und Elena folgten mir auf den Fersen. Wir machten uns zu Elenas Haus auf, das nur ein paar Straßen weit entfernt war. Ich sprang herum und hüpfte und jubelte aus schierer Freude und Erleichterung.

»Puh, bin ich froh, daß das vorbei ist. Jetzt wissen wir, was das alles auf sich hatte. Habt ihr das gehört? ›Um mit uns zu arbeiten, müßt ihr leiden‹«, imitierte ich die Stimme Señor Sollacasas. »Wie gruselig«, lachte ich. »Na, das erklärt mir alles.«

»Ja, mir auch«, sagte Antonio und blickte ein wenig traurig drein.

»Enttäuschend, nicht wahr?« fragte ich.

»Ja, sehr. Ich nehme an, du kehrst jetzt nach Hause zurück«, sagte er und sah verloren aus.

»Ja, das ist richtig. Aber mach dir keine Sorgen, Antonio. Ich liebe Cuzco. Ich werde ganz bestimmt zurückkommen.«

Ich hatte keine Ahnung, daß bis zu meiner Rückkehr nach Cuzco mehr als zwei Jahre vergehen sollten. Doch die Wiederaufnahme meines Lebens in den Vereinigten Staaten gestaltete sich nicht so einfach. Tatsache war, daß die Trostlosigkeit mich voll im Griff hatte. Ich konnte mich mit dem normalen nordamerikanischen Leben nicht abfinden. Die Leute hier schienen so leblos, so farblos, so gelangweilt. Selbst die teuersten ökologisch angebauten Nahrungsmittel aus den Läden schmeckten für mich nach dem Genuß der reichhaltigen, kraftvollen Gemüse und Früchte aus dem heiligen Tal der Inka nach Plastik. Und als am allerschlimmsten empfand ich es, daß die Pachamama überall, wohin ich auch ging, überdeckt war. Ihre Kraft wurde von Beton, Gebäuden, Straßen und Häusern niedergehalten. Im Gegensatz zu Cuzco konnte ich hier die von der Erde ausströmende Lebensenergie nicht spüren. Meine Therapeutin nannte es einen schlimmen Fall von »Kulturschock«. Ich bezeichnete es als einen schweren Fall kultureller Schizophrenie.

Als wir auf dem Rückweg nach San Francisco in Miami einflogen, hatte ich ein Gefühl, als lege sich ein großer medialer Helm über meinen Kopf, der mein höheres Bewußtsein abblockte. Vielleicht war das ganz gut so. Vielleicht hatte ich mich zu sehr geöffnet.

Während meines Zwischenaufenthalts in einem texanischen Flughafen beobachtete ich die Menschenmengen, welche die langen Korridore entlangwanderten. Irgend etwas stimmte mit ihren Körpern nicht, aber das, was da »nicht stimmte«, war so vertraut, daß ich es zunächst nicht zu enträtseln vermochte. Dann sah ich es! Vor meinem geistigen Auge erschien das Bild einer Gruppe von Cuzqueños und die Art und Weise, in der sie alle mit einer so natürlichen Anmut auf dem Erdboden standen. Ihre Körper schienen durch einen unsichtbaren Energiekanal mit der Erde verbunden zu sein. Diese Menschen sahen aus, als gehörten sie zu dem Land, auf dessen Boden sie standen, und es existierte eine offensichtliche und natürliche Beziehung zwischen ihren Körpern und der Pachamama, eine Liebesbeziehung.

Im Gegensatz dazu wirkten diese »Flughafenkörper« bindungslos. Es gab keine Energiekanäle, die durch sie hindurch und in die Erde führten, keine wie auch immer geartete Beziehung zwischen ihren Körpern und dem Boden, auf dem sie standen. Sie machten den Eindruck, als könnten sie aufgelesen und irgendwo auf diesem oder irgendeinem anderen Planeten wieder abgesetzt werden, ohne daß dadurch irgendwelche Bindungen zerstört wurden. In diesem Moment erkannte ich den Wert dessen, was ich hinter mir gelassen hatte, und wurde von Kummer überwältigt.

7

Kurak Akulleq:
Priester der vierten Ebene

In den folgenden zwei Jahren arbeitete ich als Familientherapeutin. An meinen freien Tagen saß ich, schützend von meiner
Alpakafelldecke bedeckt, in meinem Haus und versuchte das,
was mir in Peru passiert war, zu verstehen. Eine neue Welt hatte
sich mir eröffnet. Eine Welt, die in den Vereinigten Staaten keinen Platz hatte. Ich nahm mich erneut der unerledigten Angelegenheit meiner Zulassung als Psychotherapeutin an, und da ich
nun spanisch sprach, konnte ich jetzt auch unter Supervision
lateinamerikanische Familien betreuen. Das half die Schmerzen
meines Kulturschocks zu lindern, aber ein Teil von mir befand
sich noch immer in jener anderen Welt.

Ich träumte fast jede Nacht von Cuzco und hatte dabei das Gefühl, daß ich mich, angezogen von einer unsichtbaren Kraft, tatsächlich dorthin begab. Es fiel mir sehr schwer, meine Aufmerksamkeit auf den nordamerikanischen Kontinent zu richten.

Um mir ein praktisches Verständnis von der Funktionsweise
der linken Gehirnhälfte anzueignen, begann ich Bücher über die
Inka zu lesen und mich ein wenig auf dem Gebiet der Archäolo-
gie zu informieren. Erst versuchte ich in San Francisco zu leben,
aber der Beton war zuviel für mich. Nach wenigen Monaten zog
ich zusammen mit einer wunderbaren Gruppe von Psychothe-
rapeuten nach Mill Valley um. Ich beendete meine Ausbildung
als Familientherapeutin, war aber nicht mehr mit dem Herzen
bei meiner Arbeit. Ich war für eine völlig andere Realitätsebene
aufgeschlossen worden, die mich nun verfolgte.

Als ich eines Abends die Arbeit mit meinen Klienten im Beratungszentrum des Mission-Bezirks von San Francisco beendet hatte, spürte ich, wie sich auf einmal ein warmes Gefühl in meinem Körper ausbreitete. Ich blickte auf und sah eine große goldene Kugel über meinem Schreibtisch schweben. Es war eine wunderbare Präsenz, und ich lud sie ein, näher zu kommen. Die Präsenz sprach mit mir, machte mir Mut und sagte, daß alles in Ordnung kommen werde. Sie schien mir auch mitzuteilen, daß sich alle Geschehnisse in Peru aus einem bestimmten Grund ereignet hatten, den ich nicht verstehen konnte, und daß ich weiterhin schreiben, an einem Buch arbeiten mußte, etwas, wozu ich mich seit meiner Rückkehr in die Staaten gedrängt gefühlt hatte. Das Schreiben war meine einzige Rettung, war die einzige Möglichkeit, wie ich die so überaus unterschiedlichen Welten, in denen ich vor und nach Peru gelebt hatte, unter einen Hut bringen konnte. Nach einer Weile zog sich die goldene Präsenz zurück, und mein Entschluß zu schreiben wurde stärker denn je.

Ich fragte mich, ob ich verrückt wurde. In Peru war eine Unterhaltung mit goldenen Kugeln nicht gar so ungewöhnlich, aber hier in den Staaten galt es doch ganz entschieden als sehr seltsam. Ich stand vom Schreibtisch auf und balancierte eine gerade Linie entlang. Ich band mir die Schuhe zu und schnürte sie wieder auf, las dann meine Klientennotizen erneut durch. Die Notizen waren sehr kohärent. Obwohl ich gerade ein »anderweltliches« Erlebnis gehabt hatte, schien ich in der »regulären« Welt durchaus gut zu funktionieren. Auf der Fahrt nach Hause fragte ich mich, ob vielleicht nicht ich, sondern meine Ansicht dessen, was es bedeutet, ein Mensch zu sein, verrückt war. Vielleicht waren visionäre Erfahrungen ein normaler und gesunder Bestandteil menschlicher Entwicklung. Vielleicht war das, was ich da erlebte, »evolutionärer Streß«. Um was auch immer es sich handelte, es war alles andere als gemütlich.

Mein extremes Unbehagen hielt an, bis ich erneut umzog,

zurück in die Natur an einen Ort, an dem ich die Stimme der Pachamama wieder hören konnte. Da wußte ich es. Im Februar 1992 zog ich in ein Haus im San Geronimo Valley von West Marin um, wo die Klänge der Natur noch lauter waren als das Getöse der Stadt. Da wurde mir klar, daß es an der Zeit war, nach Cuzco zurückzugehen. Gleichzeitig begannen einige Teilnehmerinnen an der Frauengruppe, die ich seit einem Jahr leitete, mir mit der Bitte zuzusetzen, sie nach Peru mitzunehmen.

Und dann hatte ich auch schon flugs ein Reisebüro angerufen und für Juni Plätze in einem Flug von San Francisco nach Cuzco reserviert. Ich telefonierte mit Señora Clemencia und fragte, ob ich kommen und ein paar Wochen bleiben könne. Sie und ihr Mann freuten sich sehr, von mir zu hören, und versicherten mir aufs herzlichste, daß mein Zimmer auf mich warte und daß sie immer noch an ihrem Projekt einer *pensión* arbeiteten – was hieß, daß noch eine Menge anderer Zimmer für Freundinnen zur Verfügung standen.

Anfang Juni 1992 flog unsere kleine Gruppe nach Cuzco. Wir wanderten auf alten Inka-Pfaden und widmeten uns touristischen Unternehmungen. Es war wundervoll, meine peruanischen Freunde wiederzusehen und die großartige Landschaft um Cuzco abermals zu erleben. Der Schmerz in meinem Herzen ließ allmählich nach.

Wir näherten uns dem Ende unseres zweiwöchigen Aufenthalts, als eines Morgens auf dem Weg zum Hauptplatz mein Blick auf ein Plakat fiel: »Erster Weltkongreß über andinen Mystizismus«. Die Konferenz fand in drei Tagen statt, und wir sollten schon in zwei Tagen zurückfliegen! Ich lief zum nächsten Telefon und rief rasch mein Büro in Kalifornien an, um zu fragen, ob ich noch eine weitere Woche bleiben konnte. Glücklicherweise war dies kein Problem. Auch mein Ticket ließ sich ohne weiteres umbuchen, und so sagte ich zwei Tage später meinen Reisegefährtinnen Lebewohl.

Ich war auf die Konferenz so gespannt, daß ich ihren Beginn kaum erwarten konnte. Vielleicht würde ich endlich Antworten auf meine Fragen erhalten. Mit Notizblock und Kassettenrecorder bewaffnet begab ich mich dann zum ersten Konferenztag. Mein großer Enthusiasmus verwandelte sich allerdings rasch in Mißvergnügen, als sich ein Redner nach dem anderen mit faden akademischen Fakten über die Inka und ihre Mythologie ausließ. Die *Apus* wurden erwähnt, doch nur als Mythos und Legende. Kein Mensch sprach über irgend etwas von der Art, wie es meinen Erfahrungen entsprach. Zutiefst niedergeschlagen machte ich mich auf den Heimweg.

»Du siehst enttäuscht aus«, sagte eine tiefe Stimme mit englischem Akzent. Ich blickte auf und sah in funkelnde blaue Augen, die zu der Stimme gehörten.

»Peter! Wie geht's dir?« rief ich glücklich, einen alten Freund zu sehen, während wir zwei Westler den traditionellen peruanischen *beso* austauschten. Peter und ich hatten uns erst gegen Ende meines zweijährigen Aufenthalts in Cuzco kennengelernt, doch er arbeitete bereits seit über zwanzig Jahren als Führer für Abenteuerreisende in Cuzco.

»Mir geht's gut, aber das ist eine ziemlich langweilige Konferenz. Zu schade, daß die Person, die über all das hier am meisten weiß, nicht da ist«, erwiderte er.

»Bitte sag mir, wer das ist. Schau, es ist sehr wichtig, daß ich jemanden finde, der über die *Apus* Bescheid weiß.«

Er lächelte mich an. »*Apus,* was? Na gut, das wäre Juan, Juan Nuñez del Prado.« Er kritzelte eine Telefonnummer auf ein Stück Papier. »Hier. Ruf ihn an. Wenn er deine Fragen nicht beantworten kann, kann es niemand.«

»Peter, erzähl mir doch mehr über ihn. Wer ist dieser Juan?«

»Er ist ein Anthropologe, ein Mestize. Er lehrt hier an der Universität. Sein Vater, Oscar Nuñez del Prado, war ein sehr bekannter Anthropologe. Er entdeckte die Gruppe von Indianern, die von sich behaupten, direkte Nachkommen der Inka zu sein.«

»Tatsächlich? Wie faszinierend. Aber Peter, ein Akademiker?« fragte ich und rümpfte die Nase bei dieser Vorstellung. Peter und ich hatten lange Diskussionen über die Schwierigkeit des rigiden Denkens in der akademischen Welt geführt.

»O nein. So ist er nicht. Mach dir keine Sorgen. Juan arbeitete jahrelang mit den Indianern. Dann bekam er von Indianern selbst die Initiation zum andinen Priester. Außerdem ist er mehr als zehn Jahre bei dem berühmtesten indianischen Heiler des Tals von Cuzco in die Lehre gegangen, bei Don Benito Qoriwaman. Juan wurde von Don Benito auserwählt, die Unterweisung in der Tradition fortzusetzen.«

Das klang sehr vielversprechend. »Vielen Dank, Peter«, sagte ich und umarmte ihn. Das Papier mit der Telefonnummer hielt ich fest umklammert, als wäre es eine Art Rettungsleine. Ich lief nach Hause und dort schnurstracks zum Telefon. Ich wählte die Nummer, halbwegs darauf gefaßt, daß niemand antworten würde.

»*Allo*«, hörte ich eine männliche Stimme am anderen Ende.

»*Juan Nuñez del Prado, por favor*«, bat ich mit meinem besten spanischen Akzent.

»*Sí*, hier ist Juan.« Ich war so verblüfft, daß ich nicht wußte, was ich sagen sollte. Ich hatte nicht geglaubt, daß ich ihn so leicht erreichen würde.

»Juan, ich ... es tut mir leid, Sie zu belästigen«, stotterte ich.

»Sie belästigen mich nicht. Wie kann ich Ihnen helfen?« fragte er freundlich.

»Sie kennen mich nicht, ich heiße Elizabeth. Ich bin eine Freundin von Peter Frost. Er hat mir Ihren Namen gegeben ... sehen Sie ... äh ... ich hatte ein Erlebnis mit den *Apus*. Peter sagte, daß Sie in der Lage wären, mir zu helfen.«

»Ja. Was für eine Art von Erlebnis?« fragte er.

»Es tut mir leid ... Ich weiß, Sie müssen sehr beschäftigt sein ... Aber ich hätte ein viel besseres Gefühl, wenn ich persönlich mit Ihnen sprechen könnte«, sagte ich und war mir sicher, daß er irgendwie durchs Telefon mein Gesicht rot werden sehen konnte.

»Ja, es ist besser, persönlich über diese Dinge zu sprechen«, pflichtete er mir bei. »Können Sie mich um sechs Uhr am Hauptplatz treffen?«

»Ich wäre entzückt«, erwiderte ich, erleichtert über die Lockerheit dieser Unterhaltung.

Ich hatte gerade noch genug Zeit, um etwas zu essen, und lief dann die Pumakurku – »die Schulter des Pumas« – benannte Straße hinunter zum Hauptplatz. Atemlos kam ich dort ein paar Minuten nach sechs an.

Auf der verabredeten Parkbank saß ein Mann mit einem schon von grauen Haaren durchzogenen Bart. Er trug Jeans, ein gelbbraunes Jackett und einen kleinen weißen Filzhut, der ihn wie einen Pilz aussehen ließ.

»Juan?« fragte ich.

»*Sí*, Elizabeth, ich bin's«, erwiderte er und streckte mir die Hand entgegen. Mit einem gewissen Gefühl von Vorsicht ließ ich mich neben ihm auf der Bank nieder. Er schien in nichts Ricardo zu gleichen, aber dennoch war mir unbehaglich zumute. Er besaß etwas, das ich verzweifelt brauchte – Wissen –, und somit war ich im Nachteil.

Juan schien Ende Vierzig zu sein. Seine dunklen Augen funkelten, wenn er lächelte, aber er hatte einen direkten und starken Blick. Allmählich lockerten sich die Knoten in meinem Magen ein wenig. »Nun, sehen Sie, vor ein paar Jahren habe ich hier gelebt«, begann ich zögerlich.

»Hier in Cuzco?« fragte er überrascht.

»Ja ... ich ... nun ... ich habe mit einem andinen Priester gearbeitet.« Er schien meine Anspannung zu spüren.

Er sah mich mit sehr großen, sehr ernsten Augen an. »Tatsächlich? Ich auch!« Und dann brach er in Gelächter aus, als sei dies das Komischste von der Welt. Sein Lachen war ansteckend und bald lachte ich auch, vor allem über meine eigene Verkrampftheit. In nur wenigen Augenblicken hatte mir Juan auf meisterliche und sehr entwaffnende Weise einen Weg zur Überwindung einer meiner größten Hindernisblöcke gezeigt: meiner Selbstüberheblichkeit.

Ich erzählte Juan nun alles, berichtete von meiner ersten Erfahrung mit der Ei-Diagnose, meiner Vision von den *Apus* allein in meinem Zimmer, den *Mesas* mit Ricardo und den *Apus* und meiner Verwirrung hinsichtlich der Gruppe und ihrem seltsamen Verhalten mir gegenüber. Juan hörte mir äußerst aufmerksam zu und nahm mich sehr ernst. An seinem Gesichtsausdruck erkannte ich, daß er weder überrascht noch erstaunt war, sondern vielmehr genau verstand, wovon ich sprach. Daß mir unendlich wohler zumute war, konnte ich daraus ersehen, daß ich über zwanzig Minuten lang ununterbrochen zu jemandem, den ich eben erst kennengelernt hatte, über ein Thema sprach, das ich selbst mit meinen engsten Freunden nur selten diskutierte. Schließlich verstummte ich wieder.

Juan sah mich durchdringend an. Dann sagte er in sehr ernstem Ton: »Sie haben einen sehr starken Kontakt mit dem Weg. Das ist wunderbar! Doch meine ich, daß Ihre erste Erfahrung, Ihre Vision von den Berggeistern ... die allerwichtigste war.«

»Aber ... was ist mit Ricardo und den Geschöpfen, die sich im Dunkeln materialisieren? Wissen Sie etwas darüber! Haben Sie das erlebt?« protestierte ich.

Juan blieb völlig gelassen. »Das ist nicht so wichtig. Wenn Sie verstehen wollen, wer und was Ihr Meister ist, müssen Sie sich anschauen, was um ihn herum passiert. Alles, was Sie mir von Ricardo erzählt haben, sagt mir, daß er sehr machtvoll ist, aber er hat nicht die vierte Ebene erreicht. Er ist kein *kuruk akulleq*.«

»Kein was?«

»Ricardo ist ein *altomisayoq*. Das bedeutet ›Hohepriester‹ in Quechua, wie Sie wissen. Aber es gibt viele Variationen eines Hohepriesters. Die Dinge, die Sie im Zusammenhang mit seiner Person beschrieben haben, die Kämpfe und Konflikte, die Angst und die Bestrafungsaktionen seiner *Apus* ... Diese Dinge gehören alle der dritten Ebene an. Ein *kuruk akulleq* ist ein Priester der vierten Ebene«, erklärte er geduldig.

»Die dritte Ebene ... die vierte Ebene? Was beinhalten sie, was bedeuten sie?« fragte ich neugierig und erleichtert, daß ich endlich jemanden gefunden hatte, der nicht nur wußte, wovon ich sprach, sondern auch Klarheit in meine Verwirrung bringen konnte.

»Es gibt viele mächtige Hohepriester auf dem andinen Weg, und lassen Sie mich Ihnen sagen, daß es nur sehr wenigen Menschen, die Einheimischen Cuzcos eingeschlossen, vergönnt ist, solche Erfahrungen zu machen, wie Sie sie hatten! Ich kenne Ricardo nicht persönlich, aber mir sind viele Geschichten von Initianden bekannt, die ihre Ausbildung bei Lehrern wie ihm begonnen haben. Sehen Sie, ich hatte das große Glück, mit meiner Ausbildung für diesen Weg beim Besten anzufangen. Es gibt nur noch sehr wenige Priester der vierten Ebene. Don Benito Qoriwaman, mein Meister, war einer von ihnen. Don Benito war ein unglaublicher Heiler. Alle kannten ihn. Und in der Tat hat man mir gesagt, daß eine eurer Schauspielerinnen, Shirley MacLaine, in einem ihrer Bücher über ihn geschrieben hat.« Juan sprach von Don Benito mit solcher Liebe und Zärtlichkeit, daß sich in seinen Augenwinkeln kleine Tränen bildeten.

Ich wollte vor Freude schreien und zugleich weinen. Ich wußte es, ich wußte es, ich wußte es! Tief im Innern war ich mir immer sicher gewesen, daß es noch etwas gab, was über das, was ich von Ricardo gelernt hatte, weit hinausging. Ich wurde sehr aufgeregt. Dann brachte ich mich unter Kontrolle. »Aber Juan, die *Apus*! Diese Dinger im Dunkeln – wenn sie die *Apus* sind, dann mag ich die *Apus* nicht«, sagte ich sehr entschieden.

»Ja«, sagte Juan, extreme Geduld mit seiner neuen Schülerin zeigend, »auf der dritten Ebene werden die *Apus* als bestrafende Wesen gesehen. Aber verwechseln Sie nicht den Meister mit dem Weg. Ricardos *Apus* können nur in der Weise in Erscheinung treten, wie es seine Ebene zuläßt. Der Übergang von der dritten zur vierten Ebene ist außerordentlich wichtig. Auf der dritten Ebene begegnet der Initiand der unsichtbaren Welt, und die dortigen Kräfte werden als beängstigend, ja als schreckenerregend erfahren. Sie müssen lernen, mit ihnen zu ringen; Sie müssen lernen zu kämpfen und zu siegen – über Ihre eigene Angst. Wenn Ihnen das nicht gelingt, bleiben Sie ihr für immer ausgeliefert, so wie Ricardo.

Die vierte Ebene bedeutet einen völlig anderen Bewußtseinszustand. Sie werden frei, die *Apus* werden Ihre Freunde, und Sie lernen, in Harmonie mit der unsichtbaren Welt zu arbeiten. Meine *Apus* sind lieb, bezaubernd. Den Prophezeiungen zufolge ist der Übergang von der dritten zur vierten Ebene das wichtigste Ereignis unserer Zeit!« schloß er seine Ausführungen.

Ich holte tief Atem. Was er sagte, ergab Sinn. Er lieferte mir einen Kontext für meine Erfahrungen. Ich war grenzenlos erleichtert.

»Prophezeiungen?« fragte ich, aber Juan schob meine Frage beiseite.

»Wer ist Ihr *Itu Apu*?« wollte er wissen.

»Was ist ein *Itu Apu*?«

»Ihr ›Leitstern‹, oder wie ihr Nordamerikaner sagt, Ihr ›Geistführer‹. Wir hier in den Anden haben einen Lehrer auf physischer Ebene, wie Don Benito, und einen ›Leitstern‹ in der Energiewelt. Peruanische Initianden haben herkömmlicherweise den Berggeist als den sie führenden Geist, der ihrem jeweiligen Geburtsort am nächsten ist. Ihr Fortschritt als *paqo*, als Initiand oder Initiandin auf dem Weg, steht unter der Führung des *Apu*, unter dem sie geboren wurden oder dem sie in einer Vision begegnen. Im Verlauf des Fortschreitens auf dem Weg ändert sich mit der Ebene auch der ›Geistführer‹.

Als ich Don Benito fand, arbeitete ich mich sehr rasch, in weniger als einem Jahr, durch die ersten drei Ebenen. Ich dachte, ich würde die Initiation in die vierte Ebene in unmittelbarem Anschluß daran schaffen, aber da irrte ich mich. Ich war noch nicht bereit. Ich mußte weitere zehn Jahre auf die Initiation in die vierte Ebene warten!«

Seine Worte machten meine Hoffnungen zunichte. Ich wollte doch so dringend soviel mehr lernen – aber wer war ich? Lediglich eine Anfängerin.

»Die höchsten Priester der dritten Ebene stehen im allgemeinen unter der Führung des *Apu* Ausangate. Als Sie zum erstenmal hier ankamen, hatten Sie eine Vision von *Apu* Ausangate, was bedeutet, daß Sie beim höchsten Rang der dritten Ebene angefangen und damit das Recht haben, von einem Priester dieser Ebene unterrichtet zu werden«, erklärte Juan.

»Wie zum Beispiel ... Ricardo?« fragte ich. Juan nickte.

»Wer ist der Leitstern für die Priester der vierten Ebene?« wollte ich, vorwitzig wie immer, wissen.

»Die Initianden des andinen Weges fangen damit an, daß sie mit Bächen, kleinen Flüssen, niedrigen Hügeln sprechen. Wenn sie dann die erste, zweite und dritte Ebene durchlaufen, gelangen sie allmählich zu einer emphatischen Resonanz mit größeren und mächtigeren Aspekten der Pachamama, des Geistes von Mutter Erde. Auf dem höchsten Punkt der dritten Ebene angelangt, kann der andine Priester direkt mit den höchsten Bergen wie dem Ausangate oder mit dem Ozean, mit Mama Qocha, sprechen. Auf der vierten Ebene hat der Initiand direkten Kontakt mit spirituellen Wesen, welche die *hanaq pacha* bewohnen.«

»Was ist *hanaq pacha*?« fragte ich.

»Das ist die höhere Welt ähnlich eurer westlichen Vorstellung von ›Himmel‹. Um die Inka verstehen zu können, muß man zunächst wissen, daß sie ihre Realität als eine übergroße Fülle verschiedener Lebensenergiearten begriffen. Diese Realität ist in drei Existenzebenen unterteilt, die sich aufgrund der jeweils dort vorgefundenen Energiequalitäten voneinander unterscheiden. Die ›Unterwelt‹ ist eine Ebene dichter oder schwerer Energien. Die ›mittlere Welt‹ oder Ebene des materiellen Bewußtseins – die Welt unseres Alltags – beherbergt sowohl feine als auch schwere Energien. Daher ist der ›Himmel‹, wie ihr ihn nennt, ein Bereich sehr subtiler, feiner Energien und wird von höchst geläuterten spirituellen Wesen bewohnt. Die Priester der vierten Ebene haben Visionen von diesen Wesen; zum Beispiel Visionen von bestimmten Inkas, die in der oberen Welt wohnen, von Buddha oder auch von Jesus Christus.«

Ich stieß unwillkürlich einen Schrei aus und sprang von der Parkbank auf. Juan sah mich irritiert an. »Elizabeth, sind Sie in Ordnung? Habe ich etwas gesagt, das Ihnen angst gemacht hat?«

»Nein ... nein ... Es tut mir leid.« Ich setzte mich wieder hin. Mein Herz klopfte. »Juan, ich muß Ihnen etwas erzählen.« Er nickte mir aufmunternd zu, und ich schilderte ihm eine Begebenheit, die sich auf meiner ersten Reise nach Peru zugetragen hatte.

Ich hatte die ganze Szene noch bestens in Erinnerung. Als ich das erstemal in Peru war, kam ich mit meiner besten Freundin, Cyntha Gonzalez, nach Cuzco. Eines Nachmittags gingen wir zum Markt und kauften dort Masken aus dem Urwald und ein paar Figuren aus schwarzem Serpentin. Cyntha hatte mich gewarnt und gesagt, ich solle die Masken sehr sorgfältig aussuchen, weil ihnen oft Geister anhafteten. Dank der Schamanen in Trujillo wußte sie über alle diese Dinge Bescheid.

»Weißt du Lizcita«, sagte sie eines Tages zu mir, als wir über ihre Studien sprachen, »ich habe eine Menge von diesen Küstenschamanen gelernt, aber was ich nicht mochte, war, daß sie schrien und brüllten, um den Geist, der den Patienten quälte, auszutreiben. Doch sie haben nie diesem Geist geholfen. Der Plagegeist sprang einfach aus einem Körper in den nächsten. Ich denke, man muß diesen Geistern helfen, um ihr Schicksal zu erleichtern.« Und da ahnten wir noch nicht, daß wir bereits in der kommenden Nacht die Gelegenheit dazu erhalten würden.

Ich war achtsam, was die Masken anging, suchte aber die Figuren hastig und in letzter Minute aus. Erst als wir wieder im Hotel waren, merkte ich, daß eine Figur mit den Konturen eines Pumas etwas Unheimliches an sich hatte. Vor dem Schlafen stellte ich sie auf das Nachtschränkchen zwischen unseren beiden Betten.

Etwa um zwei Uhr morgens wurde ich aus einem schlechten Traum geweckt, und zwar durch ein Getrappel kleiner Füße, die im Zimmer umherrannten. Ich hatte es zuerst in meinem Traum gehört, ein Geräusch, das den Eindruck von Wut und Erregung vermittelte. Als ich dann aufwachte und mich im Bett aufsetzte, war es immer noch zu hören.

»Cyntha«, flüsterte ich.

»Ja, Lizcita, ich höre es auch.« Sie war ebenso hellwach wie ich. »Der Puma«, sagte sie. Praktische Person, die sie war, langte sie hinüber und knipste das Licht an. Das Geräusch verstummte. »Plagegeister«, erklärte sie. Ich nickte.

»Was machen wir?« fragte ich.

»Beten«, sagte sie schlicht. »Wir wissen, daß dieser kleine Geist nicht zu uns gelangt wäre, wenn er nicht unsere Hilfe bräuchte. Bete für seine Befreiung«, wies sie mich an. Wir begannen zu beten, und ich spürte dabei, wie sich etwas, das ich nur als einen Vorhang aus Licht beschreiben kann, herabsenkte und das Zimmer allmählich einhüllte. Als jedoch Angst in mir hochkam, wich der Vorhang zurück. Ich bekam meine Angst unter Kontrolle, und der Vorhang senkte sich wieder herab und hüllte diesmal Cyntha, mich und den Raum völlig ein.

Anscheinend war der Geist in die Pumafigur gefahren und so in unser Zimmer gelangt. Dann hatte er eine Art Wutanfall bekommen, um unsere Aufmerksamkeit auf sich zu lenken. Aber warum?

Als sich dieser Lichtvorhang in seinem ganzen Licht und seiner ganzen Fülle ausgebreitet hatte, »sah« ich etwas Schattenhaftes auf diesen Vorhang treten und verschwinden. Nach etwa fünfzehn Minuten stießen wir gleichzeitig einen Seufzer aus. Die Atmosphäre im Raum, in dem noch wenige Minuten zuvor ein Klima von Angst und Furcht geherrscht hatte, war nun ganz eindeutig mit einer warmen, lebensspendenden Energie aufgeladen.

»Auftrag ausgeführt«, sagte Cyntha lachend. Wir schüttelten uns die Hand im Bewußtsein, daß wir unsere Sache gut gemacht hatten, fühlten uns ruhig und glücklich und knipsten das Licht wieder aus. Ich war schon wieder am Einschlafen, als ich eine andere Präsenz über meinem Bett spürte. Nur war es diesmal eine ungeheuer warme, liebevolle, pulsierende Präsenz. Mir wurde von Kopf bis Fuß warm, und mein Herz war so voll, daß es zu schmerzen begann, als wollte es aufbrechen.

Jesus sieht auf mich herab, die Hände zu einer Segensgeste ausgestreckt. Spontan erhebe ich meine Hände unter der Decke. Ich öffne sie, seine Geste spiegelnd, sie empfangend. Mein Körper wird warm, und ich fühle meine Moleküle rascher vibrieren. Ich höre diese tiefe liebliche Stimme: »Wie du diesem jüngeren Bruder geholfen hast, so werde ich dir helfen. Wie du dein Herz geöffnet und ohne Furcht gegeben hast, will ich mein Herz öffnen und dir geben. Dies ist die große Kette der Liebe, die alle Existenz miteinander verbindet.«

»Bis zu diesem Augenblick hatte ich mich als Buddhistin betrachtet«, erklärte ich Juan lachend. »Das Christentum jagte mir kalte Schauer über den Rücken, und ich war auch nicht einmal an Jesus interessiert. Ich habe nie die Bibel gelesen ... Ich ...« Er unterbrach mich mit einer Handbewegung.

»Das ist ausgezeichnet«, sagte er und seine Augen funkelten

mich an. »Aus Ihrer Geschichte höre ich etwas sehr Wichtiges. Sie sind schon mit der vierten Ebene in Berührung gekommen! Ich denke, vielleicht sind Sie schon fast bereit, die Initiation der vierten Ebene zu erhalten.« Er betrachtete prüfend mein Gesicht. »Aber zunächst müssen Sie Ihre Verbindung mit Ricardo kappen.«

»Was?« platzte ich heraus und war mir nicht sicher, welche seiner Aussagen schockierender war. »Meine Verbindung mit Ricardo kappen – was soll das heißen? Ich habe ihn seit über zwei Jahren nicht mehr gesehen.«

Juan sah mich mit intensivem Blick an. »Das ist wahr«, erwiderte er. »Aber stimmte es nicht auch, daß Sie sich unfähig fühlten, in Ihrem Leben weiter voranzugehen? Und ist das nicht der eigentliche Grund, warum Sie hierher zurückgekommen sind?« Er las in mir wie in einem Buch.

»Ja«, sagte ich mit gesenktem Kopf, mich meiner bloßgestellten Verletzlichkeit schämend.

»Das kommt daher, daß Ricardo noch immer etwas von Ihrer Energie hat. Das Erreichen der vierten Ebene ist mit der Entwicklung des Astralkörpers verbunden. Haben Sie, als Sie in den Staaten waren, oft von Cuzco geträumt?« fragte er.

»Ja«, erwiderte ich wiederum überrascht von seinem Wissen.

»Das liegt darin begründet, daß Ricardo einen Teil von Ihrem *poq'po* eingefangen hat«, erklärte er.

»Meinem *poq'po*?«

»Ja, das Feld der Lebensenergie, das den physischen Körper umgibt. Die andinen Meister nennen das den *poq'po,* die ›Blase‹.«

»Aber, Juan, wie kriege ich ihn zurück?«

Juan sah mich an und sagte schlicht: »Wir müssen Ricardo aufsuchen.«

Nun war eine Begegnung mit Ricardo das allerletzte auf Erden, was ich wollte. Doch zufälligerweise war ich ein paar Tage vor diesem Treffen mit Juan Maria über den Weg gelaufen, einer der Akademikerinnen aus Ricardos Gruppe. Sie hatte sich frei-mütig für ihre Verdächtigungen und Unterstellungen und für die Konflikte und Probleme, die ich mit der Gruppe gehabt hatte, entschuldigt. Ihrem Sohn Eduardo ging es gut, wie sie mir sagte. Die Unterhaltung mit ihr hatte mich sehr erleichtert und einen Schlußpunkt unter dieses alte Kapitel gesetzt. Maria sah Ricardo noch gelegentlich und erwähnte, daß er nun seine *Mesas* in der Calle Pardo abhielt, einer kleinen Seitengasse, die von der Avenida del Sol abging. Ich hegte nicht im geringsten die Absicht, mich auch nur in die Nähe dieses Ortes zu bege-ben. Doch nun fand ich es seltsam, daß ich, ob es mir gefiel oder nicht, *wußte,* wo ich ihn antreffen konnte.

Auf seine weiteren Fragen hin erzählte ich Juan, daß Ricardo morgens arbeitete. Also faßten wir den Plan, uns anderntags gegen Mittag, kurz vor dem Ende der *Mesa,* bei Ricardo einzu-finden. Juan holte mich wie verabredet ein paar Minuten vor Mittag in seinem kleinen gelben Volkswagen vom Hauptplatz ab. Ich hatte den Ort, wo Ricardo seine *Mesa* abhielt, auf einen Bereich von zwei Blocks eingekreist. Wie üblich in Cuzco gab es keine genaue Adresse, und ich hoffte im Grunde, daß wir das Haus nicht finden würden und ich von der Angel war. Aber ein solches Glück war mir nicht beschieden. Als wir an den fragli-chen Häusern vorbeifuhren, konnte ich spüren, wie Juan seine medialen Antennen ausfuhr.

»Das ist das Haus«, sagte er und deutete auf eine braune Garagentür.

»Aber Sie kennen Ricardo nicht, wie können Sie sich so sicher sein?« fragte ich in der Hoffnung, er irre sich.

»Ich bin mir sicher. Wenn man so lange mit diesem Weg gear-beitet hat wie ich, weiß man es«, erwiderte er in zweifelsfreiem Ton.

Immer noch gegen alle Wahrscheinlichkeit hoffend, daß er sich doch geirrt hatte, stieg ich aus dem Wagen und ging zur Tür. Kurz vor dem kleinen Durchgang neben der Garagentür stand ein Mann. »Entschuldigen Sie bitte, arbeitet Ricardo hier ... hält er hier seine *Mesas* ab?« fragte ich höflich. Juan hatte inzwischen den Wagen geparkt und überquerte nun die Straße, um sich mir zuzugesellen. Der Mann sah mich durchdringend und prüfend an, dann Juan. Schließlich nickte er und bedeutete uns mit einer Geste, hineinzugehen.

»Achtet auf den Hund«, warnte er mit ernster Stimme.

Wir passierten den kurzen Durchgang, wandten uns dann nach links und gelangten in einen kleinen Warteraum, der von einem riesigen Schäferhund besetzt war – und der sich als überaus freundlich erwies. Meine Spannung steigerte sich zur blanken Panik. Ich wollte aus dem Zimmer rennen. »Wenn sie uns etwas zu trinken anbieten, lehnen Sie es ab«, sagte Juan in bestimmtem und väterlichem Ton. Ich nickte und fühlte mich sehr klein. Wir ließen uns in den beiden verfügbaren ausgebleichten und zerschlissenen Lehnstühlen nieder.

Die *Mesa* war im angrenzenden Raum im vollen Gange. Ich konnte das Flügelschlagen der *Apus* hören, die sich nebenan materialisierten. Was immer da drin vor sich ging, ich wollte nichts damit zu tun haben. Meine Knöchel wurden weiß, als ich die Lehnen umklammert hielt. Nur so konnte ich mich davon abhalten, aus dem Raum zu stürzen. Juan dagegen schien völlig gelassen zu sein. Er hätte ebensogut zu Hause in seinem Wohnzimmer sitzen können. Nonchalant schnippte er ein Staubkörnchen von seinem Jackett und machte es sich bequem. Dann betrachtete er mich mit mitfühlendem Blick. »Öffnen Sie Ihren *qosqo*«, wies er mich an.

»Meinen was?«

Er sah mich überrascht an. »Ihren spirituellen Magen. Hat euch Ricardo nicht beigebracht, wie ihr euren spirituellen Magen öffnet und schwere Energie verspeist?« Ich schüttelte den Kopf.

»Fühlen Sie die Energie nebenan. Sie ist sehr stark, aber sehr schwer«, fuhr Juan mit leiser Stimme fort.

Ich konnte nicht umhin, die »schwere Energie« zu spüren, aber allein die Tatsache, daß ich hier war, versetzte mich in Furcht und Schrecken, und es war mir buchstäblich unmöglich, auch nur irgend etwas in mir zu öffnen. Das Gefühl von Angst und unmittelbarer Gefahr schlug alle Türen in mir zu. Dann tat ich etwas, das ich noch nie zuvor in meinem Leben getan hatte. Ich bat Jesus, mich zu schützen. »Lieber Jesus«, murmelte ich, »bitte hilf mir. Lieber Herr Jesus, bewahre mich vor Unheil und Schaden.« Und langsam fühlte ich ein mich einhüllendes warmes Glühen, das den weißen Frost meiner Angst, der sich inzwischen über alle meine inneren Organe gelegt hatte, zu durchdringen begann. Für einen Augenblick konnte ich wieder atmen. Es war das einzige, das gegen meine Angst etwas vermochte. Langsam begann ich aufzutauen.

Nach ein paar Minuten öffnete sich die Tür und die Leute kamen heraus. »Ist das die letzte *Mesa* für heute?« fragte Juan völlig unbekümmert in die Menge hinein. Er erhob sich nicht einmal von seinem Sessel.

»Ja«, sagte ein Mann, bevor er zur Tür hinauseilte. Er hielt eine Tüte mit Kräutern in der Hand, zweifellos ein Heilrezept, das ihm die *Apus* gegeben hatten. Er strömte den vertrauten Geruch von Blütenwasser aus, und mir stellten sich die Nackenhaare auf.

»Juan, müssen wir das tun?« fragte ich und stand auf. Ich kämpfte, um meine Panik niederzuhalten.

»Warten Sie«, befahl er schroff und hob die Hand, um mich zu stoppen, wobei er mich praktisch mit der Kraft seiner Geste wieder in den Sessel zurückbeförderte. Und während Juan mich nun anblickte, verebbte meine Panik allmählich, fühlte ich mich plötzlich viel ruhiger. Ich fragte mich, ob er *meine* schwere Energie verspeiste.

Eine große Menschenmenge kam heraus, aber kein Ricardo. In einem letzten Moment des Aufflackerns wilder Hoffnung dachte ich, daß wir irrtümlicherweise zur falschen *Mesa* gekommen waren. Dann hörte ich seine Stimme im angrenzenden Raum. Angezogen und abgestoßen zugleich stand ich auf. Juan erhob sich ebenfalls, und gemeinsam gingen wir zur Tür des inneren Raumes. Als wir die Schwelle überschritten, gab Ricardo gerade seinem letzten Patienten die Hand. Er blickte auf und ließ, als er mich sah, ein typisches leises Kichern hören.

»Elizabeth, es ist lange her«, sagte er und streckte mir die Hand entgegen. Jetzt, da ich ihn eingehender betrachtete, sah ich ihn in einem völlig anderen Licht. Er kam mir gar nicht mehr machtvoll vor. Er sah verletzlich aus, wie ein kleiner Junge. Ich verlor meine Angst und empfand Mitgefühl, ja sogar Zuneigung für ihn. Ich fing sogar schon an zu denken, daß ich verrückt gewesen sein mußte, mir je vorzustellen, daß er mir Schaden zufügen könnte. Ich spürte, wie sich mein ganzes Mitgefühl und meine Zuneigung auf ihn richteten, als Juans Stimme mich wachrüttelte.

»Sie arbeiten also mit den *Apus*«, sagte er in ungewöhnlich scharfem Ton.

»Ja«, erwiderte Ricardo und sah mich an, die Augenbrauen fragend hochgezogen.

»Oh, Entschuldigung, das ist Juan, ein Freund von mir«, platzte ich heraus und stellte die beiden einander vor. Sie gaben sich die Hände. Beim Klang von Juans Stimme war meine Vorsicht vor Ricardo zurückgekehrt.

»Sagen Sie mir … wer sind Ihre Lehrer?« fragte Juan nun freundlich, aber ich hatte das unheimliche Gefühl, daß er sozusagen die Krallen ausfuhr und Ricardo taxierte.

»Don Henrique Malchez aus Ayacucho … Don Arturo …«, Ricardo rasselte eine Reihe von Namen herunter, von denen Juan keiner bekannt war.

»Waren Sie je in Q'eros?« fragte Juan im selben freundlichen Ton.

»Ja. In der Tat habe ich in Q'eros gearbeitet«, erwiderte Ricardo lächelnd.

»Mit wem?«

»Allein. Ich arbeite nur mit den größten und wichtigsten *Apus,* wie Elizabeth Ihnen gesagt haben wird«, erklärte Ricardo, wobei er es irgendwie fertigbrachte, nicht überheblich zu klingen. Das war offensichtlich die Antwort, auf die Juan gewartet hatte.

Plötzlich schien Juan einen halben Meter größer zu werden. Er warf Ricardo einen furchterregenden Blick zu und sagte: »Tatsächlich? Nun, *jetzt arbeitet sie mit mir.*« Seine Worte waren nicht laut, aber jedes von ihnen schien eine gewaltige Kraft in sich zu tragen. Mir kam es vor, als hätte Juan Ricardo an beiden Armen gepackt und hielt ihn in einem Doppelnelson gefangen. Physisch gesehen hatte keiner von beiden auch nur mit einem Muskel gezuckt.

Ricardo atmete tief aus. Ich hatte die vage Empfindung, daß irgend etwas um mich herum losließ. Ricardo schien plötzlich sehr weit weg. Er sah nicht mehr verletzlich aus, wirkte aber auch nicht wütend. Er sah aus wie ein Ballon, aus dem alle Luft entwichen war. Juan sprach nun mit Ricardo in normalem Ton. »Ich war in Q'eros, Ricardo. Don Benito Qoriwaman und Don Andres Espinoza waren meine Meister. Wenn Sie jemals gerne nach Q'eros kommen möchten, werde ich Sie dorthin mitnehmen.«

»Ja, danke«, erwiderte Ricardo und schüttelte erst mir und dann Juan die Hand.

»*Adiós*«, sagte Juan mit einer Geste des Saluts zu Ricardo.

»*Adiós*«, gab dieser zurück.

Wir stiegen in Juans gelben Volkswagen und fuhren schweigend zum Hauptplatz zurück. Ich konnte es zwar nicht erklären, fühlte mich aber ganz entschieden anders. Juan hielt den Wagen an und wir saßen noch einen Moment schweigend da. »Sehr gut, sehr gut«, murmelte er vor sich hin und schien überaus erfreut zu sein. Dann sah er mich direkt an. »Also, Elizabeth, was denken Sie?«

»Ich bin nicht sicher. Was genau ist da drin passiert?« fragte ich vorsichtig.

»Was haben Sie gesehen?« gab er die Frage zurück.

»Na ja, es schien eine Art Kampf stattzufinden, fast so, als ob Sie und Ricardo miteinander gerungen hätten oder so was, obwohl Sie einander nicht einmal berührt haben«, antwortete ich und kam mir dabei dumm vor.

»Ja. Sehr gut, Elizabeth«, sagte Juan ermunternd. »Sehen Sie, in meiner Tradition ist es normal, daß sich zwei *paqos,* wenn sie sich begegnen, gegenseitig herausfordern, so wie wir es gerade getan haben. Aber dabei geht es nicht darum herauszufinden, wer physisch über mehr Kraft verfügt, sondern wessen *poq'po* stärker ist. Als er sagte, daß er in Q'eros allein gearbeitet hat, wußte ich, daß er nicht meine Ebene erreicht haben konnte. Niemand arbeitet in Q'eros allein. Das bedeutet, daß er nie einem Lehrer aus Q'eros begegnet ist. Und das ist so, als wäre er nie dort gewesen. Alle noch tätigen Priester der vierten Ebene kommen aus Q'eros.«

»Was ist Q'eros?« fragte ich und kam mir wieder dumm vor.

Juan lachte. »Das ist eine andine Indianernation, die in einer Höhe von etwa 4500 Metern lebt. Sie sind die direkten Nachfahren der Inka.« Das mußte der Ort sein, den Peter Frost erwähnt hatte! Juan bemerkte meine Verwirrung. »Lassen Sie es uns einfach das ›Oxford‹ der andinen Priester nennen«, erklärte er.

»Sie haben Ihnen ... das beigebracht?«

»Richtig. Die Priester von Q'eros und Don Benito Qoriwaman.«

»Also spielte sich dieser ›Kampf‹ mit Ricardo auf ... energetischer Ebene ab?«

»Genau.«

»Und Sie haben ... gesiegt?« Ich probierte das Wort versuchsweise aus, um zu sehen, ob es paßte.

»In gewisser Weise. Aber nicht so, wie ihr Westler das Siegen

versteht. Sehen Sie, wenn sich in meiner Tradition zwei Initianden gegenseitig herausfordern und der eine beweist, daß er
eine höhere Ebene hat, ist der ›Sieger‹ verpflichtet, den anderen
darin zu unterrichten, wie er gewonnen hat. Darin besteht für
uns die Bedeutung von Wettstreit, und deshalb habe ich ihm
angeboten, ihn nach Q'eros mitzunehmen. Ich habe Ricardo
übertroffen; jetzt muß ich ihm anbieten, ihn das zu lehren, was
ich weiß und wie ich es gelernt habe.«

»Das ist eine sehr interessante Ansicht von Wettstreit«, sagte
ich. Juans Unterweisungen in der andinen Philosophie gefielen
mir zunehmend besser. »Juan, ich weiß wirklich nicht, wie ich
Ihnen danken soll«, fügte ich hinzu und umarmte ihn.

»Oh, aber ich weiß, wie«, erwiderte er. »Jetzt sind Sie bereit
für die Initiation in die vierte Ebene. Ich komme auf meinem
Weg am besten weiter, wenn ich unterrichte. Ich muß alles wei-
tergeben, was ich weiß. Das ist das Gesetz von *ayni*. Wenn Sie
nun für mich und Ihr eigenes Lernen etwas tun wollen, dann
kommen Sie mit einer Gruppe von zwölf nordamerikanischen
Initianden nach Cuzco zurück. Wenn Sie das tun, werde ich Ihnen und Ihrer Gruppe die zehntägige *Hatun Karpay* geben. Das
ist die Große Initiation, die ich durch meinen Meister Don Benito vor fünf Jahren erhielt.« Ich fühlte mich geehrt.

»Und noch eines, Elizabeth«, sagte er und blickte mich an.
»Mein Leitstern sagt mir, daß Sie alle Ihre Erfahrungen mit dem
andinen Weg aufschreiben müssen, damit andere daran teilhaben können.« Seine Worte ermutigten mich sehr.

»Wirklich, Juan? Um die Wahrheit zu sagen, das habe ich
schon getan. Und Sie denken, das ist in Ordnung? Ich meine
… Sie haben nichts dagegen, daß ich über all das schreibe?«

Er sah mich tief bewegt an und fragte: »Elizabeth, wissen Sie,
warum ich das gerne hätte?«

»Nein. Warum?«

»Weil ich damit meinem Meister, Don Benito, Ehre erweisen
würde.«

Ich war von Juans tiefer Hingabe an seinen Lehrer sehr berührt und wußte, daß Don Benito etwas sehr Besonderes gewesen sein mußte. »Aber Juan, warum wollen Sie, wenn Sie zehn Jahre brauchten, um für die Initiation in die vierte Ebene bereit zu sein, nun diese Initiation Menschen geben, die sogar noch nie hier waren?« fragte ich.

»Das hat verschiedene Gründe. Erstens sind diese Ebenen universeller Natur und können durch jegliche Art spiritueller Arbeit erreicht werden, nicht nur über den andinen Weg. Viele von euch Nordamerikanern haben sehr wahrscheinlich schon die ersten drei Ebenen durchschritten. Zweitens sind in der Struktur der *Hatun-Karpay*-Initiation alle vorangegangenen Ebenen enthalten. Aber der sogar noch zwingendere Grund ist der, daß gemäß der andinen Prophezeiung die Welt gegenwärtig einen sehr kritischen Augenblick durchmacht.«

»Ja, bitte erzählen Sie mir mehr über diese Prophezeiungen, Juan«, bat ich, und mein Pulsschlag erhöhte sich. »Ich spüre irgendwie, daß sie unter Umständen etwas damit zu tun haben, daß ich mich überhaupt von Peru so angezogen fühle!«

»Ich habe mich die letzten zwölf Jahre mit der Erforschung dieser Prophezeiungen befaßt. Die nächste Periode von neunzehn Jahren, also von 1993 bis 2012, ist eine sehr wichtige Zeit der Transformation. Es ist eine Zeit, die wir in unserer andinen Tradition *taripay pacha* nennen. Don Benito und meine anderen andinen Meister haben mich darüber belehrt, daß wir für etwas arbeiten müssen, welches das künftige goldene Zeitalter menschlicher Fülle werden könnte. *Taripay pacha* heißt buchstäblich übersetzt das ›Zeitalter der Wiederbegegnung mit uns selbst‹. Dies ist eine Zeit, in der die Menschen wirklich anfangen müssen, zusammenzuarbeiten. Der 1. August 1993 markierte das Ende des *pachakuti* – einer kosmischen Umwandlung – und den Beginn der ersten Phase des *taripay pacha*. Diese Anfangsphase soll von 1993 bis zum Auftauchen der fünften Ebene des Bewußtseins, einer Gruppe von Heilern/Priestern mit außerordentlichen Kräften, andauern. Zu der Zeit, wenn sie erscheinen, werden wir in die zweite Phase des *taripay pacha* eingetreten sein. Die zweite Phase wird bis zur Manifestation – oder der Rückkehr – des *Sapa*-Inka, eines Priesters der sechsten Ebene, andauern. Das ist die Bewußtseinsebene der alten Inka-Herrscher. Eine Person, die über die Bewußtseinsebene des Inka verfügt, muß ein außergewöhnlicher politischer und spiritueller Führer sein, der über die Fähigkeit verfügen wird, das Reich der alten Inka wiederzuerschaffen und noch zu übertreffen. Das *taripay pacha* in seiner ganzen Entfaltung wird beginnen, wenn die Priester der sechsten Ebene auftauchen, was etwa um 2012 der Fall sein könnte. Die Daten sind ungewiß, weil es sich hier nur um eine Gelegenheit, eine Möglichkeit handelt. Wir – die Menschheit – müssen die Arbeit tun.

Die Zeitspanne von 1993 bis 2012 stellt das dar, was ihr Leute in der Entwicklungspsychologie eine ›kritische Phase‹ in der Entwicklung des menschlichen kollektiven Bewußtseins nennen würdet. Diese neunzehn Jahre markieren eine Zeit, in der ein signifikanter Prozentsatz der Menschheit von der dritten zur vierten Ebene überwechseln muß und kann. Wir müssen fähig sein, die Angst hinter uns zu lassen und zu lernen, unsere kulturellen Talente und Errungenschaften miteinander zu teilen und eine freundschaftliche Beziehung mit der unsichtbaren Welt und den Kräften der Natur einzugehen. Es liegt an den Menschen auf Erden, an uns, aus dieser kritischen Phase das Beste zu machen, um das *taripay pacha* herbeizuführen«, sagte Juan mit Nachdruck.

»Ja, ich verstehe«, erwiderte ich benommen. Ich fühlte mich völlig überwältigt. Ich betrachtete die verrostete Beule an der Tür von Juans kleinem gelben Käfer und den profillosen Vorderreifen. Während Juan sprach, schien das ganze Auto in einen gehobenen Zustand zu geraten. Ich war schon halb darauf gefaßt zu erleben, daß wir einen Meter über der kopfsteingepflasterten Straße schwebten.

»Schauen Sie, Elizabeth, wir legen einfach nur das Fundament oder bereiten durch kollektive spirituelle Arbeit die Bedingungen für die nächsten Schritte der menschlichen Evolution vor«, sagte er schlicht.

»Juan, ich ... ich bin nicht ... ich ...«

»Elizabeth«, er brachte mich mit einer Geste zum Schweigen, als lese er meine Gedanken. »Warum, glauben Sie, sitzen wir jetzt hier? Denken Sie, Sie hatten diese Vision von dem Berggeist grundlos?«

»Aber Juan ... es klingt alles so ... so ... so groß.« Ich fühlte mich sehr klein und sehr verletzlich.

»Jede Person muß ihren Teil dazu beitragen. Nicht mehr, nicht weniger. Lassen Sie sich von der Energiewelt führen. Tun Sie nur, was Ihr Herz als das Richtige empfiehlt.«

Ich umarmte Juan noch einmal, öffnete benommen die Wagentür, dankte ihm für sein Angebot und versicherte ihm, daß ich darüber nachdenken würde.

Ich kehrte in die USA zurück und begann mich im Lauf der nächsten sechs Monate wieder »normal« zu fühlen. Seltsamerweise war ich unfähig, über die Prophezeiung, von der mir Juan erzählt hatte, auch nur nachzudenken. Aber ich fragte mich doch, ob die Wiedererlangung meines Gleichgewichts etwas mit dem Zurückholen jenes Teils meines *poq'po* zu tun hatte, der von Ricardo eingefangen worden war. Tatsächlich war ich mir so sicher, daß da eine Verbindung bestehen mußte, daß ich Juan anrief, um mich bei ihm zu bedanken.

»Das freut mich für Sie, Elizabeth«, sagte er, »und ich glaube, daß Sie sich jetzt autonomer fühlen.« – »Autonom!« Das war genau das Wort. Juan brachte mir wieder sein Angebot in Erinnerung, ich dankte ihm, ohne ein Versprechen abzugeben, und legte den Hörer auf. Die Wahrheit war, daß ich mich nach meinen vorangegangenen Erfahrungen fürchtete, weitere spirituelle Arbeit in Cuzco zu tun. Der Gedanke, die Stadt nur als Touristin zu besuchen, machte mir nichts aus, aber die Vorstellung, mich dort wieder esoterisch zu beschäftigen, jagte mir Angst und Schrecken ein.

Einige Wochen später hörte ich, daß man in Nordperu eine neue Entdeckung gemacht hatte: Ein Grab mit mehr Gold, als es in Tut-anch-amuns Grab gefunden wurde, war an einem Ort namens Sipan ausgebuddelt worden – und das Los Angeles Art Museum stellte die Schätze aus. Ich fuhr dorthin, um sie mir anzusehen. Nachdem ich ganze dreißig Minuten in der Ausstellung verbracht hatte, bekam ich eine solche Gänsehaut, daß ich gehen mußte. Für mich hatte diese Chimú-Kultur etwas ungeheuer Furchterregendes an sich, und dies schien mit meiner Angst vor einer Rückkehr nach Peru zusammenzuhängen. Ich dachte wieder an diese enervierende Erfahrung, die ich mit Cyntha und meinem Freund David in der riesigen Ruinenstätte von Chan-Chan gemacht hatte.

Wir alle drei waren von den Hilferufen der dort gefangenen Seelen überwältigt worden. Dieser Ort hatte sich als perfektes Beispiel für mediale Kräfte, die für einen bösen Zweck eingesetzt worden waren, präsentiert. Es war ein astrales Gefängnis. Für mich war die Vorstellung, jemandes Seele einzusperren oder zu foltern, noch schlimmer als körperliche Torturen.

Auf dem Rückflug von Los Angeles wurde mir klar, daß ich von Angst verfolgt war. Genau wie Juan es beschrieben hatte, hatte die Angst von mir Besitz ergriffen und übte Kontrolle über mich aus – die Herausforderung der dritten Ebene. Das weckte die Kämpferin in mir, und als ich wieder zu Hause in West Marin eintraf, hatte ich eine Entscheidung getroffen. Ich würde diese Angst erforschen. Und schneller, als ich erwartet hatte, bot sich mir die Gelegenheit dazu.

Einige Tage später, ich war gerade bei meiner Morgenmeditation, erstand vor meinem geistigen Auge eine Gestalt. Ich bekam eine Gänsehaut, die Härchen auf meinen Armen richteten sich auf. Ich starrte in das Gesicht der grauenhaftesten Kreatur, die ich jemals gesehen hatte. Diese Gestalt erweckte in mir ein abgrundtiefes Gefühl von Entsetzen. Große, wulstige Gesichtszüge, eine kohlefarbene graue Haut überspannte den haarlosen Schädel. Die Augen glotzten gelb. Ein schmutziges, ockerfarbenes Licht hüllte Kopf und Schultern ein, und der Körper war mit einem dicken grauen Lederpanzer bedeckt. Um den Hals trug dieses Geschöpf eine Kette mit riesigen Eisendornen. Ein sadistischer Ausdruck kroch über seine verzerrten Gesichtszüge, als es mich in einem Ton ansprach, der unmittelbare Gefahr signalisierte.

»Ich bin das intelligente, organisierte Böse«, sagte es mit dunkler schnarrender Stimme. Die Atmosphäre, die dieses Wesen umgab, war zutiefst bedrohlich. Es sah aus wie eine Figur aus der Sipan-Ausstellung. Vor Entsetzen lief mir der Schweiß an den Seiten herunter. Was war da von mir herbeibeschworen worden? Ich wußte, daß mein Geist diese Gestalt geschaffen hatte, doch war ich mir auch sicher, daß sie irgendwo und irgendwann eine manifestierte Existenz besaß. Dieses Geschöpf und das, was es sagte, reflektierte meine tiefsten Ängste.

In der Vergangenheit hatte ich prinzipiell geglaubt, daß das Böse eher eine Angelegenheit des Mißverständnisses sei, daß die Menschen im Grunde einander nichts Böses antun wollten, sondern nur durch schlechtes Beispiel dazu gebracht wurden. Dies hier war etwas völlig anderes. Hier hatte ich es mit einem Geschöpf zu tun, das ganz bewußt und absichtlich grausame und gewalttätige Handlungen beging und Energie dadurch gewann, daß es anderen Schaden zufügte.

Ich versuchte mich zu schützen. Ich stellte mir vor, daß ich das Geschöpf wegschob oder eine Barriere zwischen uns beiden errichtete. Nichts funktionierte. Dann wurde mir auf einmal klar, daß ich diese Kreatur gar nicht hätte sehen können, wenn sie nicht ein Teil von *mir* gewesen wäre, der auf *sie* reagierte. Plötzlich durchfluteten mich Erinnerungen an Zeiten, in denen ich absichtlich Dinge getan hatte, um anderen Schaden zuzufügen und sie zu verletzen, von kleinen törichten Dingen bis hin zu größeren und wichtigeren Aktivitäten in meinem Leben, die mich nun vor Verlegenheit erröten ließen.

Ich erinnerte mich an das, was Juan mir gesagt hatte: nämlich, daß den andinen Meistern zufolge die Welt aus verschiedenen Lebensenergiearten besteht, manche von ihnen schwer, andere subtiler. Bei Ricardos *Mesa,* so hatte er mir gesagt, war die Energie sehr stark und sehr schwer, und ich sollte meinen *qosqo* öffnen, meinen spirituellen Magen, und sie in mich aufnehmen. Damals kam mir dieser Gedanke verrückt vor. Doch in diesem Moment erschien es mir die einzig gangbare Möglichkeit zu sein. Dieses Geschöpf, ob es nun meiner Vorstellung oder anderem entsprach, verflüchtigte sich nicht. Vor allem jetzt schon gar nicht, wo es mir gezeigt hatte, daß es ein Aspekt, ein Teil von mir war. Nachdem ich mich dieser Tatsache einmal gestellt hatte, überkam mich ein Gefühl wie von Gnade. Meine Perspektive verlagerte sich. Statt Angst zu verspüren, war ich nun von Mitgefühl für diese elende Kreatur erfüllt. Und ohne weiter darüber nachzudenken, breitete ich die Arme aus und zog es in mich hinein, in meinen *qosqo.* Ich umarmte es. Und mit ihm umarmte ich jenen Teil meiner eigenen Dunkelheit. Ich umfing es ganz und gar – zärtlich –, wie eine Mutter.

Das Geschöpf zeigte sich ziemlich verwirrt und dann nahm sein Gesicht plötzlich einen entzückten Ausdruck an. Und es begann auseinanderzubrechen. Die Gewalt seiner sich auflösenden Energiestruktur schickte buchstäblich Schockwellen durch meinen Körper. Die Freisetzung dieser Energie ließ mich unwillkürlich auf meinem Meditationskissen vor- und zurückwiegen.

Binnen weniger Wochen nach dieser befreienden Erfahrung wußte ich, daß es an der Zeit war, meine Gruppe zusammenzusammeln. Ich war für die vierte Ebene bereit.

ZWEITER TEIL

Hatun Karpay:
Die große Initiation

8

Samenkörner der Inka

»Hier fangen wir an«, verkündete Juan unserer Gruppe, die nach dem zwanzigstündigen Flug und der Landung vom Tag zuvor immer noch verschlafen dreinblickte. Der schmerzliche Ausdruck in den Gesichtern sagte mir, daß fast alle unter irgendeiner Form der Höhenkrankheit litten.

»Hier?« fragte ich erstaunt. Wir standen in etwa 3500 Meter Höhe auf dem Hauptplatz vor der zentralen Kathedrale Cuzcos und fröstelten in der kalten Morgenluft eines andinen Frühlings. Die aus riesigen sandfarbenen Steinblöcken erbaute katholische Kathedrale wurde 1654 von den Spaniern fertiggestellt, war aber im Laufe der Jahrhunderte verschiedene Male durch Erdbeben zerstört worden, wohingegen das erdbebensichere Inka-Mauerwerk darunter unversehrt blieb. Der Himmel über der Kathedrale war von einem tiefen, leuchtenden Blau, und schneeweiße Wölkchen krönten die rings um Cuzco aufragenden Berggipfel. Wir standen da und sogen die reine dünne Luft in unsere nach Sauerstoff dürstenden Lungen.

Es war über ein Jahr her, seit ich Juan zum letztenmal gesehen hatte, und in dieser Zeit war es mir gelungen, seine Bitte zu verwirklichen. Ich hatte eine Gruppe versammelt, oder genauer gesagt, die Gruppe hatte sich fast von allein über der Idee zusammengefunden, nach Peru zu gehen und dort die Initiationserfahrung zu machen, von der Juan mir erzählt hatte. Die Gruppenmitglieder, eine Mischung aus weiblichen und männlichen Kollegen und Freunden, wußten fast so gut wie nichts über diese peruanische spirituelle Tradition, hatten nur ein paar bruchstückhafte Erläuterungen und Geschichten gehört, die ich ihnen im Zusammenhang mit meinen eigenen Abenteuern erzählt hatte. Doch jede Person war von einer tiefen Ehrfurcht vor der Erde und einem gesunden Respekt vor dem Prozeß der spirituellen Initiation beseelt. Merkwürdigerweise hatten alle auf jeweils eigene Weise zum Ausdruck gebracht, daß sie auf seelischer Ebene einen rätselhaften Drang verspürten, an dieser Reise teilzunehmen – als ob hier etwas am Wirken wäre, das weit über ihre persönlichen Beweggründe hinausging. Auch ich vermochte all diese Dinge nicht zu erklären, wußte nur, daß ein tiefes instinktives Drängen mich an den Ort geführt hatte, wo ich nun stand.

»Ich mußte über zehn Jahre warten, um diese Initiation zu erhalten«, erklärte Juan seinem aufmerksamen Publikum. »Aber selbst *ich* war schockiert, als mein Meister Don Benito mich *hierher* führte, um mit dem ersten Tag der Großen Initiation, der *Hatun Karpay,* zu beginnen.

»Wer ist Don Benito, Juan?« fragte Nina, eine große, schlanke rotblonde Massagetherapeutin.

»Don Benito«, begann Juan mit seiner Erklärung, und wieder bemerkte ich, daß seine Augen feucht wurden, »war einer der bedeutendsten und geachtetsten Heiler im ganzen Tal von Cuzco. Er war ein kleiner Indio, etwa so groß.« Juan hob die Hand und zeigte ein Größenmaß von nicht ganz anderthalb Meter an. »Und er war ein erstaunlicher Mann.«

Als ich Don Benito zum erstenmal traf, war ich ein zum harten Kern gehörender, äußerst rational denkender Anthropologe. Ich hatte ein Stipendium von der Ford Foundation, um die religiösen Glaubensvorstellungen der Andenindianer zu erforschen, und man schickte mich zu Don Benito, einem andinen Priester, der meine primäre Informationsquelle sein sollte. Damals sprach ich nicht sehr gut Quechua und wurde daher von einem meiner Studenten begleitet, der Spanisch und Quechua fließend beherrschte. Wir fuhren zu Don Benitos Dorf und brachten ein kleines Päckchen Kokablätter und eine kleine Flasche Schnaps mit, die traditionellen Geschenke, die man einem andinen Priester anbieten muß. Und Don Benito lud uns in seine bescheidene Behausung ein.

Wir ließen uns an einem kleinen Tisch nieder, und er holte drei winzige Becher, um uns etwas von dem mitgebrachten Schnaps anzubieten. Dieser kleine Indio war sehr arm, aber ein äußerst kultivierter Herr! Wir tranken jeder ein Schnäpschen, und er und ich begannen uns mit Hilfe des Dolmetschers zu unterhalten. Dann lud uns Don Benito zu einer weiteren Runde Schnaps ein und fing an, in einem Gemisch von Spanisch und Quechua direkt mit mir zu sprechen. Das ermutigte mich, und ich antwortete ihm im gleichen Sprachgemisch. Don Benito kredenzte uns eine dritte Runde Schnaps, und bald merkte ich, daß er weiterhin direkt mit mir sprach, aber nicht in Spanisch oder Quechua oder Chinesisch oder irgendeiner für mich erkennbaren Sprache. Das Seltsame daran war, daß ich nicht nur alles verstand, was er sagte, sondern zugleich auch alles in deutlichen Bildern vor mir sah. Irgendwie konnte ich ihm sogar in derselben Sprache antworten! Und noch seltsamer war, daß zu dem Zeitpunkt dies alles völlig normal zu sein schien. Auf solche Weise unterhielten wir uns fast zwei Stunden lang, bis Don Benito schließlich das Interview beendete. Als wir aufstanden, um uns zu verabschieden, stellte ich fest, daß mein Dolmetscher bekannt für seine Fähigkeit, ungeheure Mengen Alkohol zu vertragen, völlig betrunken war. Und nicht nur das, er hatte von unserer Unterhaltung nicht ein Wort verstanden!

Während des folgenden Monats hatte ich so etwas wie einen Nervenzusammenbruch. Meine ganze vormalige rationalistische Herangehensweise an die Dinge vermochte dieses Erlebnis nicht im geringsten zu erklären. Schließlich gab ich auf und wurde Don Benitos Schüler. Ich arbeitete zehn Jahre lang mit ihm.« Juan wischte eine Träne weg, die seine Wange hinunter- und in seinen dichten Bart gekullert war.

Juans Geschichte hatte nicht nur unsere ganze Aufmerksamkeit, sondern auch unsere Herzen gefangengenommen. Die Authentizität seiner Erzählung und seine entzückende Beschreibung von Don Benito hatten unsere Herzen erobert. Ganz klar, das, was wir lernen würden, war der echte Stoff! Der von Juans Geschichte ausgehende Zauber hatte uns fast vergessen lassen, daß wir auf dem Hauptplatz von Cuzco standen.

Ich wußte bereits, daß diese Kathedrale an der Stätte der vormaligen alten Viracocha-Tempelanlage erbaut worden war; doch das, was uns Juan als nächstes erzählte, war mir nicht bekannt gewesen. »Für die andinen Priester, und ganz gewiß für Don Benito, blieb und bleibt diese Stätte ein Schlüsselort der heiligen Geographie der Andenregion. Dieser Tempel ist ein energetisches Tor zur höheren Welt, der Welt der feinen, subtilen Energien.« Die im engen Kreis stehende Gruppe wandte sich geschlossen um, um einen Blick auf die Kathedrale zu werfen. Ich hatte schon gehört, daß viele Kathedralen und Kirchen in den Vereinigten Staaten ebenfalls an Orten errichtet worden waren, die den indianischen Stämmen als heilig galten.

»Juan, was meinst du mit einer ›Welt der feinen Energien‹?« fragte Sam, ein hochgewachsener und gutaussehender Computerprogrammierer aus Florida. Sam war ein strikt rational denkender Wissenschaftler und hatte erst kürzlich entdeckt, daß sein Urgroßvater ein reinrassiger Lakota-Indianer gewesen war.

»Seht ihr, die andinen Priester sind nie dazu ausgebildet worden, wie die Westler zu denken. Sie konzentrierten sich nicht auf Gebäude, Autos, Häuser, Straßen oder auch Symbole. Ihre Aufmerksamkeit ist mehr auf die Energie gerichtet. Meine Meister bewohnen keine Welt, die sich aus soliden Objekten zusammensetzt. Für uns« – damit bezog sich Juan auf die andinen Priester – »setzt sich die Welt aus Lebensenergien in ihren vielen Variationen zusammen, die insgesamt *kausay* genannt werden.«

»Aber sie leugnen doch wohl sicher nicht die Existenz der materiellen Welt?« protestierte Sam ein wenig perplex.

»Überhaupt nicht«, erwiderte Juan mit sanfter Stimme. »Wir alle erfahren die Welt des materiellen Bewußtseins, auch die andinen Priester, aber für sie stellt sie nicht die einzige und ganz gewiß nicht die vorrangige Welt dar. Jeder materielle Gegenstand besitzt auch einen Geist oder energetischen Aspekt. Die Berge, Bäume, Steine, Pflanzen, Flüsse, jedes Gebäude und alle Städte haben ein energetisches Bewußtsein. Jedes Geschöpf, vom winzigsten Einzeller bis hin zu Mensch, Elefant und Wal, besitzt dieses gleiche energetische Bewußtsein, eine ›Blase‹ der Lebensenergie, einen *poq'po,* der den materiellen Körper umhüllt und durchdringt. Wenn ihr in die Welt des andinen mystischen Priesters eintreten wollt, müßt ihr lernen, direkt mit dieser Welt der Lebensenergien und mit den *poq'pos* anderer Menschen, Wesen und Orte zu kommunizieren und zu interagieren.«

Man hörte Hüsteln, Seufzer, verunsichertes Füßescharren. Zwar waren den meisten von uns diese Gedanken nicht völlig neu, aber sie stellten mit Sicherheit die Realität in Frage, an die zu glauben man uns erzogen hatte, eine Realität, die uns unsere Welt beschrieb und zu einem sicheren und bekannten Ort machte. Richtig war, daß die Theorien der modernen Physik, die Quantentheorie und Einsteins Relativitätstheorie eingeschlossen, den Weg geebnet hatten, damit diese Gedanken ins westliche Denken Einzug halten konnten. Doch das machte sie nicht weniger bedrohlich. Das intellektuelle Begreifen einer Idee unterscheidet sich gewaltig von der Erfahrung der lebendigen Wirklichkeit.

Ich hatte in Peru meine eigenen unmittelbaren Erfahrungen mit der Dehnbarkeit der materiellen Welt gemacht, als ich Zeugin der Materialisierung der *Apus* wurde; und obschon sie faszinierend waren, hatten sie mich doch in Angst und Schrecken versetzt. Ich wußte, was es bedeutet, wenn die eigenen Glaubensvorstellungen bis in die Grundfesten erschüttert werden. Und ich fragte mich, wie wohl die anderen in der Gruppe, die noch nie mit solchen persönlichen Erfahrungen konfrontiert worden waren, auf diese Gedanken reagierten.

Juan fuhr damit fort, die fundamentalen energetischen Prinzipien des andinen Mystizismus zu erläutern. »Als erstes müßt ihr begreifen, daß für die andinen Priester in der Welt der Lebensenergien keine positiven oder negativen Energien existieren. Es gibt nur Abstufungen von feineren und geläuterteren Lebensenergien und Energien, die dichter oder schwerer sind. Die verschiedenen Formen und Abstufungen der jeweiligen Lebensenergien bilden die Grundordnung der andinen Kosmologie.

Der andine Kosmos unterscheidet drei Existenzebenen, die jeweils ihre eigenen spezifischen und energetischen Qualitäten aufweisen. Die erste Ebene ist die höhere Welt, *hanaq pacha,* oder was die Ureinwohner Nordamerikas die ›obere Welt‹ nennen. Es ist eine extrem spirituelle Ebene, die von den feinsten Energien besiedelt ist und auf der sich auch verschiedene spirituelle Wesen aufhalten wie etwa Jesus, die Jungfrau Maria, verschiedene Inka und eine Menge lokale Heilige. Die zweite Ebene, *kay pacha,* ist der Bereich der Menschheit und der Welt des materiellen Bewußtseins, und sie besteht aus einer Mischung von sowohl feinen als auch schweren Energien. Sie ist zudem als die ›mittlere Welt‹ oder die Welt unseres Alltagsdaseins bekannt. Abgesehen von der Menschheit bewohnen außerdem unsichtbare und mystische Wesen wie zum Beispiel die *Apus* diese Ebene. Die dritte Ebene, *ukhu pacha,* ist die innere oder ›untere Welt‹. Aus der Sichtweise der andinen Priester ist die innere Welt die Ebene, die innerhalb der Erde und im Innern eines jeden Individuums existiert. Sie ist zwar weitgehend von schweren Energien besetzt, aber keine Art Hölle. Vielmehr ist sie ein Ort, an dem die Geister anfangen, die heilige Kunst des *ayni,* die Kunst der Wechselseitigkeit und des gegenseitigen Austauschs, zu erlernen.«

Juan kündigte an, daß uns unser erstes Ritual mit dem Spektrum der feinen Energien der höheren Welt in Verbindung bringen und es mit einem Erleben der traditionellen katholischen Messe beginnen werde. »Die Inka betrachteten heilige Objekte als Pforten zu den feinen Energien der höheren Welt. Als die Spanier kamen, verstanden sie deren Verehrung der Heiligenbilder von Jesus und der Jungfrau Maria als eine Methode zur Absorbierung feiner männlicher und feiner weiblicher Energien, die sie in sich aufnahmen, indem sie sich mit den *poq'pos* dieser höchst spirituellen Wesen verbanden.« Juan erklärte uns nun, daß wir zwar an einer katholischen Messe teilnähmen, unsere Verehrung der christlichen Ikonen aber auf inkaische Weise erfolgen werde. Wenn wir wollten, könnten wir zur Kommunion gehen.

Einige aus der Gruppe gaben ihrer Besorgnis darüber Ausdruck, daß wir mittels des Katholizismus eine Erfahrung machen sollten, die doch einzig dem andinen Weg vorbehalten war. Jedenfalls hatten sie das bislang geglaubt. Juan ließ dieses Argument nicht gelten, indem er auf die extreme Flexibilität und Anpassungsfähigkeit des andinen Systems verwies. »Und was am allerwichtigsten ist, es ist inklusiver Natur. Ja, es hat eine Struktur, aber es gibt keine starren Regeln oder Dogmen, und es gibt nur ein einziges Gesetz: *ayni*. Ihr müßt verstehen, daß das Inka-Reich mehr als zwölf Millionen Einwohner hatte, die sich aus über hundert ethnischen Gruppen zusammensetzten, die sich wiederum in mehr als zwanzig verschiedenen Sprachen verständigten. *Vielfältigkeit* war sozusagen ein Markenzeichen. Und die Inka waren zum Teil deshalb so erfolgreich, weil sie jeder Gruppe ihre religiöse Identität ließen, wobei alle durch eine einende Gottheit verbunden wurden: die Sonne. Die Inka glaubten an den Austausch und die Integrierung von neuem Wissen, spirituelles Wissen eingeschlossen. Mein Meister Don Benito war selbst ein tiefgläubiger Katholik. Wir sind sehr gläubige Menschen, und für uns kann keine

Form religiöser Verehrung falsch sein. Tatsächlich werdet ihr heute sehen, daß die andine Tradition auf Initianden der verschiedenen religiösen Traditionen zugeschnitten ist, die dann ihr Wissen über das Vehikel des größten gemeinsamen menschlichen Faktors, nämlich des *kausay pacha,* des Energie-Universums, austauschen können. Laßt euch von den äußeren Formen einer Religion nicht in die Irre führen. Doch hier ist nichts obligatorisch; wenn ihr euch danach fühlt, geht zur Kommunion; wenn nicht, laßt es bleiben.«

Nunmehr durch eine Kombination aus Schlafmangel, Höhe und dem Zustrom neuer Gedanken verwirrt und benommen, aber doch entschlossen, sie »auszuprobieren«, wie Juan sagte, betraten wir die Kathedrale durch das Hauptportal. Wir folgten Juan zu einem kleinen Altar nahe des rückwärtigen Teils der Kirche, wo an die zwanzig Peruaner, die Hüte in den Händen, auf zerkratzten Kirchenbänken saßen und an der Morgenmesse teilnahmen. Als wir näher kamen, bat der Priester gerade seine kleine Gemeinde, etwas mehr Enthusiasmus zu zeigen. Wir setzten uns nieder, und sie fingen an zu singen, aber selbst das konnte nicht diese trostlose, dumpfe Atmosphäre aufhellen.

Es war mittlerweile neun Uhr morgens, und in der Kathedrale herrschte eisige Kälte. Die dicken Mauern und hohen Deckengewölbe ließen ihr Inneres dunkel und unheilvoll erscheinen, und der riesige, imposante Altar aus massivem Silber schuf alles andere als eine gemütliche Atmosphäre.

Die einzige Wohltat in dieser das Mark gefrieren lassenden Trostlosigkeit waren die starken Strahlen der Inka-Sonne, die durch das bunte Glasfenster über uns einfielen und die Kirchenbänke zu unserer Linken in herrliche Farben tauchten. Sie waren eine perfekte Metapher für unsere Initiation; die Natur schickte einen Hoffnungsstrahl in diese düstere, von Menschen erschaffene Welt. Die Kathedrale selbst beschwor lediglich Bilder von der spanischen Eroberung und Massakern an den indianischen Menschen herauf. Ich saß da und wurde durch zwei Arten von Kälte zum Frösteln gebracht.

Ich blickte zum zweieinhalb Meter hohen, pechschwarzen Kruzifix auf, das über dem vor uns befindlichen Seitenaltar herabhing. Das großflächige Antlitz des Erlösers zeigte einen traurigen und menschlich sehr verletzlichen Ausdruck. Auf dem Kopf trug er eine überdimensionale Dornenkrone.

Juans Worte durchdrangen mich und lockerten die fixen Ideen über den Katholizismus und die katholische Ikonographie, die ich mit mir herumschleppte; Vorstellungen, die noch nie zuvor – oder jedenfalls nicht in diesem Maße – angefochten worden waren. Ich konzentrierte mich auf das Kruzifix und versuchte es mir als eine Zugangspforte zur feinen, geläuterten männlichen Energie der höheren Welt vorzustellen. Schon allein der Gedanke, subtile und vergeistigte Energie von oben in mich aufzunehmen, fühlte sich gut, reinigend und erdend an, als würde ich der Kathedrale damit tatsächlich reinere Luft zuführen. Ich konzentrierte mich und nahm allmählich eine Bewußtseinsveränderung in mir wahr, als ich meine Aufmerksamkeit von diesem zweidimensionalen Symbol auf die energetische Präsenz des schwarzen Christus verlagerte.

Ein starkes und warmes Strahlen, so durchdringend wie die Sonne, durchströmte mich und wärmte buchstäblich meinen Körper. Es stand in scharfem Kontrast zur bedrückenden Kälte der Kirche. Ich versuchte, mehr und mehr von dieser feinen männlichen Energie in mich hineinzuziehen, und sie durchflutete mich geradezu.

Eine für mich nicht meßbare Zeit verging, und ich spürte gleichsam nebenbei, daß die Gruppe zum Ende gekommen und bereit war, weiterzugehen. Doch ich befand mich immer noch in tiefer Trance. Ein Gefühl tiefen Friedens erfüllte mich und ein Wissen, daß ich endlich spirituell meine Heimat gefunden hatte. Von irgendwo weit weg erreichte mich der Gedanke, daß ich aufstehen und mich der Gruppe anschließen sollte, aber er transformierte sich nicht in Bewegung. Mein Körper reagierte einfach nicht.

»Bleib, bis der Energiefluß endet«, flüsterte mir Juan zu, der irgendwie wahrnehmen konnte, was in mir vorging.

So verstrichen lange Minuten, bis ich schließlich die Augen öffnete und sah, daß sich die Peruaner zum Empfang der Kommunion vor dem Altar aufgereiht hatten; und zu meiner völligen Überraschung stellte ich fest, daß alle Mitglieder meiner Gruppe sich ihnen nun doch noch angeschlossen hatten. Wir erlebten am eigenen Leib das Nebeneinander von Ritualen, von dem Juan uns erzählt hatte. Unverständlicherweise empfand auch ich keinen Widerspruch, keine Reibung und kein Problem in bezug auf das Praktizieren dieser beiden anscheinend so unterschiedlichen spirituellen Traditionen, die in den letzten fünfhundert Jahren Seite an Seite existiert hatten.

Schweigend begaben wir uns gemeinsam zum riesigen Bild der Jungfrau Maria, das gleich hinter dem Eingangsportal der Kathedrale hing. Beim Betreten der Kirche war mir aufgefallen, daß viele Peruaner dort für eine längere Zeit niederknieten und mit gesenktem Kopf zur Jungfrau beteten. Als wir nun unseren Platz vor dem Bild einnahmen, registrierte ich eine unheimliche Empfindung, so als ob die heilige Mutter der Liebe und Vergebung tatsächlich in diesem Bereich ihren Sitz hatte. Ich fragte mich, ob der Grund dafür der war, daß der Örtlichkeit selbst eine besondere Kraft innewohnte, wie Juan uns gesagt hatte.

Ich kniete nieder und versuchte zu beten, aber meine Gedanken über mein gegenwärtiges Tun, über das Bildnis und meine Vorstellungen von der Jungfrau lenkten mich ab. Nach einigen Minuten wurde ich innerlich ruhig. Wieder konzentrierte ich mich auf meine Absicht und versuchte die energetische Emanation des Bildnisses wahrzunehmen. Ich spürte einen Fluß, ein Einströmen sehr feiner, aber umhüllender Energie, die sich deutlich von meiner Erfahrung vor der Gestalt des schwarzen Christus unterschied. Ich wurde in einen Mantel sanfter, magnetischer Liebeskraft eingehüllt. Und irgendwie nahm ich das ausgedehnteste Gefühl von Mitgefühl und Vergebung wahr, das ich jemals empfunden hatte. Unwillkürlich stiegen mir Tränen in die Augen, als mir dieses Geschenk göttlicher weiblicher Energie zuteil wurde. Wieder schienen Stunden vergangen zu sein, aber es waren nur wenige Minuten verstrichen, als wir uns nun erhoben, um weiterzugehen.

Juan deutete mit einer Geste nach links auf einen sandfarbenen eiförmigen Stein, der etwa einen Meter hoch war und unauffällig in einer Ecke der Kathedrale stand. Selbst wenn mir seine Existenz bereits bekannt gewesen wäre, hätte ich ihn niemals bemerkt, wenn Juan ihn uns nicht gezeigt hätte. »Im sechzehnten Jahrhundert«, erklärte er uns mit gedämpfter Stimme, »fertigte Juan de Santa Cruz Pachacuti eine Zeichnung vom Hauptaltar der Inka an, auf der auch das Götterpantheon der Inka zu sehen war. In der oberen Mitte der Zeichnung ist ein Ei zu sehen, das die Inka Viracocha nannten. Und dieses auf dieser Zeichnung dargestellte Ei steht nun hier in der Kathedrale.« Er zeigte auf den eiförmigen Stein.

Ein paar von uns holten hörbar Luft, überrascht, hier ein so gänzlich unfeierlich aufgestelltes, original inkaisches Relikt vorzufinden. »Dies ist das dritte religiöse Symbol, und mit ihm werden wir dieses Ritual vervollständigen.« Nach einer so unerwartet bewegenden Erfahrung vor dem Bildnis der Jungfrau Maria erschien es mir seltsam, wieder gesprochene Worte zu vernehmen. Doch gleichzeitig waren diese Erklärungen irgendwie beruhigend und lieferten meinem Verstand eine Basis, auf die er sich stürzen konnte.

»Dieses große Stein-Ei ist, wie auch der schwarze Christus, eine *khuya,* was wörtlich übersetzt ›leidenschaftliche Liebe‹ bedeutet. Doch der Begriff bezieht sich in seiner mystischen Interpretation auf die Liebesenergie, mit der ein Gegenstand, meist ein Stein, aufgeladen und dem Schüler von seinem Meister geschenkt wird. Diese Liebesgabe überträgt die Kraft des Meisters auf den Schüler. Dieses Stein-Ei ist die *khuya* von Viracocha aus der höheren Welt. Es ist die Liebesgabe Viracochas, des metaphysischen Gottes der Inka und großen Meisters der höheren Welt, an die Wesen der materiellen Welt. Der volle Name dieses Stein-Eies bedeutet ›der große Einiger aller Dinge‹, und diesen Zweck hat es ganz gewiß hier erfüllt.« Wir betrachteten dieses dritte Symbol mit großer Ehrfurcht. Da war es, ein einfacher eiförmiger Stein, der aussah, als würde er nunmehr als Türstopper benutzt.

»Auch nach der Niederwerfung der Inka«, so erklärte Juan weiter, »diente diese Kathedrale den andinen Priestern als Initiationstempel, was heißt, daß katholische und andine Priester in den letzten fünfhundert Jahren ihre Rituale unter demselben Dach durchgeführt haben.

Letztes Jahr im Dezember hat ein Freund von mir, Abran Valencia, ein Buch publiziert, in dem er die inkaische Tradition beschreibt. Nach dem Erscheinen des Buchs versuchten die katholischen Priester diese Praxis zu unterbinden, indem sie das Ei aus der Kathedrale entfernten. Zu jenem Zeitpunkt befand sich der Erzbischof nicht in der Stadt, aber nach seiner Rückkehr wurde er sehr schnell von vielen Menschen aufgesucht, und ein paar Tage später brachte man das Ei an seinen rechtmäßigen Platz zurück.« Die Gruppe stieß hörbare Seufzer der Erleichterung aus, als Juan für einen Moment in seiner Erzählung innehielt. Wie traurig, daß wir Menschen uns von unseren Verschiedenartigkeiten so bedroht fühlen, daß sie uns solche Angst machen, dachte ich.

»Dieses Ei hat die Funktion, ›schwere Energie zu verspeisen‹. Ein weiterer wichtiger Gedanke der andinen Tradition hinsichtlich der Bewahrung der energetischen Ökonomie, und zwar nicht in bezug auf die eigene Person, sondern auch hinsichtlich unserer Umwelt, besagt, daß es immer besser ist, zunächst feine Energie aufzunehmen und dann unsere schwere Energie abzulassen. Im ersten Teil unseres Rituals haben wir feine männliche

Energie aus der höheren Welt über das Kruzifix, anschließend feine weibliche Energie über das Bild der Jungfrau Maria empfangen. Jetzt sind wir bereit, unsere *hoocha,* die schwere Energie, zu entlassen. Und das können wir tun, indem wir unsere ganze schwere Energie an das Stein-Ei abgeben.

Das Quechua kennt viele Worte zur Beschreibung von Energie, wie zum Beispiel *hoocha* und *sami,* wie ich euch bereits erzählt habe. Das Quechua-Wort für das Lebensenergiefeld, das den menschlichen Körper umgibt, ist *kausay poq'po,* was wörtlich übersetzt ›Energieblase‹ bedeutet.«

Das war's! dachte ich aufgeregt. Das war es, was ich angesichts der Christusgestalt und der Jungfrau Maria gespürt hatte, das Gefühl, als wäre ich eine Blase, die aufgefüllt wurde!

Erstaunlicherweise sprach Juan meine Gedanken laut aus. »Wir beginnen damit, daß wir unsere Energieblase, unseren *poq'po,* mit feiner Energie auffüllen, denn wenn wir zuerst unsere *hoocha* ablassen würden, könnten wir kollabieren und ausgelaugt und energielos zurückbleiben. Also füllen wir erst unseren *poq'po* mit feiner Energie und geben dann unsere schwere Energie an das Ei ab. Ihr braucht keine Bedenken zu haben, wenn ihr ihm eure schwere Energie überlaßt. Seht ihr, es verspeist eure *hoocha* mit Vergnügen«, erklärte er lächelnd.

Dieser Teil schien ziemlich schwierig zu sein. Zwar fiel es leicht, feine Energie in sich aufzunehmen – aber schwere Energie freisetzen? Das vermittelte irgendwie das Gefühl von Umweltverschmutzung. Juan mußte all seine Überredungskünste aufbieten, um uns davon zu überzeugen, daß es in Ordnung war, wenn wir unsere schwere Energie auf das Ei übertrugen. »Denkt daran, *schwere* Energie ist nichts *Schlechtes.* Abgesehen davon kann das, was für euch schwere Energie ist, für jemand anderen feine Energie sein. Ihr scheint wirklich an die Erbsünde zu glauben, was? Abgesehen davon wurde dieses Ei für diesen Zweck geschaffen. Es möchte eure schwere Energie verspeisen.«

Dermaßen bestärkt, trat nun eine Person nach der anderen vor das Ei, kniete nieder, ähnlich wie wir es vor dem Kruzifix und der Jungfrau Maria getan hatten. Doch diesmal baten wir das Ei, unsere schwere Energie in sich aufzunehmen. Im Gefühl, die Schafhirtin (oder sollte ich Lamahirtin sagen) der Gruppe zu sein, wartete ich, bis alle geendet hatten, und kniete dann mit großer Ehrfurcht vor diesem letzten verbleibenden geheiligten Symbol der Inka-Kultur nieder. Sofort fühlte ich ein natürliches Ausfließen von Energie, so als ob das Ei auf magnetische Weise etwas aus mir heraussauge. Ich formulierte eine Absicht und machte aus meiner schweren Energie eine Opfergabe für das Ei. Verlegen, weil ich im Mittelpunkt der Aufmerksamkeit der Gruppe stand, verharrte ich nur ein paar Minuten, stand dann auf und schickte mich an, zur Gruppe zurückzukehren. Doch da fühlte ich, wie mich die ungeheuer starke Sogkraft des Eies zurückzog. Es war mit mir noch nicht fertig. Juan schickte mich mit einer Handbewegung zurück und sagte lachend zur Gruppe: »Ihr seht, sie hat massenweise schwere Energie.«

Die Gruppe saß, unter dem Eindruck des machtvollen Rituals verstummt, vor der Kathedrale und wartete auf den Bus, der uns zur Stätte unseres nächsten Rituals bringen würde. Nach langem Schweigen wurden doch ein paar Bemerkungen ausgetauscht, aus denen sich ersehen ließ, wie sehr die Gruppe von dieser Philosophie fasziniert war, die sich in ihrer uralten Praxis auf die modernsten Theorien der Quantenphysik zu gründen schien.

Auf der Fahrt zu den Ruinen von Q'enko lösten sich die Zungen noch mehr, und es wurden verschiedene Kommentare zu den unheimlichen und greifbaren Energieempfindungen abgegeben, welche die Leute an sich wahrgenommen hatten. Diese Ritualpraxis beinhaltete eine völlig neue und unvertraute Vorstellung von uns selbst. Wir hatten nun nicht mehr einfach einen physischen Körper, sondern waren »Energieblasen« oder *poq'pos,* die ihre schweren und feinen Energien mit heiligen Orten und Gegenständen austauschten. Es war eine angenehme Vorstellung, und als das Überraschendste daran empfanden wir es, daß die Sache eigentlich ziemlich einfach war. So hatte es die Leute auch am meisten beeindruckt, daß das, was sich zunächst wie eine überaus fremdartige, mysteriöse und komplizierte Theorie anhörte, in der Praxis ganz leicht, natürlich und problemlos ablief. Und unter Verwendung von Juans Terminologie ließ sich sogar leicht darüber reden.

Nachdem der Bus direkt oberhalb der Ruinen von Q'enko gehalten hatte, überquerten wir die Straße und kletterten über einen Stacheldrahtzaun. Wir kamen an einem kleinen Hain mit Eukalyptusbäumen vorbei und gelangten zu einem grasbewachsenen Abhang, in den verschiedene, etwa doppelt mannshohe graue Felsblöcke eingelassen waren. Zwischen zweien dieser Gesteinsbrocken befand sich ein etwa halb so hoher, flacher, geschwärzter Stein, der als Sims oder als Felsbank die beiden Blöcke verband. Die Oberfläche dieses Steins und des Felsblocks dahinter sah aus, als ob hier ständig rituelle Feuer entzündet würden. »Diese Kultstätte heißt Illia Pata, was ›Plattform des Lichts‹ bedeutet«, erklärte Juan. »Ihr könnt sehen, daß sie noch immer ständig in Gebrauch ist.« Er deutete mit einer Geste auf die frische Asche auf dem Stein. »Mein Meister Don Benito hat mich darüber belehrt, daß diese Stätte dem Coricancha, dem alten Zentraltempel der Inka in Cuzco, als gleichwertig gilt. Man glaubt, daß sich die andinen Priester hierher zurückzogen, als der Coricancha von den Spaniern eingenommen wurde. Dies hier ist eine sehr alte Stätte und war vielleicht sogar vor der Erbauung des Coricancha der vorrangige Tempel der Inka, wo die Opfergaben dargebracht wurden.«

Ich fragte mich, ob sich die »Plattform des Lichts« auf den flachen Altarstein bezog. Und schon ging Juan darauf zu, legte die Hand auf den Stein und sagte: »Das Gestein dieses Altars nennt man ›wachsendes Gestein‹, weil es als lebendig betrachtet wird. Die Kraft der Pachamama ist darin konzentriert. Den weiblichen Teil des Rituals werden wir mit dem Altarstein und den männlichen Teil des Rituals werden wir mit den *Apus* durchführen.«

Ich zuckte zusammen. Dies würde seit meiner letzten Begegnung mit Ricardos *Mesa* mein erstes Zusammentreffen mit den *Apus* sein. Aber nun fiel es mir schwer, mich zu fürchten, da die Voraussetzung grundverschieden war. Erstens befand ich mich nicht in einem verdunkelten Raum, und zweitens wurden die *Apus* hier nur als Teil eines lebendigen Natursystems vorgestellt und nicht als Orakel und Autoritätsgestalten; abgesehen davon war ich mit einer Gruppe von Leuten zusammen, denen ich implizit vertraute – von unserem exzellenten Führer ganz zu schweigen.

Juan fuhr mit seinen Erklärungen fort: »Die *Apus* sind, allgemein gesprochen, männliche Energien der Natur oder Gottheiten, welche die höchsten Berggipfel bewohnen. Hier an dieser Stätte werden wir mit der hohen Ebene der materiellen Welt und mit der männlichen Kraft der *Apus* und der weiblichen Kraft der Pachamama arbeiten.« Seine lächelnden Augen wurden plötzlich ernst, als er nun sagte: »Bei der Arbeit mit *kay pacha* – der Welt des materiellen Bewußtseins – müssen wir lernen, persönliche Kraft wechselseitig auszutauschen; wohingegen wir, wenn wir mit der höheren Welt arbeiten, Kraft empfangen. Durch das Ritual mit den *Apus* und die Arbeit mit diesem Altarstein werdet ihr das Austauschen persönlicher Kraft durch euren spirituellen Magen, euren *qosqo,* lernen. Ihr müßt also als erstes euren *qosqo* gebrauchen lernen«, sagte er und tätschelte seinen »Magen« im Bereich des Solarplexus, ein paar Zentimeter über der Hüftlinie.

Er holte ein kleines, farbenprächtiges Bündel aus einer weißen Segeltuchtasche und legte es auf den Altarstein. »Don Benito erklärte mir dies folgendermaßen. Ihr habt einen Magen, um Nahrung aufzunehmen und zu verdauen; und euer Energiekörper, euer *poq'po,* hat einen spirituellen Magen, um Energie aufzunehmen und zu verdauen. *Qosqo* ist die Quechua-Bezeichnung für die Stadt Cuzco und bedeutet ›Nabel der Erde‹. Das ist einer der Gründe, warum diesem Ort hier solche Kräfte innewohnen – es ist der *qosqo* von Pachamama, der Bauch unseres Planeten. Der andinen Tradition zufolge sind wir Menschen ein integraler Bestandteil der Natur, und unsere Körper sind nach dem Bild der Pachamama geschaffen. Wie ihr also seht, ist es von zentraler Bedeutung, daß ihr dieses Zentrum beherrschen lernt, denn durch dieses Zentrum«, Juan klopfte auf seinen Bauch und sah speziell Nina an, »lernt ihr, Energie zu spüren, schwere Energie zu ›verspeisen‹, Kraft aus den Kräften der Natur zu beziehen und Verbindung mit den Kultstätten aufzunehmen.«

Juan hielt einen Augenblick inne und ließ die Bedeutung seiner letzten Worte wirken. »Der Grund, warum ihr euren *qosqo* gebrauchen lernt, ist der, daß ihr die Fähigkeit erlangen sollt, schwere Energie auf meisterliche Weise zu verspeisen. Wenn ihr das erst einmal beherrscht, werdet ihr mit jeder Situation zurechtkommen, weil ihr euch dann nie gegen ›negative Energien‹ verteidigen müßt, ihr braucht sie nur zu verspeisen. Je mehr schwere Energie vorhanden ist, desto opulenter ist eure Mahlzeit, und um so kraft- und machtvoller werdet ihr. Aber ihr müßt fähig und willens sein, schwere Energie zu verdauen, ihr müßt lernen, sie durch euch hindurchzulassen. Ihr Westler seid so sehr in der Vorstellung von gut und böse – negativ und positiv – verfangen, daß euch diese Konzeption große Schwierigkeiten bereitet. Ihr müßt *ayni* lernen, das wechselseitige Austauschen von Energie. Ihr dürft euch vor diesem Austauschprozeß nicht fürchten, müßt *all* die Energien geben und empfangen.«

Juan wies uns nun an, eine Hand vor unseren *qosqo* zu halten, bis wir die Energie spürten; dann sollten wir die Hand näher heranführen und anschließend weiter weg bewegen. Als ich meine Hand über meinen *qosqo* hielt, spürte ich sofort Wärme und ein Kitzeln in meinem Bauch. Dieses Gefühl nahm zu oder ab, je nachdem, ob ich meine Hand näher heran- oder weiter wegführte. Plötzlich kam mir eine Reihe von auf den Bauch bezogenen Redensarten in den Sinn – wie »aus dem Bauch heraus reagieren« und »das kann ich nur schwer verdauen« –, und ich fragte mich, ob diese sich nicht eigentlich mehr auf das Wahrnehmungsvermögen des *qosqo* als auf den physischen Magen bezogen. »Benutzt euren *qosqo* wie die Blende einer Kamera. Öffnet ihn, schließt ihn und versucht die Energie mit ihm zu spüren«, leitete Juan uns an.

Dann nahm er das Bündel auf, trat zu uns und erklärte uns, daß dies seine *mesa* sei, ein kleines rituelles Bündel, das er immer mit sich trage, und daß es die *khuyas* enthalte, all die von seinen Meistern gesegneten Steine. Mich zwickte die Neugier und ich hätte gerne das Bündel geöffnet und hineingesehen. Juan ging zum Steinaltar zurück und plazierte mit leiser Stimme betend seine *mesa* auf dem Altar. Darüber gebeugt verharrte er sodann einige Minuten lang in Andacht. Anschließend nahm er die *mesa* wieder auf und kam auf mich zu. Er schob meine Hand beiseite und hielt seine *mesa* gegen meinen *qosqo*, wobei er weiterhin laut betete.

»Gib deine ganze schwere Energie meiner *mesa*«, flüsterte er mir zu. Wie schon in der Kathedrale spürte ich, daß Energie von meinem *qosqo* ausfloß. Abrupt zog Juan dann seine *mesa,* die an meinem *qosqo* fast zu kleben schien, zurück und trug sie wieder zum Altar. Ich glaubte einen Moment lang einen dünnen Faden zwischen meinem *qosqo* und dem Altar gespannt zu sehen. Ich blinzelte, und er war verschwunden.

Er nahm diese Handlung auch bei allen anderen vor. Verschiedene Male sah ich Fäden. Als er geendet hatte, erblickte ich in einem Augenblick außergewöhnlicher Wahrnehmung etwas, das einem Spinnennetz ähnelte. Alle zwölf *qosqos* waren durch hauchzarte Lichtfäden mit dem Altarstein verbunden. Ein weiterer Blick auf den Altar zeigte mir einen blauweißen Lichtschleier, der ihn nun bedeckte und sich nicht ganz zwei Meter nach oben hin erstreckte. Juan sah mich mit einem forschenden Ausdruck in den Augen an, den Kopf zur Seite geneigt. »Nun weißt du, warum das hier die ›Plattform des Lichts‹ heißt«, sagte er so leise, daß nur ich ihn hören konnte.

Wir gingen einen kurzen Abhang hinunter und gelangten unterhalb der Illia Pata zu einem ebenen Gelände mit einigen Inka-Steinsitzen. Dort ließen wir uns in der heißen Sonne nieder. Wir würden ein *despacho* anfertigen und die Kraft des Windes anrufen. Juan entfaltete eines der weißen Papierpäckchen, die er auf unserem Weg aus der Stadt auf dem Hauptmarkt gekauft hatte. Er nahm eine Muschel und ein Kreuz aus Blei heraus. Dann reichte er die Muschel, Symbol des Weiblichen, und das Kreuz, Sinnbild des Männlichen, herum und forderte uns auf, unsere innigsten Gebete auf diese Gegenstände zu übertragen. Danach nahm er sie wieder an sich und legte zuerst die Muschel in die Mitte des *despacho* und dann das Kreuz darüber. Jeder von uns wählte drei perfekt geformte Kokablätter aus, und dann begannen wir das ›*despacho* auszurüsten‹, indem wir aus jeweils drei Blättern *k'intus* formten. Juan wies uns an, dreimal auf die *k'intus* zu blasen und unsere Energie den *Apus* zu offerieren, während wir jeden *Apu* der umliegenden Berge mit Namen anriefen. Anschließend legte er die Kokablätter in spezifischer Anordnung um die in der Mitte befindlichen Gegenstände.

Das fertige *despacho* war ein wunderschönes Kunstwerk. Die sternförmig um die den Mittelpunkt bildende Muschel plazierten zwölf *k'intus* ergaben ein anmutiges, der Natur entnommenes Mandala. Nun bat uns Juan, in aller Stille die Kraft des Windes herbeizuflehen, und sie dann dazu zu benutzen, unser Gewahrsein – und damit unseren Energiekörper, unseren

poq'po – auszudehnen und in dieser Weise jeden der eben an-
gerufenen *Apus* zu berühren. Ich schloß die Augen, um mich zu
konzentrieren, und stellte fest, daß ich keineswegs irgend etwas
Angsterregendes spürte, sondern durch diese Verbindung mit
den Berggeistern einen medialen Eindruck der Freude von seiten der *Apus* empfing. Unser Tun schien ihnen ausnehmend gut
zu gefallen. Mir fiel wieder ein, daß Juan mir erzählt hatte, seine
Apus seien »lieb und bezaubernd«. Dies hier ließ sich mit meiner Erfahrung bei Ricardo in keinster Weise vergleichen; und
ich spürte, daß es der Beginn der Heilung meiner Beziehung zu
den *Apus* war.

Als ich die Augen wieder öffnete und das Mandala betrachtete, stellte ich überrascht fest, daß die leichte Brise, welche die
umstehenden Büsche ein wenig in Bewegung brachte, nicht an
eines der zarten Kokablätter in unserem *despacho* rührte. Juan
faltete nun das Papier des *despacho* über den Blättern und der
Muschel zusammen, schnürte alles zu einem ordentlichen kleinen Päckchen, umwickelte es mit einem Silberfaden und verstaute es in seiner *mesa*. Er hielt einen Moment inne und sagte
dann: »Merkwürdigerweise ist dieses Ritual, obwohl es sich gegenwärtig um die wichtigste Initiation innerhalb der andinen
Tradition handelt, eine der bei weitem einfachsten Darbringun-
gen.«

Für das *despacho* an die Sonne begaben wir uns zu einer anderen Stätte, wobei wir diesmal einen über und noch etwas hinter der Illia Pata gelegenen Ort aufsuchten, ebenfalls ein ebenes
und offenes Gelände. Dort lag ein glatter, flacher grauer Stein,
der sich nur ein paar Zentimeter vom Boden abhob, aber eindeutig von Menschenhand bearbeitet worden war. Juan setzte
sich daneben nieder, legte seine *mesa* auf den Stein und begann
ein weiteres *despacho* anzufertigen. Ich konnte nur mutmaßen,
daß auch dies ein Altar war.

»Bei diesem *despacho* werden wir die Energie der *Apus* in
uns hineinziehen und konzentrieren«, erklärte er. Wir begann-

186

nen wieder damit, daß wir Gebete über der Muschel und dem Kreuz sprachen und sie dann in der Mitte des *despacho* plazierten. Wie zuvor wählte jede Person drei perfekte Kokablätter aus, um sie zu *k'intus* zu formen. Doch diesmal zogen wir während der Anrufung der lokalen *Apus* die Energie in das *despacho* hinein, indem wir unsere Blätter dem jeweiligen *Apu* entgegenhielten, ihn beim Namen nannten und dann die Kokablätter an unsere Stirn und hinunter zum Herzen führten, die Energie also konzentrierten, statt sie auszudehnen.

Während wir damit beschäftigt waren, wurde mir klar, daß wir hier einen Mikrokosmos des Gleichgewichts zwischen Menschen, Erde und Universum schufen. Das Kreuz und die Muschel repräsentierten die kosmischen männlichen und weiblichen Energien, unsere Gebete standen für den menschlichen Faktor und die Kokablätter für die Naturkräfte. Die Konzentration, das Gebet und die auf jedes Detail gerichtete Aufmerksamkeit, welche die Anfertigung eines *despacho* beinhalteten, waren wirklich sehr beeindruckend. Als wir fertig waren, umwickelte Juan das Päckchen mit einem goldenen Faden und verstaute es in seinem Bündel.

Als nächstes folgte *ayni karpay,* der wechselseitige Austausch persönlicher Kraft, wie uns Juan erklärte. Wir gingen zurück zur Illia Pata, wo Juan unser erstes *despacho,* die Opfergabe an den Wind, herausholte und uns dann anwies, uns oben hinter dem Altarstein aufzustellen. Wir kletterten einer nach dem anderen, mit Händen und Füßen im Felsgestein Halt suchend, nach oben und entdeckten eine freie Fläche hinter den Felsblöcken, auf der wir stehen konnten.

Das Medizinbündel mit den *khuyas* seiner Meister in den Händen haltend, sprach Juan Gebete über uns und erklärte, daß nun jeder von uns der Reihe nach auf den Altarstein treten und mit ihm einen Austausch persönlicher Kraft vornehmen werde. Zunächst sollten wir an die höchste Erfahrung, die wir jemals gemacht hatten, denken und damit unseren *poq'po* füllen. Danach sollten wir unsere Hände auf seinen Scheitel legen und ihm diese Erfahrung energetisch übermitteln. Er werde diese Energie empfangen, dann seine Hände auf unseren Scheitel legen und jedem von uns die Kraft der Tradition übermitteln. Der Rest der Gruppe sollte dabei nur eine unterstützende Haltung einnehmen.

Niemand rührte sich. Ich spürte Nervosität in der Gruppe und erbot mich, als erste zu gehen. Ich trat auf den Altarstein und stellte mich vor Juan hin. Dann schloß ich die Augen, versuchte meinen Geist zu leeren und hoffte, daß eine Erinnerung oder Erfahrung in mir aufstiege. Nach einem Augenblick kam mir ganz natürlich die Erinnerung an eine Erfahrung aus meiner Kindheit, bei der ich eine fast explodierende Lebenskraft meinen Körper durchströmen gefühlt hatte – die pure Freude, lebendig zu sein. Ich gab mich dieser Erinnerung hin, ließ mich ganz von ihr erfüllen.

Dann legte ich meine Hände auf Juans Scheitel und formulierte für mich die Absicht, ihm diese Erfahrung zu »geben«. Es war ein wunderbares Gefühl, sie schweigend mit Juan zu teilen. Nach einigen Augenblicken nahm ich die Hände weg, und nun erfüllte mich eine wunderbare Empfindung, als Juan seine Hände auf meinen Scheitel legte. Großartige Bilder aus der Natur strömten zugleich in mein Bewußtsein ein: Wunderschöne grüne Täler, silbrige Flüsse und riesige Berggipfel zogen an meinem inneren Auge vorüber, als wäre ich ein hoch in den Lüften und über allem schwebender Kondor, der jedoch in innigster Beziehung zur großen Natur stand. Ich öffnete die Augen und blickte in die strahlenden Augen eines Kindes. Juan und ich kicherten spontan und verbeugten uns dann voreinander, die Zeremonie beendend.

Bei dieser Arbeit schienen sowohl Juan als auch die jeweiligen Initianden starke Erfahrungen zu machen, denn im Moment des Empfangens schwang ihr Körper vor und zurück wie ein Zweig im Wind. Die *Ayni-karpay*-Zeremonie hatte etwas Zärtliches und Nährendes an sich. Ich liebte das inhaltsreiche Schweigen, das sich entwickelte. Noch nie hatte ich ein religiöses Ritual beobachtet, bei dem Lehrer und Schüler eine Erfahrung auf energetischer Ebene *austauschten;* dies hier war ein ausgleichender Vorgang, bei dem die Kraft und das Wissen des Lehrers *und* des Schülers geehrt wurden.

Schließlich nahm Juan an uns eine rituelle Reinigung vor. »Ihr setzt eine Menge *hoocha* frei, wenn ihr das macht. Sie kommt an die Oberfläche eures *poq'pos,* und er muß gereinigt werden«, erklärte er und benutzte das Wind- *despacho,* um *hoocha* von uns abzuschaben. »Die *Apus* werden die schwere Energie verspeisen, wenn das *despacho* verbrannt wird.«

Während wir das Ritual abschlossen, sagte Juan: »Schau, du stehst auf dem Altar«, und deutete auf die Füße eines unserer weiblichen Gruppenmitglieder. Alarmiert und leicht verlegen dreinblickend wollte sie schnell vom Altar heruntertreten, aber Juan hielt sie davon ab. »Nein, ich mache nur Spaß«, sagte er lachend. »Hast du nicht bemerkt, daß ich die ganze Zeit über auf dem Altar stand? Wir in den Anden müssen das Heilige berühren. Tatsache ist, daß wir immer auf dem Altar der Pachamama, der heiligen Mutter Erde, stehen. Könnt ihr euch ausmalen, was passieren würde, wenn ihr auf dem Altar einer katholischen Kirche ständet?« fragte er und brach in ein solch schallendes Gelächter aus, daß der Rest von uns bald mitlachte. Es war eine lustige Vorstellung. Er kicherte weiter vor sich hin, während er Stöckchen für das Feuer aufsammelte, in dem wir unser *despacho* verbrennen und es in etwas verwandeln würden, das die Berg- und Windgeister verspeisen konnten.

Wir kletterten wieder in den Bus und fuhren eine weitere halbe Stunde zur nächsten Kultstätte, Amaru Mach'ay oder die »Schlangenhöhle« genannt. Der Bus hielt bei einer großen Felsformation aus Granit, die sich zu unserer rechten Seite erhob und in der flachen Umgebung wie ein riesiger Pilz herausragte. Sie war an die achtzehn Meter breit und neun Meter hoch. Wir stiegen aus und gingen zur anderen Seite des Felsens, wo wir eine perfekt ins solide Gestein eingehauene Inka-Treppe vorfanden, die zu einem schmalen, schlitzförmigen Spalt im Fels hinaufführte. Die Öffnung vermittelte den Eindruck einer Vagina. Wir kletterten die Stufen hoch und sahen, daß die Öffnung den Eingang zu einer Höhle bildete.

Links und rechts vom Eingang befanden sich zwei kaum erkennbare Pumas in Form eines Flachreliefs, Symbole der *kay pacha*. Nachdem wir den Höhlentempel betreten hatten, zeigte uns Juan die Schlangen an der Wand, ebenfalls im Flachrelief. »Die Schlangenhöhle«, flüsterte jemand. Wir begaben uns in den hinteren Teil der etwa sechs Meter langen Höhle, der mit einem großen Altarstein ausgestattet war. Als sich unsere Augen an das Dunkel gewöhnt hatten, konnten wir ganz hinten, direkt über dem Altar, eine kleine Öffnung zum Himmel hin sehen. Dieser Höhlentempel glich sehr einem Schoß.

Wieder sollten wir uns auf den Altar stellen. Dann gab uns Juan folgende einfache Anweisungen: »Haltet Rückschau auf euer Leben und gebt, während ihr das tut, eure *hoocha* an die Höhlenwände ab. Seht eure Mutter und euren Vater sich in Liebe vereinen und versucht zum Augenblick eurer Empfängnis zurückzukehren. Und nehmt, während ihr das tut, soviel feine Energie wie möglich aus der höheren Welt auf und entlaßt *hoocha* aus jedem Teil eures *poq'pos*. Diese Höhle ist eine sehr machtvolle Verschlingerin von schwerer Energie. Laßt den Stein die *hoocha* aus euch heraussaugen.«

Ich schloß die Augen und versuchte mir meine Mutter und meinen Vater in liebender Vereinigung vorzustellen, aber es gelang mir nicht. Sie waren, als ich achtzehn war, geschieden worden, und ich hatte sie mein ganzes Leben lang nie eine liebevolle Geste austauschen sehen. Frustriert gab ich den Versuch auf. Statt dessen konzentrierte ich mich darauf, meine schwere Ener-

gie an die Höhle abzugeben und feine Energie in mich hineinzu-
holen. Tief atmend reiste ich geistig so weit in meine Vergangenheit zurück, wie es mir eben möglich war. Bei jedem tragischen
oder traumatischen Ereignis meines Lebens schien meine Aufmerksamkeit zu stoppen oder festzusitzen, bis ich geduldig die
schwere Energie dieser jeweiligen Erfahrung in die Wände der
Höhle entlassen hatte. Das schien mich zu befreien und mir zu
erlauben, weiter zurückzureisen – so als wäre meine Vergangenheit ein riesiger, mich an den gegenwärtigen Augenblick anbin-
dender Schwanz, und indem ich diesen Schwanz auskämmte,
glättete und löste ich die Energieknoten meiner Vergangenheit.

Plötzlich verlagerte sich mein Gewahrsein, und ich hatte
das Empfinden, frei und hoch über der Erde zu schweben.
Ich durchstreifte den Raum im Gefühl von herrlicher Freude
und Grenzenlosigkeit. Ich hatte keinen Körper! Ich sah hinunter und erblickte ein intelligent wirkendes und gutaussehendes
junges Paar. Beide verfügten über einen sehr starken Willen.
Ich schien mit ihren Energiekörpern direkt zu kommunizieren. Ungläubig stellte ich fest, daß dies meine Eltern waren!
Mich an Juans Worte erinnernd visualisierte ich, daß sie mit
mir in die Höhle kamen, und ich lud sie ein, ihre schwere Energie freizugeben. Sie taten das hingebungsvoll und überließen
ihre *hoocha* der Pachamama. Tränen strömten mir übers Gesicht, als ich nun meine Eltern sah wie nie zuvor, als zwei Seelen
im Zustand vollständiger Reinheit und Schönheit.

Jetzt konnten auch sie beide die Schönheit des anderen erkennen und vereinten sich spontan in einer liebenden Umarmung.
Plötzlich sah ich ein riesiges fruchtbares Ei und Zellen, die sich
immerfort teilten, um jegliches Leben in diesem Universum in
all seinen verschiedenen Formen zu erschaffen. Wieder ver-
schob sich meine Perspektive, und ich war das fruchtbare Ei
im Uterus meiner Mutter, das bald zu meinem Körper werden
würde. Völlig verwundert über das, was ich gerade gesehen
und gefühlt hatte, saß ich stumm auf dem kalten Altarstein.

Die ganze Gruppe konnte ausnahmslos die von der Höhle ausgehende machtvolle Sogwirkung bestätigen, die wir bei der Durchführung dieses Rituals erlebt hatten. Unser Fahrer Eduardo, der freudig eingewilligt hatte, sich an unseren Ritualen zu beteiligen, wurde von der Sogkraft des Felsgesteins körperlich so stark nach hinten geschleudert, daß er fast vom Altar fiel. Schließlich leitete uns Juan an, feine Energie aus der höheren Welt durch unseren Scheitel in uns aufzunehmen. Sein Bündel an unser Steißbein haltend, wies er uns an, *hoocha* aus unserem Sakrum zu entlassen. Ich stolperte aus der Höhle, blinzelte im Sonnenlicht, ganz so, als wäre ich aufs neue aus dem Schoß von Pachamama hervorgekommen.

Nachdem wir wieder im Bus und unterwegs zur nächsten Stätte waren, erklärte uns Juan, daß wir gerade die andine Initiation des Erwachsenwerdens erfolgreich abgeschlossen hätten. Als wir die *hoocha* des Augenblicks unserer Empfängnis – die spirituellen Unreinheiten unserer Mutter und unseres Vaters – aus uns entließen, transferierten wir unsere »energetische Nabelschnur«, und damit unsere psychische und energetische Abhängigkeit, von unserer biologischen Mutter auf Pachamama, Mutter Erde. Wir waren nun in Pachamama als die Quelle des Lebens »eingestöpselt«, was sämtliche Menschen zu unseren Brüdern und Schwestern machte, da wir alle eine Mutter, die Erde, gemeinsam haben. Mein Verstand konnte es nicht begreifen, aber mein *poq'po* summte geradezu vor erneuerter Energie.

Für das letzte Ritual dieses Tages fuhren wir eine halbe Stunde lang bis zu einem See, wo der letzte Inka, Huascar, geboren wurde. Es war etwa sechs Uhr nachmittags, und die Sonne fing gerade an unterzugehen. Der Himmel leuchtete in wunderschönen, intensiv goldenen und rosa Farben, als wir bei dem von hohem Schilf umstandenen tiefblauen See ankamen. Wir stiegen aus dem Bus und gingen an einem alten weißgetünchten Haus vorbei, wo zwei herrliche, aus Binsen geflochtene Boote lagen. Es war eine magische Szenerie.

Wir umrundeten das südliche Ende des Sees und gelangten zu jener Stelle, wo wir das Ritual durchführen wollten. Zwischen dem Schilf und den Büschen am Rand des Wassers fand sich wiederum ein inkaischer Steinsitz. Er sah einladend aus, und ich nahm auf ihm Platz. Der Rest der Gruppe suchte sich ebenfalls Sitzgelegenheiten und wartete auf Anweisungen, aber ich war irgendwie nicht bei der Sache. Eine innere Unruhe hatte mich seit dem Moment unserer Ankunft hier erfaßt. Ich spürte, daß irgend etwas passieren würde.

»Wieviel wißt ihr über die Geschichte der Inka?« fragte Juan als erstes. Alle blickten verlegen drein. Manche schüttelten den Kopf. »Huascar und Atahualpa waren Halbbrüder, die Söhne des letzten Inka. Ihr Vater, Huayna Capac, teilte das Reich. Atahualpa herrschte im heutigen Quito in Ecuador und Huascar hier in Cuzco. Atahualpa war mit nur einer Hälfte des Reichs nicht zufrieden und wollte auch Cuzco haben. So befanden sich die beiden Inka-Brüder mitten in einem Kampf um die Alleinherrschaft, als die spanischen Eroberer unter Führung von Pizarro eintrafen.

Atahualpa befand sich zu jenem Zeitpunkt im Gefängnis in Cuzco, und Pizarro, der ein sehr schlauer Mann war, ließ ihm eine Botschaft zukommen, die besagte, daß Huascar plane, ihn zu ermorden. Daraufhin befahl Atahualpa seinen Anhängern, Huascar zu töten, was sie auch taten. Nachdem nun die beiden Inka-Herrscher aus dem Weg geräumt waren, konnte Pizarro die Macht übernehmen. Die Inka sagen, daß Atahualpa und Huascar, weil sie das Gesetz des *ayni* nicht befolgten – was heißen will, daß sie ein Reich erbten, aber ihren Kindern kein Reich weitervererbten –, nun in *ukhu pacha*, der inneren Welt, leben. Dort müssen sie die Wesen der inneren Welt *ayni* lehren. Doch es heißt auch, daß die Inka auf den Tag warten, an dem sie wieder in diese Welt, die *kay pacha*, zurückkehren. An diesem See, an diesem Ort, wo damals der Inka Huascar in die *kay pacha* hineingeboren wurde, werden wir seine Präsenz herbeibeschwören«, verkündete Juan.

Die Luft war reglos, unnatürlich still, während wir seine Worte verarbeiteten. Noch bevor Juan geendet hatte, war bereits das Vorhandensein einer Präsenz deutlich zu spüren. Die vom See ausgehende Energie war so stark, daß mich ein Frösteln überkam. »Hab keine Angst«, lachte mich Juan aus. »Das ist nichts Gefährliches. Du wirst nicht das Bewußtsein verlieren. Wir werden vielmehr etwas üben, was ›Einverleibung‹ genannt wird. In der andinen Tradition bedeutet das nicht, daß ihr von einem Geist überwältigt werdet. Es bedeutet lediglich, daß ihr den Geist von Huascar anruft und ihn bittet, in euch einzutreten, um eurem *poq'po* mit der Macht des Inka zusätzliche Energie zu verleihen.« Das schien zwar ein unkompliziertes Ritual zu sein, doch ich hatte in den letzten Minuten buchstäblich zu zittern angefangen. Ohne es zu wissen, war es genau das, wovor ich mich fürchtete. Mich befiel die merkwürdige Vorahnung, daß etwas – vielleicht der Geist von Huascar – in mich eintreten würde. »Ich verspreche, es wird nicht weh tun«, sagte Juan und zwinkerte mir zu.

Er wies uns an, Vitalenergie aus dem See in uns aufzunehmen, dann nahm er seine *mesa* und begann den Geist Huascars zu rufen. »*Hampui. Hampui.* Komm, Huascar Inka!« rief er mit leiser Stimme. Plötzlich fing rechts von mir ein Büschel hoher Schilfgräser heftig zu schwanken an, und ich spürte eine enorme Präsenz über dem Wasser und um uns herum. Tief in mir ertönte eine Stimme, und jedes ihrer Worte erschütterte mich bis in meine Wurzeln.

»Es war mir nicht möglich, mein Werk zu beenden. Ich wurde aus der *kay pacha* genommen, bevor ich es zu Ende bringen konnte«, sprach die Stimme. Die Präsenz war von einer tiefen, heftigen und überschäumenden *Liebe.* Ich fühlte mich gezwungen, die Worte laut auszusprechen, als sie nun sagte: »Ihr

Menschen auf der Erde müßt vorangehen und mein Werk zur Vollendung bringen.« Mein Herz klopfte wie wild, und in meinen Handflächen sammelte sich der Schweiß, als ich die Worte zunächst an Juan gerichtet in spanisch aussprach. Dann war die Präsenz plötzlich verschwunden. Mein Atem wurde ruhiger, und mein Körper entspannte sich, als ich dann die Worte für die Gruppe ins Englische übersetzte. Juan sah mich überrascht an, nickte und sagte: »Ja. Das ist die Botschaft des Inka Huascar.«

Als sich mein Herzschlag wieder normalisiert hatte, holte Juan das Sonnen-*despacho* heraus, das wir an unserer ersten Kultstätte angefertigt hatten. »Wenn ihr dieses Ritual vollzieht, setzt ihr eine Menge *hoocha* frei«, erklärte er und bedeutete mir mit einer Geste, sich neben ihn zu stellen. »Ich werde euch mit diesem *despacho* reinigen, und dann werden wir es dem Geist des Sees übergeben.« Wir stellten uns der Reihe nach neben Juan auf, und er reinigte uns sorgfältig von unserer schweren Energie, indem er die gesamte Peripherie unserer Körper mit dem Sonnen-*despacho* abschabte. »Wir haben Vitalenergie vom See erhalten, jetzt müssen wir etwas zurückgeben«, sagte er. Er nahm das Sonnen-*despacho* und trat an den Rand des Wassers. Er rief den Geist des Sees an und bat ihn, zu kommen und unsere Opfergabe anzunehmen; er verband das *despacho* mit einem kleinen Stein und warf es ins Wasser.

Danach kam Juan zurück und auf mich zu, legte einen kleinen quadratischen Stein in meine Hand, seine *mesa* auf meinen Kopf und begann intensiv zu beten. Dann führte er die *mesa* erst zu meiner rechten, dann zu meiner linken Schulter, während er weiterhin rasch auf Quechua betete. Ich hatte ein Gefühl, als würde ich zum Ritter geschlagen – nur daß es mit einer *mesa* und nicht mit einem Schwert geschah. Ich hielt die Augen fest geschlossen und merkte erst, als ich sie Minuten später wieder öffnete, daß er gegangen war. In meiner Hand lag der kleine quadratische Stein, meine erste *khuya*.

Ich sah, daß er die gleiche Zeremonie mit jedem Gruppenmitglied durchführte, und konnte nicht umhin, wieder an das Ritual der Erhebung in den Ritterstand zu denken. Als Juan damit fertig war, ließ ich meinen Blick über die Gesichter der anderen schweifen. Sie reflektierten im bernsteinfarbenen Licht der untergehenden Sonne einen weichen Glanz. Mich durchzuckte eine tiefe Liebe zu all diesen Menschen, und ich empfand eine innige und dankbare Zuneigung zu ihnen, weil sie eingewilligt hatten, mit mir hierherzukommen, in das Unbekannte.

»Mit diesem Ritual haben wir den ersten Tag der Großen Initiation vollendet.« Juans Gesicht strahlte tiefe Befriedigung aus. »Jetzt seid ihr Inka-Samenkörner geworden und tragt nicht nur die Energie der Anden in euch, sondern auch etwas vom intellektuellen Wissen ihrer Tradition. Wir empfangen viele Besucher aus Tibet. Es sind tibetische Mönche, und sogar der Dalai-Lama ist zu uns gekommen. Ich hatte das Glück, mit einem der Assistenten des Dalai-Lama zu sprechen. Er erzählte mir, daß die tibetische Tradition eine Tradition der Berge im männlichen Sinn ist. Die tibetische spirituelle Tradition hat ihre Samenkörner überall in der Welt ausgestreut, so sagte er, aber sie werden sich in der reichen, fruchtbaren Erde des weiblichen Zentrums, das die Anden sind, einwurzeln und dort wachsen.« Dies bestätigte, was ich bereits viele Male in den Jahren meiner spirituellen Nachforschungen in Peru gehört hatte: nämlich daß die Anden der Ort sind, wohin sich die Menschen begeben werden, um eine Initiation in die weiblichen Mysterien zu erhalten.

9

Wiñay: Keimen

Früh am nächsten Morgen holte uns Juan von Señora Clemencias Haus ab. In dem Jahr meiner Abwesenheit hatte die Señora Wunder bei der Verwandlung ihres Heims zu einer Vierzehn-Betten-Herberge vollbracht, der sie den Namen Apu Wasi, Heim der *Apus,* gegeben hatte. Ich freute mich sehr, mein peruanisches Zuhause und die Familie mit der Gruppe zu teilen, und die Señora kümmerte sich in liebevoller Weise um uns. Etliche von uns hatten, wenn überhaupt, nicht viel geschlafen, eine Nebenwirkung der Höhe. Aber ich entsann mich, daß eine meiner Dozentinnen einmal gesagt hatte, daß ein bißchen Schlafmangel »die Egostrukturen aufweicht«. Das konnte sich für uns als ganz günstig erweisen. Ganz sicher war niemand von uns unglücklich, nur sehr »aufgeweicht«.

Auf den dringenden Rat der Señora hin rieben wir uns zum Schutz vor der intensiven Inka-Sonne mit einer Sonnenschutzcreme ein, setzten breitkrempige Hüte auf, kletterten dann in den Minibus und machten uns auf den Weg. Von meinen früheren Aufenthalten in Cuzco her wußte ich, daß wir auf einer Nebenstraße zur Festung Sacsayhuaman fuhren, der größten Inka-Ruinenstätte von Cuzco. Als wir um die letzte Kurve der gewundenen Straße bogen, hielten einige von uns den Atem an.

Vor uns breitete sich ein weites grünes Feld aus, das rechts von drei Reihen gigantischer Inka-Steinwälle eingegrenzt wurde. Diese Mauern waren so perfekt konstruiert, daß die unterschiedlich geformten Steinquader, von denen manche zwei

Tonnen wogen, wie Mosaikteilchen derart fest ineinandergefügt waren, daß nicht einmal ein Haar zwischen die Fugen paßte. Für den Zusammenhalt der Steine war kein Mörtel benutzt worden, und der kunstvolle Aufbau der Mauern sorgte auch für ihre Erdbebensicherheit. Die drei Mauern, geformt wie die Zähne von Zickzackscheren, zogen sich rechts von uns den Hügel hinauf. Man sagt, daß die Inka die Stadt Cuzco in der Gestalt eines Pumas anlegten, und diese drei Zickzackmauern die Zähne des Pumas bildeten. Parallel zur gegenüberliegenden Seite des Feldes verlief eine niedrige und geradlinige Steinmauer, hinter der ein riesiger Felsen aufragte. Er hatte etwas an sich, das meine Haut kribbeln und meinen Geist in einer anderen Zeit, in einem anderen Traum umherschweifen ließ. Dies war eindeutig ein Kraftort, und im Gestein pulsierte das Leben.

Juan, der seinen kleinen weißen Filzhut trug, war schon vorausgegangen und winkte uns zu sich herüber. »Hier drüben!« rief er. Wir überquerten das Feld, hüpften über die niedrige Mauer und kletterten den kleinen Hügel hoch, Juan folgend, der bereits hinter dem großen Fels verschwunden war. Auf der Hügelspitze angekommen, sahen wir einen dreiteiligen Sitz in den Fels eingemeißelt – den »Thron der Inka«. Juan war inzwischen die andere Seite des Hügels hinabgestiegen und verschwand gerade hinter einer weiteren Felsengruppe. Wir waren außer Atem, als wir ihn schließlich einholten, denn schon das Erklettern eines kleinen Hügels bedeutet in dieser Höhe eine enorme Anstrengung. Juan stand innerhalb einer kreisrunden Vertiefung von etwa drei Meter Durchmesser, die von Inka-Steinmetzarbeiten umgeben war.

»Dies ist der Ort von Pachacutec, dem neunten Inka-Herrscher, und das alles«, Juan umschloß mit einer Geste die ganze Ruinenstätte, »soll von ihm erbaut worden sein. Der achte Inka gab seinem Sohn diesen Namen, nachdem er die Macht ergriffen und das Inka-System revolutioniert hatte. Pachacutec bedeutet wörtlich ›auf den Kopf gestellte Welt‹.

Pachacuti hat eine andere Bedeutung. Die Andenindianer begreifen die Zeit anders als die Westler. Sie sehen die Geschichte als eine Reihe einzelner Epochen mit jeweils einer *pachacuti* oder ›kosmischen Umwandlung‹ dazwischen. Pachacutec verdiente sich in der Folge seinen Namen, weil er und sein Sohn, Inka Yupanqui, innerhalb von nur zwei Generationen das kleine Königreich der Inka, dessen Ausdehnung gerade mal vierzig Kilometer um Cuzco herum betrug, in ein Reich verwandelte, das sich über den größten Teil der westlichen Seite des südamerikanischen Kontinents erstreckte.

Wir in den Anden glauben, daß ein Ort die Energie oder den Geist der Person beherbergt, mit der er in Verbindung steht. Dies ist der Ort von Pachacutec, weil er hier lebte und wirkte und seine Lebensenergie zurückließ. Gestern waren wir am Geburtsort des Inka Huascar, des Urenkels von Pachacutec, wo wir seinen Geist in uns aufnahmen. Seid euch bewußt, daß wir uns heute in Pachacutecs Domäne befinden, und versucht seinen Geist in euren *poq'po* aufzunehmen.«

»Juan, was ist das? Eine Art von Bädern?« fragte jemand aus der Gruppe und deutete auf ein wunderschönes Inka-Mauerwerk, das irgendeine Art von Aquädukt zu bilden schien.

»Genau«, bestätigte Juan lächelnd, »und nun helft mir, von der Geschichtslektion zu unserer Arbeit des heutigen Tages zu kommen. Dies ist ein Wassertempel, und wir werden unser erstes Ritual von heute mit dem Geist des Wassers durchführen. Ihr entsinnt euch, daß wir gestern bei der Illia Pata mit der Erdenergie arbeiteten, indem wir unseren *qosqo,* unseren ›spirituellen Magen‹, mit dem Altarstein und der Lebensenergie der Pachamama verbanden.« Im Kreis wurde heftig mit dem Kopf genickt. Einigen von uns tat noch immer der *qosqo* von den Anstrengungen des Vortags weh.

»In unserer Tradition«, fuhr Juan in seiner Rede fort, »arbeiten wir mit der Lebensenergie der fünf Elemente, um sie in unserem Körper in harmonische Balance zu bringen. Der *qosqo* ist das Zentrum, durch das wir uns mit dem Geist der Erde, mit Pachamama, verbinden. Das Steißbein ist das Zentrum, durch das wir uns mit dem Geist des Wassers verbinden. Wenn wir vom ›Geist‹ eines Elements reden, meinen wir den sehr verfeinerten Aspekt oder die Essenz dieses Elements. Wasser hat eine physische Komponente, aber gemäß der andinen Philosophie besitzt es auch einen nichtphysischen, einen subtilen oder energetischen Aspekt. Und wir werden nun mit diesem sehr subtilen und verfeinerten Aspekt des Wasserelements arbeiten. Hier in diesem Wassertempel werde ich meine *mesa* benutzen, um euch zu helfen, dieses Zentrum an der Steißbeinspitze zu öffnen, und wir werden den Geist des Wassers bitten, durch dieses Zentrum in euch einzugehen.«

Wie es allmählich schon zur Gewohnheit wurde, erkor mich Juan zu seinem ersten Versuchskaninchen. »Schick deine ganze schwere Energie in meine *mesa*«, wies er mich an, während er das farbenprächtige Bündel hervorholte und es unter leisem Murmeln von Gebeten der *hanaq pacha* darbot. Dann preßte er seine *mesa* fest an mein Steißbein und begann lauter und inbrünstiger zu beten. Ich fühlte einen Energiefluß zu meinem Steißbein strömen und erlebte dann ein deutliches und plötzliches »Plopp«, als wäre mein Steißbein-Zentrum entkorkt worden.

»Gut!« rief Juan. »Jetzt, da dein Zentrum offen ist, mußt du dir vorstellen, daß du eine Wurzel nach unten aussendest, um den Geist des Wassers in dein Steißbein-Zentrum aufzunehmen.« Während er zur nächsten Initiandin schritt, lehnte ich mich an die Steinmauer des Wassertempels und konzentrierte mich ganz und gar auf mein Steißbein-Zentrum.

Seit dem »Plopp« spürte ich dort ein feuriges und kitzelndes Gefühl, und es schien mir nun ganz entschieden Linderung versprechend, wenn ich den Geist des Wassers zu mir einlud. Ich visualisierte eine weiße, schlauchförmige Wurzel, die sich von meinem Steißbein aus in einen Teich mit klarem Wasser senkte.

Kaltes, silbriges Naß stieg in einem dünnen Strom hoch, füllte meinen ganzen Sakrumbereich und stieg dann mein Rückgrat hoch, was in mir ein Gefühl erfrischender Feuchte auslöste. Als der dünne Strom mein Gehirn erreichte, wurde er zu einem See und schließlich zu einem Ozean. Mein gewahrendes Bewußtsein schlug zwischen den sich auftürmenden Ozeanwellen auf und nahm mich dann tief hinunter in mein Inneres, wo bunte Fische durch meine Rippen schwammen und Versteck spielten.

Dieses innere Bild geriet ins Wanken, so als blicke ich allmählich durch einen Zeitvorhang in eine Vergangenheit genau an diesem Ort des Wassertempels.

Ich stehe bis zur Hüfte im Wasser innerhalb des von der Steinmauer des Wassertempels umschlossenen Runds. In den Wandnischen sind zahlreiche goldene Idole aufgestellt. Ich blicke über das Wasser auf zwei Priester in kurzen weißen Tuniken und mit hohem Federschmuck auf dem Kopf, die in einem Bad mit zwei verschiedenen Ebenen sitzen. Ein stetiger Strom goldenen Lichts aus der *hanaq pacha* ergießt sich über Kopf und Schultern des älteren Priesters, der im oberen Wasserbecken sitzt und betet. Ein Leuchten geht von seinem ganzen Körper aus, und diese Emanation erstreckt sich von seinem Energiekörper in das ihn umfließende silberne Wasser und läßt es golden aufscheinen. Der Initiand sitzt im Wasserbecken darunter und hält in einer Geste des Empfangens die Hände auf, während das schimmernde Wasser vom höher gelegenen Becken durch die Steinrinne fließt und sich über den Kopf des jüngeren Priesters ergießt.

Ich holte tief Atem, die Augenlider zuckten. Einen Augenblick lang war das Bild scharf und deutlich zu sehen, im nächsten hatte es sich verflüchtigt. Ich öffnete die Augen und blickte in Juans Gesicht. Er sah mich neugierig an, den Kopf zur Seite geneigt, als ob er in meinem Gesicht die Antwort auf etwas suche. Die anderen Initianden standen alle an die Mauer gelehnt und hielten die Augen geschlossen, wie ich einige Momente zuvor. »Juan, ich habe sie gesehen. Priester«, flüsterte ich, um die anderen nicht zu stören. Was hatte dieser Ort an sich, daß hier innere Visionen so leicht aufstiegen?

Juan nickte. »Danke. Das war die Sache, die ich vergessen hatte«, flüsterte er mir rätselhafterweise zu. Wir warteten geduldig, bis wieder alle ihre Augen geöffnet hatten. »Das sind Inka-Bäder«, erklärte Juan. »Bei einer Initiation hoch oben in den Bergen lernte ich von einem meiner Meister aus Q'eros, wie sie benutzt wurden. Seht ihr den großen Kreis dort drüben?« Juan deutete auf eine große kreisrunde Vertiefung hinter uns. Sie sah ebenso aus wie die, in der wir standen, nur war sie unendlich größer. Sie war so groß, daß sie mir gar nicht weiter aufgefallen war. »Das ist die Zisterne, die einst den Wasservorrat für ganz Cuzco enthielt. Seht ihr die Nischen in den Mauern?« Etwa alle viereinhalb Meter waren die klassischen Inka-Nischen in das Mauerrund eingelassen. »Bei dieser Initiation mußte ich in einen Gletschersee eintauchen, der an einen höher gelegenen See grenzte. Ich hatte gar nicht bemerkt, daß mein Meister in den oberen See gestiegen war, bis ich einen Kraftstrom von seinem See in den meinen fließen spürte.«

»Unglaublich«, rief Barbara, eine großgewachsene, leitende Konzern-Angestellte. »Weißt du, Juan, das ist genau, was ich gesehen habe. Ich schloß die Augen und sah drei Priester eine Zeremonie ausführen, wie du sie beschrieben hast, nur fand sie hier in diesen Bädern statt.« Liebe Barbara – ihrem beharrlichen Wunsch, ich möge sie mit nach Peru nehmen, war es in erster Linie zu verdanken, daß die Gruppe zustande gekommen war, und aufgrund ihrer Ausdauer waren wir nun alle hier in Cuzco. Einige andere hatten ebenfalls Priester gesehen. Seltsamer und seltsamer. Persönliche Visionen waren eine Sache, aber hier hatten fast alle in Variationen genau das gleiche Thema wahrgenommen. Ich empfand Erleichterung. Wenigstens war ich nun nicht mehr die einzige, die Dinge sah.

Juan erzählte weiter. »Weil ich sein Schüler war, hatte ich das Recht, die feinste Energie meines Meisters zu empfangen, so wie euch das Recht zusteht, von mir *sami* zu erhalten. In Verbindung mit den natürlichen Kräften der Seen wurde dies zu einem ungeheuer wirkungsvollen Reinigungsritual.

Wie alles bei den Inka üben die Bäder zwei Funktionen aus: eine praktische zum Waschen und Säubern und eine mystische zur Reinigung von Energie. Don Benito lehrte mich, daß die Inka diese Bäder zu zeremoniellen Zwecken nutzten, zur Initiation ihrer Priester; das heißt, daß ich nur noch bestätigen kann, was ihr bereits ›gesehen‹ habt. Diese Zeremonie wurde auch durchgeführt, um das Wasser für die Stadt Cuzco zu segnen.«
Ich dachte über Priester nach, die den Wasservorrat einer ganzen Stadt segneten, und versuchte mir vorzustellen, wie es wohl wäre, im Cuzco der Inka zu leben, wo jede profane Handlung auch ein Ritual mit einer heiligen Bedeutung war.

Die Gruppe ließ sich nieder, um Juans tröstlichen Erklärungen für das zuzuhören, was für manche die alarmierende erste Erfahrung mit einer Vision war. »*Huaca* ist ein Wort, das in den Anden zur Beschreibung vieler Dinge gebraucht wird, aber im Grunde bedeutet es ›heilig‹. Die Nischen waren *huacas,* das heißt Orte, an denen goldene Idole aufbewahrt wurden. Doch diese Idole dienten nicht nur dekorativen Zwecken, in ihnen sammelte und speicherte sich heilige Energie. Die Priester segneten diese Idole, die über dem Wasser aufgestellt wurden, damit ein ständiger Fluß feinster Energie sich in den Wasservorrat ergoß und so auch zu den Einwohnern Cuzcos gelangte. In Inka-Zeiten war das ›Alltägliche‹ heilig«, sagte Juan und sprach damit aus, was alle dachten.

Plötzlich mußte ich an einen Nachmittag denken, den ich mit Cyntha in der Carmel-Mission in Kalifornien verbracht hatte. Ich erlebte meine erste katholische Messe und sah während der

Kommunion einen Lichtstrahl von oben herabkommen und sich über den Priester und dann den Wein und den Kelch legen. Mir wurde klar, daß jede Person, die herantrat und die Kommunion empfing, ein wenig von dieser Energie in sich aufnahm. Sogar das katholische Ritual hatte eine mystische Bedeutung, die dem Verständnis der Inka sehr ähnlich war, dachte ich und wandte dann meine Aufmerksamkeit wieder Juan zu.

»Es heißt, daß der herrschende Inka von einer so heiligen Kraft und Macht erfüllt war, daß seine Untertanen zu Boden gezwungen wurden, wenn sie mit der puren energetischen Kraft seines *poq'po* in Berührung kamen«, sagte er und bedeutete uns mit einer Geste, uns allmählich auf den Weg zurück zum Bus zu machen.

Cuzco hinter uns lassend fuhren wir fast eine Stunde lang. Unser Ziel war das heilige Tal der Inka und Pisaq. Zwar war ich bereits einige Male auf dem Sonntagsmarkt des Dorfes Pisaq gewesen und hatte die inkaischen Terrassenanlagen an den Berghängen gesehen, aber nie oben die Ruinen dieser Bergfestung aus unmittelbarer Nähe besichtigt.

Wir folgten einer bergauf führenden ungepflasterten Straße, so weit wir konnten, und stiegen dann aus dem Bus, um zu Fuß weiterzugehen. Das heilige Tal wurde seinem Namen absolut gerecht. Rings um uns waren atemberaubend leuchtend grüne, eisenrote und zerklüftete schwarze Berge mit schneebedeckten Gipfeln zu sehen, während wir eine Terrassenanlage entlanggingen, die zur Ruinenstätte führte. Eine frühnachmittägliche Sonne wärmte das saftige grüne Blattwerk, und von den Feuerstellen der Leute, die hier lebten und sich um den Ort kümmerten, stieg Rauch auf. Wie es schien, bearbeiteten Bauern noch immer manche dieser uralten Terrassen, dieses ackerbauliche Wunder der Inka; jede Terrasse schuf ihr eigenes Mikroklima für den Anbau bestimmter Nahrungsmittel.

An einem bestimmten Punkt verließ Juan den Pfad. Wir folgten ihm, uns durch dichtes Gestrüpp schlagend, und versuchten mit ihm Schritt zu halten. Als wir uns zur anderen Geländeseite vorgearbeitet hatten, sahen wir eine rote Felswand vor uns, die von merkwürdigen spaltförmigen Öffnungen oder Löchern durchfurcht war. »Grabräuber«, war Juans nüchterne Erklärung. Offensichtlich handelte es sich hier um Begräbnishöhlen der Inka, die entdeckt und geplündert worden waren. Wie hatten die Inka diese Löcher in die Felswand bohren und darin ihre Toten bestatten können? Uns blieb nicht viel Zeit darüber nachzudenken, denn Juan war schon wieder verschwunden.

»Hier drüben!« rief jemand. Zweige eines riesigen Busches wurden beiseite gedrückt, um den Blick auf eine wunderschöne und vollkommen versteckte Höhle direkt unter diesem Begräbnisberg freizugeben. Juan war schon in die mit Farnwedeln überhangene flache Höhle gegangen und saß bereits hinten in Meditationshaltung da. Wir versammelten uns im Innern der Höhle, setzten uns und spürten ihre Kraft. Manche von uns begannen unwillkürlich zu zittern. »Dies ist ein weiterer Ort der Begegnung mit der Pachamama. Ihre Kraft ist hier, um berührt zu werden. Gebt die schwere Energie eures gesamten *poq'po* ab und nehmt die Kraft der Pachamama durch euren *qosqo* auf«, wies Juan uns an.

Wir saßen schweigend da. Obschon überaus kraftvoll, war dieser Ort zugleich absolut bezaubernd. Als ich meine schwere Energie entließ, fühlte ich mich wieder von einer liebevollen Präsenz eingehüllt, die sehr erdhaft war – als säße ich im riesigen Schoß einer gigantischen Mutter. Ich entspannte mich völlig und schlief fast ein. Ich wurde wieder hellwach, als die neben mir sitzende Maryann, eine große und schöne afroamerikanische Krankenschwester aus Oakland, gewaltig zu zittern anfing. Ich blickte auf und sah, daß ihr dicke Tränen über die Wangen rannen. Maryann war eine sehr gefühlsbetonte und starke Person, die sich um frühgeborene Babys kümmerte. Bei ihrer Arbeit war sie jeden Tag mit dem Tod konfrontiert. Als sie jetzt wie eines ihrer Babys, für die sie zu sorgen hatte, weinte, setzte sich die Gruppe instinktiv um sie herum und hüllte sie schützend in einen Kokon der Liebe ein.

Nach einigen Minuten legte sich der Sturm der Emotionen, und als Maryann uns mit ihrem tränenverschmierten Gesicht anlächelte wie ein Kind, war es, als sei die Sonne wieder zum Vorschein gekommen. »Ich ... meine Vorfahren kommen vom Land, waren tief mit der Erde verbunden, aber noch nie in meinem Leben habe ich eine solche Kraft und Macht gefühlt. Sie lebt, die Pachamama lebt!« Maryann schrie es fast heraus. Ihre überraschten Gefährtinnen und Gefährten purzelten beiseite, als sie, groß wie sie war, plötzlich aufsprang und aus der Höhle schoß. Die Frau brauchte Platz zum Tanzen. In einem Gewirbel von Armen und Beinen begann sie ihren spontanen rituellen Tanz, hüpfte auf und ab und schrie aus Leibeskräften: »Pachamama lebt!« Wir schlossen uns ihr in ihrem Enthusiasmus an, und aus ihrem Tanz wurde eine Gruppenfete zusammen mit Juan, dem Ausgelassensten von allen.

»Wir müssen unsere Freude zum nächsten Ort mitnehmen«, sagte er nach unserer tollen Tanzparty. Trunken vor Energie und schwer atmend hüpften wir nun trotz der Höhe hinter Juan her, der uns zu unserer nächsten Kultstätte führte.

Bald gelangten wir durch ein steinernes Inka-Tor und passierten einen schmalen, höhlenartigen Tempel. Als wir auf der anderen Seite herauskamen, blickten wir auf die Ruinen eines großartigen Tempels aus grauem Stein etwa dreißig Meter unter uns.

»Heute haben wir bereits mit dem Geist des Wassers und danach mit dem Geist der Erde gearbeitet«, sagte Juan. »Mein Meister Don Benito hat mich hier in diesem Tempel gelehrt, daß die Inka nicht nur eine Zeremonie durchführten, um zur Wintersonnenwende ›die Sonne an die Erde zu binden‹, sondern daß die Priester auch ein Initiationsritual durchführten, um den Geist der Sonne und die konzentrierte Energie des Feuers in die Herzen der Initianden zu bringen. Im andinen System benutzen wir nicht den hinduistischen Begriff ›Chakra‹, um auf die Energiezentren des Körpers zu verweisen. Wir gehen in unserer Sichtweise vielmehr davon aus, daß der *poq'po,* die ›Energieblase‹ des Menschen, von einer Reihe von Energiegürteln oder -bändern umgeben ist. Jeder Gürtel besitzt an einem bestimmten Punkt im Körper ein Zentrum oder ein Auge. Diese ›Augen‹ befinden sich im *qosqo,* im Steißbein, im Herzen und in der Kehle. Jeder Energiegürtel mit seinem Auge wird mit einem Element assoziiert. Hier an diesem Altar werde ich mit meiner *mesa* euer Herz-Zentrum öffnen, während ihr versucht, euer Herz mit dem Feuer und dem Geist der Sonne zu verbinden. Wir bezeichnen die Sonne als Vater Sonne, weil wir hier in den Anden die Natur nicht verdinglichen. Wir haben eine persönliche, intime Beziehung mit den Kräften der Natur.«

Wir traten einer nach dem anderen zum Altarstein, um einen persönlichen Kontakt zu Vater Sonne herzustellen. Und Juan hielt seine *mesa* an einen Punkt über dem Herzen einer jeden Person und betete und zog schwere Energie heraus. Dann zog er die *mesa* langsam weg und hob sie mit einer Geste der Sonne entgegen. Wieder sah ich so etwas wie winzige zarte Ranken oder wie Fäden von einem Spinnennetz, die aus dem Herzen einer jeden Person gezogen und zur Sonne hinaufgeschickt wurden.

Als ich an der Reihe war, kam es mir vor, als hätte ich das Ritual bereits zwölfmal erlebt. Mein Herz wollte bersten, als Juan seine *mesa* auf meine Brust legte, und ich »sah«, wie eine Lichtranke aus meinem Herzen hervorschoß und sich fest im Zentrum der Sonne verankerte.

Ich wurde aus meinem Körper gefegt, und mein Alltagsbewußtsein entschwand.

Ich bewege mich mit unendlicher Anmut und Präzision fort, es gibt keine Zeit, keine Eile. Ich reise auf einem Lichtstrahl, mein Ziel ist klar. Ich bewege mich, ohne mich zu rühren, an einer Lichtschiene entlang. Ich bin schwerelos. Ich reise zu einem größeren, helleren Licht, von dem ich auf ewig ein Teil bin. Ich gehe nach Hause. Ich komme in diesem großen hellen Licht an und begrüße mit großer Freude Vater Sonne. Eine Tür öffnet sich. Ich reise ins Zentrum der Sonne. Ich komme bei einem Lichtthron an, auf dem ein großgewachsener Indianer sitzt. Er ist jemand, den ich sehr gut kenne. Er umarmt mich, und das Feuer seiner Liebe, strahlend, rein, dringt in mein Herz, meinen Körper ein. Ich bin voller Güte und Stärke. Die Sonne scheint im Innern meines Herzens. Die Erde dreht sich in meinem Herzen. Die Planeten umkreisen die Sonne in meinem Herzen.

»*Yugh!*« rief ich aus und hatte ein Gefühl, als sei mir gerade ein Schlag in den Magen versetzt worden. Ich öffnete die Augen und sah Juan, der seine *mesa* über meinen Kopf hielt und besorgt dreinblickte. Mein Körper tat mir überall weh, und es kam mir vor, als sei mein Bewußtsein gerade mit Warpgeschwindigkeit durch ein winziges Loch expediert worden.

»Bist du in Ordnung?« fragte Juan, und sein besorgter Ausdruck milderte sich etwas.

»*Yugh!*« rief ich wieder. Es schien das einzige Wort zu sein, das ich kannte.

»Du bist ein bißchen zu weit gereist, Elizabeth. Ich hatte Angst, du würdest nicht zurückkommen.«

»*Yugh*«, wiederholte ich mit einem Nicken.

Nach einem guten peruanischen Mittagessen und einer Erholungspause hatte ich meinen ganzen Wortschatz wiedergefunden. »Juan, ich sah einen Indianer in der Sonne.« Er nickte und reinigte seine Zähne mit einem Zahnstocher. Wir saßen in der warmen Nachmittagssonne im Innenhof eines reizenden Restaurants in Calca zu Füßen hochaufragender Berggipfel.

Ein winziges Affenpaar, das an einem Baum angebunden war, kreischte und einige farbenprächtige Papageien in einem Käfig neben unserem Tisch brabbelten und ahmten mich nach.

»Aber Juan, ich erinnere mich an ihn. Er war der Indianer, mit dem ich als kleines Mädchen immer sprach. Nur dachte ich damals nicht, daß er ein Indianer sei, weil die Indianer, die ich später im Fernsehen sah, anders aussahen als er.«

»Das kommt daher, daß in euren Westernfilmen nie südamerikanische Indianer vorkommen«, erwiderte er. »Die Inka pflegten zu sagen, daß sich der Inka Pachacutec nach seinem Tod aufmachte, um bei seinem Vater, der Sonne, zu leben. Du weißt, daß die Inka als ›Kinder der Sonne‹ bekannt waren«, sagte er in beiläufigem Ton.

»*Wow*«, war alles, was ich daraufhin erwidern konnte, ich war immer noch etwas benebelt von meiner Begegnung mit der Sonne. Peru schien nicht nur ein Schlüssel für meine Weiterentwicklung und Zukunft, sondern auch für meine Vergangenheit in sich zu bergen.

»Wir müssen aufbrechen, sonst kommen wir zu spät, um unser letztes Ritual auszuführen«, sagte Juan und scheuchte alle von den Resten ihres Nachtischs auf in Richtung Bus.

»Wohin fahren wir jetzt?« fragte ich ihn.

»Ollantaytambo«, war die Antwort.

In der Zeit meines langen Aufenthalts in Cuzco hatte ich bereits beobachtet, daß die Peruaner ganz allgemein die unheimliche Fähigkeit besitzen, und Juan besaß sie in besonderem Maße, in dem Augenblick, in dem sie irgendein sich bewegendes Vehikel besteigen, in Schlaf zu sinken. Das vereitelte jedesmal meine Absicht, Juan über unser nächstes Ritual zu befragen und damit schon mal auf dem laufenden zu sein. Allmählich fing ich an zu glauben, daß er absichtlich einschlief. Dann merkte ich, was für eine ärgerliche nordamerikanische Angewohnheit es von mir war, daß ich immer wissen wollte, was als nächstes kam. Warum mußte ich es wissen? Hegte ich ein solches Mißtrauen gegenüber dem Leben, daß ich meine Erfahrungen sich nicht einfach entfalten lassen konnte? Als ich in Peru lebte, war es das, was ich am meisten an den Menschen liebte – keine Eile, keine Sorgen, keine ständige Angst oder ständige Beschäftigung mit der Zukunft. Es machte mich traurig festzustellen, daß ich unwillkürlich in diese nordamerikanische Neurose zurückgefallen war. Nun unternahm ich einen bewußten Versuch mich zu entspannen, mich zurückzulehnen und die Fahrt zu genießen.

Wir langten fünf Minuten vor Torschluß bei den majestätischen Ruinen von Ollantaytambo an. Glücklicherweise kannte der Wächter Juan und winkte uns hinein. Wir alle verstummten vor dem Zauber dieser uralten Inka-Ortschaft. Ollantaytambo, eine völlig intakte Inka-Siedlung aus sandfarbenem Stein mit ihren Inka-Aquädukten, Häusern und kopfsteingepflasterten Gassen, liegt eingebettet in die üppige Vegetation einer Patchworklandschaft. Der Effekt dieser inkaischen Architektur und Stadtplanung war der, daß er ein Gefühl tiefen Friedens und der völligen Harmonie mit der umgebenden Landschaft auslöste. Ein überaus bezaubernder Ort. Touristen kommen und können sich kaum wieder davon trennen, ohne zu wissen, warum.

Wir kletterten die riesige Steintreppe zum unvollendeten Sonnentempel hoch. Sechs gigantische, herrlich geschliffene Monolithen aus rötlichem Granit bilden das Zentrum dieses Tempels, und ich nahm an, daß unser letztes Ritual für den Tag hier stattfinden würde. Doch Juan ging daran vorbei bis über den Rand dieser Stätte hinaus, wo er seinen kleinen weißen Hut gut festhalten mußte, damit er nicht davonflog. Auf einem Felsvorsprung stehend, von dem aus man das heilige Tal überblicken konnte, schien er es zu genießen, von einem Sturm der Stärke acht umbraust zu werden. Ich war schon verschiedene Male hiergewesen, hatte aber nie dieses Windphänomen bemerkt.

»Schaut da hinunter«, schrie Juan, um den Wind zu übertönen, der nur in diesem Teil der Anlage zu wehen schien. Tief unter uns lag das heilige Tal wie ein unregelmäßiger Flickenteppich ausgebreitet, durch den sich ein silberner Streifen zog – der Urubamba, der heilige Fluß der Inka. Am fernen Ende des Tals war zwischen zwei aufragenden Berggipfeln ein Gletscher zu sehen. Juan deutete darauf. »Das wird die ›Windschleuse‹ genannt«, erklärte er und begab sich aus dem starken Windkanal, um in normalem Ton mit uns sprechen zu können. »Dies ist der Ort, an dem wir unser Kehl-Zentrum öffnen und uns mit dem Geist des Windes verbinden werden.«

Wir stellten uns in einer Reihe auf, achteten aber darauf, daß wir nicht direkt in die Bahn dieser außergewöhnlichen »Windschleuse« gerieten. Juan öffnete seine Tasche und entnahm ihr einen kleinen, verknitterten Plastikbeutel mit Kokablättern. Er stellte sich der Reihe nach vor jeden von uns, gab uns eine Handvoll Kokablätter und flüsterte jeder Person Anweisungen zu. Ich konnte nicht umhin mich zu fragen, ob er uns allen das gleiche sagte. Aber ich wußte, wenn wir uns erst einmal in der Windschleuse befanden, konnte niemand mehr ein Wort von dem verstehen, was er sagte.

Als Juan vor mich trat und seinen Beutel mit Kokablättern öffnete, stieg mir der stechende Geruch in die Nase, und ich verspürte ein plötzliches Verlangen, einige von diesen Blättern zu kauen. »Du kommst und stellst dich in die Windschleuse, und ich werde dein Kehl-Zentrum mit meiner *mesa* öffnen. Dann mußt du deine innigsten Gebete zum Geist des Windes in deine Kokablätter legen und, im richtigen Moment, die Blätter dem Wind darbieten. Wirf sie über den Kopf und laß die Windgeister sie an sich nehmen. Dann laß den Wind deine *hoocha* reinigen.« Ich nickte zum Zeichen, daß ich verstanden hatte, während Juan wie ein stolzer Vater auf mich herunterblickte.

Die Gruppe begann mit dem Ritual, und eine Person nach der anderen stellte sich in den reinigenden Strom der Windschleuse und richtete ihre Gebete an den Geist des Windes. Im Anblick der untergehenden Sonne hoben sich Arme und wirbelten Kokablätter auf, die dann in einem unermeßlich weiten und rasch dunkler werdenden Himmel verschwanden.

Bis zu diesem Augenblick hatte ich mich noch nie bewußt und mit Absicht *in* einen tobenden Sturm begeben. Während ich dem Ritual zusah, wurde mir nun klar, daß ich ganz im Gegenteil unbewußt dazu erzogen worden war, die Naturgewalten zu meiden, mich nicht dem Regen oder starkem Wind auszusetzen, immer gegen Sonne, Schnee oder Hagel gewappnet zu sein und irgendwie und um jeden Preis dafür zu sorgen, daß die Natur mir nicht zu nahe kam. Aber sie aktiv aufsuchen, an ihr teilhaben, ja sogar in ihr schwelgen? Nur mein schon vor langer Zeit unterdrücktes kindliches Ich wußte um die Ekstase, wenn es *in* einen Regenguß geriet.

Es war schon fast dunkel, als ich an der Reihe war, und als ich ging, um mich in den Windkanal zu stellen, stieg in mir eine mir bislang unbekannte Wut über die unbewußte soziale Konditionierung auf, die mich nicht an den Naturgewalten teilhaben, ja mich sogar ihnen gegenüber eine Verteidigungshaltung einnehmen ließ. Ich wollte meine Wut herausschreien, aber statt dessen legte ich meine ganze Intensität in ein Gebet zu Wayra, dem Geist des Windes. Ich betete mit aller Macht um die Kraft, mein Kehl-Zentrum zu öffnen und die Wahrheit sagen, meine tiefsitzende Angst vor einem freien Heraussprechen überwinden zu können.

Plötzlich fühlte ich in der Dunkelheit und dem Brausen die beruhigende Berührung von Juans *mesa* an meiner Kehle, und sie erfüllte mich mit Energie und Entschlußkraft. Der Wind fuhr heulend durch mein Fleisch und Blut, drang in meine Knochen und spülte die schwarze Angst ab, die dort wie Teer klebte, wehte sie weg. Juans *mesa* zog und zerrte an der Wut und der Angst, bis nichts mehr da war, nur eine tiefe und leere Traurigkeit über den schrecklichen Verlust: den Verlust meines Geburtsrechts, den Verlust meiner innigen Beziehung mit Pachamama. Als Juan seine *mesa* von meiner Kehle nahm, begann aus meinem Körper ein tiefer und unbekannter Kummer auszuströmen. Erst ein Wimmern, das zu einem langen, lauten Klagelaut anschwoll, gefolgt von einem herzzerreißenden Schluchzen, das aber, und ich war dankbar dafür, im Tosen des Windes nicht zu hören war. Alles das übergab ich dem Wind, damit er es wegtrug.

Spontan und anscheinend an der Stelle, die mein Kummer besetzt gehalten hatte, erfüllte sich mein Herz mit einem Gebet zu Wayra. »Windgeist, laß meine wahre Stimme ihren Weg aus meinem Herzen und in die Welt finden, laß sie frei und ungehindert reisen, wie du es tust, und der Welt Pachamamas Botschaft bringen.« Ich sprach die Worte in die trockenen grünen Blätter und warf sie hoch in die Luft, wo sie für den Bruchteil einer Sekunde tanzten und dann verschwanden.

Ein Gefühl tiefen Wohlbefindens überkam mich, und ich hatte eine kühle Empfindung in meiner Kehle, als Lachsalven ertönten und eine wie ein vertrocknetes Herbstblatt knisternde Stimme sagte: »Geh, Schwester und sag, was du weißt. Wir freuen uns, daß du uns hören kannst. Du sollst wissen, daß wir an deiner Seite sind.« Wayra, der Geist des Windes, sprach zu mir.

Plötzlich wurde meine Aufmerksamkeit auf mein Herz gelenkt, wo ich Vater Sonne spüren konnte, der mich warm anlächelte und mich unterstützte. Aus meinem Bauch erstreckte sich eine lange Nabelschnur hinunter in die Erde und fühlte die machtvolle Gediegenheit und Zuverlässigkeit von Pachamama. Ein silbrig-kühl-nasses Gefühl im Steißbeinbereich sagte mir, daß auch der Geist des Wassers anwesend war. Eine phantastische Erfahrung, mit allen Elementen verbunden zu sein und von ihnen unterstützt zu werden, erfüllte mein Gewahrsein – es war, als trüge ich einen gigantischen, natürlichen Sitzgurt, der mich auf zarte Weise zwischen Himmel und Erde festschnallte. Große Tränen der Dankbarkeit rannen mir über die Wangen.

Hochstimmung, Erleichterung und ein Moment der Verwirrung durchfluteten mich, als ich mich fragte, was an diesem »natürlichen Sitzgurt« so tröstlich war. Langsam und vielleicht zum erstenmal in meinem Leben und auf zutiefst körperlicher Ebene begriff ich, daß ich dieser Erde angehörte. Ich hatte gerade entdeckt, daß es möglich ist, nein, für mein Identitätsgefühl und mein Wohlsein lebensnotwendig war, mich so zu fühlen, das Gefühl zu haben, mit den natürlichen Kräften der Erde verbunden und in Einklang zu sein. Mein Körper besaß nun das unwiderrufliche Wissen, daß er und ich Teil einer einzigen, unermeßlich großen und gloriosen Schöpfung waren. Endlich und zum erstenmal wußte ich ohne jeden Zweifel, daß ich hierher gehörte.

10

Phutuy: Blüte

Der Zug ratterte langsam dahin, während wir uns, eng zusammengepreßt und zwischen unserem Gepäck eingeklemmt, endlose Minute um endlose Minute der Stätte meines Herzens näherten. »Machu Picchu« rief nach scheinbarer Ewigkeit der junge Zugschaffner, obwohl es eigentlich nur vier Stunden in einem Touristenabteil erster Klasse gewesen waren. Ich war bereits mindestens zehnmal in Machu Picchu gewesen, auf dem Pferderücken, zu Fuß oder in einem der berüchtigten Lokalzüge reisend, wo ich mein Abteil nicht nur mit Peruanern, sondern auch mit peruanischen Hunden, Schweinen, Hühnern und Meerschweinchen teilte. Dies war meine erste Erfahrung mit einem Touristenabteil, und aus dieser Perspektive gesehen saß ich geradezu im Schoße des Luxus.

Für meine Reisegefährten hingegen war dies eine beschwerliche und strapaziöse Fahrt, was jedoch mein Mitgefühl nicht im geringsten zu wecken vermochte. Ich schilderte ihnen plastisch und detailliert, was es hieß, auf einer Fahrt von eigentlich nur drei Stunden zehn Stunden lang in einem Abteil dritter Klasse eines zusammengebrochenen Zuges festzusitzen, wo sich auf den für vier Personen gedachten Sitzen noch weitere sechs Menschen und die verschiedensten und mannigfaltigsten Vertreter der Tierwelt breitmachten. Als ich dann noch auf die Zustände der Toiletten zu sprechen kam, begannen sie allmählich, fröhliche Blicke in die Runde zu werfen und Bemerkungen über die schöne Landschaft auszutauschen, dieweil wir nun durch die subtropische Vegetation des unteren Machu Picchu-Bereichs fuhren.

Die Dampflokomotive kam zischend zum Stehen, wir schnappten uns unser Gepäck und verließen geradezu flucht-artig den Zug. Ich hatte die Gruppe gewarnt, daß wir nur ein paar Minuten zum Aussteigen hatten, bevor der Zug seine Fahrt tiefer in den Dschungel hinein nach Quillabamba fort-setzte.

Nachdem uns der Bus die endlose Zickzackstraße hinauf zum Touristenhotel von Machu Picchu gebracht hatte, nahmen wir schweigend unser Mittagessen ein. Wir alle verstummten vor der stillen Majestät der üppig grünen und lilaschwarzen Berge, welche die uralte Ruinenstätte von Machu Piccu umsäumten, gleichsam als würde sie von den Armen der Pachamama um-schlossen.

Die Luft enthielt reichlich Sauerstoff und Feuchtigkeit, als wir nun, nach dem Mittagessen, der Reihe nach durch das Ein-gangstor der Anlage traten und dem Wächter unsere Tickets gaben. Der Ort lag um die 1200 Meter tiefer als Cuzco, und das Klima war hier sehr viel wärmer. Auf Anweisung Juans öffneten wir unsere *qosqos*, um die feine Energie dieses Sitzes uralter Macht und der Harmonie mit den Kräften der Natur zu »schmecken«. Als wir um die letzte Wegkurve bogen und auf einer Terrasse anlangten, die uns einen ersten umfassenden Blick auf die Festungsanlage gewährte, bekamen viele von uns feuchte Augen. Von irgendwo tief in unseren Zellen oder viel-leicht aus der Tiefe des kollektiven Unbewußten stieg eine Erin-nerung hoch, die Erinnerung an eine andere Lebensweise. Ein Leben, in dem jeder noch so einfache und profane Akt des All-tagslebens eine heilige Bedeutung bekam.

»Vor zwei Tagen wurdet ihr in der Schlangenhöhle Kinder der Pachamama«, sagte Juan. »Wir in den Anden meinen das ganz buchstäblich, weil wir glauben, daß unsere Körper nach dem Bild der Pachamama geschaffen sind. Die Stadt Cuzco ist der *qosqo* des Planeten Erde. Und wie wir hat auch die Stadt Machu Picchu einen *qosqo* – und zwar dort drüben.« Juan deutete auf ein großes, rundes, turmartiges Gemäuer, eine kunstvolle inkaische Steinmetzarbeit, das sich nahe beim Zentrum der ganzen Anlage befand. »Dieser Turm ist der Ort, an dem unser erstes Ritual stattfindet.« Wir gingen ein paar Minuten, und als wir uns dem Gebäude näherten, fiel mir auf, daß es das einzige runde Bauwerk innerhalb des ganzen Komplexes war.

Das Glück war uns hold, denn hinter uns tauchte plötzlich der Oberaufseher von Machu Picchu auf, ein sehr freundlicher Mann und den alten Traditionen seiner Vorfahren höchst wohlgesonnen. Er spürte, was wir vorhatten, und bedeutete uns, ihm zu folgen, während er uns den versperrten Einlaß zur inneren Kammer des Tempels aufschloß. »Still«, mahnte er. Er sah sich um und stellte fest, daß sich nicht viele Touristen in unserer unmittelbaren Nähe aufhielten, sperrte hinter uns wieder zu und folgte uns hinein. Inmitten äußerst kunstvoller Steinmetzarbeiten erblickten wir einen Altar aus einem großen Naturstein, der natürliche Vertiefungen für Kopf, Ellbogen und Hinterteil aufwies, so als sei er gemacht, um sich daraufzulegen.

»*Gracias hermano*«, sagte Juan und blickte ihn einen Moment lang intensiv an. »Bitte, schließ dich unserem Ritual an.« Zu meiner großen Überraschung zog dieser sein eigenes Päckchen mit Kokablättern heraus, formte ein *k'intu*, blies auf die Blätter, wie ich es Juan oft hatte tun sehen, und murmelte in Quechua ein Segensgebet für die *Apus* und für Pachamama. Es erfüllte mich mit unglaublicher Freude, zu sehen und zu wissen, daß der Oberaufseher von Machu Picchu ein in seinen alten einheimischen Traditionen tiefverwurzelter Mann war.

Auch Juan holte seine *mesa* heraus, beschwor mit dem Hauch seines Atems einen Kreis um die Gruppe und bot wie immer seine Lebensenergie der Pachamama dar. »Dieser Teil des Tempels ist mit dem Himmel verbunden, es ist ein Ort männlicher Energie. Öffnet eure *qosqos* und nehmt die feine männliche

Energie dieses Teils des Tempels in euch auf«, wies er uns an. Wir saßen eine Weile da und zogen die Energie in uns hinein, die köstlich war und sich überaus konzentriert anfühlte. Als nach ein paar Minuten die Leute allmählich wieder ihre Augen öffneten, sagte ich: »Juan, dieser Ort fühlt sich anders an, irgendwie ›saftiger‹.«

»Das kommt daher, daß ihr im Zentrum einer machtvollen Konzentration von Erdenergien sitzt. Blickt euch um. Seht ihr, daß alle Berggipfel, wenn ihr euch von ihnen ausgehende Linien denkt, am Punkt dieses zentralen Turms zusammenkommen?« Wir stellten uns auf die Zehenspitzen, betrachteten über den Mauersims hinweg die Landschaft und sahen, daß wir uns in der Tat inmitten eines Runds von Berggipfeln befanden. Und jetzt sah ich auch, was vor einigen Augenblicken nur eine körperliche Empfindung gewesen war: Die Berge selbst pumpten Lebenskraft in diesen zentralen Tempel. »Aber Juan, wie wußten die Inka, daß das hier der *qosqo* ist?«

»Schaut euch um und fühlt mit eurem eigenen *qosqo*, fühlt es mit eurem ganzen *poq'po*, mit eurem Energiekörper ... wißt ihr es nicht auch?« Seine Worte nahmen sich nun für mich auf so schmerzliche Weise offensichtlich und natürlich aus, daß ich mir gar nicht mehr vorzustellen vermochte, wie ich es mein ganzes bisheriges Leben lang geschafft hatte, nie die Gestimmtheit einer Landschaft wahrzunehmen, nie zu hören, was sie so deutlich aussagte. Sicher, ich hatte schon immer die Schönheit der Natur geschätzt, aber aus der Distanz heraus, als handle es sich um ein Gemälde in einem Museum. Nie hatte ich dieses tiefe persönliche Einbezogensein in die Landschaft gespürt, nie wirklich verstanden, daß ich Teil von ihr war oder wie stark ich von ihr beeinflußt wurde. Bis jetzt hatte hier eine peinlich große Lücke in meiner Erziehung geklafft.

Als nächstes führte uns Juan zu einer absteigenden Reihe von Steinkammern, die wie im Wassertempel von Sacsayhuaman durch Kanäle verbunden waren. »Das waren die Bäder

der Inka. Wie ihr sehen könnt, nimmt das Wasser hier seinen Anfang und fließt dann den ganzen Bergabhang hinunter. Bei diesem Ritual werden sich immer je zwei Personen in einer Zelle aufhalten. Laßt euren *poq'po* sich mit dem Ort verbinden, laßt dann über euren Scheitel Energie aus der *hanaq pacha* in euch einfließen und schickt sie zu den Personen im Bad unter euch.«

Binnen kurzem hatte unsere frisch ausgebildete Initianden-gruppe ein sehr greifbares Energieband und somit eine Verbindung zwischen den einzelnen Bädern geschaffen. Wir hatten das Gefühl, uns alle im Innern einer einzigen langen Energieschlange zu befinden.

Das Wahrnehmen dieser Energie war aufregend, aber ich war auch neugierig zu sehen, wie diese Wasserkanäle funktionierten. Geradezu als Antwort darauf begann es plötzlich zu regnen. Wir beschlossen in stillschweigendem Einvernehmen, dazubleiben. Innerhalb von Minuten füllten sich die Wasserkanäle, und ein kleines Rinnsal floß die lange Kette der miteinander verbundenen Bäder hinab. Wie es aussah, würde es noch eine Weile regnen, aber wir mußten weiter.

Wir kletterten, uns nun im zunehmend stärker werdenden Regenguß beeilend, aus unseren Bädern und folgten Juan. Wir stiegen in geduckter Haltung eine lange Steintreppe hinab, passierten einen schmalen Gang und standen dann oben auf einer großen steinernen Plattform mit drei Steinsitzen. »Dies ist der Kondortempel«, erklärte Juan und blickte auf etwas hinab, das wie der Schnabel und der weiße steinerne Halskragen eines Kondors aussah. Von unserem Blickwinkel aus gesehen schienen wir auf dem Rücken des Riesenvogels zu stehen, genau zwischen seinen Schwingen.

»Der Kondor verkörpert den kollektiven Geist der Anden. Versucht euch hier im Kondortempel mit dem kollektiven Geist der Anden zu verbinden«, sagte Juan.

Ich schloß die Augen und fühlte mich sofort von der Kraft der Kondorschwingen eingehüllt. Wieder war ich überrascht, verblüfft, daß ich mich allein durch diese einfache Anweisung und die im Tempel selbst anwesenden mächtigen Kräfte in einen visionären Zustand begeben konnte. Vor meinem geistigen Auge sah ich einen gigantischen Kondor näher kommen – oder war ich es, die auf ihn zukam? Die Distanz zwischen uns verringerte sich immer mehr, bis es keine mehr gab. Sogleich fühlte ich die unermüdliche Stärke gewaltiger schwarzer Schwingen, die Macht kühler Losgelöstheit, um die Arbeit zu tun, die getan werden mußte: den Tod wegzufressen, um Leben zu ermöglichen. Ich fühlte, wie ich mit dieser Stärke, diesem entschiedenen Verhalten, verschmolz. Ich hörte den fernen Ruf eines Kondors.

»Es regnet immer stärker, wir müssen weiter«, sagte Juan und brachte mich mit einem Ruck zurück ins Hier und Jetzt. Während wir nun im Laufschritt Juans entschwindender Gestalt hinterhereilten, gesellte sich Barbara an meine Seite.

»*Wow!*« schnaubte sie im Versuch, nicht außer Atem zu geraten und gleichzeitig zu sprechen. »Elizabeth, das war unglaublich! Da waren überall Kondore. Ich fing an, mich wie ein Kondor zu bewegen, ja selbst Schreie wie ein Kondor auszustoßen – ich konnte gar nicht anders. Dann schwang ich mich auf seinen Rücken, und wir flogen um die ganze Anlage herum, er zeigte mir so viele Dinge. Es tut mir leid, aber ich muß tatsächlich laut gekrächzt haben, denn jetzt tut mir der Hals weh. Ich hoffe, ich habe dich nicht gestört«, sagte sie und blickte ein wenig verlegen drein.

»Nein«, erwiderte ich. Barbara hatte rechts neben mir gestanden. »Jetzt, wo du es sagst, entsinne ich mich, tatsächlich die Rufe eines Kondors gehört zu haben, aber aus weiter Ferne.« Was hatte dieser Ort an sich, daß sich mein Sinn für Zeit, Raum und physische Wahrnehmung so dramatisch verändern konnte?

Juan machte vor einem großen steinernen Gebäude halt, das wie alle anderen Bauten der Festungsanlage kein Dach hatte. Ich blieb stehen, und mein Blick blieb voller Erstaunen am Boden haften. Sprachlos sah ich dann Juan an und deutete auf die in den Boden dieses Tempels eingelassenen Objekte. »Das hier nennt man El Templo de los Espejos Siderales, den – wie würdet ihr sagen – den Tempel der Kosmischen Spiegel.« Dort in den Boden eingelassen befanden sich zwei runde und tiefe Steinschalen, die genauso aussahen wie die kosmische Schale, die ich bei all meinen Abenteuern in Argentinien monatelang im Rucksack mit mir herumgeschleppt hatte. Aber ich hatte keine Gelegenheit, meine dringlichen Fragen zu stellen.

»Diese beiden Spiegel stellen ein *hapu* dar, die vollkommenste Form eines *yanantin* oder heiligen Paars. Da ihr aus Nordamerika kommt, tragt ihr den Geist des Adlers mit euch, des Vogels, der den kollektiven Geist Nordamerikas repräsentiert. In diesem Tempel müßt ihr die Energie des *yanantin* nutzen, um in eurem Innern den Geist des Adlers mit dem Geist des Kondors zu verbinden.« Dies schien kein geringes Unterfangen zu sein, und die anderen Initianden und ich tauschten bedeutungsvolle Blicke aus. Ich unterdrückte meine Unsicherheit und nickte ihnen mit nicht ganz echter Selbstsicherheit aufmunternd zu.

Wieder schloß ich die Augen und fühlte mich binnen weniger Augenblicke im Innern des Kondors. Dann war ich plötzlich außerhalb von ihm und sah den Adler sich nähern. Es war ein leichterer und feingestaltigerer Vogel, für das präzise Navigieren und die Fähigkeit geschaffen, ein weites Feld nach einer winzigen Maus abzusuchen. Ich sah die beiden Vögel zusammenkommen und mitten in ihrem Flug stoppen. Die Klauen ineinander verhakt, wirbelten und taumelten sie der Erde zu. Durch irgendeine seltsame alchimistische Transformation verschmolzen die beiden Vögel in der Luft und schufen eine neue Spezies, welche die Kraft und Ausdauer des Kondors mit der geschmeidigen Anmut und dem Präzisionsvermögen des Adlers vereinte. Der neue Vogel war schön und machtvoll; sein Gefieder war hellgrau, golden und dunkelbraun gesprenkelt, und er hatte einen goldenen Schnabel und goldene Klauen. Juan sagte etwas und holte mich abrupt aus meinem visionären Zustand.

»Wir müssen jetzt eine Entscheidung treffen«, erklärte er der Gruppe. »Entweder machen wir weiter, auch wenn es regnet, oder wir kehren ins Hotel zurück. In letzterem Fall müssen wir das für heute nachmittag noch vorgesehene Ritual morgen durchführen und werden sehr spät zur Höhle der Pachamama kommen.«

Während wir noch diskutierten, rief jemand: »Schaut!« Über einem niedrigen, grün bewachsenen Berg war plötzlich ein Regenbogen erschienen. »Das heißt, wir machen weiter!« verkündete Barbara mit der Stärke einer Kriegerin. Wir entschieden uns einhellig fürs Weitermachen. Ich war stolz auf die Standhaftigkeit und Entschlossenheit der Gruppe, und das plötzliche, zeitgerechte Erscheinen des Regenbogens flößte mir eine gewisse Ehrfurcht ein.

»Ich muß euch noch etwas Wichtiges mitteilen«, sagte Juan mit seltsamem Gesichtsausdruck. »Manchmal werden mir ganz offensichtliche Dinge nur sehr langsam bewußt«, erklärte er mit seiner kindhaften Aufrichtigkeit, die unsere Herzen für ihn einnahm. »Eure Gruppe besteht überwiegend aus Frauen, und ich hätte euch gleich jemandem vorstellen sollen. Doch jetzt hat sie mich sanft daran erinnert.

»Das hier ist Mamita Putucusi«, verkündete er, als stelle er uns einer seiner Verwandten vor, und deutete auf den wunderschönen grünen Berg, über dem eben unser schicksalsträchtiger Regenbogen erschienen war. »Wie Mama Simona in Cuzco ist sie der einzige weibliche Berg in der ganzen Umgebung von Machu Picchu. Sie möchte euch allen ihre Grüße übermitteln und ihren Schutz anbieten.«

Was sagt man, wenn man einem Berg vorgestellt wird? Wir nahmen uns alle einen Augenblick, um diese weibliche Berggottheit zu begrüßen, manche still, andere laut. »Ihr Name bedeutet ›Blühende Freude‹«, erklärte Juan.

Wir setzten unseren Weg fort, passierten Gänge entlang des nördlichen Anlagerands, bis wir zu einem riesigen Megalithen kamen. Unterwegs ließ der Regen ein wenig nach, und einige Wolken, welche die umliegenden Berge in einen undurchdringlichen Nebelschleier gehüllt hatten, begannen sich zu verflüchtigen. »Schaut da ... die Form dieses Megalithen wiederholt sich in dem Berg dahinter«, sagte Nina. Sie liebte die körperlichen Aspekte unseres Trips, war außerordentlich feinfühlig in ihrer Wahrnehmung von Energie und wollte die Lehren des andinen Weges in ihrer Massagepraxis zur Anwendung bringen.

»Das ist der Pachamama-Stein. Öffnet eure *qosqos* und nehmt die Erdenergie hier an dieser Stelle in euch auf, verbindet euch durch euren *qosqo* mit diesem Stein«, wies uns Juan an. Hier erlebte ich eine Blockade. Plötzlich befand ich mich nicht in Machu Picchu, sondern im Bauch meiner Mutter und wollte meinen *qosqo* nicht öffnen. Ich spürte, daß sich meine Mutter in einem schrecklichen emotionalen Zustand befand, und wenn ich in ihrem Innern Nahrung aufnahm, erlebte ich stets einen Ansturm von Entsetzen, brennendem Schamgefühl, Selbsthaß, Angst und Furcht. In jenem Moment, so schien es, mußte ich zum Schutz vor diesen Energien meinen *qosqo* auf Dauer verschließen und traf die bewußte Entscheidung, ihn nie wieder zu öffnen. Jetzt war ich nicht imstande, ihn zu öffnen oder mich mit dem Stein zu verbinden.

Mir war durchaus klar, wie schwach ich mich fühlte, wenn mein *qosqo* geschlossen war; ich hielt das Gute und das Schlechte draußen. »Es gibt keine positive und negative Energie – nur schwere und feine Energie.« Juans Worte kamen mir wieder in den Sinn, während ich vor dem Stein mit mir kämpfte. Ich begann, mir den Ansturm der Emotionen meiner Mutter einfach als *hoocha*, als schwere Energie vorzustellen. Und ich spürte langsam einen winzigen Energiefluß in mich ein- und wieder aus mir herausfließen. Die Angst hielt die Tür verschlossen. Angst war mein größtes Hindernis.

Vom philosophischen Standpunkt liebte ich den Gedanken der andinen Tradition, daß wir fähig sein mußten, alle Arten von Lebensenergien zu »verspeisen« oder von ihnen durchdrungen zu werden, ohne irgendeine abzulehnen oder zu bevorzugen und an ihr festhalten zu wollen. Er paßte zu meinen vormaligen buddhistischen Tendenzen und war auch mit der Vorstellung Jungs kompatibel, wonach wir eine Beziehung zu unserem Schatten herstellen sollen, statt uns von ihm abzuschneiden. Ich fragte mich, warum ich diese Blockade hier und jetzt erlebte, wo ich doch bisher an anderen Stätten mit meinem *qosqo* hatte arbeiten können. Ich beschloß, Juan sobald wie möglich danach zu fragen. Die Gruppe machte sich schon auf den Weg zur nächsten Kultstätte.

Als wir den zentralen Platz der Festungsanlage überquerten, lugte die Sonne hinter den Wolken hervor und schenkte unserer durchnäßten Gruppe Wärme und ein unbeschreibliches Glücksgefühl. Wir stiegen eine lange Steintreppe hinauf, und in dem Moment, in dem wir den Sonnentempel betraten und uns vor dem herrlichen steinernen Altar in seiner Mitte versammelten, brach die Nachmittagssonne ganz durch die Wolken. Die Gruppe brach in spontanen Jubel und in Lobpreisung von Vater Sonne aus. Als wir uns in der frisch vom Regen gewaschenen Tempelruine umsahen, stellten wir fest, daß der Wolkenbruch die weniger abgehärteten Touristen vertrieben hatte und wir diese Stätte, von ein paar wenigen unerschrockenen Reisenden abgesehen, ganz für uns allein hatten. Es war eine wundervolle Bestätigung für die Intuition unserer Gruppe. Wir hatten die Zeichen eindeutig richtig gelesen und genossen nun den Lohn unserer Eingestimmtheit.

Der riesige Sonnenstein Inti-Huatana glänzte weiß im gleißenden Sonnenlicht, als Juan mit einem Ritual begann, das wir schon im Sonnentempel von Pisaq durchgeführt hatten. Er holte seine *mesa* heraus und legte sie auf den Altar, während wir uns im Halbkreis um den Altar aufstellten und unsere Gesichter wie

Blumen der Sonne zuwandten. Juan verband mit seiner *mesa* der Reihe nach unsere Herzen mit dem Altar, wobei ich diesmal keine zarten Lichtranken von den Herzen meiner Kolleginnen und Kollegen ausgehen sah, sondern große violette Lichtpfeile. Mein Verstand beharrte darauf, daß ich einer durch den Regen und die Sonne hervorgerufenen optischen Illusion erlag. Juan selbst schien bei seiner Arbeit in violettes Licht eingehüllt, wobei sein Kopf und seine Füße Licht in allen Regenbogenfarben ausstrahlten.

Ich war mir, wie immer in Machu Picchu, der Gegenwart von Wesenheiten bewußt, die sehr viel größer und entwickelter waren als ich, enorme spirituelle Präsenzen, die sich um uns versammelten und uns etwas über die ungeheuren Herrlichkeiten auf der anderen Seite der Realität zusummten und zuwisperten. Während unserer Arbeit am Altar hatte sich ihre Präsenz zunehmend verstärkt. Tatsächlich schienen sie unseren Halbkreis zu einem Kreis zu vervollständigen – ein Eindruck, den die Mehrheit der Gruppe teilte, wie ich später herausfand.

Als Juan seine Arbeit mit der *mesa* beendet hatte, schien die Gruppe in ein Rad aus Regenbogenlicht verwandelt worden zu sein. Das Zentrum des Inti-Huatana-Steins bildete die Nabe, und jeder von uns einen Punkt an seinem äußeren Rand. Aus unseren Herzen erstreckten sich Energiespeichen zur Nabe des Rads. Es war ein wunderbares Gefühl. Und wie aufs Stichwort sagte Juan: »Fühlt den *poq'po* der Gruppe, der sich nun eben gebildet hat.« Das waren genau die Worte, mit denen sich mein Gefühl erklären ließ. Ich spürte den *poq'po* der Gruppe!

Als nächstes führte uns Juan an den Rand der Klippe hinter dem Sonnentempel, wo der Wind sehr stark blies, wenn auch nicht annähernd mit jener Intensität, wie wir sie in der »Windschleuse« erlebt hatten. Wieder brachten wir unsere Opfergaben und Gebete den Windgeistern dar, die nun am Berghang hinaufstiegen, um unsere *hoocha* mit sich zu nehmen – eine Reinigung, bevor wir uns zur nächsten Kultstätte aufmachten.

»Für das letzte Ritual des heutigen Tages begeben wir uns jetzt zum Stein des Viracocha«, erklärte Juan, bevor er uns aus dem Sonnentempel geleitete und einen steilen Pfad den Berg hinaufführte bis zu einem wunderbaren Platz, von dem aus wir ganz Machu Picchu unter uns ausgebreitet sehen konnten. Er deutete auf einen Felsblock, an dessen einer Seite drei kleine Stufen eingemeißelt waren. Oben war er, mit Ausnahme von einem Gebilde, das wie eine Kopfstütze aussah, ganz flach. Ich hatte das instinktive Bedürfnis, mich auf diesen Stein zu legen.

»Wie ihr wißt, war Viracocha der Gott der Inka, so wie Jahwe für die Juden und Allah für die Moslems. Viracocha ist die unsichtbare Energiekraft hinter allen Manifestationsformen. Viele Chronisten vertraten die Ansicht, daß die Inka die Sonne als ihre oberste Gottheit anbeteten, aber das ist nicht der Fall. Viracocha war der Gegenstand ihrer höchsten Verehrung. Dieser Stein wird als ein Geschenk des Viracocha betrachtet. Bei diesem Ritual nun legt ihr euch auf den Stein und bedient euch aller Elemente, um einen Baum zu formen, der sich von eurem *qosqo* bis hinauf in die höhere Welt erstreckt. Wir können nicht nur Energie in unseren *qosqo* aufnehmen, wir können sie auch ausdehnen und in die Welt hinausschicken. Dafür muß die ganze Gruppe Hilfestellung leisten.

Innerhalb der andinen Tradition gibt es sieben spirituelle Entwicklungsebenen, aber wir versuchen nur die vierte Ebene zu erreichen, wobei die ersten drei Ebenen in diese Initiation der vierten Ebene integriert sind, wie ich schon erklärt habe. Ihr werdet erfahren, daß die vierte Ebene Hingabe und Gruppenteilnahme beinhaltet. Stellt euch im Kreis um den Stein auf und dehnt euren *poq'po* auf die jeweils auf dem Stein liegende Person aus, um sie mit Energie zu unterstützen.«

Maryann stieg als erste die drei Stufen hinauf und legte sich der Länge nach auf den Stein. Gerührt beobachtete ich, wie sich jede Person im Kreis – die eine mit offenen, die andere mit geschlossenen Augen – konzentrierte und bemühte, ihr zu helfen.

Zunächst blickte ich nur auf Maryanns liegende Gestalt. Dann schien plötzlich eine Flamme der Lebenskraft aus ihrem *qosqo* hervorzuschießen und blitzartig dem Himmel zuzustreben. Danach richtete ich meine Aufmerksamkeit ohne Erwartungshaltung lediglich aufs Geben an die Person, die jeweils auf dem Viracocha-Stein lag.

Als ich an der Reihe war, fühlte ich wieder einen Schmerz in meinem *qosqo*, so als sei er ein Muskel, den ich an diesem Tag ein wenig überanstrengt hatte. Ich legte mich auf den schon von anderen Körpern angewärmten Stein und fühlte ein ausgeprägtes Summen unter mir. Der Stein vibrierte in einer sehr hohen Frequenz, und mein Instinkt sagte mir, daß ich versuchen sollte, mich darin einzuschwingen. Ich entspannte mich völlig. Die innige Unterstützung durch die Gruppe ermöglichte es mir, loszulassen und mich ein bißchen tiefer in mein Inneres sinken zu lassen. Auf einmal hatte ich das Gefühl, drei Meter, dann sechs Meter groß zu sein, und nach einer kurzen Empfindung des Drehens und Wirbelns schien ich die Erdatmosphäre verlassen zu haben. Mein Körper war plötzlich von Millionen von Sternen durchdrungen. Ich hatte Angst und meinte, die Kontrolle verloren zu haben. Ich befahl mein Gewahrsein in meinen Körper zurück, der, wie ich wohl wußte, auf dem Stein lag.

Unter großer Anstrengung lenkte ich meine Aufmerksamkeit auf die Übung, die uns Juan gegeben hatte, und mühte mich unter Aufbietung meiner ganzen Willenskraft, die Elemente innerhalb meines Körpers in Balance zu bringen: Erde. Luft. Feuer. Wasser. Ich spürte die Berührung eines jeden Elements in jedem meiner Körper-Zentren. Dann konzentrierte ich mich darauf, die Energie des Steins, die Kraft der Gruppe und der Elemente zusammenzuspannen, um einen Baum aus meinem *qosqo* hinauf in die *hanaq pacha* wachsen zu lassen.

Ich spürte, wie die Energiemoleküle langsam auf meinen Willen reagierten und sich Hitze und Kraft in meinem *qosqo* versammelten. Dann lenkte ich die Energie nach oben. Wie eine

Bildhauerin formte ich ganz bewußt diese Energiesäule, die aus mir herauswuchs und zur *hanaq pacha* emporstieg. Das verlangte zwar von mir eine ständige bewußte Anstrengung, aber die Übung fühlte sich gut an, so als spannte ich einen Teil von mir ein, der schon lange nicht mehr genutzt worden war. Ich erlebte ein Gefühl von Stolz und das Einfließen von feiner Energie, als ich es schließlich geschafft hatte, meinen Baum bis ganz hinauf wachsen zu lassen und mit der *hanaq pacha* zu verbinden.

Nachdem alle diese Übung vollendet hatten, forderte Juan uns auf, uns zu einem Gespräch im Kreis niederzulassen. Vor der Kulisse eines roten und goldenen Sonnenuntergangs bot Machu Picchu einen großartigen Anblick. »Wie ihr seht, haben wir einige Rituale von gestern wiederholt, bei denen wir die Elemente in eurem *poq'po* zusammengebracht haben. Jetzt, wo ihr auch die Kraft des Viracocha-Steins in euren *poq'po* integriert habt, werde ich euch um ein letztes bitten. Setzt euch still hin, schließt die Augen, und ich werde euch durch diese letzte Meditation geleiten.«

Es gab ein wenig Geschiebe, als wir es uns bequem machten. »Versetzt euch zurück ans Ende unseres allererstens Tages am See des Huascar, wo ihr zu einem Inka-Samenkorn wurdet. Bringt jetzt den Geist des Wassers in euer Steißbein-Zentrum, bis ihr euch von ihm erfüllt fühlt.« Juan hatte die unheimliche Fähigkeit, die gerade richtige Menge Zeit dafür einzuräumen, nicht zu kurz, aber auch nicht so lange, daß wir abgelenkt wurden oder den Faden verloren. »Fühlt nun eure Verbindung mit der Erde durch euren *qosqo*, und eure Verbindung mit der Sonne durch euer Herz. Fühlt schließlich, wie sich die Kraft des Windes in eurem Kehl-Zentrum bewegt. Stellt euch nun vor, ihr seid eine Pflanze. Ihr Stengel zieht sich durch die Mitte eures Körpers ... laßt Blätter wachsen und eine Blume auf eurem Scheitel aufblühen. Zieht alle Elemente, so wie ihr sie für dieses Wachsenlassen braucht, in euch hinein.« Juans Worten entsprechend visualisierend, sah ich, wie meine Blätter grüner und dicker wurden. Gerade genug Sonne, ein bißchen mehr Wasser, und die wunderschöne rosafarbene Hibiskusblüte auf meinem Scheitel begann sich langsam zu öffnen. »Laßt eure Blume sich öffnen, aber nur, wenn sie dazu bereit ist«, wies uns Juan an.

Als ich aus der Meditation herauskam und die Augen aufmachte, sah ich überall leuchtende Augen und freudestrahlende Gesichter. Ich konnte den Duft der zarten Blüten fast riechen, die energetisch auf allen Scheiteln aufgeblüht waren. Während unserer Arbeit war das Gezwitscher der um uns herumschwirrenden Kolibris zu hören, was Juan dazu inspirierte, uns eine Geschichte zu erzählen.

»Jetzt, wo ihr eure Blumen habt wachsen lassen, muß ich euch über die Bedeutung und Funktion des Kolibris in der andinen Tradition aufklären. Ich werde euch eine Geschichte erzählen.« Ein neun Zentimeter großer Kolibri schwirrte über uns hinweg, als Juan mit seiner Geschichte begann.

»Eines Tages war die Hierarchie der Vögel auf einer Wiese versammelt. Alle hatten sich eingefunden: der Turmfalke, der Falke, die Eule, der Kondor und der Habicht. Der Kondor erzählte den anderen Vögeln, daß er einen großen Flug unternommen habe, seinen größten, höchsten und weitesten Flug, und daß er bis zu den Toren der höheren Welt gelangt sei. In diesem Moment kam der Kolibri angeschwirrt und sagte: ›Das mag zwar sein, Bruder Kondor, aber ich bin durch die Tore bis hin zum Thron Gottes im Zentrum von *hanaq pacha* geflogen.‹ Und im Beisein der anderen Vögel schlossen der Kondor und der Kolibri eine Wette ab, wonach beide behaupteten, ins Zentrum von *hanaq pacha* fliegen zu können.

Am Tag, an dem der Flug unternommen werden sollte, erschien nur der Kondor. Alle anderen Vögel hatten sich versammelt, um den Wettkampf zu verfolgen, und warteten, aber der Kolibri war nirgends zu sehen. ›Eine Wette ist eine Wette‹, sagten die anderen Vögel zum Kondor, und so mußte er allein den

Versuch unternehmen, bis ins Zentrum von *hanaq pacha* zu fliegen. Der Kondor entfaltete seine großen Schwingen, flog bis an die Grenze der *hanaq pacha*, und als er anhielt, um sich auszuruhen, schlüpfte der Kolibri aus seinen Federn hervor und flog bis zum Thron Gottes. Von einem solchen Wesen ist der Kolibri«, sagte Juan und sah uns bedeutungsvoll an.

»Durch die Beobachtung der Natur können wir alles lernen. Wir sehen, daß der Kondor einer der größten und stärksten Flieger ist, aber um bis zum Thron Gottes vordringen zu können, muß man auch die Intelligenz und unvergleichliche Fröhlichkeit des Kolibris besitzen.« Das war ein neuer Gedanke für mich. Ich hatte spirituelles Wachstum immer als Leiden erlebt. Tatsächlich hatte ich, wie ich nun in rascher Selbstüberprüfung feststellte, den spirituellen Weg immer mit Kampf und Anstrengung gleichgesetzt, nicht mit der Mühelosigkeit des Fluges des Kolibris.

»Es gibt hier in den Anden eine rote Blume«, fuhr Juan fort. »Diese liebt der Kolibri am meisten. Am ersten Tag der *Hatun Karpay* haben wir unsere ›Inka-Samenkörner‹ aktiviert. Am zweiten Tag gaben wir ihnen Wasser, Erde, Sonne und Wind – all die Dinge, die sie zum Keimen brauchen. Heute haben wir *Phutuy*, das Ritual der Blüte, durchgeführt. Ihr seid dabei, die Praktiken zu erlernen, die einen männlichen oder weiblichen Priester von der dritten Ebene zur vierten Ebene bringen, was ihm oder ihr gestattet, zum Kandidaten der fünften Ebene zu werden. Wir sagen, daß, wenn wir in unserer Blüte auf unserem Scheitel, genau wie die rote Blume, genügend Nektar gesammelt haben, der Kolibri aus dem Zentrum der höheren Welt herbeigeflogen kommt und aus uns trinkt. Das ist die Metapher meines Volkes für das, was ihr ›Erleuchtung‹ nennen würdet.«

11

Pachamama: Mutter Erde

Am nächsten Tag konnten wir es kaum erwarten, wieder nach Machu Picchu zurückzukehren. Wir standen vor Morgengrauen auf, verspeisten unser Frühstück, bestehend aus schwarzem Tee, selbstgebackenem Brot und Marmelade, und machten uns dann auf den Weg den Berg hinauf. Wir betraten die Anlage eine Stunde nach Sonnenaufgang, wohl wissend, daß uns ein Tag ausgedehnter und anstrengender Wanderungen bevorstand. Wir marschierten im Gänsemarsch und bildeten eine lange, auseinandergezogene Reihe, Juan an der Spitze und ich die Nachhut. All die verschiedenen Plätze der Anlage waren so einladend, daß die Leute immer wieder fasziniert ausscherten und nur schwer beisammenzuhalten waren. Wir waren nun alle entspannter und kannten den Weg. Dies war unser zweiter Tag in Machu Picchu, das uns mehr und mehr wie ein Zuhause vorkam.

Jemand schrie etwas, und Juan rief uns alle zusammen. Ich lief zu der im Kreis stehenden Gruppe und drängte mich dazwischen, um zu sehen, auf was da alle starrten, konnte aber lediglich ein Knäuel Regenwürmer entdecken. »Wo immer wir hinschauen, lehrt uns Pachamama etwas, wenn wir nur Augen haben zu sehen«, sagte Juan mit amüsiertem Augenzwinkern. Ich verstand nicht, was er meinte. Ich sah wieder hin und bemerkte, daß sich das ganze Würmerknäuel gemeinsam voranbewegte, einer über den anderen hinweggleitend, eine einzige sich windende Masse von sich bewegenden Körpern. Dann dämmerte mir, daß sie sich wie ein einziger brodelnder, geeinter Körper voranbewegten. »Wir werden heute dieses Stückchen Weisheit noch für etwas brauchen«, sagte Juan im Ton der Gewißheit und bedeutete uns mit einer Kopfbewegung, weiterzugehen.

Wir kamen am Kondortempel vorbei, wandten uns nach links und gingen den nördlichen Anlagenrand entlang, um auf dem kürzesten Weg zum Pachamama-Stein zu gelangen. Nachdem sich die Gruppe dort versammelt hatte, begaben wir uns zum Eingang, den man passieren mußte, um zum Huayna Picchu zu gelangen. Ein schläfriger Wächter in einer strohgedeckten Hütte öffnete ein großes, ramponiertes, in Leder gebundenes Buch, in das wir alle unsere Namen und die Zeit unseres Eintritts eintragen mußten. Ich nahm an, man wollte sichergehen, daß jeder, der sich da hineinbegab, auch wieder herauskam. Voller Respekt warf ich einen Blick auf den Gipfel dieses Berges, als wir einem nach unten führenden Pfad folgten.

Eine leichte Brise wehte, die Luft war warm und mit subtropischer Feuchtigkeit durchtränkt. Herrliche Bromeliazeen, die sich an die Hänge des vor uns liegenden Berges klammerten, taten dem umliegenden, üppig grünen Tal ihre satten roten, zarten grünen und deftig gelben Farben kund. Scharen kleiner, grüner Papageien flogen krächzend auf und flatterten über unsere Köpfe hinweg, und ab und zu schwirrte auch ein Kolibri herum und bezauberte uns mit seinen leuchtend grünen, roten und purpurfarbenen Schwanzfedern. Das war ein gutes Omen. Wir mußten uns beeilen. Zwar war der Himmel im Augenblick klar, aber es hing Regen in der Luft – man konnte es riechen – und von früher wußte ich, daß der Pfad bei Feuchtigkeit tückisch und schlüpfrig wurde.

Wir eilten einen langen steinernen Zickzackpfad hinunter und gelangten schließlich zum oberen Absatz einer Steintreppe mit zwölf Stufen. Juan bedeutete uns, hier anzuhalten. »Diese Treppe zusammen mit dem Stein an ihrem unteren Ende markiert eine energetische Trennungslinie zwischen dem Weg der rechten und der linken Hand. Wie ihr wißt, beinhaltet der Weg der rechten Hand strukturierte Initiation und Ritualtechniken. Es ist die mystische Seite des Weges, die Methode, um zu Gott, Viracocha oder welchen Namen auch immer ihr gebrauchen wollt, zu gelangen. Der Weg der linken Hand beinhaltet die magische und praktische Anwendung des spirituellen Wissens und der Kräfte, die ihr bekommt, nachdem ihr durch den Weg der rechten Hand mit Viracocha in Berührung gekommen seid. Der Weg der linken Hand impliziert die Ausübung von Magie, Heilen und Therapie. Es ist die wildere Seite des Weges und kann chaotischer sein. Bisher haben wir fast ausschließlich mit dem Weg der rechten Hand gearbeitet, doch jetzt werden wir den Weg der linken Hand betreten.«

Ich entsann mich, daß Juan mir bei unserer ersten Begegnung gesagt hatte, daß ich völlig »linksseitig« sei. Dies war nicht das gleiche wie die westliche wissenschaftliche Unterscheidung zwischen der Funktionsweise der rechten und der linken Gehirnhälfte. Vielleicht kam das daher, daß sich der andine Weg stärker auf den Körper als auf das Gehirn konzentrierte. Der Weg der rechten Hand ist die strukturierte, organisierte, mit dem mystischen Wissen verbundene Seite des Weges, wohingegen der Weg der linken Hand chaotische, ungebändigte Kraft und Macht bedeutet. Jetzt verstand ich in Hinblick auf meine ersten beiden Ausbildungsjahre, was er gemeint hatte. Ich hatte zwar die linke Seite entwickelt, konnte aber deren Gaben und Stärken nicht nutzen, weil ich die rechte Seite nicht ausreichend entwickelt hatte.

Vor Peru war ich eine einigermaßen geordnete Person gewesen. Als ich in die Staaten zurückkehrte, hatte ich das Gefühl, Stück um Stück auseinandergenommen, aber bislang nicht wieder zusammengesetzt worden zu sein. Ich war in spiritueller Hinsicht desorganisiert und konnte ohne die mystische Integration und die ordnungschaffende Kraft der rechten Seite keine

Fortschritte auf meinem Weg machen. Ich hatte gemeint, ich hätte den Beschränkungen meines rationalen Verstands zu entfliehen versucht. Nun wurde mir klar, daß Ordnung und Struktur durchaus ihren Platz haben. Eine natürliche Struktur hilft Ordnung schaffen. Macht und Kraft nutzen nichts, wenn man nicht über die Fähigkeit verfügt, diese Kraft zu strukturieren oder zu kanalisieren. Ich entsann mich, daß Pachakamaq – ein anderer andiner Ausdruck für Gott – »einer, der Ordnung ins Universum bringt« bedeutet.

Mir kam der Gedanke, daß mein erster Lehrer Ricardo hinsichtlich des Weges der linken Hand überentwickelt und auch nicht organisiert gewesen war. Vielleicht trank er deshalb soviel und war so unglücklich. Er wurde von seinen Kräften kontrolliert, weil es ihm an Integration und weiser Kenntnis, sie zu lenken, mangelte.

»Bitte, Gott, bring Ordnung in mich hinein«, betete ich, als wir, unsere *qosqos* öffnend, die Linie überschritten, die unser Betreten des Weges der linken Hand markierte, und uns auf unseren zweieinhalbstündigen Weg bergab machten, der uns zur Pachamama-Höhle führte.

Juan wies uns an, die in diesem subtropischen Garten so starke und reichhaltige Lebensenergie einzuatmen. Immer weiter hinuntergehend, schwatzten und sangen und lachten wir wie Kinder. Wir fühlten uns leicht und glücklich, getragen von einer unsichtbaren Kraft; vielleicht war es die Auswirkung der Welt der Lebensenergien, von der Juan gesprochen hatte.

Lebensenergie. Was bedeutet es, daß das Quechua so viele Worte zur Beschreibung menschlicher Energieerfahrungen aufweist? Darüber dachte ich auf unserer Wanderung nach. *Sami* ist feine, geläuterte Energie; *huaca* meint die heilige Energie einer Person, eines Ortes oder eines Gegenstands; *hoocha* bedeutet schwere Energie; *poq'po* ist die Energieblase oder der Energiekörper und *kausay* die die Welt durchflutende Lebensenergie. Ein tiefes Verständnis von der energetischen Natur des

Universums ist in diese Sprache eingebettet, was offensichtlich macht, daß Energie für die andinen Indianer etwas überaus Wichtiges ist.

Bis noch vor sehr kurzer Zeit war das Quechua keine Schriftsprache gewesen. Es war eine wesensmäßig energetische Sprache. Ihre Worte ließen sich nicht in einer Zweidimensionalität einfangen und auf einem Blatt Papier festhalten. Juan hatte erklärt, daß jedes Wort, ähnlich wie im Sanskrit, eine Schwingung war. Jedes Wort hatte eine ihm zugeschriebene allgemeine Bedeutung, die sich aber, je nach Kontext des Satzes und der Stimmung der sprechenden Person, völlig ändern konnte. Die Angehörigen der Quechua-Kultur sind Meister der Wortspiele, hatte uns Juan erzählt. Ihre Sprache ist, wie auch die Menschen, so veränderlich wie das Wetter in den Bergen. Sie haben völlig andere Vorstellungen von der Natur der Realität als wir und können deshalb Dinge tun, die uns wie Magie erscheinen. Die in tiefer energetischer Wechselseitigkeit mit der Natur lebenden andinen Meister glauben, daß sie Bestandteil des Wetters sind und deshalb hier auch Veränderungen bewirken können.

Ich erinnerte mich an eine Geschichte, die Juan uns über seinen Meister Don Benito erzählt hatte. Ein Reporter des Magazins *National Geographic* war nach Cuzco gekommen, um in einem Artikel über den traditionellen Gebrauch des Kokablattes zu berichten. Natürlich hatte man ihm auch gesagt, daß er Juan aufsuchen solle. Als Juan ihm dann Geschichten über Don Benito erzählte, wollte der Reporter ihn sofort treffen und fotografieren. Juan arrangierte ein Interview und übersetzte für den Journalisten, während dieser Don Benito bei der Durchführung eines traditionellen Rituals mit dem Kokablatt fotografierte. Es war schon später Nachmittag, und Wolken zogen auf und verdeckten die untergehende Sonne, als der Journalist gerade seine letzten Aufnahmen machen wollte. Er gab auf und erklärte Juan, daß das Licht für die gewünschten Fotos nicht mehr gut genug sei. Don Benito winkte mit der Hand und sagte: »Ach, das Licht? Das ist nur ein kleines Problem.« Dann nahm er drei Kokablätter, wandte sich der untergehenden Sonne zu, blies auf die Blätter und sprach ein Gebet in sie hinein. Sofort teilten sich die Wolken, und der Fotograf konnte zu seiner Überraschung seine restlichen Aufnahmen machen. Die Glaubensvorstellungen dieser Leute, so sann ich, verlieh ihnen eine völlig andere Art von Macht über ihre Welt. Damit kam ich mit meinen Überlegungen zum Schluß, denn wir hatten endlich die Pachamama-Höhle erreicht.

Ein großer, natürlicher Felsüberhang überdeckte den Eingang zur Höhle, und von außen waren die Nischen der fünf *ñust'as*, Inka-Prinzessinnen, zu sehen. Inkaische Steinquader fügten sich perfekt in die riesige vorstehende Felswand. Schweigend und mit großer Ehrfurcht betraten wir die Höhle der Erdmutter. Juan winkte uns nach ganz hinten in die Höhle. Einstmals mußte die Höhle sehr viel tiefer ins Innere geführt haben, aber nun war sie absichtlich aufgefüllt worden, so daß man nur ein bestimmtes Stück weit in den Schoß der Mutter gelangen konnte. Wir ließen uns in pechschwarzer Finsternis an einem Felsaltar nieder. »Dies ist die Höhle der Pachamama, die euch Leben gegeben hat. Jetzt müßt ihr eure feinste Energie darbringen«, hörten wir Juan mit leiser, aber ernster Stimme sagen.

Bis jetzt hatten wir der Pachamama immer nur unsere schwere Energie überlassen, damit sie sie in sich aufnahm und umwandelte. Der Gedanke, ihr meine feinste Energie zu geben, berührte mich sehr. Und ich empfand tiefe Demut und Dankbarkeit, als ich ihr meine feine Energie anbot, mein Geschenk an sie. Sofort stellte sich ein Gefühl der Verbindung ein. Ich fühlte mich im Schoß einer gigantischen und unendlich liebevollen Mutterpräsenz geborgen. Sie war weit und dunkel und weich und üppig; eine sehr solide und ganz andere Energie als die der kosmischen Mutter in der Kirche. Ich hörte gedämpftes Weinen um mich herum, als die anderen Initiandinnen und

Initianden ihrer wirklichen Mutter dieses heilige Opfer darbrachten und in *ayni* ihre tiefe und allumfassende Liebe empfingen.

Vor meinem geistigen Auge zogen Bilder der Zerstörung
und Mißachtung der Erde vorüber, Freveltaten, die von meiner nordamerikanischen Gesellschaft begangen wurden aus
Unwissenheit darüber, daß die Erde ein lebendiger, atmender
Organismus ist, die für das, was sie uns gibt, Liebe, Respekt,
Anerkennung und Dankbarkeit braucht. Mein Verständnis
von unserer tiefen Beziehung mit der Erde wuchs. Wie egoistische Kinder haben wir nur gelernt, von unserer Mutter zu
nehmen. Die Erkenntnis der Tatsache, daß sie unserer menschlichen Liebe, Zuwendung und Fürsorge ebensosehr bedarf, wie
wir sie für den Erhalt unseres Lebens brauchen, kam mir wie
eine Offenbarung vor. Das ist lebendiges *ayni*! Ich dachte an
die Anthropologen, welche die »primitiven« Religionen als
Animismus bezeichnen. Was, wenn diese »Primitiven« aus einem äußerst hochentwickelten Wissen über die energetische
Balance zwischen Menschen und Natur heraus handeln? Was,
wenn sie instinktiv wissen, was Einstein auf wissenschaftli-
chem Weg bewies: nämlich, daß Energie und Materie in enger
Beziehung miteinander stehen, und ihre animistische religiöse
Praxis Bestandteil eines für Mutter Erde und uns notwendigen
Energieaustausches ist?

Tiefe Dankbarkeit erfüllte mich, Dankbarkeit für die Luft,
die ich atmete, Luft, die ihre Pflanzen für uns erzeugten, für die
mannigfaltige, die Seele erbauende Schönheit ihrer Dschungel
und Wasserfälle, die atemberaubende Herrlichkeit jeder winzigsten Pflanze, für jedes vollkommene Detail ihrer Schöpfung,
für jede Birne oder Pflaume, die ich je gegessen hatte. Ich sah
das alles nun als Geschenke an, die mir großzügig, in Freude
und für mein Glück überreicht wurden – ohne Erwartung einer Gegengabe. Und ich hatte ihr noch nicht einmal je dafür
gedankt. Ich konnte meine Gefühle nicht länger zurückhalten,

und aus meiner Tiefe heraufdrängende Schluchzer schüttelten mich, als ich ihr dankte und wieder dankte und mich dann für all die Jahre entschuldigte, in denen ich nicht genug wußte, um ihr zu danken.

Ich dachte an meine biologische Mutter und dankte ihr im stillen für die Knochen meines Körpers, das Fleisch und das Blut, die sie mir selbstlos geschenkt hatte. Plötzlich und vielleicht zum erstenmal in meinem Leben war ich dankbar für die Gelegenheit meiner Existenz, die Möglichkeit zu atmen, zu schmecken, zu riechen, zu sehen, zu hören und mit meinem Herzen zu fühlen. Ich hatte das Gefühl, gleich zu bersten oder loszuschreien oder zu singen, aber ich konnte nur seufzen und weinen.

Meine nun an die Dunkelheit gewöhnten Augen sahen in die geröteten Augen und tränenverschmierten Gesichter der anderen. Der Reihe nach trafen sich unsere Blicke, und wir bestätigten uns mit einem Nicken, daß wir alle irgendwie das gleiche erlebten, den tiefen Schmerz und die Schönheit, die es bedeutete, zu einer wirklichen Beziehung mit der Erde zu gelangen. Dies war die Initiation der vierten Ebene. Ich wurde mehr und mehr ein Kind der Pachamama. Sie liebte mich, und ich liebte sie und diese Menschen neben mir, meine Brüder und Schwestern. Niemand brauchte es mir zu sagen. Ich wußte es, ich fühlte es. Wir alle wußten und fühlten es.

Juan rief uns und holte uns aus der Dunkelheit heraus, heraus aus dem Schoß, heraus aus der Wiege unserer Mutter. Er rief uns zurück ins Licht und zur Fortsetzung unserer Arbeit. Wir sprachen nicht. Es war nicht nötig. Wir waren tief im Innern unserer selbst und doch durch unsere wechselseitige Erfahrung innigst miteinander verbunden. Das Wissen war so einfach, so profund.

»Seht ihr hier die fünf Nischen?« fragte Juan und deutete auf die Rechtecke aus Steinquadern. »Sie repräsentieren weibliche *ñust'as*, weibliche Energien der Natur. *Ñust'a* bedeutet Prinzessin oder weibliche Person aus königlichem Hause. Die Nischen enthalten die allerheiligsten weiblichen Energien der Natur, die wir nun in unsere *poq'pos* integrieren werden. Die erste Nische ist rot, die zweite schwarz, die dritte golden und die vierte silbern. Ihr werdet in jede Nische eintreten und alles vergessen, was ihr wißt. In jeder Nische opfert ihr der jeweiligen *ñust'a* eure ganze Macht und Kraft. Und wenn das geschehen ist, öffnet ihr euer gesamtes Energiesystem und empfangt Macht und Kraft von ihr.« Das war für mich ein schwieriges Konzept, da ich als Therapeutin die Leute ständig dazu zu bringen versuchte, ihre Macht und Kraft nicht wegzugeben. Doch dies hier war vielleicht etwas anderes, da es sich bei diesem Weggeben um einen bewußten Akt handelte.

»Wenn ihr mit allen vier Nischen gearbeitet habt, geht ihr zu diesem Stein und gebt ihm eure ganze schwere Energie.« Juan deutete auf einen großen eingemeißelten Steinsitz. »Dann bittet ihr darum, daß sich die vier Energien in eurem Innern vermischen, und gebt diese integrierte Kraft der letzten *ñust'a*.« Juan zeigte nach links auf eine von mir bislang unbemerkte fünfte Nische, die sich außerhalb des rechteckigen Raums mit den vier Nischen befand. »Sie ist grün. Empfangt ihren Segen.«

Wir nickten und begannen mit dem Ritual. Ich betrat die erste Nische, atmete aus und bot meine ganze Kraft der Nische und der *ñust'a* dar. Eine Woge der Angst rollte über mich hinweg, und ich fühlte mich ungeheuer verletzlich. Würde diese *ñust'a*, wenn ich hilflos in ihren Mauern stand, freundlich zu mir sein? Ich kämpfte um die Überwindung meiner Angst, und bald war vor meinem inneren Auge alles in ein Meer von Rot getaucht. Ich sah eine wunderschöne Prinzessin tanzen wie eine orientalische Bauchtänzerin. Sie trug vielschichtige rubinrote Gazegewänder, unter denen sich verführerisch nacktes Fleisch zeigte, einen Schleier und goldene Spangen. Sie war sinnlich und bewegte sich mit der Behendigkeit eines wilden Tiers. Sie nahm meine Energie, und als ich nicht mehr atmen zu können glaubte, begann sie Energie in mich einströmen zu lassen und füllte meinen *poq'po* mit einem pulsierenden tiefen Rot.

»Wechselt«, wies uns Juan mit ruhiger Autorität an. Ich stolperte aus der Nische und ließ mich in die nächste sinken. Als ich nun in der Nische der schwarzen *ñust'a* saß, sah ich Totenköpfe, Geppe, Knochen und verfaulendes Fleisch. Mir kamen viele Bilder von der zerstörerischen weiblichen Kraft. Ich dachte an Kali. Meine Angst steigerte sich, und mein Herz klopfte rasch. Ich nahm all meinen Mut zusammen und gab in einer gewaltigen Anstrengung, ohne Fragen und ohne Zweifel, all meine Kraft der schwarzen *ñust'a*. Sie tobte und wütete, und ich fragte mich, ob dies meine Bilder waren, die sie mir wegnahm. Sie waren furchtbar.

Die Bilder verflüchtigten sich, und ich fühlte die Energie der schwarzen *ñust'a* wie eine riesige Anakonda, glitzernd und machtvoll, vor Lebenskraft geradezu berstend, und dann nahm ich die schwarze Energie als Licht wahr, als schwarzes Licht. In schlangengleicher Bewegung stieg die Kraft in meinem Körper hoch, mein Rückgrat hinauf, und versuchte sich in mich einzugliedern, während ich dagegen ankämpfte. In meinem Kopf hallte die Stimme meiner Mutter wieder, endlose Wortfetzen wie: »Das ist nicht damenhaft. – Warum benimmst du dich nicht wie ein Mädchen? – Anständige Mädchen tun das nicht. – Anständige Mädchen sagen so etwas nicht. – Anständige Mädchen denken so etwas nicht. – Anständige Mädchen haben solche Gefühle nicht.«

Diese Energie war *nicht* damenhaft – sie war die rohe Macht und Stärke. Eindeutig weibliche Kraft. Aha! dachte ich, das muß die weibliche Kraft sein, vor der sich die Männer so sehr fürchten. Ich verstand es, als ich eine plötzliche Einsicht in dieses männliche Dilemma gewann; denn in diesem Moment fürchtete auch ich mich vor dieser Macht. Ich war trainiert worden, sie zu fürchten – doch gleichzeitig war sie integraler Bestandteil meiner Weiblichkeit, mein Geburtsrecht. Ich fühlte, wie sich mir die Nackenhaare sträubten und Angst und Faszination mich packten. Ich wollte mich dieser ganzen gesellschaftlichen Konditionierung entledigen, aber die Angst war übermächtig. Der nun losbrechende wildtobende innere Sturm war zu einem fiebrigen Höhepunkt gelangt, als Juan »wechselt« sagte. Dankbar hüpfte ich aus der Nische heraus, weg von der schwarzen *ñust'a*, und suchte in der nächsten Nische Zuflucht – der goldenen. Als ich mich dort niederließ, war ich mir wohl bewußt, daß ich nur vorübergehend gerettet war. Die schwarze *ñust'a* war mit mir noch nicht fertig.

In der goldenen Nische gab ich meine Kraft locker und problemlos weg und fühlte mich sofort von weichen, goldenen Lichtstrahlen umgeben. Meine Angst schmolz wie ein Eiswürfel in der heißen Sonne dahin, und meine Brust strahlte eine goldene, starke Wärme aus. Mit dem Aufgehen der Sonne in mir legte sich mein innerer Sturm allmählich ganz und gar. Ich dankte der goldenen *ñust'a* und begab mich zur nächsten Nische, nachdem Juan uns wieder mit einer Handbewegung zum Wechseln aufgefordert hatte.

Beim Betreten der silbernen Nische fühlte ich mich sofort in eine höhere Frequenz gezogen. Innerlich hatte ich das Gefühl von Mond und Sternen und Glockenklang. Plötzlich kam es mir so vor, als sei ich sehr groß und unglaublich dünn wie der Lichtfaden eines Sterns. Dann wurde mir klar, daß das nicht ich war, sondern daß ich mit sehr großen, silbrigen, weiblichen Wesen kommunizierte, die sagten, daß sie von den Sternen kämen. Sie erzählten mir, daß sie der höchste Aspekt der Silber-*Ñust'a* seien und ich nun bereit sei, sie in mich zu integrieren. Ich war von unermeßlicher Freude und Entzücken erfüllt und wollte ihren silbrigen Stimmen mit meinem ganzen Körper singend Ausdruck verleihen. Nur allzubald war es wieder Zeit zu wechseln.

Als nächstes ging ich zum Steinsitz, bedankte mich bei den *ñust'as* und bat die vier Energien, sich in mir miteinander zu verbinden, während ich meine *hoocha* entließ. Als Juan uns erneut zum Positionswechsel aufforderte, verbeugte ich mich tief vor der grünen *ñust'a*, bevor ich ihre Nische betrat. Auf einmal begriff ich, daß diese Nischen die Residenzen oder Heime dieser Naturenergien waren und ich als ein Gast auftrat, der sie in ihrem Haus besuchte. Ihnen meine Kraft darzubringen war nur höflich, so als brächte ich eine Flasche Wein zum Essen mit. Dieses Gedanken erleichterten mir irgendwie den Prozeß, und ich konnte der grünen *ñust'a* meine Kraft sehr viel freier überlassen.

Ich spürte, daß sich vier kleine Energiefäden, aus jeder Nische einer, in mich hinein erstreckten. Aus meiner inneren Sicht heraus war ich durch einen roten, schwarzen, goldenen und silbernen Faden mit jeder Nische verbunden, und ich brachte sie alle zusammen, um sie in die fünfte Nische einzubinden. Eine ungeheure Freude und das Gefühl von Ausdehnung erfüllten mich, als ich meine Kraft der grünen *ñust'a* gab und überaus exquisite und zarte Schattierungen des Grüns der Natur in mein Gewahrsein einzuströmen begannen. Diese grüne *ñust'a* war Freude, bedingungslose Liebe und Heilung. Juan wies uns an, zu wechseln, aber ich konnte mich nicht erheben. Schließlich schleppte ich mich nach einigen Augenblicken bewußter Anstrengung aus der Nische, setzte mich ein wenig zur Seite und wartete, bis die anderen mit ihrem Energieaustausch in den Nischen fertig waren. Ich wollte ein bißchen Stille, um ein letztes Gebet an die *ñust'as* zu richten. Die Begegnung mit ihnen war ein gewaltiges Privileg gewesen.

Juan signalisierte uns wortlos, daß es an der Zeit war zu gehen. Wir hatten noch mehr Arbeit vor uns. Wir wollten uns zu einer anderen, unter dieser gelegenen Höhle begeben, zum Eingang in die *ukhu pacha*, die untere oder innere Welt. Ich warf noch einmal einen letzten Blick auf die Nischen. Jede von ihnen schien mir nun zu leuchten und deutlichere und klarere Konturen als bei unserer Ankunft aufzuweisen. War es nur meine persönliche Wahrnehmung, oder hatte in den Nischen eine ener-

getische Veränderung stattgefunden? War es vielleicht beides?
Plötzlich nahm ich ein Gefühl von Dankbarkeit wahr, so als
hätten wir den *ñust'as* tatsächlich einen Dienst erwiesen, sie
durch unser Ritual aktiviert, und als wären auch sie uns für
diesen Austausch dankbar.

Mich für meine Gedanken schämend blickte ich zu Boden
und nahm aus den Augenwinkeln am Rande meines Gesichts-
feldes vier weibliche Gestalten wahr, die nach Art der rubinro-
ten *ñust'a* wie arabische Prinzessinnen in Rot, Schwarz, Gold
und Silber gekleidet, sich ein wenig aus ihren Nischen heraus-
lehnten. Aus Angst, die Gestalten würden verschwinden, hielt
ich den Blick reglos. Mit einer fließenden Bewegung verbeugten sie sich erst tief vor mir, dann voreinander und zogen sich
schließlich in ihre Nischen und damit aus meinem Blickfeld zurück. Ich schnappte nach Luft. Rasch warf ich einen Blick auf
die Nische der grünen *ñust'a* und sah dort in ihrem Zentrum, inmitten eines intensiv grünen Energiefeldes, ein Paar zum Gebet
gefaltete Hände schweben. Ein Gefühl von tiefer Weisheit und
Wissen hüllte mich ein – ein Wissen über Hände und Heilen.
Die Hände verharrten dort, während ich sie anstarrte, und obgleich ich keine Gesichtszüge, keine Augen sah, hatte ich doch
das Empfinden, intensivst angeblickt zu werden.

Einen Augenblick später kam Juan zurück, um die Nachzügler einzusammeln, blieb jedoch abrupt stehen, als er mich sah.
Seine Augen weiteten sich, und sein ganzes Gesicht verzog sich,
als er in erheitertes Gelächter ausbrach. »Oho, oho Elizabeth«,
sagte er mit Lachtränen in den Augen, »dafür bist du also her-
gekommen.«

Ich holte tief Atem, bevor ich Juan durch das Gewirr riesiger
Farnsträucher und Dschungelpflanzen folgte, das den Pfad hinunter zur nächsten Höhle fast völlig verdeckte. Ich war mir
nicht sicher, noch mehr vertragen zu können. Jede einzelne Erfahrung von heute war bereits tiefgründig genug, um wochen-

lang darüber nachdenken zu können, und doch waren wir noch nicht fertig.

Geduckt schlüpfte ich durch den niedrigen Höhleneingang und stellte fest, daß sich die anderen auf ihre zusammengefalteten Regenponchos gesetzt hatten. Der Boden der Höhle war kalt und naß. Ein Dutzend Fledermäuse schreckten uns auf, und es wurden ein paar spitze Schreie ausgestoßen, als sie dicht über unsere Köpfe hinweg zur Höhle hinausflatterten. Doch *wir* waren diejenigen, die vorübergehend in *ihr* Zuhause eingedrungen waren.

»Das ist der einzige völlig intakte Inka-Tempel, der meines Wissens heute noch existiert«, erklärte Juan. »Ich sage ›intakt‹, weil ihr, wenn ihr in die Nischen dort drüben schaut, seht, daß sie noch die originalen *huacas* enthalten.« Nachdem sich unsere Augen allmählich an das Schummerlicht gewöhnt hatten, entdeckten wir, daß sich in der Grundmitte einer jeden der acht Nischen ein schwarzer Stein von der Größe einer Grapefruit bis hin zu der eines Fußballs befand. »Dies ist der Ort, an dem wir in direkten Kontakt mit *ukhu pacha*, dem Ort des letzten freien Inka, Huascar, treten können.«

»Juan, was genau ist die *ukhu pacha*? Ist sie das Unbewußte?« fragte Maryann.

»In gewisser Weise ja, in gewisser Weise nein. Sie ist ein Ort in uns selbst, ein Ort, an dem ihr dem begegnen könnt, was Jung die ›Kräfte des Unbewußten‹ nannte, aber sie ist noch weitaus mehr als das. Sie ist buchstäblich eine Örtlichkeit im Innern der Erde; sie ist dort, wohin sich Huascar und Atahualpa begaben, wenn ihr euch entsinnt, als sie das *ayni* eines Reiches nicht zurückgeben konnten. Es existieren machtvolle Wesen und Energien in der *ukhu pacha*, aber sie sind nur nützlich, wenn sie zuvor im Selbst strukturiert und gezügelt wurden. Mit diesem Ritual hier bringen wir Ordnung in die Kräfte der *ukhu pacha*. Wie Jung sagte, kann man den Schatten nicht töten. Wir in den Anden wollen den Schatten gar nicht töten, aber wir wollen ihn durchaus ordnen. Das muß man erfahren; wenn wir zuviel darüber reden, geht die Schubkraft für unsere Arbeit verloren. Aber zunächst müssen wir uns vorbereiten.

Wir haben unseren *poq'po* gereinigt und mit der Praxis der Fusionierung von Energiefeldern gearbeitet. Hier werden wir nun mit Hilfe der Kraft dieser Höhle – die eine mächtige Verschlingerin schwerer Energie ist – unsere *poq'pos* auf sehr tiefer Ebene reinigen.« Die Gruppe saß aufmerksam da und wartete begierig auf die nächsten Instruktionen für diese faszinierende Reise. Es war klar ersichtlich, daß wir bereits unter dem Einfluß dieses Höhlentempels standen, der sich so völlig anders als die Pachamama-Höhle anfühlte. Diese Höhle hatte fast etwas Angsteinflößendes an sich. Ich holte tief Luft und dachte, daß es sich um meine eigene Angst vor den »unbewußten Kräften« handeln mußte. Man spürte hier eine rohe Kraft, und ich wußte aus meiner Zeit mit Ricardo sehr wohl, daß rohe Kraft oder Macht allen möglichen Schrott anzog. Ich zumindest war erleichtert, daß wir erst eine Reinigung vornehmen würden. Es fühlte sich angemessen an.

Juan fuhr mit seiner Erläuterung fort. »Wir haben soviel über den *poq'po* gesprochen, weil wir bei dieser Arbeit feststellen werden, daß wir tatsächlich durch Lebensenergie aneinandergebunden sind. In der Schlangenhöhle habt ihr die schwere Energie geläutert, die ihr im Moment eurer Empfängnis von eurer Mutter und eurem Vater erhalten habt. Doch hier werden wir mit einem noch größeren Energiefeld arbeiten. Erst müßt ihr alle Freunde und Freundinnen, Geliebte, Kollegen und Bekannte, die ihr habt, jede Beziehung, die ihr mit jeder euch bekannten Person habt, visualisieren. Seht es nun als ein Lichtnetz an, das euch alle mit kleinen Energiefäden zusammenbindet.«

Die Höhle wurde sehr klein und fern, als ich Juans Anweisung Folge leistete. Aber ich hörte noch seine Stimme, als er weitersprach: »Nutzt die frisch erweckte Kraft eures *qosqo*, die Kraft der Pachamama und der *ñust'as* und die Kraft dieser Höhle zu eurer Unterstützung, während ihr die ganze schwere Energie aus diesem Netz herauszieht. Zieht sie mit eurem *qosqo* heraus und entlaßt sie in die *ukhu pacha*. Für die Wesen dort ist eure schwere Energie feine Energie. Macht aus eurer *hoocha* eine Opfergabe für sie. Ihr gebt ihnen Nahrung.«

Gesicht um Gesicht zog an mir vorbei – Bilder von meiner Familie, von meinen Freundinnen und Freunden, von Menschen, die ich liebte, von Menschen, die ich nicht einmal mochte, von alten Liebschaften, von vergangenen und gegenwärtigen problematischen Situationen –, all das strömte in mein Bewußtsein ein. Nach einer Weile wollte ich diese Gesichter nicht mehr sehen, also hörte ich auf, sie zu betrachten, und sie verschwanden. Dann fühlte ich nur noch einen Energiefluß, als hielte ich mich an einer großen Röhre fest, durch die ungeheure Mengen von Schmutzwasser geschwemmt wurden. Ich wartete, bis dieser Energiefluß verebbte, und als ich mir dann wieder das Netz ansah, funkelte es wie Indras Netz. Ich öffnete die Augen, als erwachte ich aus einem tiefen Traum. Um mich herum begrüßten mich Babygesichter, und alle fingen zugleich an zu reden, berichteten überschwenglich von dem, was sie gesehen und gefühlt hatten.

»Jetzt sind wir für die schwere Arbeit bereit«, sagte Juan mit lachenden Augen, nachdem sich alle wieder beruhigt hatten. »Erst müßt ihr euch mit jeder dieser Nischen verbinden, mit jedem der Steine Energie austauschen, so wie ihr es mit den *ñust'as* gemacht habt. Ihr müßt bei der rechten äußeren Ecke anfangen und euch bis zur Mitte vorarbeiten, dann fangt ihr wieder bei der linken äußeren Ecke an und arbeitet euch bis zur Mitte vor. Der Stein im Zentrum muß der letzte sein, mit dem ihr Energie austauscht. Das ist der Stein des Inka Huascar. Bei diesem Stein macht ihr etwas anderes; hier gebt ihr den Befehl, daß sich durch die Macht des Huascar alle Energien selbst ordnen. Ruft den Geist des Huascar um Hilfe an.«

»Aus welchem Material sind diese Steine, Juan?« fragte Nina.

»Wenn du versuchst sie aufzuheben, wirst du feststellen, daß sie sehr schwer sind. Es sind Meteoriten.«

Uns in einer gewissen organischen Ordnung aufstellend, tasteten wir uns langsam im Dunklen vor. Nacheinander näherten wir uns den in die Felswände eingelassenen Nischen, die sehr viel kleiner waren als die der *ñust'as*. Sie waren etwa hüfthoch, und wir hatten gerade nur Raum, um uns hinunterzubeugen und mit den Händen die *huacas* zu umfassen, ohne mit dem Kopf gegen die niedrige Höhlendecke zu stoßen. Nach kurzer Zeit bemerkte ich, daß die energetische Auswirkung der *huacas* die Leute allmählich verwirrte und sie gleich auf den Inka-Stein zusteuern ließ. So beschloß ich, außerhalb der Reihe zu bleiben und die einzelnen Personen dirigieren zu helfen: zuerst zu den Nischen rechts in der Höhle, dann zu den Nischen links und schließlich zum zentralen Stein des Huascar. Doch bald wurde es ziemlich offensichtlich, daß mein »Helfen« zumindest teilweise der Versuch war, der anstehenden Aufgabe zu entfliehen. Die letzte Person war bereits mit der ersten Nische fertig. Ich war an der Reihe.

Ich näherte mich der ersten Nische in der finsteren und modrigen Ecke der Höhle. Ich streckte die Hände in die dunkle Nische hinein und dachte an Spinnen und Fledermauskot. Und als meine Hand den Stein berührte, fühlte er sich natürlich auch naß und schmierig an. Rasch zog ich die Hand zurück und war mir sicher, daß sie von irgendeinem ekelerregenden Urschleim überzogen war. Doch nichts. Meine Hand war völlig trocken. Als ich die Hand wieder ausstreckte, stellte ich fest, daß der Stein einfach nur sehr kalt war, selbst nachdem elf Paar Hände länger mit ihm in Kontakt gekommen waren. Ich schloß die Augen und fühlte gar nichts. In der Tat übermannte mich plötzlich das Gefühl, daß alle irgend etwas erlebten, nur ich nicht. Ein Anfall von Neid und Eifersucht machte sich in meinen Eingeweiden breit, und ich wollte mich verstecken. Dann entsann ich mich meiner Praxis, stabilisierte mich und entließ meine schwere Energie durch den *poq'po*. Es war nicht ich. Es war der Stein! Er strahlte Eifersucht aus!

Meine Routine verlieh mir eine gewisse innere Distanz, und mir wurde klar, daß ich, anstatt von Eifersucht überwältigt zu werden, diese Empfindung in meinen Händen hielt. Ich brachte meinen rationalen Verstand zur Ruhe, und die Eifersucht wurde zu einer greifbaren Kraft, der ich mich nähern oder von der ich mich auch entfernen konnte. Als das Spiel flüssiger wurde, ich mich allmählich nicht mehr mit der Eifersucht identifizierte und sie objektiver wahrnehmen konnte, erlebte ich sie als eine strukturelle Beschaffenheit, als Energiemuster, das nun leicht durch meinen *poq'po* und in die Pachamama fließen konnte. Ich entsann mich, daß das Quechua-Wort für Ritual – *pujllay* – wortwörtlich »Spiel« oder »heiliges Spiel« bedeutete. Doch es war Zeit für den nächsten Stein.

Auf dem Weg zur nächsten Nische fühlte ich mich sehr erhoben durch meine Entdeckung. Und als ich meine Hände auf den nächsten Stein legte, der runder und flacher war als der erste, war ich in der Tat sehr stolz auf mich und wollte allen erzählen, daß ich das Geheimnis der Steine enträtselt hatte. Ja, ich wollte es herausschreien, damit sie sahen, was für ein besonderer Mensch, wie intelligent, wie brillant ich war. Und während diese Gefühle in mir aufwallten und zu einem Gipfelpunkt gelangten, begriff ich, daß dies der Stein des Stolzes war. Stolz war schon immer einer meiner Fallstricke gewesen. »Griechischer Stolz«, pflegte meine Mutter zu sagen. Ich wußte nur, daß er mich in meinem Leben in die gräßlichsten Schwierigkeiten gebracht hatte – zu stolz, um um Hilfe zu bitten, zu stolz, einen Fehler zuzugeben, zu stolz, um irgend jemanden zu brauchen. Ich versuchte es wie beim ersten Stein zu machen und mich von diesem Gefühl zu lösen, aber hier konnte ich einfach nicht zur nötigen Distanz gelangen. Diese Energie existierte zweifellos in meinem *poq'po*, aber ich hatte sie noch nicht beherrschen gelernt – sie beherrschte noch immer mich. Ich konnte nichts weiter tun, als dies zur Kenntnis zu nehmen und zum nächsten Stein zu gehen.

Als ich diesen massiven schwarzen Stein berührte, der merkwürdigerweise wärmer war als die anderen, erlebte ich ein angenehmes Summen in meinem Körper. Mir kam plötzlich der Gedanke, daß es schon fast ein Uhr mittags sein mußte, ganz schön spät für meine übliche Essenszeit. Ich stellte mir träumerisch vor, was ich essen wollte – einen Hamburger mit Tomaten und viel triefendem süßen Senf und Mayonnaise. Mir wurde der Mund wäßrig, und plötzlich füllte sich mein Bewußtsein mit Bildern von Dingen, die ich wollte: was ich essen wollte, was ich tun wollte, wie spirituell ich sein wollte, Geld, Ruhm, Einfluß. Ich wollte alle diese Dinge. Wollen – nichts als wollen. Den einen Augenblick sah ich mich in Johnny Carsons Talk-Show, den nächsten wurde ich von sexuellem Verlangen erfaßt. Wieder einmal hatte mich der Stein übertölpelt. Ich stand am Stein des Verlangens. Ich begann mit dem Verlangen zu spielen und merkte, daß sich dieses Verlangen zu spielen nur noch ins Uferlose steigerte. Wieder konzentrierte ich mich darauf, meine schwere Energie zu entlassen, und mein Verlangen begann abzuebben, verschwand aber erst völlig, als ich den Stein verließ und zur nächsten Nische ging.

Die nächsten drei Steine waren Wut, Angst und Scham. Ich hatte das Gefühl, diese Energien ganz gut erkannt und ein wenig mehr Klarheit über den Umgang mit diesen Energien in meinem Leben gewonnen zu haben. Tatsächlich war ich richtig hochnäsig geworden, als meine Hand den letzten Stein berührte. Doch während des tiefen Austauschs mit diesem Stein wurde mir allmählich klar, daß ich keine Ahnung hatte, ob die anderen diese Steine in gleicher Weise erlebten wie ich. Ich hatte es einfach angenommen. Wie egoistisch! Als ich nun an all die Aspekte in mir selbst dachte, welche die Steine in mir aufgerührt hatten –

die Gier, den Neid, die Selbstverherrlichung – empfand ich eine zwanghafte Abscheu vor meinen eigenen Gedanken und Gefühlen. Ich wollte nichts lieber als von mir selbst wegrennen. Zweifellos war ich bei der letzten Herausforderung angelangt, am Stein des Selbsthasses!

Es war Zeit, dies alles mit dem Stein des Inka in Einklang zu bringen. Zumindest hoffte ich, daß dieser Stein eine gewisse Hilfe bringen würde. Ehrerbietig näherte ich mich dem letzten *huaca*, der fast dreimal so groß war wie die anderen Steine. Und da ich nun einen gesunden Respekt vor der potentiell machtvollen Auswirkung dieser Steine hatte, betete ich zuerst, bevor ich den Stein berührte. Ich betete mit meinem ganzen Sein, den Inka bittend, er möge mir helfen, diese Kräfte zu ordnen und ihre Energien für einen konstruktiven Zweck in meinem Leben zu nutzen. Ich kniete vor dem Stein des Inka nieder, und obgleich es dunkel war, konnte ich sehen, daß er eine hellere Farbe hatte. Es war ein weißer, mit Rot und Schwarz durchzogener Stein. Seine Energie war ganz anders als die der anderen Steine; er strahlte eine hohe Schwingung aus, welche die Moleküle meines Körpers zu lockern schien. Ich kniete in tiefer energetischer Verbundenheit lange Zeit vor dem Stein, war mir meiner Umgebung gar nicht mehr bewußt und fragte mich, ob mein Unbewußtes denn tatsächlich geordnet werden konnte. Ich nahm kurz eine sehr machtvolle Kraft wahr, eine Kraft, die geschmolzenes Magma in Bewegung setzen konnte und sich tief und langsam in mir regte. Es war eine Hand des Feuers, die sich mit der Macht eines göttlichen Willens bewegte, langsam, gewiß, diese unbewußten Kräfte zähmend, sie wieder an ihren Platz zurückbeordernd. Als dieser Energieaustausch zu seinem Ende gelangte, wußte ich, daß es eine sichere Möglichkeit gab, die Auswirkungen dieses Rituals zu testen. Ich würde in den folgenden Wochen und Monaten beobachten müssen, wie sich dieser letzte Teil des Rituals in meinem Leben auswirkte.

Schließlich stand ich auf und verließ die Höhle, während

sich der Rest der Gruppe bereits draußen versammelt hatte und die Wärme der starken Nachmittagssonne in sich aufsog. »Wir müssen eine Entscheidung treffen«, informierte uns Juan. Viele vibrierten noch immer von der Intensität der *Ukhu-pacha*-Höhle. »Wir haben für den Weg hinunter fast drei Stunden gebraucht. Wenn wir jetzt noch den letzten Bus zu unserem Hotel erwischen wollen, müssen wir den Rückweg in der Hälfte der Zeit schaffen.« Juan zog eine Augenbraue hoch, um der Herausforderung Nachdruck zu verleihen.

»O nein!« rief Julia, eine vergnügte, korpulente Frau mit kastanienbraunem Haar. Sie war Mitte Fünfzig und hatte schon den ganzen Tag Schwierigkeiten mit unserem physischen Tempo gehabt. »Das ist unmöglich. Ich hatte schon genug Mühe, hier runter zu kommen. Keine Chance.«

»Na, na«, tadelte Juan sie, »es *gibt* eine Chance, und mir ist gerade klar geworden, worin sie besteht. Ihr erinnert euch alle an den Haufen *gusanos* – wie sagt ihr? – *Würmer*, den wir heute morgen gesehen haben.« Allgemeines Kopfnicken in der Runde, da sich jeder an diese Begebenheit am frühen Morgen erinnerte, die mittlerweile schon wochenlang her zu sein schien. »Pachamama hat uns gezeigt, wie wir unsere kollektive Energie benutzen können, um uns als Gruppe in Marsch zu setzen. Julia, du gehst voran ...«

»Nein, das kann ich unmöglich«, protestierte Julia.

»Du führst die Reihe an«, beharrte Juan sanft und sah ihr tief in die Augen. Dann legte er seine Hände auf ihre Schultern und dirigierte sie an die Spitze der Gruppe. »Elizabeth, du gehst hinter ihr und hältst deinen *qosqo* offen, schiebst sie mit deiner Energie hinauf, während du deinerseits einen Energieschub von der Person hinter dir erhältst. Jede Person hinter dir wird das gleiche tun, und ich gehe als letzter in der Reihe. Wir werden eine *amaru* bilden, eine Schlange der Lebensenergie, und es wird ganz leicht gehen – ihr werdet sehen.« Juan sprach mit solcher Zuversicht und Überredungskunst, daß selbst Julia kein Gegenargument mehr einfiel. Abgesehen davon machte es Spaß, sich die Gruppe als lange Energieschlange vorzustellen. Dieser Gedanke verwandelte eine düstere Aussicht in eine interessante Herausforderung, und nun freute ich mich sogar schon auf den Weg zurück nach oben. Gott sei Dank verblieb uns nicht allzuviel Zeit, darüber nachzudenken, bevor wir uns auf den Weg machten. Und im übrigen schien die körperliche Anstrengung zwischen jedem Ritual die Energie integrieren zu helfen.

Wir bildeten, zunächst etwas unbeholfen, eine Schlange. Nach etwa fünfzehn oder zwanzig Minuten schien die Gruppe in einen natürlichen Rhythmus zu verfallen, und unsere »Schlange« wand sich in ziemlich gutem Tempo die Kurven und Windungen des Bergpfads hinauf. Ich spürte, daß sich Julia anfangs gegen meine Schubkraft wehrte. »Julia«, sagte ich ruhig, »laß mich dir helfen.« Mehr schien sie nicht zu brauchen, denn bald stürmte sie buchstäblich den Pfad hinauf uns allen voran, und wir schwatzten und lachten, während wir durch den herrlichen, dampfigen Dschungel aus Bambus und riesigen Farngewächsen marschierten. Ab und zu wurde der Pfad von kurzen Inka-Steintreppen unterbrochen, die in den massiven Fels eingehauen waren. Es regnete nur leicht, gerade so viel, um uns zu erfrischen, und neben unseren eigenen Geräuschen hörten wir nur noch die seltsamen Trillerrufe des peruanischen »Urwaldhuhns«.

Wir legten keinen Halt ein, bis wir oben angelangt waren, wo jemand auf die Uhr sah. »Genau anderthalb Stunden!« verkündete Juan stolz, strahlte Julia an und schloß sie, sie beglückwünschend, in die Arme. »Danke, daß du uns nach oben geführt hast«, sagte er. Julia konnte nur den Kopf schütteln und murmeln: »Ich glaub's nicht. Ich glaub's immer noch nicht.« Kleine Tränen zeigten sich in ihren Augenwinkeln, als sie Juan und die Gruppe ansah. »Ich danke euch. Ohne euch hätte ich es nie geschafft.«

»Juan«, flüsterte ich und zog ihn beiseite, »woher wußtest du, daß sie es schaffen würde?« Als »Führerin« unserer Gruppe hatte ich mir Sorgen gemacht.

»Ich sah eine Frau mit einer enormen Willenskraft«, erwiderte er in sachlichem Ton. »Sie brauchte nur einen Grund, sie einzusetzen, das ist alles.« Ich war froh, daß es Lehrer wie Juan gab. Wir langten am vorderen Eingangstor der Festungsanlage an und hatten noch reichlich Zeit, den letzten Bus zu unserem Hotel zu erreichen.

Die Morgendämmerung zog herauf, der Himmel war klar und wolkenlos, aber es gab keine Garantie, daß es so bleiben würde. In Machu Picchu konnte das Wetter binnen Minuten umschlagen. Wir packten dementsprechend unsere Sachen ein und betraten, nach einem eilig eingenommenen Frühstück und rascher Busfahrt, wieder im frühen Morgenlicht die phantastische Anlage von Machu Picchu. Wir folgten Juan, der sich nach rechts wandte, und langten bald am Pachamama-Stein an, der den schon vertrauten Eingang bewachte. Heute stand uns eine riesige Herausforderung bevor. Wir würden auf den Gipfel des Huayna Picchu klettern, um dort eine Begegnung mit den *Apus* zu haben.

Diesmal führte ein Pfad bergauf, der zuweilen aus nichts weiter bestand als aus endlosen Stufen aus Fels- und Geröllblöcken, die sich immer weiter hinauf in die Wolken über Machu Picchu erstreckten. Während wir den steilen Zickzackweg hinaufkletterten und nach Luft rangen, erhaschten wir ab und zu einen Blick auf das Tal und den Willkañust'a-Fluß tief unten. An gewissen Stellen des Pfads waren Inka-Treppen – eigentlich mehr steinerne Leitern – in den Fels eingehauen, die wir, ohne einen Blick nach unten zu werfen, immer nur Stufe um Stufe erklimmen konnten, wollten wir nicht riskieren, daß uns angesichts eines sich unter uns öffnenden dreihundert Meter tiefen Abgrunds schlecht wurde.

Nachdem wir kurz vor dem Gipfel um eine Kurve gebogen waren, bot sich uns ein fast unbeschreiblich spektakulärer Anblick. Sanft smaragdgrüne Berge, durchzogen von glänzenden nadeldünnen Wasserfällen, und samtschwarze oder leuchtend weiße schneebedeckte Gipfel erhoben sich über üppig subtropischen Tälern mit silbrigen Flüssen. So weit das Auge reichte, dehnte sich diese magische Landschaft in jede Richtung hin vor uns aus. Und allerorten ein herrliches Pulsieren, der Herzschlag der Pachamama. Botschaften von der ungeheuren Lebendigkeit der Erde strömten durch sämtliche Sinnesorgane in uns ein, Augen, Ohren, Nase, Haut; alle unsere Zellen wurden elektrisiert durch ihre strahlende, glanzvolle Vitalität. Hier hätte selbst der hartgesottenste Skeptiker uns durch kein Argument, keine reduktionistische Philosophie oder wissenschaftliche Daten davon überzeugen können, daß die Erde kein eindeutig lebendiges, pulsierendes Wesen ist. Hier im Angesicht und der körperlichen Erfahrung der Macht der Großen Natur war ein solcher Gedanke unvorstellbar und absurd.

Und noch exquisiter war der Anblick der Festung Machu Picchu tief unter uns, ein in wirbelnde Nebelschleier eingehülltes Juwel. Ihre langen Steinterrassen und anmutigen Gehwege durchzogen den Berg in organisch natürlicher Linienführung. Elegante weiße Steintreppen und rechteckige Gebäude, in perfekter Harmonie in ihre Umgebung eingepaßt, kündeten von einer Architektur, die ein heiliges Lied war, eine Ode an die Großartigkeit der natürlichen Schönheit der Berge.

Als wir wieder zu Atem gekommen waren, versammelte Juan uns um sich, um uns die nächsten Anweisungen zu geben. »Seht ihr die Höhle da oben?« fragte er und deutete auf ein kleines schwarzes Loch, das teilweise von Farngewächsen überwuchert war. »Dies ist ebenfalls eine Pachamama-Höhle. Aber hier müssen wir uns unserer ganzen weiblichen Energie entledigen und zu jungen Männern werden. Die Spitze des Huayna Picchu ist ein ganz und gar männlicher Ort. Es ist ein Ort, um sich neue männliche Energie einzuverleiben. Hier werden wir unsere Geschlechtsunterschiede nutzen, um einander zu helfen. Alle Frauen in der Gruppe kommen mit mir. Ihr Männer bleibt hier; ich bin in ein paar Minuten zurück, um euch zu instruieren.« Wir Frauen folgten Juan, der uns hinauf zu der dunklen Öffnung führte. Es war das erstemal, daß wir uns in zwei Gruppen aufteilten. Natürlich waren wir mehr Frauen als Männer in der Gruppe, aber mit Juan und dem anderen Führer dazugerechnet, war das Verhältnis einigermaßen ausgeglichen – acht Frauen und sechs Männer.

»Bitte, meine Damen, geht hinein und findet für euch einen Platz an den Höhlenwänden.« Wir betraten etwas, das eher wie ein langer dunkler Tunnel als eine Höhle aussah; der Boden war naß, und der einzig vernehmbare Laut war der des ständig an den Höhlenwänden heruntertropfenden Wassers. Sorgsam über große Pfützen hinwegsteigend fanden wir Stellen, wo wir stehen und uns mit dem Rücken gegen die Höhlenwand lehnen konnten.

»Ihr werdet jetzt euren Brüdern helfen, sich ihrer größten Urangst zu stellen«, sagte Juan vom Höhleneingang her. »Anfangs wird es euch vielleicht merkwürdig oder nicht recht vorkommen, das zu tun, aber ihr müßt wissen, daß ihr ihnen einen höchsten Dienst erweist. Gebt erst alle eure schwere Energie an die Höhlenwände ab. Danach verschmelzt mit der weiblichen Kraft dieser Höhle. Werdet vollkommen magnetisch, eins mit Pachamama. Wenn ihr das getan habt, gebt mir ein Signal. Aber seid bereit. Wenn ihr die Männer hier am Höhleneingang ankommen seht, öffnet eure *qosqos*. Und wenn sie dann durch die Höhle gehen, müßt ihr ihre ganze männliche Kraft ›verspeisen‹. Zieht sie mit euren *qosqos* an.«

Eine eisige Stille senkte sich über uns Frauen, und ein Gefühl tiefer Besorgnis machte sich in der Höhle breit. Diese Vorstellung ließ mein Nervensystem erzittern, denn sie kollidierte mit einem tief unbewußten Tabu. *Das* war es, was Männer an Frauen am meisten fürchteten – unsere Macht zu absorbieren, magnetisch zu sein! Und doch produzierte dieser Gedanke in noch tieferen Schichten meines elementaren Wesenskerns einen unerwarteten wilden Freudenschrei. »*Ja*!« schrie ich heraus, und die Intensität meines stimmhaften Ausbruchs verblüffte sogar mich selbst. Und zu meiner weiteren Überraschung hallte die Höhle nun von den zustimmenden Rufen der anderen Frauen wider. »Gut«, sagte Juan und ging davon.

Juans Anweisungen Folge leistend, begannen wir nun unsere schwere Energie an die Höhlenwände abzugeben. Spontan atmeten wir gemeinsam ein und setzten unsere schwere Energie mit einem lauten Ausatmen frei. Nach einigen Minuten intensiven Atmens begann in den verschiedenen Ecken der Höhle ein gleichzeitig einsetzender leiser Singsang: »Pachamama – Pachamama – Pachamama – Pachamama«, die Stimmen der Frauen wurden lauter, während wir uns mit der Kraft der großen Verspeiserin von schwerer Energie, Pachamama, verbanden. Und als dieser Gesang sich zum Crescendo steigerte, streckte ich rasch den Kopf aus dem Höhleneingang und signalisierte Juan, daß wir bereit waren.

Die energiegeladene, mit magnetischer weiblicher Kraft angefüllte Atmosphäre der Höhle intensivierte sich noch, als wir den ersten Mann sich der Höhle nähern hörten. Wir öffneten unsere *qosqos* und machten uns bereit, seine männliche Kraft zu »verspeisen«. In diesem Augenblick wußte ich, daß wir als Frauen auf energetischer Ebene dazu geschaffen waren, dies zu tun – rezeptiv, empfänglich zu sein –, nicht im herkömmlichen passiven Sinn des Wortes, sondern vielmehr aktiv zu absorbieren und unsere magnetische Kraft einzusetzen. Tatsächlich mußten wir Frauen, als wir diese Kraft nicht mehr direkt zum Ausdruck bringen konnten, uns in dieser Fähigkeit verbiegen und wurden so passiv-aggressiv.

Als der erste Mann in unsere Mitte trat, entzogen wir ihm, tief einatmend, vorbehaltlos seine männliche Kraft und genossen ehrlich gesagt dieses Gefühl. Ich erlebte eine ungeheure Freisetzung psychischer und medialer Energie durch die Erlaubnis, diese Handlung als Ritual durchführen zu dürfen, ganz bewußt und ohne Scham und tief im Innern wissend, daß ich damit meinem Bruder half und ihn heilte.

Die dunkle Silhouette des Mannes geriet ins Schwanken, und für einen Augenblick verlor er die Balance, als er sich durch unsere weibliche Höhle tastete und dem Ausgang an ihrem anderen Ende zustrebte. Er mußte auf seinem Weg durch den fast fünf Meter langen Bergtunnel einige Minuten dieser tiefen energetischen Reinigung aushalten. Als er ihn am anderen Ende verließ, kam der nächste Mann herein und fiel nach ein paar Schritten auf die Knie – wir wußten nicht, ob aus Angst oder in Ekstase. Wir fuhren mit unserer genußvollen Absorbierung fort, reinigten den *poq'po* des zweiten Initianden, während er einige Male vergeblich versuchte, sich zu erheben, und schließlich auf allen vieren dem Ausgang entgegenkroch. Er kam einfach nicht wieder hoch, bis der erste Mann ein Bein und einen Arm durch die Ausgangsöffnung streckte und ihm wieder auf die Beine und aus der Höhle heraushalf, weg von den verschlingenden Weibern. Erst da sah ich, daß der erste Mann Juan gewesen war.

Vier weitere Männer passierten einer nach dem anderen die Höhle, ein jeder zitternd oder in tiefer Träumerei versunken; die Zeitlupenbewegung ihrer Glieder zeugte von der Tatsache, daß sie sich nun durch eine zähflüssigere Materie als die der gewöhnlichen Luft bewegten.

Als alle männlichen Initianden die Höhle durchquert hatten, rief uns Juan durch die Öffnung zu, daß wir unsere ganze weibliche Kraft als Opfergabe an die Pachamama in der Höhle zurücklassen und durch den Höhlenausgang herauskommen sollten. Es war keine einfache Aufgabe, sich dieser potenten magnetischen Kraft zu entledigen, die so sehr Teil von uns geworden war. Doch gleichzeitig erleichterte es uns zu wissen, daß wir uns nicht weiter mit einem einzigen Energietypus identifizieren mußten, sondern nun aus ihm heraus- und in etwas anderes hineinschlüpfen konnten. Aber in was? Die überraschende Antwort wartete jenseits des Höhlenausgangs.

Ich drängte mich durch den schmalen Höhlenausgang, während kühle Wedel von überhängenden Farnpflanzen an meiner Haut vorbeistrichen. Und als ich in das helle Sonnenlicht trat, hüllten mich starke Männerarme in einer herzlichen Umarmung ein, die wie die Sonne war.

»Empfange die neue männliche Kraft«, hörte ich Juan sagen. Ich war aus einem Energiefeld heraus- und in ein anderes eingetreten, das völlig andersartig aber komplementär war. Ich nahm das tröstliche, schützende Gefühl dieser Umarmung in mir auf, wobei mir klarwurde, daß ich persönlich in meinem Leben diese Art von männlicher Energie nur selten erlebt hatte. Herzlicher, liebevoller Schutz, Sicherheit, Integrität, Kraft und Macht im Sinne von Vermögen – all das kam für mich in dieser Umarmung zusammen. Es war eine männliche Energie, die das Weibliche nicht fürchtet oder haßt, sondern sich in Harmonie damit befindet.

»Nimm diese neue männliche Energie völlig in deinen *poq'po* auf und laß für den Moment zu, daß du ganz und gar männlich wirst«, wies mich Juan an. Überraschenderweise war dies überhaupt nicht schwierig. Ich wollte mich mit dieser Art von männlicher Kraft und konstruktiver Macht identifizieren. Die männlichen Initianden hatten ganz gewiß ihre Grenzen erweitert, und das inspirierte mich, das gleiche zu tun. Ich stellte mich mir nun als einen Knaben vor. Und als ich aufsah, bemerkte ich, daß ich von weiteren in tiefer Umarmung versunkenen Paaren umgeben war.

»Juan«, fragte eine der Frauen erschöpft, »was ist gerade passiert?«

»Ihr habt gerade eine echte Erfahrung von *yanantin* gemacht. Laßt mich das erklären. *Yanantin* ist ein fundamentales Prinzip des andinen Weges. Der Begriff bedeutet ›harmonische Beziehung zwischen verschiedenen Dingen‹. Als Männer und Frauen im biologischen Sinn habt ihr sowohl das Männliche als auch das Weibliche in euch. Bei dieser Zeremonie konntet ihr euch wechselseitig in eurer potentesten Form erleben. Ihr Frauen habt in der Höhle, bei eurem an die Pachamama gerichteten Ritual eure *poq'pos* ganz und gar auf die Schwingungsebene eurer weiblichen Seite gebracht. Wir Männer haben, während wir noch draußen vor der Höhle waren, ein an die Sonne gerichtetes Ritual durchgeführt und unsere *poq'pos* in unsere männlichste Polarisation gebracht. Als wir dann die Höhle passierten und euch unsere männliche Kraft anboten, habt ihr uns geholfen, indem ihr unsere ganze männliche Energie absorbiert habt.«

»Es war furchterregend und wunderbar zugleich«, warf Sam ein und sah prachtvoll männlich aus. »In der Höhle hatte ich das Gefühl, wie ein Schwamm ausgedrückt zu werden. Und als ich hier auf der anderen Seite rauskam, war ich leer und völlig frei, die reine neue männliche Energie hier in mich aufzunehmen.«

»Das rein Männliche und rein Weibliche ist eine perfekte alchimistische Verbindung von Kräften, die wir als *hapu*, heiliges Paar, bezeichnen«, nahm Juan den Faden wieder auf. »Dieses Ritual spricht nicht nur eine Urangst, sondern auch ein Urverlangen an – von einer Frau ganz und gar ›verschlungen‹ zu werden heißt, zum Heiligmäßigen gebracht zu werden. Nun werdet ihr Frauen euch der Herausforderung stellen und erleben, was es bedeutet, ganz und gar von der männlichen Kraft absorbiert zu werden. Das werden wir bei unserer zeremoniellen Begegnung mit den *Apus* tun. Also – laßt uns gehen, Jungs«, sagte Juan lachend und blinzelte uns Frauen zu.

Ich trat vor und fühlte mich vital und energiegeladen, ganz so, wie sich meiner Vorstellung nach ein Junge fühlen mochte. Wir gingen ein paar Meter zu einer weiteren Öffnung im Fels, kletterten innerhalb des Felsens hoch und kamen oben auf der

Gipfelspitze des Huayna Picchu heraus, einer etwa drei Quadratmeter großen Fläche aus grauem Felsgestein. Die Aussicht war spektakulär, und einige von uns machten Fotos, während der Rest der Gruppe nachgeklettert kam. Als wir alle oben standen, zeigte Juan auf einen langen, glatten, grauen Stein, der in einem Neigungswinkel von etwa fünfzehn Grad dalag. Dort würden wir den *Apus* begegnen.

Juan winkte mich zum Stein hinüber. Und als ich auf diese wunderschönen Berggipfel starrte, konnte ich mir nichts anderes vorstellen, als daß sie ausschließlich wohlwollende Energie in sich bargen. Meine früheren Erfahrungen mit Ricardo und seinen *Apus* kamen mir wieder in den Sinn. Ich schloß die Augen und sah nun wieder Licht-Kondore, die auf jedem der Gipfel ihren leuchtenden Glanz ausstrahlten. Ich spürte ihre Macht und gleichzeitig auch eine Herausforderung.

Ich wußte, daß ein Teil von mir immer noch Angst vor Auseinandersetzungen hatte, und ich wußte auch, daß ich nicht die Art von Konflikten austragen wollte, die Ricardo und seine *Apus* der dritten Ebene mir zugemutet hatten. Aber bedeutete das, daß ich jeglicher Auseinandersetzung ausweichen sollte? Ich war mir bewußt, daß eine meiner persönlichen Herausforderungen darin bestand, im Angesicht von Opposition meinen Standpunkt zu behaupten und mich sogar aktiv zur Wehr zu setzen, wann immer es angemessen war. Ich war oft viel zu fügsam, und die wenigen Male, die ich tapfer genug gewesen war, standhaft zu bleiben, hatten kreative Lösungen für die Probleme gezeigt, statt die sich in meiner überaktiven Phantasie abspielenden Katastrophen. Es gab immer noch etwas Ungelöstes in bezug auf meine eigene männliche Kraft. Juan hatte erklärt, daß die dritte Ebene die Ebene war, auf der man etwas über Macht und Kontrolle lernte, aber hatte ich wirklich etwas darüber gelernt oder nur versucht, sie einfach zu überspringen?

Ich näherte mich dem Stein mit großer Ehrfurcht und bat schweigend darum, die Lehre zu erhalten, die ich in bezug auf das Thema Auseinandersetzungen am meisten brauchte. Juan bedeutete mir mit einer Geste, mich hinzulegen. »Du befindest dich in einem Bergkessel, umgeben von der jungen, männlichen Kraft all dieser Gipfel. Sie werden dich jetzt herausfordern. Du mußt mit deinem *qosqo* gegen sie kämpfen.«

»Aber warum, Juan?« fragte ich den Tränen nahe. »Ich hasse es zu kämpfen.«

»Dies ist die Kriegerenergie, die du brauchst, um deine Arbeit in der Welt zu tun. Die Menschen werden nicht immer mit dir einig sein, Elizabeth. Du darfst dich nicht vor deiner eigenen aggressiven Energie fürchten oder sie für unspirituell halten. Du mußt lernen, sie effektiv einzusetzen.« Ich schloß die Augen und sah sie sogleich kommen, nicht schreckenerregend aber machtvoll. Die *Apus* traten als starke Männer in historischen, kriegerischen Gewändern in Erscheinung – als Samuraikrieger, Ritter in Rüstung, Sumoringer, Kung-fu-Kämpfer, sogar als Rambotypen mit Maschinengewehr. Sie kamen innerhalb des Kampffeldes meiner eigenen inneren Vision auf mich zu. Immer einer auf einmal. Und jedesmal baute ich in meinem *qosqo* eine Energiewelle auf, die ich wie eine riesige Faust gebrauchte, um sie zurückzuwerfen. Und jedesmal war ich voller Angst und Schrecken, fürchtete sie zu verletzen und schämte mich für das Ausagieren meiner eigenen aggressiven Energie.

Die *Apus* waren bei ihren Attacken weder wütend noch schrecklich, sondern nur auf brüderliche Weise beharrlich und unbarmherzig, so als versuchten sie mich einfach hart ranzunehmen und mich meinen Mut auf die Probe stellen zu lassen. Bald war ich erschöpft. Und in diesem Moment wies Juan mich an, mich mehr anzustrengen. »Dräng sie zurück, alle!«

Mittlerweile schwitzte ich gewaltig und war von diesem erschöpfenden, nichtphysischen Kampf fast völlig zermürbt. Ich beschwor eine tiefere Ebene an inneren Reserven herauf und dirigierte jede Unze Absicht und Energie, über die ich verfügte, in meinen *qosqo*. Und bevor ich wußte, wie mir geschah, hatte ich mich aufgesetzt und brüllte aus Leibeskräften. Vor meinem geistigen Auge sah ich, daß ich alle meine Angreifer auf ihre Berggipfel zurückgedrängt hatte. Sie lächelten mich an! Und im nächsten Moment brach ich in Gelächter aus. Endlich begriff ich, daß ich durch das Abwehren dieser »männlichen« Energie sie in mir selbst erweckt hatte!

»Gut«, sagte Juan nur. »Die nächste.«

12

Willkañust'a: Prinzessin des Schwarzen Lichts

Die Sonne strahlte von einem wolkenlosen Himmel, als unser letzter Morgen in Machu Picchu anbrach. Es war schon zehn Uhr. Da wir, bevor wir um zwei Uhr nachmittags den Zug nach Cuzco nahmen, nur noch ein Ritual durchführen mußten, hatten wir ausschlafen dürfen, und das war dringend nötig gewesen. Die Erlebnisse vom Vortag, von den anstrengenden Wanderungen und Kletterpartien ganz zu schweigen, hatten uns in jeder Hinsicht erschöpft. Ich hatte gut geschlafen und träumte tief in den Armen der großen *Apus* rings um Machu Picchu. Nach dem Frühstück stiegen wir eine Holztreppe hinunter, die uns vom Hotel hinab zum Willkañust'a-Fluß führte. Der Fluß floß direkt unter unserem Hotel vorbei, und seine Musik hatte uns jede Nacht in den Schlaf gesungen. Auf dem Weg zum Flußufer sann ich über die mögliche Bedeutung eines sehr eindrücklichen, aber verwirrenden Traums nach, den ich geträumt hatte. Und als wir das Ufer erreichten, hatte ich mich entschieden, Juan diesen Traum zu erzählen.

»Dieser Fluß ist unter vielen Namen bekannt«, wandte sich Juan an die Gruppe. Er stand auf einem der großen Felsbrocken, die sich ans Ufer des an uns vorbeirauschenden schokoladenmilchfarbenen Gewässers geschoben hatten. Wir suchten uns eine Sitzgelegenheit auf anderen nahe gelegenen Felsbrocken, fasziniert vom Wasser, das sich wirbelnd um und über riesige, bizarr geformte Gesteinsbrocken ergoß. Juan, der von Natur aus leise sprach, mußte fast schreien, um sich über das Tosen hinweg Gehör zu verschaffen.«Meist nennt man ihn Urubamba und auch Vilcanota, aber sein alter inkaischer Name erzählt seine Geschichte am besten. Sein alter Name ist *Willkañust'a*. *Willka* bedeutet gleichermaßen heilig und gefährlich und wird mit der Macht des Schwarzen Lichts assoziiert. Ñust'a ist, wie ihr bereits wißt, das Inka-Wort für Prinzessin. Sein alter Name bedeutet also heilige Prinzessin des Schwarzen Lichts.

Wie ihr euch erinnert, gilt in unserer Tradition die Macht des Schwarzen Lichts als die heiligste und gefährlichste Macht, weil die Person, die das Schwarze Licht zähmt, Macht über Leben und Tod besitzt. Es ist tatsächlich die höchste schöpferische Kraft und Macht, die Hand in Hand mit der Macht der Zerstörung einhergeht.« Juan hielt inne, und wir tauschten bedeutsame Blicke aus. Das war starker Stoff.

»Ein weiterer wichtiger Fakt ist, daß dieser Fluß mit seinem Lauf alle heiligen Tempel in der Andenregion verbindet. Wenn ihr euch entsinnt, hat er uns vom ersten Tag an begleitet, als wir mit der *Hatun Karpay* in der Hauptkathedrale von Cuzco begannen. Und derselbe Fluß strömte in Pisaq und in Ollantytambo an uns vorbei, und nun hier wieder in Machu Picchu.

Wie ihr wißt, ist nach unserer Tradition alles von Lebensenergie erfüllt. Der *poq'po* dieses Flusses ist von außerordentlicher Bedeutung, weil er energetisch gesehen die Kraft aller heiligen Orte in dieser Gegend in sich trägt und sie in seinem *poq'po* vereint.« Erstaunlicher Gedanke, daß die Inka die Lage ihrer heiligen Tempel so sorgfältig planten, daß sie alle am Lauf eines einzigen Flusses gelegen waren. Wie hatten sie das zuwege gebracht? Hatten sie eine detaillierte topographische Karte von der Gegend? Oder arbeiteten sie aus einer anderen Sicht heraus, eingestimmt in eine andere Informationsquelle, die ihnen sagte, wie sie innerhalb des Plans der großen Natur vorgehen sollten? Diese Fragen sprudelten mir im Kopf herum wie die Bläschen auf der Oberfläche des heiligen Flusses. Juan machte sich nun daran, uns Instruktionen für das nächste Ritual zu geben.

»Mittlerweile habt ihr gelernt, wie ihr euch mit der Lebensenergie vieler heiliger Orte verbinden könnt, aber hier werdet ihr zum erstenmal diese Praxis an einem so wichtigen und mächtigen *poq'po*, wie es der Lebensenergie-*Poq'po* dieses heiligen Flusses ist, erproben. Richtet als erstes ein Gebet an den Geist des Flusses, öffnet dann euren gesamten *poq'po* für den Fluß und laßt euch durch dessen Kraft von eurer *hoocha* reinigen. Versucht danach, euch jeden heiligen Ort, mit dem wir bereits gearbeitet haben, vor Augen zu stellen. Verbindet sie alle miteinander durch den *poq'po* des Flusses.«

Ich suchte mir eine steinerne Sitzgelegenheit nahe am Rand des Wassers, ein wenig weiter weg von den anderen. Ich setzte mich hin und versenkte meinen Blick in die starke, wirbelnde Strömung. Ich richtete ein Gebet an den Fluß und dankte ihm für seine ungebändigte Kraft und wilde Schönheit. Dann überließ ich ihm ganz leicht und frei meine *hoocha*. Ich spürte, wie langsam schwere Energie aus mir heraussickerte, dann herausströmte und zu einem Strahl oder Pfeil fließender Partikel wurde, der mich in das unaufhörliche Wogen und Branden des Flusses hineinzog und hinwegtrug. Ich konnte mich nun selbst als kompakte statische menschliche Gestalt erfahren oder aber mein Gewahrsein in diesen riesigen und ungeheuer langen Zylinder der Lebensenergie ergießen, horizontal und ein wenig in die Erdoberfläche eingebettet mit ihm dahinjagen wie eine sich in ständiger Bewegung befindliche, gigantische Schlange.

Die Schlange! Mein Steißbein begann zu kitzeln und dann in kaltem Feuer zu brennen. Ja, es war die gleiche Energie, die ich in der Nische der schwarzen *ñust'a* erlebt hatte. Ich fragte mich, was passieren würde, wenn ich den Geist dieses Flusses über mein Steißbein-Zentrum in mich aufnehmen würde. Die Wucht war ungeheuerlich – eine lebendige Woge roher, wilder Kraft. Einen Augenblick lang schwappte Terror über mich hinweg. Aber diesmal überwältigte er mich nicht. Ich wußte, daß ich mit dieser Kraft verschmelzen oder mich von ihr trennen konnte, und ich wußte auch, daß ich jegliche Kraft und Macht, die in mich einfloß, wieder weggeben würde. Ich lernte die Kraft zu lenken, aber diese Kraft war nicht *ich*!

Nachdem ich mich nun nicht mehr so sehr fürchtete, begab ich mich in diesen Energiestrom, und der Fluß trug mich mit sich. Mit fast surrealer Klarheit sah ich jeden Ort, mit dem wir gearbeitet hatten: Wakaypata, den Hauptplatz von Cuzco, die Schlangenhöhle, die Pachamama-Höhle und den Sonnentempel in Pisaq, die Windschleuse in Ollantaytambo und all die Tempel in Machu Picchu. Und während ich diese Stätten erkannte, hörte ich das Brausen des Wassers und begriff, daß ich nun die heiligen Tempel sämtlich aus der Perspektive von Willkañust'a sah. Ich spürte ihre Liebe zu all diesen Orten, während sie fröhlich dahinrauschte, gleichsam wie ein Kind auf dem Schulweg die Hand ausstreckt und an den Gitterstäben eines Zauns entlangstreift. Sie dehnte ihren *poq'po* aus, um in liebevoller und zärtlicher Liebkosung jeden heiligen Tempel mit ihrer Gunst, ihrer Macht zu berühren. Plötzlich kam mir der Gedanke, daß mein neues Verständnis von der Macht des Schwarzen Lichts etwas mit meinem Traum zu tun hatte. Aber ich konnte das Puzzle noch nicht ganz zusammensetzen. Ich mußte mit Juan sprechen.

Etwas zerrte an meinem Gewahrsein und wollte mich aufblicken lassen. Mit einer einzigen schwindelerregenden Bewegung löste ich mein Bewußtsein aus dem Fluß heraus, zog es in meinem Körper zurück und schaute mich um. Was ich sah, verblüffte mich. Juan stand mit geschlossenen Augen und gesenktem Kopf in Gebetshaltung und umschloß mit seinen Händen die Hände einer Initiandin. Vom Fluß aus erstreckten sich mächtige Kraftlinien wie kleine Wellen oder Hitzewellen bis zu seinem *poq'po* und strömten in ihn ein. Die Kraft floß aus seinem *poq'po* über in den *poq'po* der Initiandin und lud ihn mit der Kraft des Flusses auf. Es sah aus, als hätte Juan für einen Moment den gigantischen *poq'po* des Flusses angezapft und die

Energie weitergeleitet. Jemand rief meinen Namen, und meine Wahrnehmung von diesem energetischen Geschehen verflüchtigte sich rasch.

»Elizabeth!« rief Nina aufgeregt und kam auf mich zu. »Juan gibt uns *khuyas*, Kraftsteine aus dem Fluß, die wir in unsere eigenen *Mesa*-Beutel stecken können.« Juan lud der Reihe nach zwölf Steine mit der Kraft des Flusses auf und schenkte in ritueller Weise jedem von uns einen Stein. Er erklärte, daß dieser aufgeladene Stein, wie auch der kleine quadratische Stein, den er uns am ersten Tag der Initiation als Merkmal des Erweckens unserer »Inka-Samenkörner« gegeben hatte, für den Gebrauch bei unseren persönlichen *mesas* bestimmt war. Wir konnten uns durch die Verwendung dieses Steins jederzeit an die Kraft des Flusses anschließen. Damit war das Ritual beim Fluß beendet.

Als wir in den Zug zurück nach Cuzco stiegen, beschloß ich, einen Sitz neben Juan zu ergattern. Ich *mußte* ihn einfach über meinen Traum befragen. Und ich wußte, ich mußte es gleich tun, oder er würde eingeschlafen sein, und ich hatte meine Chance verpaßt. »Juan, hast du etwas dagegen, wenn ich mich hier hinsetze?« fragte ich ein bißchen verlegen. Er hatte uns schon soviel gegeben, und ich hatte das Gefühl gierig zu sein, wenn ich ihn nun noch um mehr bat. Doch ich wußte, dem Traum wohnte eine Bedeutung inne, die ich nicht allein enträtseln konnte.

»Bitte setz dich, Elizabeth«, sagte er freundlich. »Ich wollte gerade ein kleines Nickerchen machen ... Aber unterhalten wir uns. Nun ... wie geht's dir?«

»Ich bin dir wirklich dankbar, Juan. Alle deine Belehrungen waren mir eine solche Hilfe, und ich kann jetzt sehr viel besser verstehen, was mit mir hier früher passiert ist. Aber ... weißt du, letzte Nacht hatte ich einen Traum ... einen merkwürdigen Traum ... Und aus irgendeinem Grund würde ich ihn dir gerne erzählen. Ist das in Ordnung?«

»Aber natürlich!« erwiderte er in herzlichem Ton. »Träume sind für die Inka sehr wichtig. Tatsache ist, daß sie Meister der Traumdeutung waren. Ja, bitte, sprich weiter.«

»Also gut«, sagte ich, vor Verlegenheit errötend. Ich holte tief Atem und stürzte mich in die Geschichte. »Ich träumte, ich war in einer Sporthalle, um zu trainieren. Dazu mußte ich eines meiner Beine abnehmen und steckte es in einen Spind. Ich wußte, daß während ich trainierte, die Leute, die für die Sporthalle arbeiteten, mein Bein verkürzen oder irgendwie zurechtstutzen würden, was Bestandteil eines normalen routinemäßigen Serviceangebots war. Ich hatte mein Bein schon abgeschraubt, in den Spind gelegt und war in einen anderen Teil der Sporthalle gegangen, um dort zu üben, als ich einer alten Schulkameradin begegnete. Ich erzählte ihr von meinen Befürchtungen hinsichtlich der Praxis des Beinzurechtstutzens, und sie sagte: ›Na gut, dann geh doch einfach hin und sag ihnen, daß du das nicht willst. Du brauchst sie das nicht machen zu lassen, weißt du.‹

Durch sie ermutigt ging ich zurück und stellte fest, daß der Mann, der mit dieser Arbeit befaßt war, mein Bein bereits auf eine Sägemaschine gelegt hatte und gerade hineinschneiden wollte. Ich ging zu ihm und verlangte mein Bein zurück. Er grummelte ein bißchen, aber gab es mir wieder. ›Wie Sie wollen, Lady‹, sagte er. ›Wir bieten das als Gratisservice an, und wenn einige Leute so dumm sind, nicht davon Gebrauch zu machen, dann kann ich's auch nicht ändern.‹ Ich betrachtete den oberen Teil meines Beins, dort wo es an sich in meine Hüfte geschraubt wurde, und erwartete eine blutige Masse zu erblicken. Statt dessen sah ich eine Querschnittfläche von perfekt angeordnetem Muskelgewebe und Bändern, umgeben von sieben perfekten Epidermisschichten und in der Mitte wunderschönes Knochenmark. Es sah wie eine Blume aus. Es erinnerte mich an meine Tage in der Oberschule, an denen wir einmal Pflanzen unterm Mikroskop betrachtet und festgestellt hatten, wie perfekt organisiert sich ihre Zellstrukturen ausnehmen; wenn man aber die Pflanzen draußen vor dem Fenster betrachtete, wirkten sie so natürlich, so wildwüchsig und überhaupt nicht strukturiert oder organisiert. Also, mein Bein sah aus wie eine Pflanze unterm Mikroskop. Ich konnte die Ordnung und all die Details seiner physischen Struktur sehen, und plötzlich wirkte es auf mich so schön *und* natürlich. All seine Teile waren mit solch kunstfertiger Perfektion zusammengefügt.«

»Welches Bein war es?« fragte Juan. Seine Frage verblüffte mich, und ich mußte erst nachdenken.

»Es war das rechte Bein.«

»Ha!« machte Juan.

»Ha?« fragte ich.

»Ja, wie ich mir schon dachte.« Und ohne auch nur einen Moment zu zögern, setzte er zu einer sofortigen und äußerst zwingenden Traumanalyse an.

»Erstens«, sagte er mit der Genüßlichkeit eines Malers, der seine Lieblingsfarben hervorholt, »steht das rechte Bein für den Weg der rechten Hand der Tradition; du hast es absichtlich entfernt, weil es dich – denkst du zumindest – beim Üben behindert. Der Weg der rechten Hand hat mit Struktur zu tun. Zweitens steht dein Eingreifen, um das Kürzen deines Beins zu verhindern – deine alte Schulkameradin –, für die von dir entwickelte Urteilskraft, mittels derer du herausfindest, was du ungeachtet der allgemeinen ›Normen‹ oder des gesellschaftlichen Drucks selbst willst.

Drittens zeigt die Tatsache, daß du dein Bein aufgibst und es am Ende des Traums – transformiert – zurückbekommst, daß du hinsichtlich der rechten Seite deines Wesens einen Prozeß des Aufgebens und der Rückforderung durchmachst. Du mußt sie erst aufgeben, um ihre Schönheit sehen zu können. Daß du am Ende des Traums imstande bist, dein rechtes Bein als ›Blume‹, als einen schönen Teil der Natur, zu sehen, ist *sehr* wichtig. Der Traum sagt, daß du jetzt fähig bist, das Wesen der rechten Seite zu erkennen. Alles, was mit dem rationalen, strukturierten, geordneten Aspekt deines menschlichen Wesens zu tun hat, ist auch etwas Natürliches und Heiliges. Er ist kein Feind oder Hindernis für deinen spirituellen Weg, sondern ein Teil, der akzeptiert und wieder integriert werden muß, wenn du auf deinem Weg weiterkommen willst. Das deutet auf die mystische Kraft des kritischen Verstands.«

Juans Interpretation nahm mir den Atem. Er hatte so gewaltig ins Schwarze getroffen, daß ich buchstäblich das Gefühl hatte, mir sei ein Schlag versetzt und die Luft herausgelassen worden. Ich bat noch zwei- oder dreimal, es mir langsam zu erklären, damit ich es auch wirklich kapierte. »Ihr Amerikaner neigt häufig dazu, den kritischen Verstand für euren Feind zu halten. Ihr meint, daß ihr euch nur eurer Intuition zu öffnen braucht, und dann sei alles in Ordnung. Unsinn! Es ist sicherlich richtig, daß der Westen das rationale Denken zuungunsten anderer Erkenntnismöglichkeiten überbetont hat, wie zum Beispiel diejenigen der Verbindung mit der wilden und chaotischeren Natur des Weges der linken Hand. Aber warum von einem Extrem ins andere fallen? Ihr müßt ja nicht gleich ›das Kind mit dem Bade ausschütten‹, sagt ihr nicht so?« fragte Juan lachend.

Ich war zwar keine große Anhängerin der Theoretiker, die das menschliche Bewußtsein in den beiden Gehirnhälften ansiedelten, aber der Weg der rechten Hand schien doch mit dem verbunden zu sein, was allgemein als »Funktionen der linken Gehirnhälfte« betrachtet wurde, und der Weg der linken Hand mit den schöpferischeren »Funktionen der rechten Gehirnhälfte«. Die Andenbewohner zentrierten sich im Körper und nicht so sehr im Gehirn, soviel war klar. Juan fuhr mit seiner faszinierenden Erläuterung fort.

»Um die vierte Ebene zu erreichen, mußt du die Kräfte der linken und der rechten Seite entwickeln, beide zusammen! Du brauchst Urteils- und Unterscheidungsvermögen. Als du zum erstenmal zu mir kamst, warst du total linksseitig. Das ist gefährlich, weil es dich für das große Problem des mystischen Deliriums anfällig macht.«

»Des mystischen was?«

»Des mystischen Deliriums. Der Gefahr, dich mit den von dir entdeckten archetypischen Energien zu identifizieren. Wenn sich das Ich erweitert, um die umfassendere spirituelle Identität in sich aufzunehmen, macht es eine intensive Phase von Zusammenziehung und Ausdehnung durch. Erst denkst du, du bist nichts, dann denkst du, du bist alles. Das ist in Ordnung, solange du um diesen Prozeß weißt und keines der beiden Extreme allzu ernst nimmst oder sie irgendwie ausagierst. Leider beginnen viele Initianden an diesem Punkt zu glauben, daß sie die absolute Wahrheit erlangt haben, nur weil sie mit einer größeren Kraft als der des eigenen Selbst in Verbindung getreten sind. Aber diese Kraft passiert nach wie vor den Filter der individuellen Ich-Struktur. Viele inspirierte Lehrer erleben plötzlich einen kometenhaften Aufstieg, brennen aber dann ganz rasch aus. Sie können ihre Kraft nicht bändigen oder aufrechterhalten.

Man befindet sich in einer sehr gefährlichen Phase, wenn man von den Kräften in Versuchung geführt wird, die in den östlichen Traditionen als *Siddhis* bezeichnet werden. Hier nennen wir es das mystische Delirium. Und um dieser potentiell verhängnisvollen Phase etwas entgegensetzen zu können, braucht man die Kraft des kritischen Verstands. Dein Traum ist ein exzellentes Zeichen. Er markiert für dich sozusagen einen entscheidenden *Schritt*.« Juans Augen zwinkerten lachend und er sah mich wie ein stolzer Vater an.

»Im übrigen betrachten wir in unserer Tradition und ganz besonders in Hinblick auf die Traumdeutung den Körper als ein Orakel. Weißt du, wie eine Person traditionellerweise zum Initianden dieses Weges wird?« fragte er.

»Ich habe gehört, daß sie vom Blitz getroffen, also von der Natur selbst auserwählt wird«, erwiderte ich in Erinnerung an Geschichten, die ich oft bei Ricardos *Mesa* gehört hatte.

»Das stimmt«, bestätigte Juan, »aber wußtest du, daß sie dreimal vom Blitz getroffen werden müssen? Der erste Blitzschlag tötet den Initianden, der zweite Blitzschlag zerstückelt den Körper, und der dritte Blitzschlag verschmilzt ihn wieder, aber in neuer Struktur. Wenn wir uns diese uralte initiatorische Erfahrung aus metaphorischer Sicht anschauen, sehen wir, daß das Ich stirbt, auseinandergenommen und schließlich in einer geeigneteren Form wieder zusammengesetzt wird, die mehr Energie in sich aufnehmen und aushalten kann. Die andinen Meister sagen auch, daß eine solche Person stirbt, wenn man ihren Körper bewegt, bevor sie dreimal vom Blitz getroffen wurde.«

»Aber Juan, woher kommt es, daß hier in den Anden diese ›Metaphern‹ so oft eine gleichermaßen physische wie psychische Realität besitzen? Maria, eine von Ricardos Schülerinnen, hat mir einmal eine Geschichte aus ihrer Kindheit erzählt. Sie wuchs im Dschungel auf, und eines Tages wurde ihre elfjährige Schwester während eines Gewitters vom Blitz getroffen. Im Versuch sie zu schützen, holte die Familie ihren reglosen Körper aus dem Regen und beobachtete dann, wie der Blitz tatsächlich noch zweimal genau an der Stelle einschlug, wo sie zu Boden gestürzt war. Ihre Schwester starb. Maria hatte immer das Gefühl, daß ihre Schwester überlebt hätte, wenn sie damals genug gewußt hätten und den Prozeß sich hätten vollenden lassen.«

»Das ist ein sehr guter Punkt und einer, dem eure Gruppe sehr viel Beachtung schenken sollte. Wenn wir uns diese Geschichte wiederum unter metaphorischen Gesichtspunkten anschauen, finden wir in ihr eine Weisheit, die besagt, daß man während der Phase eines tiefen Initiationsprozesses still und ruhig bleiben muß, keine großen Lebensschritte, Entscheidungen oder Veränderungen vornehmen darf, bis der Prozeß beendet ist.«

»Juan, was ist da am Fluß passiert?« Ich konnte dieser Frage nicht widerstehen. »Was ist das für eine Kraft, die ich in der schwarzen Nische und dann wieder am Willkañust'a entdeckt habe? Erst hat sie mir Angst eingejagt, aber jetzt . . .«

»Jetzt?« fragte er und sah mir mit großer Intensität in die Augen.

»Jetzt habe ich ihr gegenüber ein gelassenes Gefühl. Ich habe nicht das Gefühl, daß sie an mir zieht, sondern den Eindruck, daß sie sich einfach durch mich hindurchbewegen könnte. Ich weiß nicht, wie ich es erklären soll.« Ich senkte den Kopf und fühlte mich dumm, verlegen ob meines Unvermögens, diese Erfahrung in Worte zu fassen.

»Gut«, sagte Juan. »Weißt du, daß der erste Gürtel der Energiegürtel ist, der mit dem Schwarzen Licht in Verbindung steht?« Ich nickte. »Aber erst, wenn das Schwarze Licht hier hinaufgezogen wird«, er deutete auf den Punkt zwischen den Augenbrauen, »und von der Kraft des Bewußtseins, der mystischen Kraft des rationalen Verstands, geleitet wird, ist es von Nutzen. Kennst du die Schwarzhut-Zeremonie der Tibeter?« fragte er.

»Nein. Was ist das?«

»Ich denke, es muß eine mit dieser eben erwähnten esoterischen Praxis verwandte Zeremonie sein. Ich habe gehört, daß der schwarze Hut aus dem Schamhaar von Yoginis gemacht wird. Es ist eine Metapher für den gleichen Gedanken, nämlich die Vitalkraft oder -energie des unteren Zentrums nach oben zu bringen, damit sie vom höheren Bewußtsein gelenkt wird.«

Der Zug ratterte dahin, und wir wandten uns nun beide unseren eigenen Aktivitäten zu – Juan seinem längst überfälligen Nickerchen und ich dem Brüten über all das, was gesagt worden war. Wir kamen am späteren Abend in Cuzco an, und Juan machte sich auf den Nachhauseweg, wobei er mich noch bat, der Gruppe beim Abendessen den Inhalt unseres Gesprächs zu übermitteln.

Wir verschlangen gierig unser köstliches heißes Mahl im

Haus der Señora und unterhielten uns dann noch bis spät in den Abend hinein. Ich erzählte von meinem Traum und Juans Deutung und berichtete von unserem Gespräch über das mystische Delirium, was die Gruppe auf das tiefe Thema von Macht, Machtmißbrauch und Verführung durch Macht brachte. Nahezu jeder in der Gruppe hatte damit schon eine tiefe Erfahrung gemacht, entweder als Opfer oder als Täter, zumeist aber in beiden Rollen.

Allgemein herrschte Einigkeit darüber, daß keine der beiden Positionen wirklich befriedigend war, und daß sich sowohl das Opfer- wie das Täterverhalten auf Angst gründete. Das Problem war Angst. Ich hatte das als Familientherapeutin schon bei vielen Gelegenheiten beobachtet. Angst ließ die Menschen die schrecklichsten Dinge tun. Jede Person in der Gruppe hatte sich am einen oder anderen Punkt vor unserem Aufbruch nach Peru durch eine überwältigende Angst kämpfen müssen. Tatsächlich hatte die geplante Reise so tiefe Ängste geweckt, daß manche sich gedrängt fühlten, ihr Testament zu machen. Andere hatten Träume vom Sterben, von Unfällen oder von Ermordung.

Der Unterschied bei dieser Gruppe war, daß alle über ein psychologisches Rüstzeug verfügten und wußten, daß diese Gefühle auf eine wichtige und lebensverändernde Erfahrung deuteten. Auf eine wirkliche Initiation. Eine Erfahrung, die im Gegensatz zum buchstäblichen Abstreifen der physischen Hülle einen Tod auf psychischer Ebene oder auf der Ich-Ebene bedeutete. Und komischerweise war in uns allen etwas, das nach dieser Art von Tod verlangte. Während wir uns unterhielten, wurde mir klar, daß auch ich an jenem Tag auf dem Boardwalk von Santa Cruz die gleichen Gefühle gehabt hatte, als meine innere Stimme mir gesagt hatte, daß mein Leben, sollte ich nach Peru gehen, nicht mehr dasselbe sein würde. Die Drohung des Todes und die Herausforderung einer neuen Lebensweise, eines Neuanfangs, einer Initiation – all das war in jenem Augenblick

präsent gewesen. Schließlich gingen wir zu Bett, denn am nächsten Tag mußten wir früh aufstehen, um – passenderweise –
dem Tempel des Todes einen zeremoniellen Besuch abzustat-
ten.

13

Tempel des Todes

Nach einer wie üblich holprigen und staubigen Fahrt bergauf-
wärts langten wir, noch gähnend und uns räkelnd, bei einer
Ruinenstätte in den Außenbezirken der Stadt an. Wir hatten
nur vierzig Minuten zu der wunderschönen Anlage von Tambo
Machay gebraucht, die für ihre in Stein gefaßte Quelle bekannt
ist. Es handelte sich um einen in einen Hang hineingebau-
ten großen Tempelkomplex mit terrassenförmig ansteigendem,
höchst fein gearbeitetem Mauerwerk auf drei Ebenen. Oben
befanden sich fünf Nischen, vor denen sich ein sprudelnder
Wasserstrom durch ein inkaisches Aquädukt ergoß und in einer Kaskade zur zweiten Ebene hinabfiel, wo ein weiterer
Kanal das Wasser in zwei Ströme teilte. Diese beiden Ströme
fielen wiederum in ein großes steinernes Becken auf der untersten Ebene. Die Quelle dieses Wassers war nicht zu sehen,
und ich nahm an, daß es aus dem Untergrund kam. Juan versammelte die Gruppe bei diesem Becken um sich, um seine
morgendliche Belehrung abzuhalten.

»Das, worüber ihr gestern nacht mit Elizabeth gesprochen
habt, die Macht des Schwarzen Lichts, birgt, wie man sagt, den
Schlüssel zu Leben und Tod in sich. Daher halten die *paqos*,
die diese Kraft meistern können, die Macht von Schöpfung und
Zerstörung – von Leben und Tod – in ihren Händen. Ich habe
viele Meister getroffen, die mir mannigfache Fähigkeiten gezeigt haben, aber, zumindest bislang, keinen gefunden, der völ-
lige Meisterschaft über diese Kraft gewonnen hat.«

Wir standen still da und nahmen Juans Worte in uns auf, und der Ernst und die Gewichtigkeit des Themas lastete schwer auf uns. Er winkte uns, ihm eine kurze Steintreppe hinauf zu einer höheren Ebene des Tempels zu folgen. Der Umgang mit Macht erforderte Wahrhaftigkeit und Weisheit, andernfalls konnte sie für egoistische Ziele oder zur Zerstörung mißbraucht werden. Juans Bemerkungen ließen mich wieder an unser Gespräch beim Abendessen denken, das in uns allen Gefühle und Bilder von vielen Begebenheiten oder auch Inkarnationen heraufbeschworen hatte, in denen wir selbst Macht mißbraucht oder die Auswirkungen des Machtmißbrauchs durch einen anderen zu spüren bekommen hatten. Allgemein psychologisch gesehen und aufgrund meiner eigenen Erfahrung wußte ich, daß sich mein Mißbrauch von Macht letztlich auf einen Nenner reduzieren ließ: auf meine Unfähigkeit, die eigene Hilflosigkeit, die eigene begrenzte und unvollkommene Macht zu tolerieren. Das jagte mir Angst ein, und wenn ich eine solche Angst hatte, wollte ich andere verbal, emotional oder auch über Gedanken attackieren.

Mir wurde klar, daß das Beschreiten dieses Weges eine tiefe und gründliche Erforschung des eigenen Schattens erforderte, eine Aussöhnung mit der eigenen Hilflosigkeit, Verletzlichkeit, mit dem eigenen Sadismus, Neid, der Eifersucht und allem, was einen dazu bringen konnte, Macht auf schädliche Weise einzusetzen. Ich verstand nun, warum ein bestimmtes esoterisches Wissen strikt geheimgehalten worden war.

»Ihr kommt aus einer Kultur, die den Tod leugnet oder ablehnt. Aber hier in meinem armen Land leben wir jeden Tag Seite an Seite mit dem Tod. Das heißt jedoch nicht, daß einem der Umgang mit dem Tod leichter fällt, wenn man Peruaner und innerhalb eines streng katholischen Umfelds aufgewachsen und erzogen worden ist. Diese Vorstellungen vom Fegefeuer, vom Himmel und der Hölle dienen dazu, uns Furcht einzuflößen, unsere Neugier abzutöten und uns davon abzuhalten, daß wir eines der großen Mysterien des menschlichen Lebens erforschen – den Tod.« Ich war ziemlich überrascht, wie locker Juan über das Thema sprach.

»Doch wenn es tatsächlich möglich ist, die geheimnisvolle Macht über Leben und Tod zu erwerben, dann müssen wir verstehen, was der Tod eigentlich ist«, fuhr Juan fort und sprach die stillen Gedanken der Gruppe laut aus. »Mein Meister Don Benito war, wie die meisten Quechua-Indianer, ein Mensch mit ausgeprägtem Sinn für Komik und belehrte mich auf eine sehr schöne und humorvolle Weise über den Tod. Wollt ihr die Geschichte hören?«

»Ja!« Barbara und Maryann gaben ihrem enthusiastischen Einverständnis synchron Ausdruck. Andere nickten heftig mit den Köpfen. Was mich anging, so faszinierte mich das Thema, ich hatte aber selten andere gefunden, die bereitwillig über den Tod sprechen wollten. Ich war froh, daß Juan eine Geschichte dazu zu erzählen hatte. Als Therapeutin war mir aufgefallen, daß schwierige Themen stets leichter zu verdauen waren, wenn sie in Form einer Geschichte präsentiert wurden. Juan begann mit seiner Erzählung.

»Als Don Benito starb, war ich am Boden zerstört. Er war schon fast achtzig, als ich ihm zum erstenmal begegnete, und ich arbeitete mit ihm über zehn Jahre lang, bevor er im April 1988 starb. Mein eigener Vater und ich standen uns sehr nahe, und wir unternahmen vieles gemeinsam, aber er war ein Akademiker. Über spirituelle Angelegenheiten sprachen wir beide nicht. Don Benito hingegen war so etwas wie ein spiritueller Vater für mich. Er lehrte mich alles, was er wußte, und ich liebte ihn aus ganzem Herzen.

Wie die meisten andinen Meister wußte auch Don Benito, wann er sterben würde. Eine Woche vor seinem Tod rief er alle seine Schüler zusammen. Infolge einer merkwürdigen Panne bekam ich die Botschaft nicht, daß er mich zu sich gerufen hatte, und so war ich nicht da, um ihm Lebewohl zu sagen oder seine letzten Worte oder Geschenke an mich in Empfang zu nehmen. Als man mir dann berichtete, daß er gestorben sei, erlitt ich ein Trauma. Ich schleuderte meine *mesa* gegen die Wand und schwor mir, sie nie wieder zu benutzen. Wenn mir meine ganze Ausbildung nichts weiter als dieses Leiden einbrachte, war es das nicht wert, so sagte ich mir.

Glücklicherweise hatte ich Monate zuvor mit einem Schüler aus Lima vereinbart, ihm die *Hatun-Karpay*-Initiation zu geben, also die Ausbildung, die ihr jetzt erhaltet. Der Schüler kam in Cuzco an und wollte mich von meiner Verpflichtung nicht entbinden. Jetzt frage ich euch, wer ist in diesem Fall der Lehrer und wer der Schüler?« sagte er lächelnd, und seine Bescheidenheit machte ihn nur um so bewunderungswürdiger. »Also mußte ich ihn schließlich durch die Zeremonie geleiten. Wir fingen, wie ihr auch, bei der Kathedrale an und gingen dann über zur Illia Pata, zur Plattform des Lichts – dem Ort, an dem wir zuerst mit den *qosqos* gearbeitet haben, wie ihr euch erinnern werdet.

Ich stand auf der Illia Pata, als mir Don Benito erschien, mich anlächelte, mir, meinen Unterricht gutheißend, zunickte und dann wieder verschwand. Ich sah ihn so deutlich, wie ich jetzt euch alle vor mir stehen sehe. Dann erschien er hier im Tempel des Todes wieder und sagte mir in seiner üblichen Art lachend und lächelnd, daß ich mich nicht in der Illusion des Todes verfangen dürfe, sondern über den Tod hinausgelangen müsse, um ihn zu verstehen. Und jetzt müßt ihr über den Tod hinausgelangen«, sagte Juan und bannte mich mit seinem Blick.

Wir standen inzwischen auf der obersten Ebene des Tempels vor den fünf Nischen. Der Tempel bedeckte eine Fläche von etwa siebzig Quadratmetern und wies die kunstvollste inkaische Steinmetzarbeit auf, die wir bislang gesehen hatten. Wieder bewunderte ich die Schönheit der Wasserkanäle und steinernen Becken, in die sich das Wasser ergoß. Ein Aquädukt überführte das Wasser vom untersten Becken über einen Weg hinüber in einen kleinen Wasserlauf auf der anderen Seite. Von dort floß das Wasser zu einer anderen Ruine, von der nur noch das steinerne Fundament übriggeblieben war. Mir fiel auf, daß dieses Fundament den Nischen, vor denen wir nun standen, direkt gegenüberlag. Ich hatte immer nur gehört, daß Tambo Machay ein Wassertempel war, nichts weiter. Jetzt erzählte uns Juan, daß ihm eigentlich eine ganz andere Funktion zugedacht war.

»Ihr seht, daß das Wasser hier den Hauptkanal herunterkommt«, Juan deutete auf den munter dahinströmenden Wasserlauf vor uns. »Dann teilt es sich in zwei Wasserläufe. Diese Trennung steht für den Moment des Todes, für die Trennung des Körpers vom Geist oder die Trennung der menschlichen Lebensenergie von ihrer Hülle. Seht ihr nun, wie diese beiden Wasserströme in ein Becken fallen, dort unten, wo wir begonnen haben, und das Wasser von dort auf die andere Seite des Weges und zum Tempel auf der anderen Seite des Flüßchens geleitet wird?« Juan bezeichnete das steinerne Fundament als Tempel. »Das ist eine Metapher. Dies steht für die Reise über den Fluß hinüber, welche die Seele nach dem Tod unternimmt.«

Ich nickte. »Wie der Fluß Styx in der griechischen Mythologie!«

»Genau«, sagte Juan und strahlte. »Der Tempel auf der anderen Seite steht für den Ort, an den wir uns begeben, wenn wir sterben. Ihr werdet euch nun mit seiner Lebensenergie verbinden, indem ihr in jede dieser fünf Nischen tretet und euch mit der Energie dieses Ortes auffüllen laßt. Danach stellt ihr euch hier auf und wendet euch dem Tempel auf der anderen Seite des Weges zu. Benutzt euren *qosqo*, um eine Lebensenergiebrücke von diesem Tempel zu jenem dort drüben aufzubauen. Ich schloß die Augen und trat der Reihe nach in die Nischen mit der Intention, daß sich mein *poq'po* mit dem des Tempels verbinden möge. Ich spürte, wie mich die vertraute Gänsehaut überzog, kurz bevor der Energiefluß des Tempels in meinen Körper einströmte. Ich nickte innerlich, ich war verbunden.

Ich wandte mich den Tempelruinen auf der anderen Seite des Weges zu. Mit Hilfe meines *qosqos* zog ich Lebensenergie aus der Umgebung und aus den Nischen in mich hinein. Dann begann ich langsam eine Energiebrücke aufzubauen. Einer Spinne gleich bildete ich aus meinem Körper heraus Energiestränge und wob sie zusammen. Sie wuchsen aus meinem Bauch-Zentrum, und ich dirigierte sie zum anderen Tempel hinüber. Ich erfuhr eine Wahrnehmungsveränderung und konnte nun nicht nur sehen, sondern mit meinem *qosqo* die Qualität der Lebensenergie auf der anderen Seite schmecken – die des Tempels des Todes. Dieser Ort war in keinster Weise leblos!

Geist und Herz registrierten mit einem Schock, daß diese Stätte – der Tempel des Todes – oder was ich für den Tod gehalten hatte, im Grunde ein anderer Bereich von Lebensenergie war! Es handelte sich nur um eine andere, eine feinere Art von Energie. In diesem anderen Tempel hielten sich Wesen auf, fanden Aktivität und Leben statt. Die Lebensenergie aus meinem *qosqo* überspannte nicht nur zwei physische Orte, sondern auch zwei Sphären. Meine Lebensenergie verknüpfte sich mit jener auf der anderen Seite. Mir wurde klar, daß ich, wenn ich wollte, mich über diese eben von mir errichtete Brücke begeben und der »anderen Seite« einen Besuch abstatten konnte.

»Sollen wir gehen?« Juans Stimme unterbrach mich in meiner tiefen Trance. Ich schlug die Augen auf und sah sein lächelndes Gesicht. »Ja«, bestätigte er, meine Gedanken lesend. »Ein andermal wirst du über diese Brücke gehen.« Wir kamen an Touristen mit gezückten Fotoapparaten vorbei. »Elizabeth«, sagte Juan in dringlichem Ton und riß mich erneut aus meinem Trancestadium.

»Ja«, antwortete ich benommen. Es fiel mir schwer, in die normale Welt zurückzukehren.

Er wurde etwas lockerer und lachte mich an. »Du mußt lernen, unsichtbar zu werden.« Ich fühlte mich von seinem Ansinnen etwas überfordert. Ich lernte gerade, meinen *qosqo* zu benutzen und die Energiefäden zu ziehen, ich versuchte ein Verständnis von Tod und Macht zu gewinnen, und nun wollte er auch noch, daß ich lernte, unsichtbar zu werden? Ich warf Juan einen hilflosen Blick zu, was ihn nur zu lautem Gelächter veranlaßte, während ich mich noch kleiner fühlte. »Ich meine, du kannst innerlich eine sehr starke mystische Erfahrung machen, aber dabei nach außen hin wie eine Touristin wirken – das ist Unsichtbarkeit.«

Wir stiegen in den Bus, um nach Cuzco zurückzufahren. Für den Nachmittag war nur noch ein weiteres Ritual geplant. Unterwegs bat ich Juan, uns noch mehr über das Energiesystem der andinen Tradition zu erzählen, das sich so völlig von dem bekannteren hinduistischen Chakra-System unterschied.

»Das andine System ist im Grunde ganz einfach«, wandte sich Juan an seine Busladung von Schülerinnen und Schülern, deren Gesichter und Energiekörper noch von der letzten Erfahrung im Tempel leuchteten. »Es ähnelt mehr dem taoistischen als dem hinduistischen System. Statt der Chakras oder ›Lichtwirbel‹, wie sie von den indischen Mystikern und Sehern beschrieben werden, sehen unsere Priester, daß wir vier Energiegürtel oder -bänder haben, die den Körper umgeben. Wir haben sogar spezielle *paqos* mit speziellen *khuyas* oder Steinen, die in einer Zeremonie zur Öffnung dieser *chunpis* oder Energiegürtel als Instrumente benutzt werden. In der hinduistischen Tradition muß man sehr lange studieren, um die Chakras zu öffnen, aber im andinen System kann man mit dem *chunpi paqo* arbeiten und sofort eine Erfahrung machen.«

»Aber Juan, wer wird unser *chunpi paqo* sein? Kennst du einen?« fragte ich.

»Ja«, erwiderte er mit bescheidenem Nicken und deutete auf sich. »Mich. Don Andres Espinoza aus Q'eros hat mich 1982 als erster in der Kunst des *chunpi paqo* ausgebildet. Dann hat mir Don Benito noch einmal das Ritual übermittelt, als ich die Große Initiation beendete, und ich habe auf dem Markt einen alten Satz von Steinen gefunden. Ich werde heute nachmittag nach dem Mittagessen und einer Ruhepause zu eurem Haus kommen, und wir werden die Zeremonie der Öffnung der Gürtel durchführen.«

Wir langten beim Haus der Señora an, die uns schon an der Tür begrüßte im Verein mit bellenden Hunden, einer lächelnden Panchita und dem kleinen José, Panchitas Helfer, und sie alle freuten sich sehr, uns zu sehen. Das Mittagessen wartete schon auf uns.

Nach einem herzhaften Mahl, bestehend aus einer Quinoasuppe und *lomo saltado*, einem peruanischen Gericht aus Rindfleisch, Reis, Kartoffeln, Tomaten und Knoblauch, das mit einer Tasse aromatischen einheimischen Tees aus Cuzco seinen krönenden Abschluß fand, hielten wir ein kleines Nickerchen oder machten Eintragungen in unsere Tagebücher, während wir auf Juan warteten. Um halb drei beschloß ich, nach unten zu gehen und nach ihm zu sehen. Dabei bemerkte ich, daß sich der Himmel stark bewölkt hatte. Nach Südwesten zu, in Richtung des Apu Ausangate, war er fast völlig schwarz. Ich überquerte den Hof, als ich die Glocke an der Eingangstür hörte. Es war Juan.

»*Hola, Maestro*«, begrüßte ich ihn mit einer gewissen kecken Respektlosigkeit und hielt ihm die Tür auf.

»*Hola*, Schülerin«, gab Juan zurück und wir kicherten beide, als wir den üblichen Wangenkuß zur Begrüßung austauschten.

»Komm mit nach oben. Alle warten schon.« Ich eilte über den Hof voraus und nahm die Treppe in ein paar großen Sätzen. Meine Lungen hatten sich inzwischen an die Höhe gewöhnt. Oben im Flur klopfte ich wie ein Ausbildungsoffizier an die sechs Zimmertüren und gab bekannt, daß Juan eingetroffen sei und alle erscheinen sollten. Nachdem ich von allen eine entsprechende, gedämpfte Antwort bekommen hatte, ging ich zurück in die Halle. Juan war nirgends zu sehen.

Ich dachte, daß er vielleicht draußen war, um eine Zigarette zu rauchen, da er wußte, daß ich das Rauchen im Haus nicht duldete, und ging hinaus zur Außentreppe. Dort sah ich ihn stehen und gebannt auf das sich über dem Tal zusammenbrauende Gewitter starren. Er rauchte keine Zigarette.

»Juan?« fragte ich leise. Er gab keine Antwort. Ich ging ein paar Treppenstufen hinunter auf ihn zu, und als ich der Richtung seines Blicks folgte, zuckte vor uns ein riesiger Blitz nieder. Erschrocken machte ich einen kleinen Satz zurück. Juan stand noch immer reglos wie ein Berg. Der Blitz hatte bei ihm noch nicht einmal ein winziges Augenbrauenzucken ausgelöst.

Er flüsterte mir etwas zu, aber seine Stimme ging in den ersten großen Regentropfen unter, die nun auf das verrostete Blechdach über uns zu trommeln begannen. Ich beugte mich vor, um zu hören, was er sagte. Er hielt den Blick unverwandt auf das Tal gerichtet. »Öffne deinen *qosqo*«, flüsterte er. Und dann, ich hielt mein Ohr praktisch an seine Lippen, um seine fast unhörbaren Worte zu vernehmen: »*Verspeise das Gewitter.*«

Schrecken und Erregung zugleich durchzuckten mich angesichts der brillanten Unerhörtheit dieser Anweisung. Sogleich drehte ich mich um, Juans Körperhaltung imitierend, und blickte dem Gewitter entgegen. Zunächst ein wenig zögerlich befahl ich meinem *qosqo*, sich zu öffnen, und dehnte mich dann energetisch aus, hinein in die graue wirbelnde Wolkenmasse, den dicht prasselnden Regen und die metallisch aufglänzenden, dünnen, zuckenden Blitzstrahlen. Dort war eine ungeheuerliche Kraft am Werk. Ich konnte sie mit den Augen sehen. Aber was noch faszinierender war: Ich konnte sie auch mit meinem *qosqo* schmecken. Es war eine warme, aufwühlende Empfindung und eine elektrische Woge, ein Spannungsstoß. Mein Bewußtsein verband sich irgendwie mit dem Gewitter, und ich genoß das Brausen des Windes, die elektrische Ladung der Blitze und die köstliche regenreiche Luft.

Ich begann das Gewitter in meinen *qosqo* zu ziehen, in meinen Körper, so als ernährte ich mich von seiner puren Kraft. War es nur meine Einbildung oder reagierte das Gewitter auf uns? Es schien, als käme es, höchst erfreut über die ihm geschenkte Aufmerksamkeit, tatsächlich näher. Oder zogen wir es heran? »Es zieht wahrscheinlich sowieso in unsere Richtung«, ließ sich mein rationaler Verstand vernehmen.

Als Kind hatte ich Gewitter immer geliebt, die es im mittleren Westen, dem Land meiner Jugend, in Hülle und Fülle gab. Und jetzt wurde mir beigebracht, das Gewitter nicht nur einfach zu genießen, sondern mich mit seiner Kraft zu verbinden. Es war wunderbar! Erstaunlich!

»Elizabeth? Juan? Wo seid ihr?« Die Initianden riefen uns. Juan legte lächelnd den Finger an die Lippen und zwinkerte mir zu, dann wandten wir uns um, gingen die Treppe hinauf und in den Salon.

Nachdem sich alle versammelt hatten, entfaltete Juan ein wunderschön gewebtes weißes Alpakatuch. An seinem Rand war es mit einem klar umrissenen schwarzen Streifen und an seinen vier Ecken mit langen, farbenprächtigen Troddeln versehen. Darunter kam ein weiteres, weitgehend schwarzes Tuch mit einem leuchtend rosa geometrischen Muster zum Vorschein. Ich erkannte die speziellen Farben der Q'ero-Indianer, die fein gesponnene Alpakawolle, zum spirituellen Schutz linksseitig gewebt. Ich wußte, daß Juan eine Ausbildung bei den Q'eros absolviert hatte – einer Gruppe von Anden-Indianern, die in Bergdörfern in 4500 Meter Höhe lebten und als direkte Nachfahren der Inka galten – und daß neben Don Benito sein anderer vorrangiger Meister, Don Andreas Espinoza, aus Q'eros gewesen war. Aber mehr wußte ich nicht darüber.

Nachdem Juan dieses innere Tuch entfaltet hatte, kamen fünf bräunlich-weiße, merkwürdig gestaltete Steine zum Vorschein, jeder etwa so groß wie ein großes Ei. Jeder Stein wies einen oder mehrere seltsame Höcker auf. Die ersten drei Steine waren unten flach und rechteckig, so daß sie aufgestellt werden konnten, und ihre Protuberanzen hatten die Form von ein, zwei oder drei eliptischen, nach oben weisenden Brüsten. Der vierte Stein war runder und zeigte vier Höcker, und der fünfte Stein hatte etwa die Größe eines kleinen Apfels und war wie ein fünfzackiger Stern geformt. Es sah aus, als seien die Steine ursprünglich weiß gewesen und hätten sich mit dem Alter bräunlich verfärbt. Ich fragte mich, wie alt sie wohl sein mochten.

»Dies sind die heiligen Steine, die Werkzeuge des *chunpi paqo*. Seht ihr hier das eingravierte Kreuz?« Juan deutete auf die Unterseite des einhöckrigen Steins. Dort war ein perfekt eingraviertes christliches Kreuz zu erkennen. »Das Kreuz zeigt, daß dieser Satz von Steinen wahrscheinlich irgendwann im siebzehnten Jahrhundert hergestellt wurde.« Wir starrten die Steine überrascht an. Sie waren wunderschön, und es schien eine weiche Lebensenergie in ihnen zu pulsieren.

»Das bedeutet, daß die *chunpi paqos* ihre Kunst noch lange nach der Eroberung durch die Spanier praktizierten«, stellte Barbara in sachlichem Ton fest.

»Genau!« bestätigte Juan. »Aus diesem Grund gibt es auch heute noch praktizierende *chunpi paqos*. Und die Tatsache, daß dieser Satz von Steinen das christliche Kreuz aufweist, ist wiederum ein Beweis für die Flexibilität und das inklusive Wesen des andinen Systems.« Der Gedanke war faszinierend, daß die Inka eine völlig andere Art des Sehens, der Interpretation und der Arbeit mit dem menschlichen Energiesystem entwickelt hatten, die noch aus der Zeit vor der Ankunft der Spanier stammte; und daß sie ihre Kunst bewahrt und sogar christliche Symbole in ihre Praxis aufgenommen hatten.

»Nun, also«, sagte Juan und zog die Aufmerksamkeit aller auf sich, indem er den ersten, einhöckrigen Stein vor uns herumschwenkte. »Wir in den Anden glauben, daß im Augenblick der Empfängnis drei verschiedene Kräfte zusammengebracht werden: die Kraft der Materie, die Kraft der individuellen Seele und die ewige Kraft des Geistes. Diese drei Kräfte treffen hier aufeinander.« Juan deutete auf eine Stelle auf dem Kopf knapp über dem Haaransatz. »Wenn wir Kinder sind, ist diese Stelle noch sehr offen, und wir empfangen durch diese Öffnung eine Menge reine Lebensenergie oder ›weißes Licht‹. Aber wenn wir älter werden, schließt sich dieses Energiezentrum. Wir werden diesen Stein benutzen, um es wieder zu öffnen.«

Juan arbeitete nun mit diesen heiligen Steinen, um jeden unserer Energiegürtel zu öffnen. Er begann mit dem Steißbein-Zentrum und dem mit dem Geist des Wassers assoziierten schwarzen Gürtel. Dann wanderte er hoch zum *qosqo*, dem Zentrum des dem Geist der Erde zugeordneten roten Gürtels. Als nächstes benutzte er einen seiner speziellen Steine, um das Herz-Zentrum mit seinem goldenen, mit dem Geist des Feuers und der Sonne assoziierten Gürtel zu öffnen. Der mit dem Kehl-Zentrum verbundene Energiegürtel war silbern und dem Geist des Windes zugeordnet. Abschließend setzte er den fünften Stein ein, um den Punkt zwischen den Augenbrauen zu öffnen, lilafarben und mit den feinsten Energien der höheren Welt assoziiert. Für jeden Energiegürtel verwendete er einen anderen Stein.

Während Juan geduldig der Reihe nach mit jeder Person arbeitete und der Rest von uns zusah, nahmen der Sturm und das Gewitter stetig an Stärke zu. Ich mußte einige Male aufstehen, um die Tür zur Außentreppe zu schließen, die von den heftigen Windböen immer wieder aufgerissen wurde. Als der Abend hereindämmerte und es im Zimmer dunkel wurde, tobte das Gewitter so heftig, daß wir im Licht der unentwegt zuckenden Blitze fast ausreichend sehen konnten. Niemand stand auf, um Taschenlampen zu holen oder in irgendeiner Form Licht zu machen. Der Lichterschein der Blitze auf den Gesichtern von uns Initianden war ein herrlicher Anblick. Es schien, als würde die Natur selbst ihre Kräfte dazugeben und in einer Freudenfeier unsere Zeremonie segnen.

Juan arbeitete unermüdlich, wiederholte mit jedem Wechsel der heiligen Steine die Gebete und hielt dann inne, um ein langes

Gebet zu sprechen, bevor er sich der nächsten Person zuwandte. Bald würde ich drankommen, und ich war neugierig festzustellen, ob ich all die von Juan beschriebenen Dinge sehen oder ob ich überhaupt irgend etwas fühlen würde.

Als die Reihe schließlich an mir war, hatten sich alle anderen in ihre Zimmer zurückgezogen, weil sie entweder zu entspannt oder in einem zu veränderten Wahrnehmungszustand waren, um noch etwas anderes tun zu können. Juan ging einen Moment hinaus, um aus dem Gewitter noch mehr Lebensenergie in sich aufzunehmen. Dann kam er zurück und trat auf mich zu. Er senkte den Kopf und begann zu beten, die erste *khuya* hielt er fest in der Hand umschlossen. Ich schloß die Augen, da ich einen Zustand wacher Aufmerksamkeit beibehalten wollte.

Ich spürte auf meinem Kopf die kühle sanfte Berührung des ersten Steins und dann sofort ein warmes Kitzeln in den Haarwurzeln um diese Stelle herum. Meine Arme überzogen sich mit einer Gänsehaut. Dann waren da auf einmal eine Art weiches »Plop« und ein Lichtblitz. *Muß ein Blitz gewesen sein*, kommentierte mein Verstand.

»Fühlst du es?« flüsterte Juan. Ich nickte, da ich nicht zu sprechen vermochte. Ich war wieder in einen tiefen Trancezustand geglitten. Er tauschte die *khuya* aus, und ich spürte ein Wärmeempfinden zu meinem Hinterkopf ziehen, wo es in zwei Bassins zu fließen schien. »Fühlst du die Trennung der Felder?« fragte er. Ich nickte. Ich mußte mich nicht einmal bemühen, es war so leicht zu spüren. Ich fühlte, wie sich die goldene und die silberne Schnur von meinem Nacken aus nach unten zog, die goldene rechts, die silberne links. Die *khuya* bewegte sich mein Rückgrat hinunter, aber mein Gewahrsein eilte ihr voraus. Es war blitzschnell an meinem Steißbein-Zentrum angelangt, das sich zu einer wunderschönen grünen Blüte öffnete, genau in der Farbe der grünen *ñust'a*. Dann raste dieses Grün mein Rückgrat hoch, verschmolz mit dem Silber und Gold und wurde zu einem lebendigen, glänzenden Schwarz.

Juans *khuya* war gerade bei meinem Steißbein angelangt. »Offen?« fragte er. Er wollte wissen, ob ich fühlte, daß es offen war. »Ja.« Meine Zunge hatte sich etwas gelockert und ich konnte wenigstens flüstern. Ich beobachtete dieses intensiv pulsierende Schwarze Licht. Das Schwarz war mit Gold und Silber durchzogen, aber das war es nicht, was es so leuchten ließ. Vielmehr verliehen das Gold und Silber dem Schwarz Dimension und Volumen. Das Schwarze Licht knisterte und pochte in meinem Nacken. »Jetzt misch die drei zusammen«, wies mich Juan an.

»Schon geschehen«, erwiderte ich leise.

»Aha, du eilst mir voraus«, lachte Juan. »In Ordnung, bring das Schwarze Licht in dein Steißbein-Zentrum hinunter.« Dieses Schwarze Licht war eine kecke und launische Kraft, und ich mußte ziemlich viel Willensstärke aufbringen, um sie in mein Steißbein-Zentrum zu dirigieren. Juan zog rasch den schwarzen Gürtel um mein Becken, indem er mit seiner *khuya* meine Hüften umrundete, und versicherte sich, daß der Gürtel vorne und hinten angekoppelt war. Ich konnte diesen Gürtel spüren, als hätte ich ihn an, als wäre er mir aufgeprägt worden. Er führte seine *khuya* vom Unterleibs-Zentrum hinauf zu einer Stelle etwa neun Zentimeter über meinem Bauchnabel und direkt über meinem Zwerchfell, meinem *qosqo*. Er drückte die *khuya* leicht in den Körper.

»Offen?« fragte er. Ein pulsierender Strom von Rot floß in meinen *qosqo*, und noch bevor er seine *khuya* wieder in Bewegung setzte, fühlte ich schon, wie sich der rote Gürtel fast von allein um mich legte. Er führte die *khuya* um die linke Seite meines Rumpfs bis zum Rückgrat und dann wieder zurück zu meinem Bauch. Dann führte er sie um die rechte Seite meines Rumpfs und hielt sie gegen mein Rückgrat. »Verbunden?« fragte er. Ein roter Gürtel pulsierender Energie zog sich nun rings um die Mitte meines Körpers. Ich nickte mit geschlossenen Augen.

Er führte die *khuya* zur Brustmitte hinauf, und ein warmes goldenes Feuer erwachte in meinem Herzen. Und während er nun mit der *khuya* den oberen Bereich meiner Schultern umkreiste, sah ich, wie sich dieses goldene Feuer von meinem Herzen aus ausbreitete, meinen ganzen Brustbereich umschloß und einen Gürtel tief goldenen Lichts bildete. Juans *khuya* bewegte sich zu meiner Kehle, und ich hörte in meinem Ohr das Singen der silbernen *ñust'a* und sah und fühlte, wie sich das silberne Licht in meinem Kehl-Zentrum konzentrierte. Juan wechselte die *khuya*, vollführte mit ihr einen Kreis um meinen Hals und machte den silbernen Gürtel vorne und hinten fest. Dann zog er eine Linie mit einem der Höcker der *khuya* von der Kehle über die Gesichtsmitte bis hinauf zum Punkt zwischen den Augenbrauen.

»Nimm nun die violette Energie aus meiner *khuya* in dir auf«, wies er mich an. Wieder schien es fast von allein zu geschehen, und ich konnte nicht sagen, was zuerst da war, seine Anweisung oder das violette Licht. Es war ein herrliches, sattes Violett – meine Lieblingsfarbe seit meiner Kindheit. Kein dunkles, sondern ein helles, leuchtendes Violett. Die Farbe schien von innen heraus zu leuchten, so wie es auch das Schwarze Licht getan hatte – eine Art glühendes Violett. Die Farbe selbst war reine Freude.

»Ja, so ist es richtig. Genieße es«, sagte Juan. Erst da merkte ich, daß sich, während ich die violette Energie in mich aufnahm, ein tiefes Lächeln auf meinem Gesicht ausgebreitet hatte. »Jetzt entlaß deine ganze schwere Energie in meinen Stein.« Juan drehte den Stein um, so daß nun der zentrale Höcker seiner gegenüberliegenden Seite meine Stirn berührte. Ich ließ *hoocha* ausfließen, fühlte mich leichter, und mein Bewußtsein wurde auf angenehme Weise leer. »Jetzt kannst du die ganze violette Energie absorbieren«, sagte Juan. Ich stand lange Zeit da und erfühlte die wunderschönen Farben in meinem *poq'po*. Dieser fühlte sich nun anders an – dick und rund und prall und ge-

sund! Ich erzählte es Juan, und er lachte und nickte. »So, nun
hol die anderen«, sagte er, »ich habe euch noch ein paar Dinge
zu sagen, bevor ich gehe.«

Nachdem wir uns ziemlich erschöpft noch einmal versammelt hatten, wandte sich Juan an die ganze Gruppe. »Eure
poq'pos sind nun vollständig aufgeladen, was bedeutet, daß
viele kleine Anhaftungen an euren *poq'pos* durchtrennt worden
sind. Eure Beziehungen zu anderen Leuten mögen sich unter
Umständen verändern, und ihr könnt sicher sein, daß auch die
Reaktionen der Betreffenden auf euch anders ausfallen werden.
Seid euch darüber im klaren, daß ihr nun eine Menge Projektionen von anderen abbekommt. Weil euer *poq'po* voll ist und
mit der Natur in Einklang steht, kann es sein, daß ihr Eifersucht und Projektionen des Schattens anderer auf euch zieht.
Denkt daran, ihr müßt deren schwere Energie verspeisen, das
ist die Praxis, auf die ihr euch nun eingelassen habt. Jetzt werde
ich euch noch mehr über unseren Weg erzählen, denn morgen
ist unsere Krönungszeremonie.

Der Punkt, um den es hier geht, ist der, daß ihr zur ›Seherin‹
beziehungsweise zum ›Seher‹ werdet – die andine Bezeichnung
dafür lautet *qawaq*. Wenn wir uns die großen Traditionen unserer Zeit ansehen, so befaßten sich die Griechen in erster Linie
mit abstrakten Ideen, gedanklichen Entwürfen.« Juan sprach
nun mit neuer Tiefe und Klarheit, und seine Augen glitzerten,
während er sich für sein Thema erwärmte. »Ihrer Anschauung
nach hatten das theoretische Wissen und der Aufbau von wunderschönen Gedankengebäuden wie etwa dem der Mathematik
vorrangige Bedeutung. Die Juden hingegen beschäftigten sich
hauptsächlich mit Geboten und Regeln, und so waren in ihrer
Tradition, allgemein gesprochen, die Zehn Gebote Moses' und
das moralische Gesetz von höchster Bedeutung.

Die andinen Propheten legen den Akzent auf andere Dinge.
Für sie ist *Wahrnehmung* das Allerwichtigste. Ja, Ideen und Gebote sind ebenfalls von Bedeutung, aber für uns hat die *Wahr-*

nehmung Vorrang. Das heißt, eine wirklich entwickelte Person ist fähig, hinter allen Manifestationsformen die Welt der Lebensenergie zu sehen.

Die westliche Kultur als solche ist sehr visuell orientiert. Ihr legt großen Wert auf die äußere Erscheinung und die Information, die ihr durch euer physisches Sehvermögen erhaltet. Selbst die hinduistische Tradition bezeichnet die spirituelle Sicht als das ›dritte Auge‹, wobei die physischen Augen die anderen zwei Augen sind. Aber das *Qawaq*-Auge heißt in unserer Tradition das ›siebte Auge‹, und ich werde euch sagen, warum. Mit der Zeremonie der heiligen Steine haben wir eure vier Energiegürtel geöffnet, und jeder Gürtel hat ein Zentrum oder ein ›Auge‹: das Steißbein, der Bauch, das Herz, die Kehle. Diese betrachten wir als die ersten vier ›Augen‹. Nehmt eure zwei physischen Augen hinzu, das ergibt insgesamt sechs. Wenn diese sechs Augen erst einmal offen sind, dann seid ihr für die Öffnung des Punkts zwischen den Augenbrauen bereit. Dieser wird das ›siebte Auge‹ genannt. Eine Seherin beziehungsweise ein Seher werden, das bedeutet in unserer Tradition, daß alle sieben Augen offen sind und ihr mit eurem ganzen Körper, mit eurem ganzen *poq'po*, mit eurem ganzen Energiekörper sehen oder wahrnehmen könnt. Das ist ein sehr hoch entwickeltes Maß an Wahrnehmungsvermögen, das sogar nur sehr wenige unserer Priester der vierten Ebene erreicht haben.

Don Benito gehörte zu den wenigen. Ich habe euch erzählt, daß sich die andinen Mystiker auf eine Wirklichkeit der Lebensenergien und die direkte Wahrnehmung dieser Energiewelt gründen. Um das besser zu verdeutlichen, würde ich euch gerne eine kleine Geschichte über Don Benito erzählen.« Wir nickten zustimmend, und Juan fuhr fort.

»1986 stand ich mit einer Gruppe von Leuten in Verbindung, die sich intensiv mit den Lehren des Maya-Kalenders beschäftigten. Sie hatten da ein Datum für eine große globale Transformation entdeckt. Dieser Tag sollte im August 1987 sein. Die Gruppe fragte mich, ob die andinen Propheten aus ihrer Sicht dieses Datum bestätigen könnten. Ich sagte ihnen, daß ich nachfragen würde. Und so machte ich mich in das kleine Dorf Huasco auf, um Don Benito aufzusuchen.

Wir unterhielten uns in seinem Haus, und ich erzählte ihm von diesem Datum und seiner angeblichen Bedeutung – als Zeitpunkt der Transformation für die gesamte Menschheit und die ganze Welt. Don Benito hörte sehr aufmerksam zu, stand dann wortlos auf und ging hinaus. Nach einigen Minuten trat ich vor die Tür, um zu sehen, wohin er verschwunden war, und fand ihn vor dem Haus stehen und hinunter ins Tal in Richtung Cuzco blicken. Er stand ganz still, und so störte ich ihn nicht und begab mich wieder ins Haus. Als er zurückkam, schüttelte er nur einfach den Kopf und sagte: ›Nein. Noch nicht.‹

›Aber Don Benito‹, protestierte ich, ›woher weißt du das? Wie kannst du dir so sicher sein, wo doch meine Freunde Monate gebraucht und viele mathematische Berechnungen angestellt haben, um zu diesem Datum zu gelangen?‹

Don Benito lachte nur und sagte: ›Ich weiß es, weil ich es gesehen habe. Der *poq'po* von Cuzco ist erst in halber Höhe der Berge. Ist die Zeit gekommen, von der deine Freunde sprechen, muß er auf der Spitze der Berge sein. Diese Zeit ist noch nicht da – aber sie kommt. Sag das deinen Freunden.‹ Damit schien Don Benito andeuten zu wollen, daß die Daten hinsichtlich der Vorhersagen und Prophezeiungen ungewiß, veränderlich sind. Wir müssen uns hier auf etwas so Unmittelbareres wie die direkte Wahrnehmung von Energie verlassen.«

»Aber Juan, du hast uns eigentlich noch nichts über die Prophezeiungen erzählt. Wie paßt das alles zusammen? Was genau beinhalten diese Prophezeiungen? Was besagen sie?« fragte Maryann in dringlichem Ton.

»Ich habe in den letzten zwölf Jahren Nachforschungen über die Prophezeiungen angestellt und sie gesammelt. Das ist schwierig, da es keine schriftlichen Aufzeichnungen gibt,

nur die mündliche Überlieferung. Die Prophezeiungen sprechen ganz direkt von dieser historischen Zeitepoche als von
einer Phase der Transformation, die wir in den Anden als *taripay pacha* bezeichnen. Das bedeutet wortwörtlich ›Zeitalter,
in dem wir uns wieder selbst begegnen‹ und bezieht sich auf die
potentielle Möglichkeit eines goldenen Zeitalters menschlicher
Fülle. Dies ist eine Zeit, in der die Menschen wirklich anfangen müssen, zusammenzuarbeiten. Aber es ist auch eine Zeit,
in der wundersame Ereignisse stattfinden können und müssen.
Laßt mich das erklären.

Der 1. August 1993 markierte das Ende der *pachakuti* –
einer kosmischen Umwandlung –, in der die Erde auf die erste Phase der *taripay pacha* vorbereitet wurde. Diese Anfangsphase soll von 1993 bis zum Erscheinen der fünften Ebene des
Bewußtseins andauern. Wir haben zwar schon von der fünften Ebene gesprochen, doch wißt ihr noch nicht, daß männliche oder weibliche Priester der fünften Ebene Personen sein
werden, die mit übernatürlichen Heilkräften ausgestattet sind.
Diese Personen müssen imstande sein, jederzeit und immer mit
nur einer einzigen Berührung jeden Menschen von jedem Problem oder jeder Krankheit zu heilen.«

»Könnte das jemand sein, der das Schwarze Licht gezähmt
hat?« fragte ich nervös.

»Das ist sehr wahrscheinlich«, bestätigte Juan und fuhr in
seiner Erzählung fort. »Die zweite Phase wird bis zur Mani-
festierung des Inka Sapa dauern, eines Priesters der sechsten
Ebene des Bewußtseins und einer Person, die über außerge-
wöhnliche Führungsqualitäten, Fähigkeiten der gesellschaftlichen Organisation und politisches Können verfügt. Eine Person, die das Inka-Reich wieder aufbauen kann, aber es zu einer
sehr viel größeren Blüte gelangen läßt, als in den alten Zeiten erreicht wurde. Die voll ausgebildete Form des *taripay
pacha* wird ihren Anfang nehmen, wenn die Priester der sechsten Ebene in Erscheinung treten, was um das Jahr 2012 oder

so sein könnte. Diese Daten sind ungewiß, weil dies alles nur eine Gelegenheit darstellt. Wir – die Menschheit – müssen die Arbeit tun.

Diese Zeitspanne von 1993 bis 2012 stellt eine ›kritische Phase‹ in der Entwicklung des kollektiven menschlichen Bewußtseins dar. Diese neunzehn Jahre markieren die Zeit, in der ein signifikanter Prozentsatz der Menschheit von der dritten zur vierten Ebene überwechseln kann und muß. Wir müssen imstande sein, die Angst hinter uns zu lassen, und lernen, unsere kulturellen Talente und Errungenschaften miteinander zu teilen. Wenn wir lernen, *ayni* wahrhaft zu leben – das heilige Gesetz der Wechselseitigkeit, des Austauschs und der Zusammenarbeit – und unser ganzes gesammeltes Wissen ohne Angst voreinander miteinander zu teilen, dann können wir unsere Ganzheitlichkeit entdecken, die Stückchen des Puzzles zusammenfügen, das unsere menschliche Familie ausmacht, unser *ayllu*. Es liegt bei den Erdenbewohnern, bei uns, das Beste aus dieser kritischen Phase zu machen und das *taripay pacha* herbeizuführen. Wir dürfen diese Gelegenheit nicht vergeuden!

Ihr tretet nun in den neunten Tag eurer Initiation ein, und ihr solltet euch darüber im klaren sein, daß das Erreichen der vierten Ebene bedeutet, daß ihr stets mit dem gleichen Gefühl für das Heilige im Herzen eine Synagoge, einen hinduistischen Tempel, eine katholische Kirche, eine islamische Moschee, ein tibetisches Kloster, einen buddhistischen Tempel oder eine andine Höhle betreten könnt. Eine solche Fähigkeit verweist auf eine Person, die gerade auf der vierten Ebene anlangt, eine Person, welche die *huaca*, die heilige Energie eines Menschen, eines Ortes oder Gegenstands direkt sehen, fühlen und erkennen kann. Diese Menschen können durch die Symbole und Zeichen hindurchsehen, darüber hinaussehen, sich in eine direkte energetische Wahrnehmungsweise versetzen. Das ist es, was es wirklich bedeutet, ein *qawaq*, eine mystische Seherin beziehungsweise ein mystischer Seher zu sein. Die andinen Propheten gelangen über die direkte Wahrnehmung und Interaktion mit der Welt der Lebensenergien zu einem Verständnis dessen, was geschieht und was geschehen wird, und damit zu ihren Prophezeiungen.

Morgen begeben wir uns für die Krönungszeremonie in den Tempel des Viracocha. Das ist der richtige Ort, um über die ganze Prophezeiung zu sprechen. Ihr habt in den letzten Tagen Weisheit, Erfahrung und, was am wichtigsten ist, Energie angesammelt. Wenn ich euch zu einem früheren Zeitpunkt von den Prophezeiungen erzählt hätte, wären es nur bloße Worte für euch gewesen. Jetzt seid ihr vielleicht imstande, nicht nur die Worte, sondern auch die Implikationen dessen, was ich euch morgen erzählen werde, zu verstehen. Schlaft gut heute nacht. Ich werde euch morgen früh mit dem Bus abholen. Seid auf eine lange, lange Fahrt vorbereitet.«

14

Mallku-Inka:
Die fünfte Ebene

Wir standen ehrfürchtig vor dem gewaltigen Inka-Tempel, dessen viereckige Säulen aus hellem pfirsichfarbenem Stein und Adobe an die fünfzehn Meter in den tiefblauen Andenhimmel ragten. Zehn in gesonderter Formation stehende, gigantische Säulen, in ihrer Form menschlichen Gestalten ähnelnd, lenkten unsere Aufmerksamkeit auf sich und nötigten uns Bewunderung ab. Sie bildeten eine Säulenwand, die sich mitten durch den Haupttempel zog, und dorthin folgten wir nun Juan und bildeten am Fuß dieser Steinriesen einen erwartungsvollen Kreis. Scheu und Staunen hatten uns verstummen lassen. Auf diesen Augenblick hatten wir alle gewartet.

»Nun werde ich euch etwas über diesen Ort ... und die gesamte Prophezeiung über die Rückkehr des Inka erzählen.« Juan sprach langsam, ruhig und in gewohnt sachlichem Ton. »Das ist der Tempel des Viracocha, der von Inka Viracocha, dem achten Inka und Vater des Pachacutec, erbaut wurde. Wie ihr bereits wißt, ist Viracocha der andine Name für Gott im selben Sinn wie Jahwe oder Allah, und bezieht sich auf eine metaphysische oder unsichtbare schöpferische, intelligente Kraft hinter allen Phänomenen der sichtbar manifestierten Welt. Man sagt, daß der achte Inka eine Offenbarung dieser göttlichen Weisheit erhalten und deshalb den Namen Inka Viracocha angenommen habe. Er erbaute diesen Tempel im fünfzehnten Jahrhundert zu Ehren seines Gottes.

Der Viracochatempel ist der wichtigste Tempel, sogar noch

wichtiger, machtvoller und heiliger als Machu Picchu. Am ersten Tag der *Hatun Karpay* fingen wir im Kontext dieser heiligen Geographie beim *qosqo* an, bei der Kathedrale am Hauptplatz von Cuzco. Von dort begaben wir uns zur Basis dieses Systems, nach Machu Picchu. Jetzt befinden wir uns an seinem Scheitelpunkt. Merkwürdigerweise liegen Machu Picchu in 2560, der Hauptplatz von Cuzco in 3292 und der Tempel hier in 3597 Meter Höhe. Im Bereich von Cuzco haben wir hauptsächlich mit der *kay pacha*, mit den *Apus* und den Wesen und Energien dieser Welt gearbeitet. In Machu Picchu arbeiteten wir sehr stark mit der *ukhu pacha*, der inneren Welt. Hier werden wir vor allem mit der *hanaq pacha*, der oberen Welt, arbeiten.« Ich fand es seltsam und faszinierend, daß diesem zehntägigen Ritual eine so ausgeprägte Struktur zugrunde lag.

»In Inka-Zeiten«, erzählte Juan weiter, »gab es nicht nur eine, sondern, den zwölf Stämmen entsprechend, zwölf königliche Familien oder Abstammungslinien. Weil uns dieses Krönungsritual durch die mündliche Überlieferung erhalten blieb, welche stets von Leuten wie Don Benito und seinen Meistern weitergegeben wurde, wissen wir, mit welchem Ritual in Inka-Zeiten die Wahl des neuen Inka-Herrschers vollzogen wurde. Ihr werdet sehen, daß diese Tempelanlage zwölf Häuser oder Tempel aufweist – für jede königliche Familie einen. Wenn es an der Zeit war, den nächsten *Sapa*-Inka zu wählen, was ›einziger Herr‹ oder ›Hochkönig‹ bedeutet, versammelten sich hier alle zwölf Familien und präsentierten ihren Kandidaten. Dieser war gewöhnlich derjenige unter ihnen, der am besten und effizientesten die einem Inka obliegenden wichtigsten Dinge und Arbeiten durchführen konnte – die spirituelle Arbeit eingeschlossen.« Wir ließen unseren Blick über die zwölf Tempel schweifen und versuchten uns vorzustellen, wie es wohl gewesen wäre, in Inka-Zeiten Zeuge eines solchen Ereignisses gewesen zu sein.

»Weil die Inka ein zentralisiertes Herrschaftssystem hatten, dessen Administration alle ökonomischen, sozialen und spirituellen Angelegenheiten regelte, mußte der seine jeweilige Familie repräsentierende Kandidat der beste Ökonom, der beste gesellschaftliche Organisator *und* die spirituell am höchsten entwickelte Persönlichkeit sein. So gesehen vertrat die Inka-Kultur das genaue Gegenteil der extremen Spezialisierung, die wir heute in der westlichen Kultur erleben. In Inka-Zeiten mußte man alle Aufgabenbereiche in meisterhafter Weise beherrschen.

Jede Familie stellte ihre Kandidaten vor und führte anschließend viele kollektive Rituale durch, um ihrem Herrscher-Aspiranten Kraft zu geben und ihn zu unterstützen. Die so von ihrer Gemeinschaft getragenen Bewerber schlossen sich dann mit den anderen Konkurrenten zusammen und führten das Ritual durch, das auch wir absolvieren werden. Am Ende dieser Zeremonie, die am einen Ende der Tempelanlage ihren Anfang nahm und am anderen Ende ihren Abschluß fand, begann einer der Kandidaten ganz buchstäblich in einem strahlend hellen Licht zu leuchten, das von allen Anwesenden wahrgenommen werden konnte. Dieser ›Erleuchtete‹ war der nächste *Sapa*-Inka, von Viracocha – von Gott selbst – auserwählt.«

Ausrufe des Erstaunens waren zu hören, und jemand sagte: »Könnt ihr euch vorstellen, unsere Präsidentenwahlen würden so ablaufen?«

»Wir wissen auch, daß der Inka gemeinsam mit seiner *qoya*, einer gleichermaßen hoch spirituell entwickelten Gefährtin, herrschte. Den Beweis dafür werdet ihr beim Ritual selbst entdecken. Okay?« Juan blickte ringsum in die Gesichter und forschte nach Zeichen des Verständnisses, bevor er fortfuhr. »Inzwischen muß euch klargeworden sein, daß sich das Wort *Inka* auf eine spirituelle Ebene oder einen spirituellen Seinszustand bezieht. Der *Sapa*-Inka, derjenige, der während des Rituals leuchtet, ist ein Priester der sechsten Ebene. In andinen Begriffen ist die Fähigkeit des Leuchtens ein Hinweis auf eine Person, die sich auf der sechsten Bewußtseinsebene befindet, wie Moses es zum Beispiel war. Wir glauben, daß die Inka-Herrscher, angefangen bei Viracocha bis hin zu Huascar, auf diese Weise gewählt wurden. Den Prophezeiungen zufolge hat die Welt nach dem 1. August 1993 eine notwendige kosmische Umstrukturierung erfahren, um die Bedingungen für eine Rückkehr der spirituellen Wesen der sechsten Ebene zu schaffen.«

»Aber Juan, ich dachte, wir würden nur in die vierte Ebene initiiert. Was ist mit der fünften Ebene?« fragte Maryann.

»*Hatun Karpay*, die ›große Übertragung‹, ist das Ritual, das uns von der dritten zur vierten Ebene befördert. Aber das Ritual, das wir heute in diesem Tempel durchführen werden, gestattet uns, Kandidaten der fünften Ebene zu werden, eine Ebene spiritueller Entwicklung, die der prophezeiten Rückkehr des *Sapa*-Inka und der *qoya* vorausgehen muß. Ich habe euch gestern erzählt, daß wir uns den Prophezeiungen der andinen Meister zufolge gegenwärtig in der Anfangsphase von *taripay pacha* befinden. Und während dieser Zeitspanne – also etwa von 1993 bis zum Jahr 2000 – können jederzeit Priester der fünften Ebene auftauchen. Männliche Priester der fünften Ebene nennen wir *Mallku*-Inka, das heißt Menschen, die der Inka-Abstammungslinie angehören, und die Priesterinnen bezeichnen wir als *ñust'a*, ›Prinzessin‹.«

Juan hielt inne, um an seiner Zigarette zu ziehen, was uns einen Augenblick Zeit ließ, diese Fülle an Informationen zu verdauen. »Das Erkennungszeichen eines Priesters der fünften Ebene ist seine Fähigkeit, jegliche Störung, Verletzung oder Krankheit mit einer einzigen Berührung heilen zu können, und das immer und zu jeder Zeit. Heute verfügen wir über einige ausgezeichnete Heiler, die jedoch manchmal heilen können und manchmal nicht. Warum? Das Erscheinen des *Mallku*-Inka kennzeichnet einen entscheidenden Schritt innerhalb der Spirale menschlicher Evolution. Die Menschheit muß auf diese Transformation vorbereitet sein, denn dieser Schritt verweist darauf, daß wir als Spezies über die Grenzen des individuellen Karmas hinausgelangt sind, für das die Krankheiten im einzelnen stehen mögen, und auf die Ebene des Gruppen-Karmas überwechseln.«

»Aber Juan, woher kommen diese Prophezeiungen?« fragte Barbara.

»Dies sind die Prophezeiungen der zeitgenössischen andinen Meister, und in ihnen wird genau gesagt, wie und wo jeder *Mallku*-Inka und jede *ñust'a* erscheinen wird. Lediglich das ›wann‹ ist nicht genau festgelegt. Nur zwei meiner Meister verfügten über das Wissen von der gesamten Prophezeiung: Don Benito Qoriwaman, welcher der Huascar-Linie angehörte, und Don Andres Espinoza, Angehöriger der Inkari-Linie aus Q'eros. Durch meine Forschungen und mein Studium unter Anleitung dieser beiden Meister kamen die erste Linie des ersten Inka, Inkari, und des letzten Inka, Huascar, zusammen. In all den fünfundzwanzig Jahren meines Studiums dieser geheimnisvollen Tradition charismatischer Priester habe ich immer und immer wieder, sogar auch bei den Indianer-Aufständen im siebzehnten Jahrhundert, das sich wiederholende Thema der Rückkehr der Inka gefunden. Dies zeugt vom tief religiösen und unerschütterlichen Wesen der Anden-Indianer, das die Spanier nie besiegen konnten.

Nachgewiesenermaßen sind die Q'ero-Indianer die direkten Nachfahren der Inka. Sie sind die Hüter des ›Geistes der Inka‹, diejenigen, die über fast fünfhundert Jahre hinweg die inkaische Lebensweise bewahrt haben. Diese modernen Inka vertreten eine ›Öko-Religion‹, wie ihr sagen würdet, und für sie ist, im Gegensatz zum Westen, eine tiefe, mit der Natur verwobene Spiritualität der einzige Sockel, auf den sich ein echter politischer Führer stellen kann. Es sind jetzt nur noch ein paar hundert Q'ero übrig.«

»Juan, war es nicht dein Vater, der 1955 die Q'ero entdeckte?« fragte ich, mich der Worte des Touristenführers entsinnend, der mir damals Juans Name und Telefonnummer gegeben hatte.

»Ja«, erwiderte Juan bescheiden. »Mein Vater setzte sich auch gemeinsam mit einigen anderen Anthropologen für die Befreiung der Q'ero aus der Versklavung durch die Landbesitzer und für die Zurückgabe ihres Territoriums im Jahr 1959 ein.« Offensichtlich gab es an der Geschichte der Q'ero-Indianer noch vieles zu enthüllen. Juan fuhr mit seinen Erklärungen fort.

»Nachdem mir mein Meister Don Benito die Initiation in die vierte Ebene gegeben hatte, sprach er mit mir über das gesamte zehntägige *Hatun Karpay* – und auch über die Krönungszeremonie. Dabei passierte etwas Merkwürdiges. Statt seine Worte zu hören, begann ich vor meinem inneren Auge Bilder von all den Orten zu sehen, die er erwähnte. Dann merkte ich, daß er nicht Spanisch oder Quechua sprach, sondern sich jener seltsamen Sprache bediente, in der er am Tag unserer ersten Begegnung zu mir geredet hatte. Dies war das zweite und letzte Mal, das ich ihn sie sprechen hörte.

Als Don Benito mit mir über die Krönungszeremonie sprach, erzählte er auch, daß sie beinahe verlorengegangen wäre, weil es über vierzehn Jahre lang nicht genügend Priester der vierten Ebene gab, welche die gesamte Zeremonie vollziehen konnten. Das Quechua-Wort für Ritual ist *pujllay*, was wortwörtlich ›heiliges Spiel‹ bedeutet. Ihr seht also, daß wir, wenn wir heute ›das Ritual durchspielen‹, in gewisser Weise auch für seine Bewahrung sorgen.

Inzwischen muß euch zudem bewußt geworden sein, daß es bei dieser spirituellen Arbeit um ein kollektives Bemühen menschlicher Energie in Zusammenarbeit mit der Natur geht. Hier in den Anden haben wir nie vergessen, daß wir Teil der Natur sind. Und für uns beinhaltet diese menschliche Weiterentwicklung bis zu ihrer glanzvollen Krönung eine Teilnahme an der größeren natürlichen Ordnung der Pachamama. Die

Rituale, die wir im Verlauf von *Hatun Karpay* erlernen, lehren uns, unsere *poq'pos*, unsere ›Energieblasen‹, miteinander und mit den Energien der Natur zu verbinden. Doch für meinen Meister stellte *Hatun Karpay* nur einen Schritt auf dem Weg zur Kandidatur für die fünfte Ebene dar.«

Da wir uns gerade erst mit der vierten Ebene vertraut machten, fiel es uns schwer, uns auch nur ansatzweise den Sprung zur fünften Ebene vorzustellen. »Der Prophezeiung zufolge wird der Ort der Erscheinung des ersten Priesters der fünften Ebene, des *Mallku*-Inka, das Fest in Q'ollorit'i sein. Das ergibt sehr viel Sinn, denn das ist ein kollektives Ritual, an dem über siebzigtausend Menschen teilnehmen, und es findet am Fuß eines Gletschers statt.«

»Du meinst, daß dieser Ort – Q'ollorit'i – tatsächlich die Örtlichkeit ist, wo der erste *Mallku*-Inka in Erscheinung treten wird?« fragte Maryann mit weit aufgerissenen Augen.

»So ist es«, erwiderte Juan. »Mein Meister schickte mich neun Jahre lang nach Q'ollorit'i, bevor ich die wahre Bedeutung dieses Festes erkannte. Jedes Jahr kehrte ich zu Don Benito zurück und sagte: ›Meister, ich habe dies und jenes gesehen.‹ Jedesmal schüttelte er den Kopf und erwiderte: ›Du mußt nächstes Jahr wieder hingehen.‹ Nun will ich euch die Quintessenz meiner neunjährigen Erfahrung übermitteln.

Das Fest in Q'ollorit'i stellt die Zusammenkunft einer riesigen Anzahl von Pilgern dar, die sich dort versammeln und alle von tiefer Hingabe und Frömmigkeit erfüllt sind. Sie bringen ihre Ikonen und Tänzer mit, und es werden große Tanzwettbewerbe unter den Gruppen der verschiedenen Regionen veranstaltet. Zum Abschluß findet eine riesige Prozession statt. Mit Hilfe meiner Frau Lida konnte ich schließlich im neunten Jahr mit meinem siebten Auge sehen, daß sich infolge dieses Gruppenrituals ein enorm großer kollektiver *poq'po* der Lebensenergie bildete. Als ich Don Benito davon berichtete, lächelte er mich an und sagte: ›Jetzt fängst du an zu verstehen.‹

Und tatsächlich begreife ich jetzt, daß diese riesengroße Ansammlung menschlicher medialer Energie gemeinsam mit der natürlichen Kraft dieses Ortes die Bedingungen für das Erscheinen des ersten *Mallku*-Inka schaffen kann. Alle Pilger und Pilgerinnen, die an dem Fest teilnehmen, spielen, bewußt oder in der Mehrheit unbewußt, ihre jeweilige Rolle bei der Erfüllung dieser Prophezeiung. Durch unsere kollektive Energie werden große Wunder möglich. Wir haben Glück, weil wir über ein bewußtes Wissen von unserem Tun verfügen. Beim Festival werden öffentliche und private Rituale abgehalten, die mit der Erfüllung der Prophezeiung zu tun haben, aber sie alle beinhalten die Nutzung der kollektiven menschlichen Energie in Zusammenarbeit mit der Natur. Das werdet ihr begreifen, wenn ich euch nun über die genauen Einzelheiten der Prophezeiung informiere.«

Nina bedeutete Juan mit einer Geste, eine Pause einzulegen, da sie die Kassette ihres Recorders auswechseln mußte. Niemand wollte auch nur ein Wort von dem verpassen, was wir noch zu hören bekommen sollten. Juan räusperte sich und setzte wieder an. »Wenn der erste *Mallku*-Inka in Q'ollorit'i in Erscheinung getreten ist, was sich nun jederzeit ereignen kann, muß er sich, einer speziellen Reiseroute folgend, ins Dorf Urcos begeben und an der dortigen Kirchentür einen anderen *Mallku*-Inka treffen und erkennen, der zur gleichen Zeit hier, in der Nähe des Viracocha-Tempels, in Erscheinung getreten ist. Die beiden müssen dann gemeinsam nach Cuzco reisen, wo sie dem dritten *Mallku*-Inka begegnen und ihn erkennen werden; dieser wird sich bei der Fronleichnamsprozession auf dem Hauptplatz vor der Hauptkathedrale von Cuzco, dem alten Viracocha-Tempel, manifestieren.

Diese drei müssen dann gemeinsam nach Lima reisen, wo sie den vierten *Mallku*-Inka und die erste *ñust'a*, eine Priesterin der fünften Ebene, erkennen müssen, die beide gleichzeitig beim riesigen öffentlichen Ritual des Herrn der Wunder nahe des alten Pachakamaq-Tempels in Erscheinung treten werden. Diese fünf müssen dann übers Meer nach Arequipa reisen, wo sie die zweite *ñust'a* treffen werden, die sich beim Fest der Jungfrau von Chappi zeigen wird. Diese sechs werden dann über die Hochebene bis zum Titicaca-See reisen, um die dritte *ñust'a* zu treffen und zu erkennen, die beim Festival der Jungfrau von Copacabana in Erscheinung treten wird. Die sieben müssen sich dann wieder nach Cuzco begeben und die vierte *ñust'a* erkennen, die aus dem Fest der Jungfrau von Paucartambo hervorgehen wird. Die acht müssen sich dann mit zwei weiteren Paaren der fünften Ebene treffen, die aus dem Norden kommen werden. Es ist noch nicht bekannt, woher genau diese Paare kommen. Die zwölf müssen sich dann hier im Viracocha-Tempel versammeln und die Krönungszeremonie durchführen. Doch sie werden sich nicht, wie wir, der Instrumente der Großen Initiation bedienen, sondern eine neue Initiation durchführen, die das natürliche Ergebnis der Erlangung der fünften Ebene ist.

Das Vehikel dieser neuen Initiation muß der königliche Kolibri sein, der einzige Vogel des andinen Systems, der direkten Zugang zum Mittelpunkt der *hanaq pacha* hat. Wenn es also irgendeiner Person gelingt, die fünfte Ebene zu erreichen, kann sie – nein, sie muß es laut Gesetz des *ayni* sogar – ihre Erleuchtungsstufe auf jeglichen vorbereiteten Kandidaten übertragen. Folglich wäre ich nicht unglücklich, wenn du oder du«, er deutete auf Peter, Justin, Sam und Nina, »die fünfte Ebene vor mir erreicht, weil ihr sie mit mir teilen müßt.« Juans Augen sprühten vor Freude und Stolz über die Genialität seiner Tradition. Und in der Tat war es eine ziemlich erstaunliche und zudem logische Philosophie, die sich von der individualistischen Denkweise der westlichen Kultur so grundlegend unterschied. Bis dahin hatte ich noch niemals von einer spirituellen Tradition wie dieser, die gemeinschaftlich auf einen spirituellen Aufstieg hinarbeitete, gehört. Juan setzte seine Erläuterungen in unnachahmlicher Eloquenz fort.

»Nachdem sich diese zwölf *Mallku*-Inka hier im Viracocha-Tempel versammelt haben, werden sie die Krönungszeremonie vollziehen, aus der dann der neue *Sapa*-Inka und *qoya* hervorgehen, welche alle Macht und Fähigkeit besitzen, das Volk des alten Inka-Reichs wiederzuvereinigen. Ob dieser neue Herrscher nun aus den Reihen der zwölf *mallkus*, einer zufällig anwesenden Touristengruppe oder aus den Bauern von Raqchii hervorgeht, weiß kein Mensch vorherzusagen. Die andinen Meister lehren uns, daß diese Führer einer neuen Ära von überallher auftauchen können. Heutzutage bedarf es nicht mehr eines ›Inka des Blutes‹, sondern eines ›Inka der Seele‹.«

»Aber Juan, was werden der *Sapa*-Inka und die *qoya* tun? Werden sie wirklich imstande sein, alles zu verändern? Hier mögen sie ja anerkannt werden – aber was ist mit den anderen Ländern?« wollte die auch im Mystizismus stets praktisch denkende Barbara wissen.

»Sie werden an ihren Taten erkannt werden«, erwiderte Juan schlicht. »Erinnere dich, ein wahrer *Sapa*-Inka und eine wahre *qoya* gehören der sechsten Bewußtseinsebene an. Sie müssen nicht nur leuchten, nicht nur erleuchtet, sondern auch fähig sein, Macht zu versammeln und sie neu zu verteilen. Das ist die uralte Bedeutung des Wortes *Inka*. Die *qoya* und der *Sapa*-Inka werden imstande sein, das alte Inka-Reich wieder mit *kausay* zu füllen, mit ›Lebensenergie‹. Denk auch daran, daß die Meister eine Welt prophezeien, die das einstige Inka-Reich übertrifft – so daß diese Führer machtvoller sein müssen als je zuvor. Weiter sagen die Meister, daß die Ankunft der *qoya* und des *Sapa*-Inka sowie ihre folgenden Taten das Zeichen dafür sind, daß das *taripay pacha* in sein ausgereiftes Stadium eintritt, in eine Art von *plenipotencia* oder ›Himmel auf Erden‹. Und damit wird sich die metaphysische Stadt Paytiti – die in ihrer Bedeutung dem Shambala der Tibeter gleicht – auf der physischen Ebene manifestieren. Dies bedeutet in der Tat die Vorhersage eines goldenen Zeitalters für die Menschheit und ist ganz gewiß etwas, wofür es sich zu arbeiten lohnt. Oder etwa nicht?«

Die Antwort auf Juans Frage war Sprachlosigkeit. Wir alle konnten nur zustimmend nicken, aber ich wußte, daß diese Enthüllung der Prophezeiung in ihrer Gesamtheit hitzige Diskussionen nach sich ziehen würde. In diesem magischen Augenblick jedoch war jedermanns Ungläubigkeit ausgesetzt, so als würde dem der Gruppe inhärenten Skeptizismus Einhalt geboten, damit sich alle die Möglichkeiten vor Augen führen konnten, welche diese Prophezeiung in sich barg.

»Willst du damit sagen, daß sich diese zwölf *Mallku*-Inka als Resultat des Rituals manifestieren werden, das wir jetzt hier durchführen?« fragte Maryann.

»Ja, wir helfen, die Bedingungen dafür zu schaffen«, erwiderte Juan.

»Na gut, was stehen wir hier noch herum?« rief sie. »Fangen wir's an!« Maryanns eindrücklich bejahender Aufruf half die Erstarrung lösen, in die wir alle gefallen waren.

Meiner Ansicht nach hatte die Gruppe einen Schock erlitten, so wie ihn ein unterprivilegiertes Kind erleidet, das zu Weihnachten sein allererstes glitzerndes Spielzeug geschenkt bekommt. *Konnte das wahr sein?* fragten wir uns. Denn im tiefsten Kern unseres Herzens glaubten wir an diese Möglichkeit oder wollten an sie glauben, hatten aber, wie jenes Kind, alle in einer anderen Realität gelebt und kannten den Schmerz der Desillusionierung, den Preis für unsere Hoffnung.

Nun wandten wir uns um und folgten Juan, der uns an den hohen Figuren vorbei zu einem anderen Bereich dieser riesigen Tempelanlage führte. Bald standen wir inmitten eines Geländes etwa von der Größe zweier Fußballfelder, an dessen Enden jeweils sechs große, aus Stein und Adobe erbaute Häuser zu sehen waren. Im Zentrum befand sich ein großes offenes Hofgelände mit einem Haufen dunkelgrauer Steine, Bestandteil einer Ruine, die wieder aufgebaut werden sollte.

Jedes Haus beziehungsweise jeder Tempel wies, ähnlich wie die riesigen Figuren, eine drei Meter hohe, steinerne Grundmauer auf, auf die eine weitere drei oder auch über vier Meter hohe Adobemauer gesetzt war. Die Häuser waren rechteckig, und in die Innenwände der Längsseiten waren je sechs Nischen, in die der Schmalseiten je zwei Nischen eingelassen. Bei den meisten Tempeln fehlte wenigstens eine Tempelwand, bei einigen stand nur noch eine, aber anhand der steinernen Fundamente ließ sich die ursprüngliche Tempelform nachvollziehen.

»Jeder dieser zwölf Tempel gehörte einer der zwölf königlichen Familien der Inka. Und jede geleitete ihren Kandidaten für die Krönungszeremonie hierher«, erläuterte Juan. Ich betrachtete diese herrlich konstruierten Bauten, die nach über fünfhundert Jahren immer noch einen wunderschönen Anblick boten. Wenn ich ein Auge schloß und mir eine gerade Linie dachte, konnte ich die Vorderwände und Dächer sämtlicher zwölf Tempel sehen. Sie schienen so erbaut worden zu sein, daß sie sich in perfekter Übereinstimmung miteinander befanden, oder sie standen, so wie man die Inka kannte, vermutlich auf einer sogenannten Ley-Linie, einer natürlichen Energielinie.

»In unserer Tradition glauben wir, daß jeder Ort die Energie der Menschen in sich birgt, die an ihm gelebt und gearbeitet haben. Wir beginnen mit der Krönungszeremonie, indem sich jeder von euch einen der zwölf Tempel aussucht. Ihr begebt euch zu diesem Tempel, führt ein Ritual des Energieaustauschs mit ihm durch, sprecht eure Gebete und gebt eure schwere Energie dem heiligen Erdgeist dieses Tempels. Wenn ihr dann eure *hoocha* gereinigt habt, könnt ihr damit beginnen, euren *poq'po* mit der Lebensenergie der mit dem jeweiligen Tempel verbundenen königlichen Linie zu füllen.

Daran anschließend geht ihr langsam von eurem Tempel zu diesem zentralen Hofgelände, wobei ihr euch darauf konzentriert, ein Energieband vom Tempel bis hierher zu ziehen. Elizabeth, du stehst hier in der Mitte.« Mein Herz machte einen Satz, als ich aus der Menge herausgepickt wurde. Ich fühlte mich verlegen, fast schuldig, und mein Gesicht wurde heiß. Ich war sicher, daß es eine tief scharlachrote Farbe angenommen hatte.

»Ihr werdet durch dieses Energieband Kraft aus dem Tempel ziehen und die Energie in Elizabeths *poq'po* leiten.« Ich war mir nicht so sicher, daß mir dieser Gedanke gefiel. »Elizabeth, du wirst mit deinem *qosqo* alle diese Bänder heranziehen und die Energie in deinem *poq'po* konzentrieren. Gib uns Bescheid, wenn du das Gefühl hast, mit *kausay* angefüllt zu sein. Dann werden du und die ganze Gruppe anfangen, eine kollektive Energiesäule aufzubauen, so wie wir es beim Viracocha-Stein in Machu Picchu gemacht haben. Ihr werdet unter Nutzung der Energien der Tempel diese Energiesäule so hoch aufbauen, daß sie bis zur *hanaq pacha* hinaufreicht. Verstanden?«

Alle blickten verwirrt drein. »Wohin sollen wir gehen?« fragte jemand. Ich ahnte Schwierigkeiten. Etwas drängte mich zum Handeln. Rasch teilte ich die Gruppe in zweimal zwei Hälften auf, so daß vier Gruppen von je drei Personen entstanden.

»Es sind zwölf Tempel und ihr seid zwölf. Ihr drei geht nach hinten rechts und sucht euch jeder einen der drei Tempel dort aus. Ihr drei geht zur westlichen Seite – und so fort«, sagte ich. Binnen kurzem hatten wir alle Initianden aufgeteilt, und sie machten sich auf den Weg zu ihren Tempeln. Juan nickte mir mit einem Augenzwinkern zu. »Gute Arbeit« besagte es.

Ich stand in der Mitte des Hofgeländes und sah mich einem Wechselbad der Gefühle ausgesetzt. Ich kam mir töricht vor, war aber auch stolz und empfand es als Glück, die Position der »Radnabe« einnehmen, diese Erfahrung machen zu dürfen. Juan hatte mir schon zuvor erklärt, daß dies die Position des *taqe* war, der Person, welche die Energiefelder miteinander verbindet. Indem ich einfach eine Zwölfergruppe organisiert und nach Peru gebracht hatte, hatte ich bereits mit der Arbeit eines *taqe* begonnen. Im Grunde verstand ich nicht wirklich, was *taqe* bedeutete, nahm aber an, Juan wollte mich wie üblich zunächst die Erfahrung machen lassen und die Erklärung später liefern. Ich wußte, daß dies Bestandteil dessen war, was ich zu tun hatte, um eine vollentwickelte Priesterin der vierten Ebene zu werden, der einzige Weg zur Anwärterschaft auf die fünfte Ebene. Es verbanden sich noch viele andere Aufgaben und Pflichten damit, aber Juan hatte mir nur wenig darüber erzählt. Ich hatte noch nicht Zeit gehabt, ihn danach zu fragen.

Manchmal stellte sich mir auch die Frage, ob das alles nicht nur ein Haufen alberner Ideen war, die jeglicher Realitätsgrundlage entbehrten. Doch das konnte ich nicht glauben, denn diese Prophezeiung hatte, ob es nun rational schien oder nicht, für mich etwas sehr Zwingendes. Die Vorstellung von kollektiver spiritueller Arbeit faszinierte mich, und die Idee, daß wir wundersame Veränderungen in der Welt bewirken könnten, wenn wir nur ein bißchen besser zusammenarbeiten würden, war für mich eine unbezweifelbare Wahrheit.

Ich hatte es erlebt, daß in Familien und im Leben der einzelnen Familienmitglieder radikale Verbesserungen eintraten, wenn sie nur ein bißchen Anleitung erhielten und individuell eine Menge Bereitschaft einbrachten. Ohne diesen guten Glauben hätte ich auch gar keine Familientherapeutin sein können. Doch ebenso richtig war, daß nicht jedesmal und in jeder Familie eine Verbesserung eintrat.

Ich dachte nun an die neue Familie, die ich mir durch diese Reise schuf, eine spirituelle Familie, ein *ayllu*. Das Herz wurde mir plötzlich warm, als ich mir jedes Mitglied der Gruppe deutlich vorstellte. Und ich drückte jede Person innerlich an mein Herz und empfand eine überaus zärtliche Liebe, eine mütterliche Liebe, für jede einzelne von ihnen. In diesem Augenblick wußte ich, daß sie mir alle sehr lieb und teuer waren.

Ein Gefühl in meinem *qosqo* lenkte meine Aufmerksamkeit abrupt in meinen Körper zurück. Es schien, als öffnete sich mein *qosqo* fast von allein und dehnte sich nach irgend etwas aus. Die Bänder! Ich konnte sie an jeder Person haften fühlen, und mit geschlossenen Augen spürte ich, daß sie nun alle näher kamen. Wieder empfand ich diese aufrichtige liebevolle Zuneigung, die mich mit jedem einzelnen Mitglied dieser Gruppe verband, und langsam wurde mir klar, daß dies mir half, seine Energie einzusammeln, die Bänder ausfindig zu machen und sie in meinen *qosqo* zu ziehen. Einen winzigen Augenblick lang sah ich die Generationen, einschließlich der Inka-Familien, die jeden der Initianden bei seiner oder ihrer spirituellen Arbeit unterstützten. Es war nur ein flüchtiger Eindruck, der aber doch ziemlich überwältigend war, und ich mußte meine Aufmerksamkeit wieder rasch auf das Einsammeln und Konzentrieren der Energie in meinem *qosqo* lenken.

Die einströmende Energie warf mich fast um und zwang mich, mein Gewicht zu verlagern, um einen Sturz zu vermeiden. Ich blinzelte kurz und stellte fest, daß sich nun alle Initianden im Kreis um mich versammelt hatten. Einen Moment lang konnte ich rote Energielinien sehen, die, von ihren *qosqos* ausgehend, in mich hineinführten! Ich schloß wieder die Augen und verstärkte meine Konzentration. Ich versuchte, meinen *poq'po* nach oben zum Himmel hinauf zu schieben. Nichts passierte. Vielmehr hatte ich ein Gefühl, als ob sich eine dicke Bleiplatte über meinem Kopf befände, die ich nicht durchdringen konnte.

Nach langer Zeit, wie mir schien, doch vermutlich waren es nur Minuten, hatte mich die Anstrengung erschöpft. Mir war schwindlig, und so beschloß ich, meinen *poq'po* tief hinunter in die Pachamama auszudehnen, um mein Gleichgewicht wiederzuerlangen. Und seltsamerweise schwebte mein *poq'po*, je tiefer hinunter ich ihn lenkte, desto höher hinauf, leicht und ganz natürlich, bis ich vor meinem inneren Auge die Spitze unseres riesigen kollektiven *poq'pos* fast den Himmel berühren sah.

Für einen Moment schien ich das Bewußtsein zu verlieren und dann – pffff! Ich hörte so etwas wie einen kurzen, ploppenden Seufzer und war in ein herrliches Gefühl eingebettet, als würden rings um mich herum weiche, plüschige Federn herunterschneien. Ich wurde in das, anscheinend von oben ausströmende, sanfteste, seidigste Gefühl von Energie eingehüllt, das ich je erlebt hatte. Ich hörte die Gruppe aufseufzen, so als hätten alle gleichzeitig sanft ausgeatmet. Und ich hatte das Gefühl, sehr viel tiefer in meinem physischen Körper zu ruhen, als ob sich ein Teil von mir entlastet fühlte. Bis dahin war ich mir nicht sicher gewesen, ob ich einen so herrlichen und vollständigen Frieden empfinden und dabei noch in den Grenzen meines physischen Körpers existieren könne. Irgendwie brachte diese Tatsache meinem Geist *und* meinem Körper außerordentliche Erleichterung und Entspannung.

»Genießt es«, sagte Juan leise. »Wir sind mit der fünften Ebene in Berührung. Zieht diese violette Energie aus der *hanaq pacha* herunter.«

Erst da bemerkte ich, daß diese köstlich weiche Energie von leuchtend violetter Farbe war – dem gleichen strahlenden Violett, das ich bei der Zeremonie der Energiegürtel gesehen hatte. Auf Juans Worte hin konnte ich nun diese violette *sami* durch die von uns geschaffene lange Energiesäule auf die ganze Gruppe hinunterziehen beziehungsweise sehen, daß sie bereits in dieses wunderschöne Feld geläuterter Energie eingehüllt war. Ich schwebte ... hoch oben ... und war gleichzeitig zutiefst geerdet.

»*Inka mallku pacha bandera ... bandera*«, Juan sang das Lied in der seltsamen atonalen Weise der Q'ero-Indianer, ein Lied, das eine Anrufung der *Mallku*-Inka war, sich hier auf dieser Ebene einzufinden. Die Gruppe ahmte Juans Töne nach, und das Lied hallte weich und kraftvoll wider, klang in allen Tempeln nach, wie es schien. Unser Lied brachte diesen Teil des Rituals zu einem Ende.

»Wundervoll! Wundervoll!« Juan strahlte vor Entzücken und machte schnell die Runde im Kreis, um uns alle zu umarmen und seine Freude in *ayni* weiterzugeben. Er hatte die Angewohnheit, uns jedesmal zu umarmen, wenn er bei einem unserer Rituale eine besonders tiefe mystische Erfahrung gemacht hatte. Erst jetzt wurde mir klar, was er da eigentlich tat. Im Bemühen, uns auf unserem Weg weiterzuhelfen, übertrug er mit seinem *poq'po* die Energie seiner Erfahrung auf uns. Schließlich spielte es keine Rolle, wer als erster auf die fünfte Ebene gelangte – solange es nur irgend jemand tat.

»Jetzt habt ihr einen Geschmack von wirklicher Macht und Befähigung bekommen«, sagte er aufgeregt. »In der andinen Tradition gilt Macht als gute Sache. Im Grunde beinhaltet sie nur den Unterschied zwischen den Dingen, die zu tun man fähig ist, und denen, die man nicht tun kann. Wenn ihr die Kraft und Fähigkeit habt, zu lieben, müßt ihr diese Macht demonstrieren. Wenn ihr für euch in Anspruch nehmt, diese Macht zu besitzen, müßt ihr es zeigen, indem ihr auf gute Weise liebt. Wenn ihr die Macht habt, eine sehr große *saiwa*, eine Energiesäule, zu bauen, so wie wir es eben getan haben, müßt ihr diese Macht demonstrieren, indem ihr sie für einen guten Zweck einsetzt. Ihr Nordamerikaner werdet mit Überraschung feststellen, daß ihr, je mehr Energie ihr geben könnt, desto aufnahmebereiter werdet, eine sogar noch machtvollere Energie zu empfangen. Eure Konsumgesellschaft erzieht euch zum Anhäufen, aber in Wirklichkeit geht es genau ums Gegenteil dessen, was ihr vielleicht glaubt. Ihr denkt, Macht ist etwas, an dem man festhalten muß. Das stimmt nicht, denn je mehr Macht ihr abgebt, desto mehr *huaca* oder heiliger werdet ihr. Euch liegt zu stark daran, Dinge zu behalten. Das ist euer größtes Verhängnis. Am sichersten gewinnt ihr, wenn ihr in der Lage seid, Energie mit anderen Lebenssystemen auszutauschen. Das ist es, was uns und Pachamama am Leben erhält.

Betrachtet es einmal auf ganz einfacher Ebene. Wenn ihr jemandem zugetan seid, gebt ihr dieser Person etwas von eurer Lebensenergie. Und wenn sie eure Energie empfängt, hat sie mehr Energie und ist besser imstande, euch später etwas davon zurückzugeben. Das ist ein ganz natürlicher, sich selbst regulierender Prozeß wechselseitiger Abhängigkeit. Wenn eine Frucht reif geworden ist, möchte sie gepflückt und von Tieren und Menschen verspeist werden. Früchte sind Küsse der Pachamama, die sie ihren Kindern aus ihrer großen Liebe heraus schenkt. Die Frucht trägt zur Erhaltung der Körper von Tier und Mensch bei. Ihre Samen können über die Fäkalien des Tiers in die Erde gelangen und ermöglichen es auf diese Weise der Frucht, ihren Lebenszyklus an einem anderen Ort auf Erden fortzusetzen. Durch das Verspeisen der Frucht helft ihr also, sie am Leben zu erhalten. Wir behalten nichts ein. Wir befinden uns hier in der *kay pacha*, um *ayni* zu lernen. Darin müssen wir zu Meistern werden.«

Natürlich merkte jeder von uns allmählich, daß die von uns kollektiv erzeugte Macht sehr viel größer war als alles, was wir als Einzelperson erleben oder bewirken konnten. Dies schien ein Schlüsselaspekt der Prophezeiung zu sein.

Für den nächsten Teil des Rituals begaben wir uns ans Ende des langen Tempels mit den großen Steinfiguren. Juan erklärte, daß, von Süden nach Norden gesehen, die rechte Seite des Tempels golden und die linke Seite silbern war. Wir sollten zwei Reihen von jeweils sieben Personen bilden, Juan und mich eingeschlossen, und uns von beiden Seiten her in einer Art Schlangentanz durch die zentrale Säulenreihe des Tempels winden. Bei jeder der in die Säulen eingelassenen kleinen Öffnung sollten wir haltmachen, uns unserem Partner oder unserer Partnerin von gegenüber zugewandt aufstellen und unsere *qosqos* durch dieses Steinfenster hindurch miteinander verbinden. Bei jedem Durchlaß zwischen den Säulen sollten wir dann zur jeweils anderen Tempelseite überwechseln und mit unseren Partnern die Plätze tauschen, so daß wir mit unseren Körpern eine Art geflochtenen Schlangentanz von einem Tempelende zum anderen vollführten.

Immer wenn ich mich mit meiner Partnerin durch das Fenster hindurch verband, floß ein roter Energiestrom zwischen unseren *qosqos* hin und her, und ich fragte mich, welche Auswirkung unser Ritual auf den Tempel haben mochte. Ich versuchte mir vorzustellen, wie er sich, energetisch betrachtet, von oben gesehen ausnehmen würde: ein goldener Energiestrang rechts, ein silberner Energiestrang links, verwoben durch einen roten Energiestrang in der Mitte. Vor meinem geistigen Auge sah ich, daß dies die Form eines Caduceus ergab.

Nachdem wir das andere Ende des Tempels erreicht hatten, wies Juan uns an, uns in eine in die Wand eingelassene kleine Nische zu setzen und uns darauf zu konzentrieren, entweder ganz golden oder ganz silbern zu werden, je nachdem, auf welcher Seite des Tempels wir angelangt waren. Ich setzte mich in die goldene Nische, aktivierte meinen goldenen Gürtel und fühlte, wie diese Farbe langsam meinen ganzen *poq'po* ausfüllte. Ich wurde goldenes Licht. Ich dachte an die von den Inka geschaffenen lebensgroßen Figuren aus massivem Gold und Silber und fragte mich, ob ihnen eine esoterische Bedeutung innegewohnt hatte, die sich mit den Energiegürteln oder mit diesem Ritual verband. Wie auch immer, es war jedenfalls ein wunderbares Gefühl, ganz golden zu werden, und ich machte die Nische nur widerwillig für die nächste Initiandin frei.

Als alle die goldene oder silberne Nische passiert hatten, war dieser Teil des Rituals beendet. Juan teilte uns mit, daß wir nun zu seinem dritten und letzten Teil kommen und dabei mit weiteren *ñust'as* und einem letzten *karpay ayni* oder Austausch von persönlicher Kraft arbeiten würden. Dieser Abschnitt der Krönungszeremonie fand im heiligsten Bezirk der Tempelanlage statt und beinhaltete einen Energieaustausch, der uns alle zu gleichrangigen und, hoffentlich, zu potentiellen Kandidatinnen und Kandidaten der fünften Ebene machen würde.

Die Aussage dieser Prophezeiungen war schier unglaublich. Sie verkündeten ein Ende des persönlichen oder individuellen Karmas, das Ende von Angst und Armut und den Beginn einer Zeit des Miteinander-Teilens und der Entfaltung erstaunlicher neuer menschlicher Fähigkeiten! Der Gedanke, daß auch nur ein menschliches Wesen die Fähigkeit entwickeln konnte, auf so vollständige Weise zu heilen, war erstaunlich. Doch die Prophezeiung war eindeutig. Dies war die Zeit für Wunder. Ich dachte an all die Probleme auf der Welt: Kriege, Armut, die ökologische Krise. Und ich hatte angesichts all dessen bestimmt mehr als einmal geäußert, daß es eines Wunders bedürfe, um eine solch hoffnungslose Situation zu bewältigen.

Was mich anging, so hatten mich meine Erfahrungen in Peru gezwungen, das Wort *unmöglich* aus meinem Bewußtsein zu streichen. Ich hatte gelernt, daß wir Menschen höchst kreative und formbare Geschöpfe sind und die von uns wahrgenommene Realität ständig erfinden und modifizieren. Das hatte mich bereits mein Psychologiestudium gelehrt, und nun war ich durch mein Studium dieser spirituellen Tradition, so seltsam und verrückt es auch sein mochte, weiterhin darauf vorbereitet, die potentiell wundersame Natur des Menschen im einzelnen und im Kollektiv, wie auch die der Realität selbst anzuerkennen.

Juan hatte recht. Wenn ich nach Peru gekommen und diese Prophezeiungen gehört hätte, bevor ich all die Erfahrungen der letzten fünf Jahre gemacht hatte, wären sie für mich nichts weiter als noch ein idealistisches Märchen oder eine utopische Theorie gewesen. Doch diese Prophezeiungen, die sich auf so praktische und einfache Prinzipien gründeten wie den wechselseitigen Austausch von Energie, das Tolerieren von Unterschieden, das Erlernen, wie man verschiedene Energiefelder in Einklang bringt und nutzt, gaben nützliche Instrumente an die Hand und Anweisungen, wie man eine Utopie verwirklichen oder zumindest eine bessere Welt schaffen konnte. Auch wenn das Endergebnis wundersam erschien – die Aussage, daß wir Menschen auf ein Wunder zusteuern, indem wir lediglich weitere Aspekte unseres menschlichen Wesens entwickeln und entfalten, ergab schlicht und einfach Sinn.

Warum konnte, wenn eine Eichel so etwas Unwahrscheinliches wie den Plan für eine ganze Eiche in sich barg, nicht auch die Menschheit von Natur aus einen Plan in sich beherbergen, einen vorgegebenen Schaltplan für ein größeres und höher entwickeltes menschliches Wesen und damit auch einer entsprechenden Gesellschaft? Warum sollten diese Prophezeiungen nicht Wirklichkeit werden können?

Wir folgten so etwas wie einem alten Kuh-, oder genauer gesagt, Lamapfad, der zu beiden Seiten von einer niedrigen Steinmauer eingesäumt war, bis wir bei einem dritten Bereich der Tempelanlage ankamen. Auf diesem großen Gelände waren von den Tempeln nur noch vier steinerne Fundamente übriggeblieben, zwei völlig rund und zwei rechteckig. Juan winkte uns zu einem angrenzenden Gelände hinüber, und dort erblickten wir fünf wunderschöne, nur etwa ein Meter hohe, steinerne Fundamente, aus denen sich Wasser in ein inkaisches Aquädukt ergoß. Rings um diesen Wassertempel fand sich wiederum jene höchst kunstvolle Steinmetzarbeit, welche die heiligsten Plätze der Inka auszeichnete. Juan erklärte, daß wir noch ein Wasserritual durchführen würden, das jedoch diesmal der Reinigung diente, bevor wir in den heiligsten Bezirk der ganzen Tempelanlage eintraten.

»Wie bei der Pachamama-Höhle in Machu Picchu sind auch dies hier fünf *ñust'as* oder weibliche Naturgeister. Ich bitte euch nicht, ein Bad zu nehmen, aber ihr könnt euch mit jeder *ñust'a* verbinden. Versucht, ein Gespür für die Energie einer jeden zu entwickeln, während ihr ihnen eure Kraft gebt und ihre Energie in euren *poq'po* integriert.«

Ich näherte mich den *ñust'as* mit großem Respekt und ließ mich vor einer jeden nieder. Ich berührte ihr Wasser erst, als ich das Gefühl hatte, die Erlaubnis dazu erhalten zu haben. Ich benäßte Gesicht und Kopf und führte etwas Wasser zu meiner Kehle, zum Herzen, zum Bauch und zum Steißbein. Ich bot ihnen meine feine Energie an und wartete auf ihr *ayni*. Und mit jedem Rückfluß von Energie fühlte ich mich mit der jeweiligen *ñust'a* verbunden, wobei ich jedesmal eine leicht anders geartete weibliche Energie wahrnahm. Die erste *ñust'a* wirkte ruhig und klar. Die zweite war etwas ausgelassener und verströmte eine sehr erdige Energie von großer Bandbreite. Die dritte war sinnlich und ungestüm, die vierte weise und die fünfte vornehm und elegant wie eine Prinzessin. Ich nahm ihre Kräfte in mich auf und bot meine schwere Energie der Pachamama dar.

Als ich mich von der letzten *ñust'a* entfernte, zog mich Juan beiseite. »Du gehst als fünfte in der Reihe, trägst die *mesa* und sprichst das Gebet für die neue Initiation.« Er legte seine *mesa* in meine Hände und entfernte sich. Weder stellte ich eine Frage, noch protestierte ich, ich stand nur ganz still da. Wieder ließ er mir eine große Ehre zuteil werden, doch ich hätte mich am liebsten umgedreht und wäre davongerannt.

Ich wußte, daß der nächste Schritt des Rituals darin bestand, daß je zwei Männer und zwei Frauen ihre Plätze in den männlichen und in den weiblichen Tempeln einnahmen, jenen Tempeln mit den rechteckigen und kreisrunden Fundamenten im heiligsten Bezirk der Tempelanlage. Hier würden diese vier Priesterinnen und Priester die Initiation des letzten Austauschs von persönlicher Macht und Kraft durchführen. Ich würde als erste initiiert werden, die *mesa* durch die vier Tempel tragen und erst den Segen der beiden Priester und dann jenen der beiden Priesterinnen empfangen. Ich sollte um jeder Kandidatin und jedes Kandidaten willen den Geist Viracochas anrufen und darum bitten, daß wir alle eines Tages die neue Initiation erhielten, jene Initiation, die uns zu Priesterinnen und Priestern der fünften Ebene machte. Dafür gab es keine Anweisungen. Ich hatte keine Ahnung, wie ich diesen Teil des Rituals durchführen sollte. Und in diesem Moment wurde mir klar, daß Juan mir damit nicht nur eine Ehre erwies, sondern mich auch einer Prüfung unterzog.

Die zwei Männer und die zwei Frauen wurden im Gruppenkonsens vor dem Wassertempel der *ñust'as* ausgewählt, bevor wir den heiligsten Bezirk betraten. Die vier gingen, um ihre Plätze im jeweiligen Tempel einzunehmen. Sie sollten sich mit der Kraft ihres Ortes verbinden und als Übermittler der Tempelenergie fungieren, welche durch ihre *poq'pos* geleitet und dann von jedem Initianden empfangen wurde. Ich ging als erste, trug Juans *mesa* in zitternden Händen, und tat nur so, als sei ich mir meiner Handlungen völlig sicher.

Peter war im ersten Tempel, und ich stieß einen Seufzer der Erleichterung aus, denn er wußte, wie er den Kanal frei machen und die Energie ungehindert durch sich hindurchfließen lassen konnte. Ich stieg über die niedrige steinerne Grundmauer und betrat den Tempel, stellte mich vor ihn hin und senkte den Kopf. Er legte die Hände auf meinen Scheitel, und sofort baute sich ein großes Energierechteck um uns auf. Vor meinem inneren Auge nahm es sich aus, als hätte sich dieser aus reiner Energie bestehende rechteckige Bau von allein errichtet, der uns nun gleichsam in unserem eigenen, ganz persönlichen Tempel einschloß. Er wuchs höher und höher im Verein mit unserer Intention, die *saiwa*, die Energiesäule, aufzubauen, bis er die *hanaq pacha* berührte. Nachdem die Energieübertragung abgeschlossen war, begann sich das Bild dieses Rechtecks aufzulösen, und Peter nahm die Hände von meinem Kopf. Das Ritual, dem sein eigener organischer Zeitablauf innezuwohnen schien, war einfach und dauerte nur ein paar Minuten. Ich verbeugte mich vor dem Priester und verließ den Tempel.

Mit einer gewissen Vorfreude begab ich mich zum nächsten Tempel. Da in der Gruppe Männermangel herrschte, sollte Ivan, Juans Sohn, hier die Initiation durchführen. Er war vor einigen Jahren von Juan voll initiiert worden, und ich hatte ein sehr gutes Gefühl bei ihm. Zwar war dies kein Persönlich-keitstest, aber ich fühlte mich wohler bei dem Gedanken, daß eine Person die Initiation durchführte, welche die Energien in und mit ihrem *poq'po* gut halten und weiterleiten konnte. Es handelte sich hierbei um eine Fähigkeit, die mit der Integrität und Unversehrtheit des Energiefelds einer Person zusammen-zuhängen schien, und das hatte natürlich wiederum alles mit persönlicher Integrität zu tun. Nichts, was ich an der Univer-sität gelernt hatte, hatte mich auf diese Art der Wahrnehmung vorbereitet. Hier gab es beeindruckende Lektionen zu lernen. Ich öffnete mich weit und fühlte wieder, wie sich ein rechtecki-ger Bau um uns aufrichtete, und es fand ein sehr befriedigender Energieaustausch zwischen Ivan, mir und dem Tempel statt.

Dem nächsten Tempel, dem ersten runden weiblichen Tem-pel, näherte ich mich mit einem etwas bangen Gefühl. Die Prie-sterin befand sich in einem geschwächten Zustand. Ich konnte sehen, daß ihr *poq'po* die Energie nicht hielt, aber auf sie war nun einmal die Wahl der Gruppe gefallen. Daran war nichts zu ändern, ich konnte mich nur der unergründlichen Grup-penlogik anpassen. Ich sprach ein Gebet und senkte den Kopf, um die Energie zu empfangen. Sie kam zunächst auf sehr dif-fuse Weise herein, bis ich ihre Energie mit der meinen ganz be-wußt verstärkte. Sofort baute sich ein großer, starker und dies-mal runder Turm um uns auf. Mir wurde klar, daß ihre Erd-energie schwach war, sie aber mit ein bißchen Unterstützung die Energien auf exzellente Weise übertrug. Und darum ging es ja schließlich bei der Gruppenarbeit, wie ich mir in Erinne-rung brachte. Meine persönlichen Meinungen oder Urteile wa-ren nur hinderlich. Ich verbeugte mich vor ihr und ging zum nächsten Tempel.

Ich trat in das steinerne Rund und fühlte mich sogleich von der Schönheit und Tiefe dieses Tempels stark berührt. Ich senkte den Kopf, um die Energie von der Priesterin zu empfan-gen, die mittlerweile archetypische Dimensionen angenommen hatte. Connie sah mit ihrer feuerroten Haarmähne und ihren smaragdgrünen Augen ohnehin schon wie eine Märchenprinzessin aus, und hier in diesem Tempel erstrahlte sie in ihrem ganzen elfischen Glanz. Sofort waren wir von einem hohen, runden Energiewall umschlossen, von einer zutiefst weiblichen Atmosphäre umfangen. Ich spürte die starke Liebe und Willenskraft dieser Priesterin, die auf so wunderbare Weise von ihrem Herz-Zentrum aus arbeitete. Gemeinsam begaben wir uns in heilige, energetische Kommunion mit dem Land, und dann wechselte ich in die fünfte Position über. Ich stellte mich vor diesen letzten Tempel und hielt die *mesa* mit meinen nun zitternden und schwitzenden Händen krampfhaft fest.

Schließlich stand ich, die *mesa* vor mich hinhaltend, tief im Gebet versunken da und wartete geduldig darauf, daß nach und nach alle Angehörigen unseres *allyu* die Tempel durchwanderten und, so wie ich eben, die Initiation empfingen. Sie trafen einer nach dem anderen bei mir ein und stellten sich, einen Kreis bildend, um mich herum auf, während ich mich fragte, wie ich das, worum ich gebeten worden war, bewerkstelligen sollte. Da ich keine Anweisungen erhalten hatte, konnte ich nur tun, was mir in den Sinn kam. Ich holte tief Atem und bereitete mich vor. Maryann stand zu meiner Rechten, und ich wußte in meinem *qosqo*, daß ich bei ihr anfangen würde. Ich fühlte mich energetisch dazu gedrängt, rechts von mir zu beginnen und dann den Kreis gegen den Uhrzeigersinn abzuschreiten.

Alle Initianden hatten sich nun im Kreis versammelt, und mein Herz klopfte angesichts der mir übertragenen Verantwortung und der Heiligkeit dieses Moments. Ich stand, die *mesa* in Herzhöhe haltend, als ich plötzlich eine leise Stimme vernahm, die aus der *mesa* heraus zu mir sprach. Im selben Moment begriff ich, daß es die Stimme Don Benitos war.

»*Der Mond, die Sterne, der Wind, der Ozean, die Bäume und die Vögel, sie sind in dieser* mesa.« Die Stimme kam von einer der kleinen runden *khuyas* in der *mesa* und wehte wie ein warmer Atemhauch direkt in mein Inneres. »*Das Universum ist in dieser* mesa«, sprach die Stimme weiter. Und während sie sprach, spürte ich, wie mein Gewahrsein, sich immer weiter und weiter ausdehnend, jedes der genannten Dinge berührte, bis ich mich so groß wie das Universum selbst fühlte.

»*Biete einem jeden das Universum dar, denn das ist es, was darzubieten ist*«, meldete sich die Stimme erneut, bevor sie endgültig verstummte. Die Worte schienen eines nach dem anderen aus der *mesa* herauszuschweben und sich direkt in mein Herz zu ergießen, es auszufüllen, bis von mir nichts mehr übrig war und nur ein unermeßliches Meer von Sternen, Galaxien und Planeten existierte. Ich hielt die *mesa* über Maryanns Kopf und wartete auf den sanften Blitzstrahl, der, wie ich beobachtet hatte, von oben aus der *hanaq pacha* hinabzuckte, um die *mesa* zu berühren. Ich stand da wie der Mensch vom Telefonreparaturdienst – weniger noch: Ich war nur ein ganz einfaches menschliches Verbindungskabel, dazu da, diesen Blitzstrahl in das Scheitel-Zentrum einer jeden Person im Kreis zu leiten.

Als ich die *mesa* auf Maryanns Scheitel legte, spürte ich, wie sich ihr Scheitel-Zentrum energetisch öffnete, einer Blume gleich, um den Kraftstrom in sich einzulassen. Sie seufzte auf und wippte ganz leicht auf den Fersen vor und zurück, während sie sich der neuen Empfindung anpaßte. Ich wartete, bis der Energiefluß versiegte, und ging dann zur nächsten Person. Im Verlauf dieser Arbeit gewann ich Einblicke in sie alle, sah jede Person auf viel tieferer Ebene und empfand Mitgefühl angesichts all ihrer Freuden, Kämpfe und Erfahrungen.

Als die Reihe an Juan war, legte ich ohne Zögern die *mesa* auf seinen Kopf. Ich sah eine sonderbare Abfolge sich wandelnder Bilder, einige herrlich, andere schrecklich, und fragte mich, ob sie wohl aus seinen vergangenen Leben stammten. Die »Diashow« endete mit einem Bild, bei dem Juan einen leuchtenden Kopfschmuck aus drei verschiedenfarbigen Strahlen trug. Als ich ihm direkt gegenüberstand, schoß aus seiner linken Kopfseite, knapp über dem linken Ohr, ein langer roter Strahl zum Himmel hinauf. Aus seinem Scheitel trat ein sich geradewegs nach oben richtender goldener Strahl aus, und aus seiner rechten Kopfseite kam ein silberner Strahl hervor. Voller Bewunderung merkte ich mir die Farben und genauen Körperstellen und setzte dann meine Arbeit fort.

Nachdem ich alle Initiationen durchgeführt hatte, waren meine Arme und mein ganzer Körper mit Energie aufgeladen. Ich fühlte mich überhaupt nicht steif, sondern sehr lebendig und zutiefst friedvoll. Worte drängten sich mir auf, die ich in das inhaltsreiche Schweigen der Gruppe hineinsprach: »Ich habe das Gefühl, nun endlich jeder und jedem von euch wirklich begegnet zu sein.« Wiederum trat ein tiefer Moment des Schweigens ein, und dann öffnete sich, ohne Vorwarnung, das Kehl-Zentrum jeder Person, und jede sang und hielt einen anderen Ton, und gemeinschaftlich entstand daraus ein unerwarteter und wunderbar harmonischer Gesang. Und es war vorbei.

In dieser Nacht kampierten wir unter dem wachsamen Blick der riesigen Säulen des Viracocha im Freien. Im Tal herrschte Stille, und am völlig klaren Nachthimmel hoben sich Sterne in Faustgröße gegen einen herrlich schwarzsamtenen Hintergrund ab. Nach einem ruhigen Abendessen im Eßzelt machten sich einige zu einem weiteren Spaziergang in den Ruinen auf, während andere sich nur noch in ihre Privatzelte zurückschleppen und zum Schlafen hinlegen konnten. Beim Essen hatten ein paar von den tiefen Erfahrungen berichtet, die ihnen im Verlauf des Rituals zuteil geworden waren, während andere nur mit glasigen Augen still dasaßen. Alle waren zutiefst bewegt. Niemand hatte irgendwelche Zweifel oder Skepsis hinsichtlich der Prophezeiungen geäußert.

Ich ging hinüber zum *Baño*-Zelt, das unsere wunderbare Mannschaft aufgebaut hatte – eine entzückende Konstruktion, die sich wie eine riesige Segeltuchtasche ausnahm und mittels Reißverschluß öffnen und schließen ließ. Das bisher bei weitem beste an Freiluftklo, das ich erlebt hatte. Als ich zurückkam, war das Eßzelt leer. Juan stand allein davor, rauchte eine Zigarette und starrte zu den Sternen hinauf.

»Juan, was hat dich Don Benito über die Sterne gelehrt?« fragte ich. Ich wollte diesen kostbaren Moment, in dem ich ihm ein paar Fragen stellen konnte, die mir schon lange auf der Seele lagen, nicht vergeuden.

»Die Sterne? O ... ich fürchte, in dieser Beziehung war ich ein sehr schlechter Schüler. Ich weiß, daß Don Benito ständig mit seinem Leitstern sprach«, sagte er und blickte ob seiner mangelnden Informiertheit etwas verloren drein.

»Wie?« hakte ich nach.

»Er hatte eine große Steinschale, so ähnlich wie die beiden Steinplatten, die wir im Tempel der Kosmischen Spiegel in Machu Picchu sahen. Er füllte Wasser in die Schale und verbrachte jede Nacht Stunden damit, die Spiegelung seines Sterns im Wasser zu betrachten.«

»Ich wußte es! Die kosmische Schale diente irgendeiner Verbindung mit dem Universum«, rief ich.

»Was?« Juans Gesicht kräuselte sich in Verwirrung.

»Du erinnerst dich ... Ich habe dir doch erzählt, daß mir Ricardos *Apus* diese kosmische Schale gaben und mich nach Argentinien schickten, um sie zu verkaufen.«

»Oh, ja.«

»Nun, diese Schale sah fast genauso aus wie die im Tempel der Kosmischen Spiegel!« erklärte ich und geriet wieder in Aufregung. »Sie muß von gleicher Art gewesen sein wie jene, die Don Benito hatte.«

Juan betrachtete für einen langen Augenblick mein Gesicht, bevor er mir antwortete. »Don Benito hat mir erzählt, daß jeder andine Meister der vierten Ebene weiß, wann er sterben wird. Wenn wir sterben, reisen wir durch den Himmel, zurück zu unserem Leitstern. Deshalb ist es so wichtig, daß wir unseren Stern studieren. Es ist wichtig, daß wir den Weg zurück zu unserem Stern kennen. Wenn wir sterben, begeben wir uns in die *hanaq pacha*, und unsere ganze Energie wird von unserem Stern wieder absorbiert. Doch solange wir uns hier befinden, bekommen wir unsere wesentlichsten Instruktionen von unserem Leitstern. Die wichtigste Führung auf unserem Seelenweg erhalten wir durch unseren Stern.«

»Aber Juan, wie wissen wir, welcher Stern ... unter all diesen vielen Sternen ... der unsere ist?« Ich verwies mit einer Handgeste auf das leuchtende Sternenfeld über uns. »Es sieht so überwältigend aus.«

»Auf die gleiche Weise, wie du deinen *Apu* erkennst ... Du mußt eine Vision, eine Erfahrung oder ein Gefühl der persönlichen Verbundenheit mit einem speziellen Stern haben. Herkömmlicherweise nennen andine Initianden ihren *Apu* ihren ›Leitstern‹. Er entspricht der Vorstellung, die ihr Kalifornier von einem ›spirituellen Führer‹ oder so etwas habt. Wenn du dann auf deinem Weg Fortschritte machst, wechselt dein Leitstern. Du hattest zum Beispiel, als du zum erstenmal nach Cuzco kamst, eine Vision von Apu Ausangate, deinem Leitstern für die dritte Ebene«, erklärte er.

»Aber Juan, ich hatte auch eine Vision von Jesus. Erinnerst du dich?«

»Ja, das heißt, daß du bereits eine Kandidatin der vierten Ebene warst. Aber die Tatsache, daß du eine Vision von Ausangate hattest, bedeutet, daß es auf der dritten Ebene noch etwas Wichtiges gab, womit du noch nicht fertig warst. Weißt du, was das sein könnte?« fragte er mit feinem Lächeln.

»Ja. Konflikt«, gestand ich mit gesenktem Kopf zu.

»Das Thema Konflikt ist die Aufgabe der dritten Ebene. In unserer Tradition gibt es drei Beziehungsstadien, die auf energetischer Ebene mit ganz speziellen Quechua-Ausdrücken beschrieben werden. *Tinkuy* steht für die Begegnung zweier *poq'pos*, zweier Energieblasen. *Tupay* bezeichnet das nächste Stadium der Herausforderung oder Konfrontation zwischen zwei Menschen, zwischen zwei Dörfern oder sogar zwei Nationen. Die dritte Ebene ist voll von *tupay*, angefüllt mit Konfrontationen. Alle von dir beschriebenen Erfahrungen mit Ricardos Gruppe und seinen *Apus* fallen in diese ersten beiden Kategorien. Du gingst zu seiner *Mesa*, er und seine *Apus* akzeptierten dich – *tinkuy*. Und dann begann *tupay*.«

»Aber Juan. Ich habe es gehaßt. Es schien so ... so pubertär ... so lächerlich!« regte ich mich auf.

Juan hob beschwichtigend die Hand. »Wie kannst du sagen, daß es lächerlich ist, wenn wir von einem notwendigen Schritt in deiner Entwicklung sprechen? *Tupay* ist nicht schlecht. Tatsache ist, daß uns Herausforderungen stärker machen, uns die Kraft unserer *poq'pos* überprüfen und uns erkennen lassen, in welchen Bereichen wir unterentwickelt sind. Lassen sich denn in eurer Gesellschaft nicht viele ganz erwachsene Menschen auf *tupay* ein?«

»Ja, eine Menge«, räumte ich ein.

»*Tupay* wird nur dann zu einem Problem, wenn es nie auf die Ebene des dritten Beziehungsstadiums gelangt – *taqe*«, erklärte der Meister.

»Was ist *tah-key*?« Ich versuchte seine Aussprache des Wortes nachzuahmen.

»*Taqe* meint buchstäblich die Fähigkeit, unterschiedliche Lebensenergiefelder miteinander zu verbinden oder zu integrieren. Das ist das dritte Beziehungsstadium, das gemäß der höheren Ebenen unserer Tradition dem *tupay* folgen muß. Erinnerst du dich an die Geschichte, die ich dir einmal erzählte, an dieses ganz einfache Beispiel von den beiden Indianern, die sich auf der Straße trafen?« Ich nickte. »Ihre Begegnung ist *tinkay*. Dann beschließen sie, ein Wettrennen zum Gipfel des Berges zu veranstalten. Das ist die Herausforderung oder *tupay*. Der Gewinner des Wettrennens *muß* dann dem anderen zeigen oder ihm beibringen, auf welche Weise er gewonnen hat. *Das ist taqe*. In Inka-Zeiten galt es als große Schande, wenn ein Führer nicht imstande war, eine Beziehung auf diese dritte Ebene zu befördern. Der Fähigkeit, unterschiedliche Ideen, Menschen, Gemeinschaften – *poq'pos* verschiedener Lebensenergien – miteinander zu verbinden, wurde bei den Inka ein hoher Wert beigemessen.«

»Die Inka entwickelten einige Ideen, die wir heute gut brauchen könnten«, sagte ich.

Juan nickte. »Die Gesellschaftsstruktur der Inka war keinesfalls perfekt, aber ihre Zivilisation wies einige hoch kultivierte Aspekte auf.«

»Aber Juan«, sagte ich und kam wieder auf meine ursprüngliche Frage zurück, »wir reden über ›Leitsterne‹. Ich möchte gerne wissen, wie die realen Sterne am Himmel in all das hineinpassen.«

Juan schüttelte den Kopf und lachte. »In gewisser Weise handelt es sich um ein und dasselbe. Die Sterne sind Teil der *hanaq pacha*, der oberen Welt. Wenn du dich auf die vierte Ebene begibst, wirst du, wie du weißt, eins mit Pachamama. Das bedeutet, daß dein *poq'po* buchstäblich mit dem Geist der ganzen Erde mitschwingt. An diesem Punkt deiner Entwicklung kannst du nicht länger in der Obhut eines *Apu* verbleiben, sondern du mußt unter die Vormundschaft eines Wesens aus der *hanaq pacha* gelangen. Dies könnte Jesus oder einer der Heiligen oder einer der Inka sein, die in der *hanaq pacha* leben; es könnte aber auch ganz buchstäblich einer der Sterne am Himmel sein. Denk daran, für uns sind Sterne *Wesen*, nicht nur leblose Zusammenballungen von Materie.«

Diese Erklärung brachte Himmel und Erde in mir zusammen. Durch die Große Initiation hatte ich gerade das Gefühl bekommen, zur Erde zu gehören. Nun verstand ich auch allmählich meine Beziehung zum Himmel. Schließlich waren die Sterne nur ein anderer Teil der Natur, so wie die Berge, die Pflanzen oder die Bäume. Auch sie *mußten* ihre eigene Art von Lebensenergie besitzen und ausstrahlen. So wie ich mich mit dem *poq'po* eines Flusses oder Berges verbinden konnte, war ich auch fähig, mich mit der Lebensenergie der Sterne zu verbinden!

15

Die Rückkehr des Inka

Der nächste Morgen dämmerte in einer Stimmung herauf, die im genauen Gegensatz zu unserer heiligen und innigen Zeremonie vom Vortag stand. Der Motor unseres Busses ließ sich nicht starten, und wir mußten nun Stunden warten, bis das Motorenöl, das offensichtlich bei den nächtlichen eisigen Temperaturen eingefroren war, wieder auftaute. Wenn das nicht funktionierte, mußte sich der Fahrer auf den stundenlangen Weg zum nächsten Ort machen und einen anderen Bus organisieren.

Wir saßen, ob es uns gefiel oder nicht, in unserem Zeltlager in Raqchii, bei diesem heiligsten aller heiligen Inka-Tempel, fest. Was mich anging, mir gefiel es. Dieses »Mißgeschick« schenkte uns Zeit, uns zu entspannen und die Atmosphäre dieses großartigen Tempels in uns aufzunehmen. Und es bot uns die Chance, uns mit Juan noch eingehender über die andine Tradition und die Bedeutung der Prophezeiungen zu unterhalten.

Doch das wirkliche Geschenk dieses Morgens bestand darin, daß Juan während des Frühstücks sein geheimnisvolles *Mesa*-Bündel öffnete und uns seinen Inhalt zeigte. Ich hatte immer angenommen, daß dieser ein streng gehütetes Geheimnis sei, bis ich auf den Gedanken kam, ganz einfach zu fragen, ob wir ihn sehen durften. Vielleicht lag es an der größeren Höhe des Ortes oder an der Vitalenergie des Tempels, daß ich eine solche Unverfrorenheit aufbrachte. Vor dem Frühstück hatte ich Juan am Lagerfeuer sitzen sehen, und seine *mesa* lag neben ihm. »He Juan, was ist in diesem Bündel?« hatte ich dreist gefragt und erwartet, daß er mich für meine Neugier zurechtweisen würde. Doch statt dessen nickte er mir zu.

»Komm.« Eine orangefarbene Plastiktasse in der Hand haltend, winkte er mich zu sich heran. »Ich werde es euch zeigen.« Ich trat ans Lagerfeuer, um das er und der Rest der Gruppe sich versammelt hatten, aufs Frühstück warteten und versuchten, sich in der eisigen Morgenluft warm zu halten. Und nun öffnete Juan vor unser aller Augen seinen rätselhaften Beutel. Alle drängten sich näher heran, um besser sehen zu können. Anscheinend hatten, ohne daß ich es wußte, die anderen Gruppenmitglieder meine brennende Neugier geteilt.

Juan entfaltete sorgsam das fachgerecht zusammengefaltete Bündel, das, wie ein großes Stoff-Origami, durch ein magisches Faltmuster seine Form behielt. Das quadratische zeremonielle Tuch, *lliklla* genannt, war aus feiner schwarzer und rosafarbener Alpakawolle gewebt. Es hatte einen hellrosa Saum und wies an den äußeren Ecken zwei schmale Felder mit einem rosa und weißen Schneeflockenmuster auf, gefolgt von zwei großen schwarzen Feldern und einem weiteren rosa und weißen Feld in der Mitte. Im Innern dieser ersten *lliklla* befand sich ein weiteres einfaches graues Tuch, das mit einer langen Silbernadel zusammengehalten wurde.

Juan öffnete auch dieses zweite Bündel und gab den Blick auf dessen seltsamen Inhalt frei: ein sechs Zentimeter langes christliches Kreuz aus dunklem *chontah*, einem sehr harten Holz aus dem Amazonasurwald; verschiedene Muscheln von der Art, wie sie für *despachos* benutzt wurden; vier kleine Kreuze aus echtem Gold und Silber; zwei winzige Bilder von für mich nicht erkennbaren Heiligen und jede Menge kleiner, merkwürdig geformter Steine, einige rund und schwarz wie Murmeln, andere flach und weiß wie Quarze, wiederum andere, die wie ganz gewöhnliche Flußkiesel oder Steinchen aussahen, wie sie auf irgendeiner beliebigen Straße in der Stadt zu finden sind. Ich erkannte einen runden grauen Stein. Es war jener, aus dem die

Stimme Don Benitos während unseres Krönungszeremoniells zu mir gesprochen hatte.

»Das sind alle meine *khuyas*, Geschenke von meinen Meistern, das hier eingeschlossen«, sagte er und hielt eines der goldenen Kreuze hoch. »Das hier ist ein Geschenk von einer meiner größten Meisterinnen – meiner Frau«, lachte er. Doch ich wußte, daß er es trotz seines Lachens sehr ernst meinte.

Ich war seiner Frau, Lida, nie begegnet. Mir war aber bekannt, daß er sie als eine spirituell sehr machtvolle Person betrachtete, und er hatte mir erzählt, daß die andinen Priester immer paarweise arbeiteten, als heilige alchimistische Paare. Er hatte auch erwähnt, daß Lida für ihn das Geheimnis von Q'ollorit'i entschlüsselt hatte, war aber auf diesen Punkt nie näher eingegangen. Ich beschloß, die Gelegenheit zu ergreifen und ihn danach zu fragen.

»Juan, gestern hast du uns erzählt, daß einer der ersten Orte, an dem die Priester der fünften Ebene – diese höchst vollkommenen Heiler – in Erscheinung treten werden, das Fest von Q'ollorit'i sein wird. Dies muß ein sehr heiliger und bedeutsamer Ort sein. Worum geht es bei diesem Festival überhaupt?«

Juan nahm sich, während er sich seine Antwort überlegte, Zeit, um den Inhalt seiner *mesa* in das kleinere Tuch einzuwickeln und das ganze Bündel dann wieder zusammenzufalten. »Ah, Q'ollorit'i«, sagte er schließlich und betrachtete zufrieden seine Faltarbeit.

»Das Fest von Q'ollorit'i wird alljährlich beim letzten Vollmond im Mai oder ersten Vollmond im Juni, je nach Jahr, abgehalten. Schauplatz des Geschehens ist ein wichtiges Heiligtum am Fuß eines riesigen Gletschers in etwa 4800 Meter Höhe.«

»Ist das der Ort, den die Bär-Männer aufsuchen?« fragte ich. Während meiner Zeit in Cuzco hatte ich sehr merkwürdig kostümierte, maskentragende Männer in schwarz und braun gefransten Gewändern gesehen. Als ich mich nach ihnen erkundigte, erhielt ich die Auskunft, dies seien »Bär-Männer«, die zu einem Fest gingen, das einmal im Jahr auf einem eisbedeckten Berggipfel abgehalten würde.

Juan kicherte. »Ja, das sind die *ukukus*. Sie üben viele Funktionen beim Fest aus, aber im Grunde sind sie Teil eines völlig anderen spirituellen, von dem des andinen Priesters getrennten Weges und doch auch mit ihm verwandt. Sie sind in der Ausbildung befindliche spirituelle Krieger und ebenfalls Bestandteil der Prophezeiung.«

»In welcher Weise?« fragte Peter.

»Sie kommen jedes Jahr als Ordnungshüter zum Fest, und man muß aufpassen, was man tut, sonst kriegt man unter Umständen den Biß der Lederpeitschen der *ukukus* zu spüren«, sagte Juan. Das erinnerte mich an die Lederpeitsche, die ich vor Jahren bei Ricardos *Mesa* gesehen und gehört hatte.

»Verletzen sie die Leute dabei?« fragte ich Juan ziemlich erschrocken.

»Nein, nein. Sie lassen es dich nur wissen, wenn du im Bezirk des Heiligtums die Regeln nicht beachtest. Ihr müßt bedenken, daß über siebzigtausend Menschen an diesem Festival teilnehmen. Wenn man erst einmal in die Nähe des Heiligtums gelangt, können diese Menschenmassen ziemlich einschüchternd sein, und die *ukukus* haben für Ordnung zu sorgen. An sich sind sie sehr freundlich und auch lustig. Sie sind unsere heiligen Clowns. Hier besteht ein merkwürdiger Widerspruch, denn sie sind zwar die Ordnungshüter, aber auch befugt, sich ein bißchen verrückt aufzuführen und die Gesellschaftsregeln zu brechen. Sie sprechen mit sehr alberner hoher Stimme und treiben ständig Späße miteinander.

Doch die *ukukus* sind diejenigen, die auf den Gletscher hinaufgehen und dort die ganze Nacht verbringen, um zu beweisen, daß sie die Kraft haben, sich zu den mächtigsten Naturkräften zu gesellen. Wenn sie die Nacht überleben, haben sie das Recht erworben, ein Stück aus dem Gletscher herauszuhauen und es mit hinunterzunehmen; oft ist das ein großes Stück Eis in Form eines Kreuzes. Auf diese Art beweisen sie, daß sie die Kraft und Macht des *Apu* in ihren *poq'po* integrieren können. Dann schmelzen sie das Eis und bringen es als heiliges Wasser für die Menschen in ihrem Dorf zurück. Das heißt, damit bringen sie die Macht des *Apu* zu ihren Leuten. All das und mehr gehört zu ihrer Ausbildung, die sie darauf vorbereitet, Bestandteil der spirituellen Armee des *Sapa*-Inka zu sein. Denn seht, auch sie erwarten die Rückkehr des Inka und spielen so ebenfalls ihre Rolle bei der Erfüllung der Prophezeiung.« Juan lehnte sich zurück, und wir staunten über diese weitere Erhellung der Hintergründe der Prophezeiung.

»Was für ein Job!« rief Sam. »Und ich dachte, Computerprogrammierer zu sein, sei schon hart. Ich bin froh, daß wir nicht dem Weg der *ukukus* folgen. Hört sich gefährlich an.«

»Das ist es«, erwiderte Juan. »Fast jedes Jahr sterben einer oder mehrere *ukukus* auf dem Gletscher. Ihre physischen Überreste werden als Opfergaben für den Berggeist angesehen.«

»Das klingt ja nach Menschenopfer«, bemerkte Justin.

»Jede Kultur hat ihre eigenen Aspekte. Wie ich höre, sterben in eurer Kultur viele Männer jungen und mittleren Alters an Streß und Herzkrankheiten. Opfert ihr nicht eure Männer dem Gott des Geldes, des Status und der Macht?« Da hatte er recht.

»Auf profanerer Ebene bleiben die *ukukus* natürlich nach dem Fest da, um den ganzen Bezirk zu säubern und ihn wieder in seinen ursprünglichen unverdorbenen Zustand zu versetzen. So gesehen sind sie die Hüter des Heiligtums und Diener sowohl der *Apus* als auch der Pachamama«, fuhr Juan mit seinen Erklärungen fort.

Diese *ukukus* hörten sich mehr nach Clowns als nach spirituellen Kriegern an. Tatsächlich schienen sie ausgesprochen spielerische Typen zu sein. Vielleicht war es das, was ich vor allem anderen hier in den Anden lernte: daß Spiritualität und Spiel Hand in Hand gingen. Das religiöseste Ereignis für die Menschen in den Anden war keine düstere und tiefernste Angelegenheit, sondern wurde mit großer Freude begangen. Ich fragte unseren Busfahrer Eduardo, der ebenfalls ein *paqo* war, wie ich an diesem Morgen erfahren hatte, nach seiner Meinung in dieser Sache.

»Oh, die *Apus* würden es gar nicht anders haben wollen«, sagte er und stocherte im Feuer herum. Er war ein gut aussehender, schmaler, wenngleich kräftiger Mann mit pechschwarzem Haar. »Ihnen würde etwas Ernstes und Feierliches keinen Spaß machen. Wir veranstalten ihnen zu Ehren Feste, und eine schwungvolle Feier ist das, was sie am meisten lieben. Seht ihr, jeder *Apu* hat eine andere Persönlichkeit. Manche haben ein bestimmteres und ernsteres Wesen, so wie Apu Salkantay. Andere hingegen lieben turbulente Feiern, wie Mamita Veronica.« Ich wußte, daß die eisbedeckte Veronica wie Mamita Putukusi eine der wenigen weiblichen Berge war, die man von der nach Machu Picchu führenden Straße aus sehen konnte.

Eduardo fühlte sich durch unser Interesse zu weiteren Erläuterungen ermutigt. »Wenn es deiner Persönlichkeit an Autorität mangelt oder wenn du lernen mußt, mehr Spaß zu haben, kannst du dich auf eine Pilgerreise zu dem *Apu* begeben, der über die Charaktermerkmale verfügt, die du dir am sehnlichsten anzueignen wünschst. Aber bei den Feiern und Festen möchten alle *Apus* uns vergnügt sehen. Welcher Vater möchte nicht, daß seine Kinder glücklich sind?« fragte Eduardo und gab die Frage an mich zurück. Da war etwas Wahres dran. Mir gefiel der Gedanke, daß die andinen Götter ihre Völker glücklich sehen wollten. Ich glaubte, daß Gott will, daß wir glücklich sind. Das hier schien mir ein sehr gesundes spirituelles System zu sein.

Plötzlich kam mir eine Erkenntnis. Dieser furchteinflößende und strafende Gott des jüdisch-christlichen Systems glich Ricardos *Apus* – ein beängstigendes übernatürliches Wesen, das bestrafte und belohnte. Aber das galt nur für die dritte Ebene der spirituellen Entwicklung! Auf der vierten Ebene schloß man mit den *Apus* Freundschaft, und sie handelten als Verbündete.

Man stellt sich seiner Autoritätsangst und entwickelt eine verantwortlichere und reifere Beziehung zu Macht und Autorität!

Das war es, was ich am andinen Weg so tröstlich fand. Je mehr ich ihn praktizierte, desto besser begriff ich den Wahrheitsgehalt dessen, was Juan über ihn sagte: Es gab tatsächlich keine starren Dogmen oder Vorschriften, die man zu befolgen hatte. Es gab nur eine einzige einfache Regel: das Sich-Austauschen und Miteinander-Teilen. Und es gab lediglich eine einfache Struktur, die für mich Sinn ergab. Juan übte nie Druck aus oder zwang jemanden, ein Ritual durchzuführen, bei dem er oder sie sich nicht wohl fühlte. Er ermutigte uns auf feinfühlige und elegante Weise zur Überschreitung unserer Grenzen; doch nie war er dominant oder fordernd. Er lud uns lediglich zur Teilnahme an dem ein, was er uns anbot.

Juan schien auf authentische und reale Weise das andine System zu verkörpern, das so flexibel, so einbeziehend war. Es schien den Praktizierenden seine Regeln und Strukturen nicht aufzuzwingen, sondern ihnen vielmehr eine ihm innewohnende organische Ordnung zu enthüllen, die sie mit der Zeit und ganz natürlich ohnehin entdeckt hätten. Ich verstand nun dieses religiöse System als eine Art spirituelle Landkarte. Doch auf deren Straßen gab es keine Tempolimits und auch keine Polizeipatrouillen, sondern nur gelegentlich große, freundlich wirkende Wegweiser mit einem Pfeil, die besagten: »Warum versuchst du es nicht mal mit dieser Richtung und schaust, was passiert?« Alles daran bedeutete Spaß und ermunterte zu persönlichen Entdeckungsreisen und unmittelbaren Erfahrungen. Und doch erklärten die Belehrungen auf mystischer Ebene soviel vom Leben. Sie gingen auf einen Bereich ein, in dem von meiner Erziehung und Ausbildung her ein gewaltiges Loch geklafft hatte.

»Sind die Pilger schon seit langer Zeit nach Q'ollorit'i gekommen?« fragte Barbara, während sie Kakao in ihr heißes Wasser löffelte und die Dose dann weiterreichte.

»Es gibt einen Mythos hinsichtlich der Ursprünge des Festes

von Q'ollorit'i und viele verschiedene Versionen davon. Laßt mich euch die Version erzählen, die mir bekannt ist. Sie wird euch Aufschluß darüber geben, zumindest aber eine gewisse Ahnung vom Einfließen der christlichen Aspekte in dieses Festival vermitteln.« Und Juan begann ohne Umschweife mit seiner Schilderung.

»Man sagt, daß es etwa um das Jahr 1780 hier im Tal einen jungen Lamahirten gab, der zusammen mit seinem Bruder ausgeschickt wurde, die Herde zu hüten. Der ältere der beiden war faul und unfreundlich und ließ seinen jüngeren Bruder alle Arbeit verrichten. Es heißt, daß der junge Lamahirte sein Möglichstes unternahm, um allein zurechtzukommen, aber es gab einfach zuviel zu tun. Nach einigen sehr anstrengenden Tagen gesellte sich ein anderer Junge zu dem Lamahirten und sagte, daß er ihm beim Hüten der Herde helfen wolle. Binnen kurzer Zeit und mit Hilfe dieses geheimnisvollen Freundes war die Herde auf wundersame Weise prächtig gediehen. Der Vater des Jungen wollte seinen jungen Sohn für seine gute Arbeit belohnen. Doch der Sohn bestand darauf, daß auch sein Freund eine Belohnung erhielt. Als der Vater fragte, was sich dieser Freund denn wünschte, gab der Sohn ihm nur ein Stück von dessen zerschlissenem Gewand und sagte: »Alles, was er sich wünscht, ist ein bißchen mehr von diesem Tuch, damit er sich ein neues Gewand machen kann.‹ Der Vater ging nach Cuzco, in jenen Tagen ein langer Marsch, um mehr von diesem Stoff zu kaufen.

In Cuzco stellte er fest, daß dieses Tuch aus einem fein gewobenen Material bestand, das nur der Anfertigung der Gewänder von Priestern der Kirche vorbehalten war. Die Geschichte kam dem Erzbischof von Cuzco zu Ohren, der seinen Kuratus in Ocongate, der dem Heim des Vaters nächstgelegenen Ortschaft, ausschickte, damit er Untersuchungen über dieses anscheinend so schändliche Sakrileg anstellte. Als sich die örtlichen Amtspersonen dem Jungen und seinem Freund näherten, die gerade in der Nähe eines großen Felsens standen, rannte der Freund davon und schien inmitten eines blendenden Lichtstrahls im Fels zu verschwinden. Man sagt, daß in diesem Moment das Bild Christi erschien, eingraviert in den Stein. Und daß der junge indianische Lamahirte einen Schock erlitt und starb und unter diesem Fels begraben wurde. Wir wissen, daß dieser Ort spätestens seit 1780 zu einer wichtigen Pilgerstätte wurde, vermuten aber, daß er schon lange zuvor eine heilige Stätte war. Leider sind die meisten *khipus*, die Knotenschnüre und einzigen ›Protokolle‹ der Inka, von den Spaniern vernichtet worden.

Kürzlich wurde von Historikern, die sich mit der Geschichte der Inka befassen, eine andere interessante Theorie entwickelt. Das Jahr 1780 fällt mit dem großen Túpac-Amaru-Aufstand zusammen, der die gesamte Andenregion erfaßte und die Spanier fast vertrieben hätte. Manche behaupten, daß diese Erscheinung von Christus im Fels, auch wenn sie als erstes von einem einfachen indianischen Jungen erblickt wurde, im Grunde ein Trick der katholischen Kirche war, um die indianische Rebellion zu ersticken.

Das mag so sein. Doch eines werden euch die Geschichtsbücher nie erzählen: nämlich daß sämtliche Revolten der Indianer, angefangen bei der Taki-Ongoy-Bewegung im sechzehnten Jahrhundert, über die Túpac-Amaru-Bewegung und die nationale Inka-Bewegung des achtzehnten Jahrhunderts bis hin zur Rebellion der Campesinos im zwanzigsten Jahrhundert in ihrem Kern die messianische Erwartung der Rückkehr des Inka in sich trugen und tragen. Alle Führer dieser Bewegungen waren natürlich sehr charismatische *paqos*. Der Führer der Taki-Ongoy-Bewegung stammte aus dieser Gegend, ein andiner Priester namens Juan Ch'oque, dessen Leitstern die Plejaden waren.

»Die Plejaden!« Ich zuckte zusammen. Seit meiner Kindheit war ich von ihnen geradezu besessen. »Juan, ich habe immer gehört, daß Q'ollorit'i als Sternen-Schnee-Fest bezeichnet wird, und jemand hat mir einmal erzählt, daß der Grund dafür etwas mit den Plejaden zu tun hat.«

Juan schüttelte den Kopf. »Ja und nein. Die Ursache dafür liegt in einer Fehlübertragung des alten Wortes *qollo*, was ›reines Weiß‹ bedeutet, auf *qoyllur*, was ›Stern‹ heißt. Es ist nur so, daß die über das Fest wachende Sternenkonstellation jene der Plejaden ist, und dies aufgrund ihrer speziellen esoterischen und energetischen Bedeutung. Die Plejaden dienen als *taqe* für das Fest. *Taqe* bedeutet ›Verbinder von Energiefeldern‹«, erklärte Juan und zwinkerte mir zu. »Von den Plejaden geht ein machtvoller kosmischer Einfluß aus, der die verschiedenen Lebensenergiefelder zu einem gemeinsamen Ganzen zusammenfügt und somit die wahre energetische und spirituelle Bedeutung des ganzen Festivals von Q'ollorit'i erfaßt und vereint. Für die andinen Meister stellen sie die sieben Ebenen psychospiritueller Entwicklung dar und verweisen auf die Tatsache, daß es jenseits der Erscheinung des *Sapa*-Inka und der *qoya* der sechsten Ebene noch eine siebte, noch nicht offenbarte Ebene gibt.«

»Juan, was bedeutet es, die Plejaden als Leitstern zu haben?«

»Die Plejaden, die sieben Schwestern, als Leitstern zu haben, ist äußerst glückverheißend. Es könnte bedeuten, daß man die Möglichkeit hat, noch in diesem Leben die siebte Ebene zu erreichen!« Meinem Verstand wurde schon schwindlig beim bloßen Gedanken an Priester der fünften Ebene, die jegliche Krankheit zu heilen vermochten. Ich konnte mir auch nicht ansatzweise vorstellen, was es hieß, zu einem Bewußtsein der siebten Ebene zu gelangen.

»Juan, was bedeutet es... für einen Menschen, auf diese siebte Ebene zu gelangen?« Ich *mußte* diese Frage einfach stellen.

»Über die Fähigkeiten oder Pflichten von Priestern der siebten Ebene ist wenig bekannt – außer der Tatsache, daß sie ihren physischen Körper wiederauferstehen lassen können, so wie Christus es tat. Christus ist für die Indianer von heute eine sehr wichtige Gestalt, vielleicht so wichtig wie die Inka-Herrscher früherer Zeiten. Das Bild Christi im Fels hat für sie eine tiefe Bedeutung. Der sakrale Bau, der nun den Fels beherbergt, wurde vor noch nicht allzu langer Zeit errichtet, und das elektrische Licht erst in den letzten Jahren installiert. Vor zwanzig Jahren kamen nur fünf- oder vielleicht zehntausend Pilger dorthin, aber in den letzten acht bis zehn Jahren hat sich die Masse der Wallfahrer dramatisch erhöht. Ich glaube, daß die Prophezeiung die beste Erklärung dafür liefert. Mehr und mehr Menschen fühlen sich zu diesem Ort hingezogen. Sie wissen vielleicht nicht, warum, aber sie folgen einem Ruf«, sagte Juan und deutete auf seine Brust, um zu zeigen, woher der Ruf kam.

»Mit Sicherheit ist das der Grund, warum wir alle hier sind«, erklärte Barbara, und die anderen nickten zustimmend.

»Dann muß ich euch sagen, daß ihr nun alle Teil der Prophezeiung geworden seid. Es gibt noch etwas, was ich euch bisher nicht erzählt habe. Ich glaube, daß es jetzt an der Zeit dazu ist. Wollt ihr es hören?« fragte Juan.

»Ja!« ertönte die einhellige Antwort der Gruppe fast wie ein Schrei.

»Ich habe euch gesagt, daß das Ritual vom Viracocha-Tempel im Laufe der letzten Jahre beinahe verlorengegangen wäre, weil es nicht genügend Priester der vierten Ebene gab, die es durchführen konnten. Erinnert ihr euch?« Alle nickten. »Nun, ich denke, ihr begreift inzwischen, daß sich diese Prophezeiung von der Rückkehr des Inka auf eine kollektive spirituelle Bemühung gründet. Ihr besitzt nun eine *mesa*, die euch dabei helfen kann, eure spirituelle Familie um euch zu versammeln. Jede und jeder von euch hat jetzt, wo ihr die Große Initiation fast vollendet habt, die Gelegenheit, ein *taqe* zu werden, so wie die Plejaden es sind – Einiger von Energiefeldern –, und eure eigene spirituelle Gruppe von zwölf Personen hierher nach Peru zu bringen, damit sie die *Hatun-Karpay*-Initiation durchlaufen.

Elizabeth mag es zwar noch nicht gewußt haben, aber sie und ich arbeiten bereits im Kontext jenes Teils der Prophezeiung, der besagt, daß, wenn die Zeit reif ist, zwölf Gruppen von zwölf

Priestern der vierten Ebene zusammenkommen werden, um das Ritual im Viracocha-Tempel durchzuführen. Dies wird den nötigen Auftrieb geben, der hilft, die energetischen Bedingungen, die *geeigneten* Bedingungen, zu schaffen, damit sich der erste *Mallku*-Inka in Q'ollorit'i manifestieren kann. In jeder Zwölfergruppe wird es eine Person geben, die als *taqe* dient – als Einiger oder als Nabe des Rads.«

Ich stellte mir vor, wie das Ritual, bei dem wir die Energiesäule in der Mitte der zwölf Tempel der königlichen Familien der Inka erzeugt hatten, statt mit nur einer Person in jedem Tempel mit jeweils einer ganzen Gruppe von zwölf ausgebildeten Priestern der vierten Ebene durchgeführt wurde. Es war schon ehrfurchteinflößend, was wir mit einer Gruppe von nur zwölf Personen erreicht hatten; was sich mit einer Gruppe von hundertvierundvierzig bewerkstelligen ließ, überstieg meine Vorstellungskraft, aber diese Möglichkeit war überaus verlockend. Beim Gedanken an hundertvierundvierzig Personen mit ausgebildeten *poq'pos*, die ihre kollektive Absicht gebündelt auf ein spezielles Ziel richten, sträubten sich mir die Haare. Hier war die Möglichkeit zur Versammlung eines enormen Energiepotentials gegeben, doch ich wußte, die Aufgabe würde nicht leicht sein.

Die Zeit war während unserer Unterhaltung verflogen. Eduardo kündigte das Mittagessen an, Teller mit dampfendem Essen wurden herumgereicht, und die Gruppe konnte sich nun ihren Gedanken darüber hingeben, was es bedeutete, eine oder einer der zwölf *taqes* zu werden. Es beinhaltete eine ungeheure Verantwortung. Wir machten uns mit gesundem Appetit über die köstliche und dringend benötigte Mahlzeit her, die für uns an diesem ehrfurchtgebietenden Sitz der heiligen Macht der Natur zubereitet worden war, jede Person in ihren eigenen Träumereien versunken.

Es war ein ehrgeiziges Projekt, doch eines, das meinen Abenteuersinn, meinen Sinn fürs Dienen und meinen Gemeinschaftssinn ansprach. Ein derartiges riesiges Ritual ließ sich tatsächlich nur in gemeinschaftlichem Bemühen und im Verständnis von wechselseitiger Abhängigkeit organisieren und durchführen. Ich sah eine ungeheure Menge Arbeit vor mir, aber auch eine echte Wachstumsgelegenheit. Ich war mir sicher, daß mir eine solche Herausforderung jede Möglichkeit bieten würde, mich meinen eigenen Hindernisblöcken zu stellen und herauszufinden, auf welche Weise ich sie überwinden konnte. Ich wußte, daß dies auch für alle anderen galt, die den Entschluß faßten, ein oder eine *taqe* zu werden. Dies hier beinhaltete das Potential für echte spirituelle Lernerfahrungen.

Juans Worten hatte ich entnommen, daß die Bildung und die Aufrechterhaltung eines *ayllu* zu den Prüfungen gehörten, denen sich eine in die vierte Ebene wahrhaft initiierte Person stellen mußte, und daß es einer der notwendigen Schritte war, die der Anwärterschaft auf die Initiation in die fünfte Ebene vorausgingen. Dies war ebenfalls ein faszinierender Aspekt jener Herausforderung, doch seit meiner Kinderzeit wurde ich stets von der Ahnung begleitet, daß Heilung mittels einer einzigen Berührung möglich ist.

Ich erinnerte mich, daß ich stets von Filmen fasziniert gewesen war, die wundersame Heilungen zum Thema hatten, sogar auch von einer Episode in *Star Trek*, in der einer der Außerirdischen auf dieser höchsten Ebene heilen konnte. In der Terminologie der andinen Tradition würde diese Person als *Mallku*-Inka bezeichnet werden, als ein Heiler im höchsten Sinne und eine Person, welche die Kräfte und Fähigkeiten von Körper, Geist und Herz vollkommen entwickelt hat. Mich faszinierte die Tatsache, daß eine Gruppe andiner Priester irgendwo auf einem Berggipfel in Peru denselben Traum geträumt hatte, den ein Fernsehproduzent – oder auch ich, ein Kind in Minnesota – geträumt hatten. Konnte es sein, daß viele andere ebenfalls diesen Traum irgendwo in ihrem Innern hegten? Vielleicht entsprang eine solche Vision unserem kollektivem Träumen.

Doch wenn das, was Juan über den *Sapa*-Inka gesagt hatte, stimmte, dann hatten die Andenvölker in ihrer Vergangenheit unlängst Erfahrungen mit Wesen der sechsten Ebene gemacht – mit den Inka-Herrschern. Vielleicht fiel es diesen Menschen deshalb leichter, sich an ihr wahres menschliches Potential zu erinnern. Unser Christus, der, nach den Begriffen der andinen Tradition, offensichtlich die fünfte Ebene erreicht hatte und noch weit darüber hinausgelangt war, lebte vor zweitausend Jahren. Und Tatsache war, daß seither in seinem Namen schreckliche Greueltaten verübt worden waren, die Ermordung Hunderttausender von Anden-Indianern eingeschlossen. Obgleich es gelegentlich hervorragende und beispielhafte Menschen wie Gandhi oder Martin Luther King gab, schienen wir Menschen es ganz einfach nicht geschafft zu haben, uns bis zu einer Ebene zu kultivieren, die auch nur im entferntesten an Buddha oder Jesus Christus heranreichte.

Wie sollen wir je als Gesellschaft, als Spezies, »erwachsen« werden? Diese Frage quälte mich. Mir schien, daß wir einen unendlich weiten Weg zurückzulegen hatten, um uns über die Ebene der Angst und des damit verbundenen Herrschaftsverlangens – über die dritte Ebene – hinauszuentwickeln. Wir mußten uns mit unseren tiefsten Ängsten anfreunden und aussöhnen. Alle Versuche zur Weiterentwicklung, die ich in den Vereinigten Staaten beobachtet hatte, sei es in der »New-Age«-Bewegung oder im Rahmen der Psychologie-Bewegung, hatten keinen Menschen hervorgebracht, der wirklich über die vierte Ebene hinausgelangt wäre. Macht schien sich immer wieder in Herrschaftsdenken zu verwandeln statt in harmonische Ein- und Abstimmung.

Darin sah ich die wirklich große Herausforderung unseres Zeitalters. Keine Kultur oder Gesellschaft war bislang – kollektiv gesehen – imstande, über die dritte Ebene hinauszugelangen. Wir in unserer westlichen Kultur sind von Gegensätzen fasziniert, können sie aber nicht miteinander versöhnen. Hier im

Süden wurden Mann und Frau als in ihrem Wesen zwar unterschiedlich, jedoch auch komplementär begriffen. Die inkaische Vorstellung vom *yanantin*, bei dem sich Gegensätze in wechselseitige Ergänzungen auflösten, sich dabei aber ihre jeweilige Einzigartigkeit bewahrten, beinhaltete eine Weisheit, die wir überaus dringend benötigten. Auch das inkaische Ideal der drei Beziehungsstadien, die mit dem *taqe* zur Reife gelangten, war phantastisch. Die Inka-Kultur schien eine Menge Aspekte aufzuweisen, an denen es uns in Nordamerika mangelte, doch ich wußte, daß auch die Südamerikaner nicht alles hatten. Jede Kultur mußte ihr Wissen, ihr Mosaiksteinchen im Puzzle der Menschheit, mit den anderen teilen, so wie die Prophezeiung besagte.

»Wir können keine Kontrolle über die Prophezeiung ausüben – wir müssen uns von ihr tragen lassen.« Juan sprach in das tiefe Schweigen der Gruppe hinein, die angesichts der ihr präsentierten Möglichkeit und Herausforderung verstummt war.

»Es versammeln sich ungeheure Kräfte, aber es ist an uns, die Welle zu reiten. Ich denke, daß dies in Kalifornien, wo ihr herkommt, weitgehend verstanden werden müßte. Eure Surfer-Kultur muß etwas über die Macht und Kraft der Natur wissen. Ein Surfer kann die Kräfte der Welle nicht kontrollieren. Wenn er das versucht, wird er sicherlich stürzen. Aber es wartet eine großartige Erfahrung auf ihn, wenn er über die Stärke und die Beweglichkeit verfügt, die es ihm erlauben, sich auf dem Kamm der hereinbrechenden Welle zu halten. Eine Person mit einem starren oder selbstsüchtigen Ego wird bei dieser Arbeit ganz gewiß von der Welle verschlungen werden. Wir werden uns nur mit einem sehr beweglichen Ego auf dem Kamm dieser prophezeiten hereinbrechenden Woge halten können.«

Eduardo verkündete, daß unser gelber Bus endlich wieder fahrtüchtig war und für die Rückfahrt nach Cuzco bereitstand. Wir packten zusammen, kletterten hinein und fuhren los, die staubige Straße hinunter. Die Gruppe blieb nach wie vor still, mit Nachsinnen und Verdauen beschäftigt. Am nächsten Tag würden wir in die Staaten zurückfliegen. Unsere Große Initiation war beendet. Juan hatte uns immer und immer wieder eingeschärft: »*Initiation* bedeutet *Beginn*.« Jetzt waren wir darauf vorbereitet, mit unserer Arbeit zu beginnen.

Ich konnte nur erahnen, was vor uns lag. Es gab noch soviel zu tun. Da mußten die zwölf Gruppen mit jeweils zwölf Personen versammelt werden. Ich verfügte über genug Erfahrung mit Gruppen und menschlichen Problemen im Zusammenhang mit Verpflichtung und Engagement, um zu wissen, daß diese Aufgabe nicht leicht sein würde. Und dann waren da all die Feierlichkeiten, an denen ich noch nicht teilgenommen hatte, die Orte der Prophezeiung, die vielen Lektionen der vierten Ebene, an deren Beginn ich eben erst stand. Ich träumte davon, das Fest von Q'ollorit'i zu besuchen, und eines Tages nach Q'eros zu gehen, um dort Don Manuel Q'espi persönlich zu treffen, den ältesten der noch lebenden Lehrer Juans. Die vielen Meilen der noch vor mir liegenden Pilgerreise dehnten sich vor mir aus. Tief in meinem Herzen hegte ich nun einen Wunsch, einen tiefen Wunsch für mich persönlich und für die ganze Menschheit: daß wir die Rückkehr des Inka noch erleben, daß wir gemeinsam unermüdlich daran arbeiten, die Bedingungen für das Entstehen einer künftig besseren Welt zu schaffen. Eines wußte ich: Ich würde jetzt und für den Rest meines Lebens, um meiner Kinder und Kindeskinder willen, die ganze Kraft meines Herzens, meines Geistes und meines Körpers einsetzen, um für dieses Wunder zu arbeiten. Denn ich hatte von der Süße dieses Traums gekostet, und etwas Geringeres vermochte mich nun nicht mehr zufriedenzustellen.

Nachwort

Der Mythos von Inkari

Dies ist der Schöpfungsmythos des Q'ero-Volks. Er wurde 1955 von Oscar Nuñez del Prado, Vater von Juan Nuñez del Prado, aufgeschrieben und erzählt von den Anfängen des Inka-Reichs und der erwarteten Rückkehr des Inka.

Als es die Sonne noch nicht gab, lebte ein Volk auf Erden, das solche Macht besaß, daß es mit einem einzigen Wurf seiner Steinschleudern die Steine zum Wandern bringen oder Berge in Steppen verwandeln konnte. Der Mond erhellte seine Schattenwelt, beleuchtete blaß die Tätigkeiten dieser Wesen, die als die *nyauwpa machu* bekannt waren – die Uralten.

Eines Tages fragte der Roal, der höchste Schöpfergeist und das Oberhaupt der *Apus*, der Berggeister, die *nyauwpa machu*, ob er ihnen etwas von seiner Macht überlassen solle. Voller Überheblichkeit gaben sie zur Antwort, daß sie ihre eigene Macht hätten und keine weitere bräuchten. Roal, darüber verärgert, erschuf die Sonne und befahl ihr, von nun an ihre Strahlen auf die Welt zu schicken. Voller Schrecken und vom hellen Schein des Himmelskörpers fast geblendet, suchten sie in kleinen Häusern Zuflucht, deren Türen meist in die Richtung wiesen, in der täglich die Sonne aufging. Die Hitze der Sonne dörrte sie aus und verwandelte allmählich ihre Muskeln in nichts weiter als getrocknetes Fleisch, das an ihren Knochen hing. Doch sie starben nicht, und nun sind sie die *soq'as*, gefährliche Geister, die an bestimmten Nachmittagen zur Stunde des Sonnenuntergangs oder am Abend eines Neumonds hervorkommen.

Die Erde wurde untätig, und die Berggeister beschlossen, neue Wesen zu erfinden. Sie schufen Inkari und Qoyari, einen Mann und eine Frau voller Weisheit.* Sie gaben Inkari einen goldenen Stab und Qoyari eine Spindel – als Zeichen der Macht und des Fleißes. Inkari erhielt den Befehl, eine Stadt an dem Ort zu gründen, an dem sein goldener Stab senkrecht in der Erde steckenbleiben würde. In einem ersten Versuch schleuderte Inkari seinen Stab, doch dieser fiel nur flach zu Boden. Beim zweiten Wurf blieb der Stab im schrägen Winkel in der Erde stecken, eingeklemmt zwischen schwarzen Bergen und dem Ufergelände eines Flusses. Obgleich der Stab nicht senkrecht gelandet war, beschloß Inkari, dort eine Stadt zu gründen, Q'eros genannt. Die Bedingungen waren jedoch nicht sehr günstig, und so hielt er es für zweckdienlich, seine Hauptstadt in der Nähe dieser Region zu erbauen. Dort, wo sich heute die Ruinenstätte von Tampu befindet, machte er sich fleißig an die Arbeit. Von der schmutzigen und schweißtreibenden Plackerei müde geworden, wollte er ein Bad nehmen, aber die Kälte war zu groß. Da beschloß er, die heißen Quellen von Upis hervorsprudeln zu lassen, und baute Bäder, die noch heute existieren.

Inkari errichtete seine Stadt entgegen dem Auftrag der *Apus*, und diese, um ihn seinen Fehler einsehen zu lassen, erlaubten den *nyauwpa machu*, die Inkari mit bitterem Neid zugesehen hatten, neues Leben anzunehmen. Ihr erster Wunsch galt der Vernichtung des Sohns der Berggeister. So nahmen sie gigantische Steinblöcke und ließen sie die Abhänge hinunter auf die Stelle zurollen, wo Inkari arbeitete. Dieser floh voller

---

* *Anmerkung*: Inkari setzt sich aus dem Quechua-Wort *inka*, das »Herrscher« bedeutet, und dem spanischen Wort *rey* für »König« zusammen: *Inka-Rey*. Qoyari setzt sich aus *qoya*, »Königin«, und *rey* zusammen.

Schrecken in Richtung des Titicaca-Sees, und dort veranlaßte ihn die friedliche Stille der Gegend zum Meditieren. Er machte sich wiederum in Richtung des Willkañust'a-Flusses auf. Er verweilte auf den Gipfeln von La Raya und schleuderte von dort aus seinen goldenen Stab ein drittes Mal, und jetzt blieb dieser senkrecht in einem fruchtbaren Tal stecken. Hier gründete er die Stadt Cuzco und lebte dort lange Zeit. Q'eros blieb jedoch unvergessen, und er schickte seinen erstgeborenen Sohn aus, um diese Stadt zu bevölkern. Der Rest seiner Nachkommen wurde an verschiedene Orte gesandt, wo sie die königlichen Geschlechter der Inka begründeten.

Nachdem er seine Aufgabe beendet hatte, beschloß Inkari, sich in Begleitung von Qoyari erneut aufzumachen, um die Menschen seine Weisheit zu lehren. Wieder kam er durch Q'eros, wo er schließlich im Dschungel verschwand, nicht aber ohne zuvor zum Zeugnis seiner vorübergehenden Anwesenheit seine Fingerabdrücke zurückzulassen. Diese sind noch heute in den Ruinen von Mujurumi und Inkaq Yupin zu sehen – bis zur Zeit der Rückkehr des Inka.

Danksagung

Als erstes danke ich meiner Mutter und meinem Vater, die mir diesen Körper gaben; meinen Brüdern, die halfen, mich zu dem zu machen, was ich bin; meiner peruanischen Familie, den Machicaos, für ihre unendliche Liebe und Loyalität.

Cyntha Gonzalez gilt meine tiefe Dankbarkeit und Liebe, ohne sie hätte sich diese Geschichte nie ereignen können. Großer Dank auch meinen »Leserinnen«-Freundinnen, vor allem Carol Adrienne, deren ständige Ermutigung und Unterstützung lebenerhaltend waren. Mein ganzer Dank und meine Bewunderung für meine unerschrockenen Gruppen von Peru-Reisenden und allen Schülerinnen und Schülern des andinen Weges. Tiefer Dank meiner phantastischen und brillanten Agentin Candice Fuhrman, die als erste das diesem Buch und mir innewohnende Potential erkannte, und ebenso meiner wunderbaren Auslandsagentin Linda Michaels, die meiner Erzählung Flügel zum Reisen verlieh. Ich danke meiner Lektorin Susan Allison und sämtlichen Verlagsangehörigen von Putnam dafür, daß sie diesen Traum Wirklichkeit werden ließen. All meinen Lehrern, einschließlich Don Manuel Q'espi und der Q'ero-Nation in Peru, und ganz besonders Juan Nuñez del Prado für seine unglaubliche Weisheit, Liebe und durchgängige Führung ein riesengroßes Dankeschön. Und natürlich spreche ich, obwohl ich ihm niemals begegnete, Don Benito Qoriwaman, dessen Weisheit und Belehrungen sich durch all diese Seiten hindurchziehen, meinen Dank aus. Ich liebe euch alle.

GOLDMANN

Erich von Däniken

Die Steinzeit war ganz anders 12438

Zeichen für die Ewigkeit 15033

Der Tag, an dem die Götter kamen
11669

Die Augen der Sphinx 12339

Goldmann • Der Taschenbuch-Verlag